汲取先贤智慧

铺就成功阶梯

四书五经精华本

万卷楼国学经典 升级版

[春秋] 孔子等◎著

夏华◎编译

万卷出版有限责任公司

VOLUMES PUBLISHING COMPANY

ⓒ 孔子等 夏华等 2016

图书在版编目（CIP）数据

四书五经精华本 /（春秋）孔子等著；夏华编译. — 沈阳：万卷出版有限责任公司, 2016.3（2025.2重印）

（万卷楼国学经典：升级版 / 王禹翰主编）

ISBN 978-7-5470-3982-3

Ⅰ. ①四… Ⅱ. ①孔… ②夏… Ⅲ. ①儒家②四书 – 译文③五经 – 译文 Ⅳ. ①B222.14②Z126.1

中国版本图书馆CIP数据核字（2015）第299886号

出 品 人：王维良
出版发行：万卷出版有限责任公司
　　　　　（地址：沈阳市和平区十一纬路 29 号 邮编：110003）
印 刷 者：辽宁新华印务有限公司
经 销 者：全国新华书店
幅面尺寸：170 mm×240 mm
字　　数：430 千字
印　　张：23.5
出版时间：2016 年 3 月第 1 版
印刷时间：2025 年 2 月第 6 次印刷
责任编辑：邢茜文
责任校对：张　莹
装帧设计：徐春迎
ISBN 978-7-5470-3982-3
定　　价：35.00 元
联系电话：024-23284090
邮购热线：024-23284050

出版说明

"读万卷书，行万里路"这是中国古人"修身"的两条基本途径。晋代著名史学家陈寿给自己的书斋命名为"万卷楼"，此后，历代以"万卷楼"命名的书斋，由宋至清有数十家：宋代有方略、石待旦等；元代有陈杰、汪惟正等；明代有项笃寿、杨仪、范钦等；清代有孙承泽、黄彭年等。可见，"读万卷书"的理想在中国传统知识分子中是何等的根深蒂固。

读"万卷书"不仅是古人的理想，当我们懂得了读书的意义，都会自然而然地产生强烈的"博览群书"的愿望。然而，人类历史悠久，书籍浩如洋洋大海，时代发展到今天，科技与经济的发展更使得人类的精神领域空前丰富，获取信息与知识的途径不断增加。"万卷书"早已不再是一个象征性的概念，如何从这"万卷"之中，找到最值得细细品读的作品，已经成为人们必须解决的问题。

爱因斯坦曾说过："在阅读的书中找出可以把自己引到深处的东西，把其他一切统统抛掉。"这正是在阐述读书时选择的重要性。而他所说的把我们"引到深处的东西"无疑就是我们所需要深度阅读的作品，也就是我们常说的经典作品。

卡尔维诺对经典作出的定义之一是：经典就是我们正在重读的。的确，在对经典作品反反复复的品味中，人们思想得到了升华，从浅薄走向思考，最后走到通达。我们都曾有这样的感触，面对海量的书籍和信息，一方面，人们在向着功利性浅阅读大张其道，另一方面，我们的精神深处又在不断地呼唤能够滋养自己内心的深度阅读。因此，经典的价值不仅没有因为浅阅读时代的到来而有所损失，反而更显示出其珍贵来。

在惜字如金的中国传统典籍当中，从来不乏这种需要反复品味的经典。从先秦诸子到历代的经史子集，这些经典为一代代的中国人提供了取之不尽的精神滋养，为中华文化的传承和发展建立了基础。我们把这种包蕴中国文化的学问称为国学。国学的范围非常广泛，它包含了文学、历史、哲学、艺术、语言、音韵等在内的一系列内容。

包罗万象的国学经典为我们提供了广泛的教育。阅读国学经典，也就是在与我们的"先圣先贤"对话和交流，一步步地揳进我们的历史和传统。这个过程可以让我们领会先贤的旨趣，把握他们的神髓，形成恢宏的历史意识，可以让我们通晓文义、熟习经史、通彻学问，让我们成为博学之士。另一方面，国学经典所代表的传统学问，更是具有极为厚重的伦理色彩。阅读国学经典的过程，仅是增进知识的过程，而且是一个熏陶气质、改善性情、提高涵养的过程，这个过程在潜移默化中培养着行谊谨厚、品行端方、敦品励行的谦谦君子。

当然，随着时代的发展，国学早已不再是人们追求事功的唯一法典，我们也不赞成对国学的功能无限夸大。但毫无疑问，阅读国学经典，必能促进我们对真、善、美的崇敬之心，唤起我们对伟大、深邃、美好事物的敏感和惊奇，同时也让我们了解到先贤们在探寻知识过程中思考的重大课题和运用的基本原则。这些作品体现着我们民族精神的精髓，如《周易》所阐述的"自强不息"的君子人格，《论语》所强调的"和而不同"的包容精神，《诗经》所培养的温柔敦厚的情感，《道德经》所闪耀的思辨智慧，等等，它们共同构筑了中华民族传统的精神范式。品读先贤留下的经典，恰如与他们进行一次次心灵的直接触碰，进而去审视我们自己的内心，见贤思齐，激浊扬清。

正是基于对国学经典的这种认识，我们精选了这套《万卷楼国学经典》系列丛书，以期引导步履匆匆的现代人走近国学经典、了解国学经典。在选编过程中，我们希望能够体现这样一些特点。

首先，我们希望这套丛书能够最具代表性。在选目中，我们注重于最经典、最根源的作品，在有限的时间内，把那些最具影响力，最应该知道的作品提交给读者。四书五经、先秦诸子、唐诗宋词等这些具有符号意义的作品无疑是最应该为我们所熟知的，因此，丛书所选的30种作品都是这些经典中的经典。

其次，我们希望能够做出好读的经典。在面对国学作品时，佶屈的文言和生僻的字词常让普通读者望而却步。所以，我们试图用简洁易懂的形式呈现经典，使读者可随时随地以自己的时间、自己的速度来进入阅读。因此，我们为原著精心添加了注音、注释和译文，使读者能够真正地"无障碍阅读"。同时，我们还邀请北京大学、南京大学、复旦大学等知名学府的古代文学方面专家对丛书进行了整体修订，对原文字句及标点进行核准，适当增删注释条目、校订注释内容，对白话翻译做进一步校订疏通，使图书内容臻于完善，整体品质得到了大幅度提升。作为一名读者，也许你会常常感慨，以前没有花更多的时间去读更多的经典，如今没有机会或能力来细读，但实际上，读经典什么时间开始都不算晚，"万卷楼"就是一个极好的途径。重读或是初读这些经典，一样可以塑造我们未来的生活。

第三，我们希望呈现一套富有美感的读物。对于经典而言，内容的意义永远排在第一位，但同时，我们也希望有精彩的形式与内容相匹配，因而，我们在编辑过程中选取了大量的古代优秀版画作为本书的插图，对图片的说明也做了精心设计。此外，图书的编排、版式等细节设计都凝聚了我们大量的思索。我们希望这套经典不只是精神的食粮，拥有文本意义上的价值，更能带来无限美感，成为诗意的渊薮。

"经典作品是这样一些书，我们越是道听途说，以为我们懂了，当我们实际读它们，我们就越是觉得它们独特、意想不到和新颖。"卡尔维诺经典的评论让人击节叹赏，我们也希望这套丛书能够彰显经典的价值，使读者在细细品读中真正融化经典，真正做到"开茅塞、除鄙见、得新知、增学问、广识见"。同时，经典又是可以被享受的。当我们走进经典之时，不能只作为被动的接受者，也可用个人自我的方式进入经典，做精神的逍遥之游，对经典作品进行贴近个体生命的诠释和阅读，在现实社会之中营造自由的人生意境和精神家园，获取一种诗意盎然的人生。

怎样阅读本书

原文： 根据权威版本，精心核校，确保准确性，对生僻字反复注音，使读者无障碍阅读。

译文： 流畅、贴切，以现代白话完整展现原著全貌。

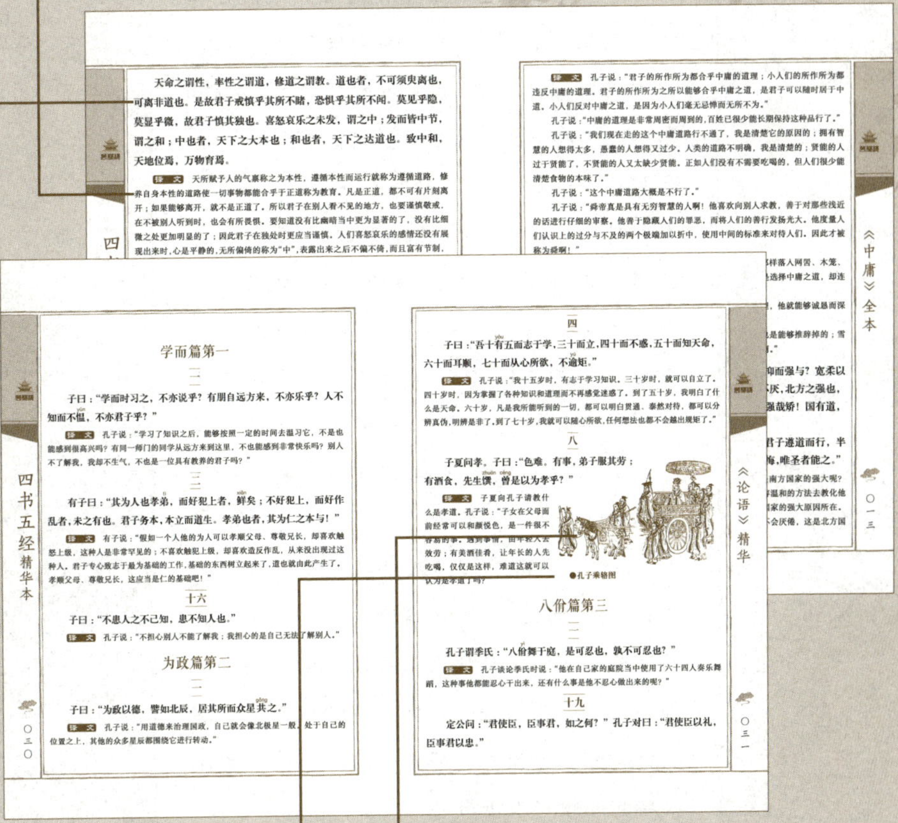

天命之谓性，率性之谓道，修道之谓教。道也者，不可须臾离也，可离非道也。是故君子戒慎乎其所不睹，恐惧乎其所不闻。莫见乎隐，莫显乎微，故君子慎其独也。喜怒哀乐之未发，谓之中；发而皆中节，谓之和；中也者，天下之大本也；和也者，天下之达道也。致中和，天地位焉，万物育焉。

译文 天命赋予人的气禀称之为本性，遵循本性而运行就称为遵循道路，修养自身本性的道路统称一切事物都需合于正道称之为教育。凡是正道，都不可有片刻离开；如果能够离开，就不是正道了。所以君子在别人看不见的地方，也要防谨又自我警惕，在别人听不到的时候，也会小心恐惧，要知道没有比幽暗中更为显著的了，没有比细微之处更加明显的了，因此君子在独处的时候还应当谨慎，人们喜怒哀乐的感情还没有表现出来时，心是平静的、无所偏倚的称为"中"，表露出来之后不偏不倚，而且富有节制……

中庸 全本 〇一三

孔子说：君子的所作所为都合乎中庸的道理；小人们的所作所为都违反中庸的道理。君子之所以能够合乎中庸之道，是因为可以随时居于中道，小人们对中庸之道，是因为小人肆无忌惮而无所不为……

孔子说："我们懂得走的这个中庸道路行不通了，我明白它的原因了：那些有智慧的人想得过头了，愚蠢的人想不到；人类的道路不明确，贤能的人做得过于了贤能，不贤能的人又做得少贤能。正如人们没有不需要吃喝的，但人们少能懂得食物的味道了。"

孔子说："这个中庸道路大概是行不了了。"

孔子说："舜帝真是有无穷智慧的人啊！他喜欢向别人求教，善于对那些浅近的话进行仔细的审察，他善于隐瞒人们的坏恶，而称人们的善行发扬光大，他度量人们认识上的过分与不及的两个极端加以折中，使用中间的标准来对待人民，因此才被称为舜帝啊！"

《论语》精华 〇三一

学而篇第一

一

子曰："学而时习之，不亦说乎？有朋自远方来，不亦乐乎？人不知而不愠，不亦君子乎？"

译文 孔子说："学习了知识之后，能够按照一定的时间去温习它，不是也能感到很高兴吗？有同一师门的同学从远方来到这里，不也能感到很快乐吗？别人不了解我，我却不生气，不也是一位真正的君子吗？"

二

有子曰："其为人也孝弟，而好犯上者，鲜矣；不好犯上，而好作乱者，未之有也。君子务本，本立而道生。孝弟也者，其为仁之本与？"

译文 有子说："假如一个人他的为人可以做到孝顺父母，尊敬兄长，却喜欢冒犯他上级的人，这样的人是非常罕见的，不喜欢冒犯他上级，从来没出现过这样的人，君子专心致力于根本的工作，基础的东西确立起来了，遵循道路由此产生了。遵循父母、尊敬兄长，这应当是仁的基础吧。"

十六

子曰："不患人之不己知，患不知人也。"

译文 孔子说："不担心别人不懂了解我，我担心的是自己无能了解别人。"

为政篇第二

一

子曰："为政以德，譬如北辰，居其所而众星共之。"

译文 孔子说："用道德来治理国政，自己就会像北极星一般，处于自己的位置之上，其他的众多星星都围绕它进行转动。"

四书五经精华本 〇三〇

四

子曰："吾十有五而志于学，三十而立，四十而不惑，五十而知天命，六十而耳顺，七十而从心所欲，不逾矩。"

译文 孔子说："我十五岁时，有志于学习知识，三十岁时，就可以自立了，四十岁时，因为事物了种知识和道理而不再感受疑惑了；到了五十岁，我懂自己了什么是天命，六十岁，凡是我所能听到的一切，都可以明白贯通。奉献对待，都可以分辨真假，明辨是非了，到了七十岁，我就可以随心所欲，任何想法也都不会越出法度了。"

八

子夏问孝。子曰："色难。有事，弟子服其劳；有酒食，先生馔，曾是以为孝乎？"

译文 子夏向孔子请教什么是孝道，孔子说："子女在父母面前经常保持和顺恭敬，是一件最不容易的事情了。遇有事务需要操劳，由年长的人先吃喝，仅仅是这样，难道这就可以认为是孝道了吗？"

●孔子乘辂图

八佾篇第三

一

孔子谓季氏："八佾舞于庭，是可忍也，孰不可忍也？"

译文 孔子谈论季氏时说："他在自己家的庭院当中使用六十四人奏乐舞蹈，这种事情都能忍心干出来，还有什么事情他忍不忍心做出来的呢？"

十九

定公问："君使臣，臣事君，如之何？"孔子对曰："君使臣以礼，臣事君以忠。"

插图： 精选历代精品古版画，美妙传神，增强美感。

图注： 以图释义，扩展阅读，丰富全书知识含量。

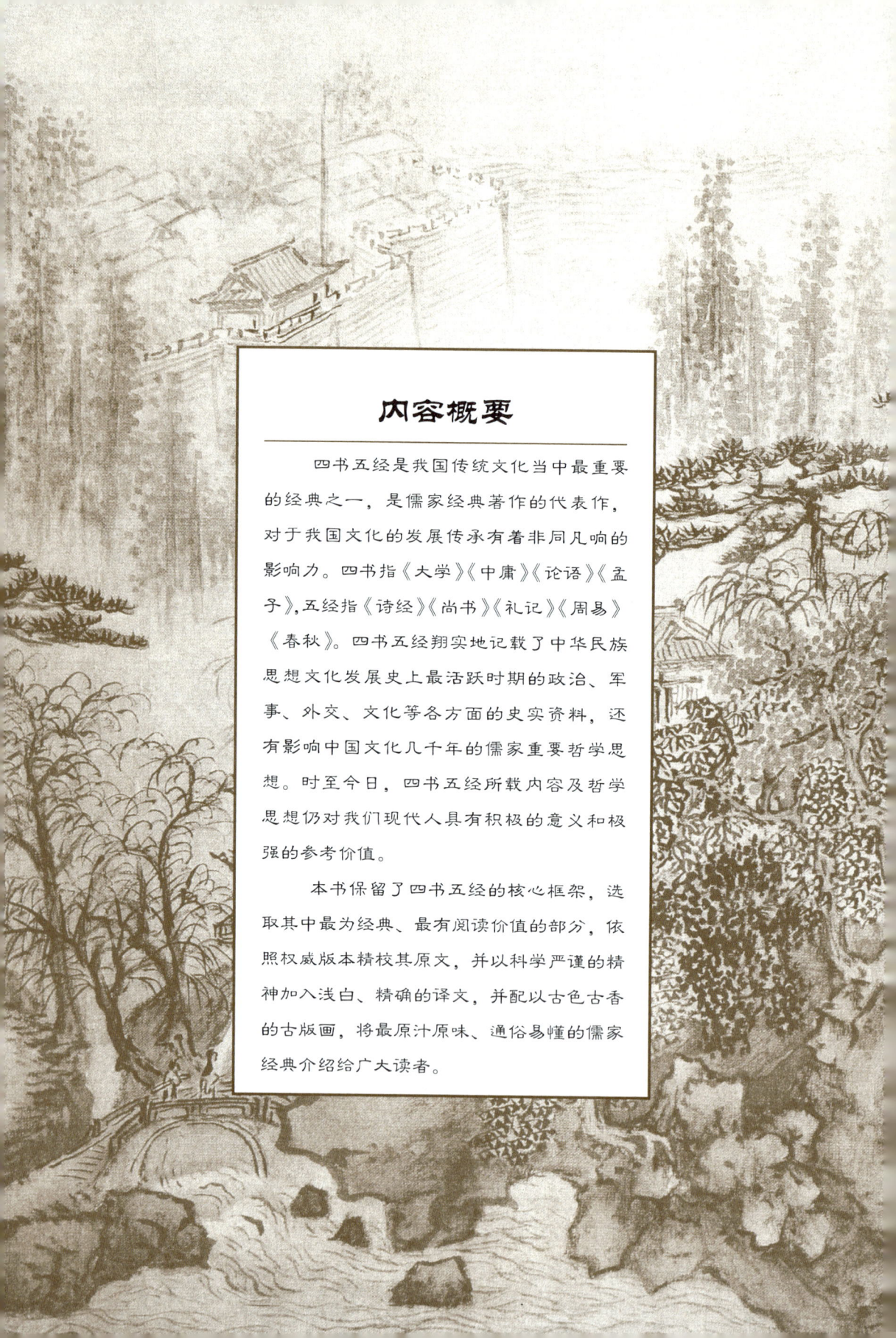

内容概要

　　四书五经是我国传统文化当中最重要的经典之一，是儒家经典著作的代表作，对于我国文化的发展传承有着非同凡响的影响力。四书指《大学》《中庸》《论语》《孟子》，五经指《诗经》《尚书》《礼记》《周易》《春秋》。四书五经翔实地记载了中华民族思想文化发展史上最活跃时期的政治、军事、外交、文化等各方面的史实资料，还有影响中国文化几千年的儒家重要哲学思想。时至今日，四书五经所载内容及哲学思想仍对我们现代人具有积极的意义和极强的参考价值。

　　本书保留了四书五经的核心框架，选取其中最为经典、最有阅读价值的部分，依照权威版本精校其原文，并以科学严谨的精神加入浅白、精确的译文，并配以古色古香的古版画，将最原汁原味、通俗易懂的儒家经典介绍给广大读者。

【目录】

《大学》全本

大学之道，在明明德，在亲民，在止于至善。知止而后有定，定而后能静，静而后能安，安而后能虑，虑而后能得。物有本末，事有终始。知所先后，则近道矣。古之欲明明德于天下者，先治其国；欲治其国者，先齐其家；欲齐其家者，先修其身；欲修其身者，先正其心；欲正其心者，先诚其意；欲诚其意者，先致其知；致知在格物。物格而后知至，知至而后意诚，意诚而后心正，心正而后身修，身修而后家齐，家齐而后国治，国治而后天下平。自天子以至于庶人，壹是皆以修身为本。其本乱而末治者否矣。其所厚者薄，而其所薄者厚，未之有也！

译　文　大学的宗旨与根本要道，就在于使人们光明正大的德行得以显明，在于让人们能够弃旧革新，在于使得人性达到善的最高境界。知道目标在于"至善"才可以有确定的志向，有确定的志向才能做到沉静而不焦躁，沉静不焦躁才可以使得心绪泰然，心绪泰然才得以行事思虑周详，行事思虑周详才会有收获。世间万物都有本原及终结，每件事情都有终结与起始。只有明白事物的先后顺序的道理，那么才能够接近于道。古时那些想在世界上使正气品德得以显明的人，首先应当治理好他的国家；想要治理好自己国家的人，先需要管理好自己的家庭及家族；想要管理好自己的家庭及家族的人，首先应当努力修养自身的品行；想要修养自身的品行的人，首先应当端正他的思想；想要端正思想，首先要让自己的意念变得真诚；想要使自己的意念变得真诚的人，首先要让自己获取一定的知识；要获取知识的方法，就在于需要认识、研究世间万物的原理。只有通过对世间事物的原理加以认真分析研究到极致，才会获得知识，只有获得知识后个人的意念才能够做到真诚，只有意念真诚后思想才得以端正，只有思想端正后才能修养个人品行，只有品行修养得好才可以管理好家庭与家族，只有将家庭与家族都管理好，进而才可以治理好一个国家，只有治理好国家后才得以使天下太平。上自天子君王，下至平民百姓，每个人都应该将修养自身品行当作个人立身行事的根本。如果世间万物本末的道理被倒置，却想要修身、齐家、治国、平天下是不可能的。那些我该重视的不去重视，而那些不需要重视的又认真对待，没有这样的事情。

《康诰》曰："克明德。"《大甲》曰："顾误天之明命。"《帝典》曰："克明峻德。"皆自明也。

译 文 《康诰》提及："能够崇尚光明的品德。"《太甲》中说："经常想念上天赋予的光明品德。"《尧典》中说："能够崇尚崇高的品德。"这些都主张要使自己的光明正大的品德得以发扬。

汤之《盘铭》曰："苟日新，日日新，又日新。"《康诰》曰："作新民。"《诗》曰："周虽旧邦，其命维新。"是故君子无所不用其极。

译 文 商汤王在盥洗的器具上刻下的箴言说："如果可以做到一天去除污垢，焕然一新，就应当保持天天新，新了还要更新。"《尚书·康诰》中说："激励人要焕发新的风貌。"《诗经·大雅·文王》说："周国尽管是旧有国家，但却禀受了新的天命。"所以，品德高尚的人无处不用尽心力达到善的最高境界。

《诗》云："邦畿^{jī}千里，惟民所止。"《诗》云："缗^{mín}蛮黄鸟，止于丘隅。"子曰："于止，知其所止，可以人而不如鸟乎！"《诗》云："穆穆文王，於缉熙敬止！"^{wū}为人君，止于仁；为人臣，止于敬；为人子，止于孝；为人父，止于慈；与国人交，止于信。《诗》云："瞻彼淇澳，绿竹猗^{yù}猗^{yī}。有斐君子，如切如磋，如琢如磨。瑟兮僩^{xiàn}兮，赫兮喧兮。有斐君子，终不可谖兮！"如切如磋者，道学也；如琢如磨者，自修也；瑟兮僩兮者，恂栗也；赫兮喧兮者，威仪也；有斐君子，终不可谖兮者，道盛德至善，民之不能忘也。《诗》云："於戏！前王不忘。"君子贤其贤而亲其亲，小人乐其乐而利其利，此以没世不忘也。

译 文 《诗经·商颂·玄鸟》提及："周围方圆千里的京城，那里全都是百姓居住的地方。"《诗经·小雅·绵蛮》又说："绵绵蛮蛮地鸣叫着的黄鸟，栖息在山丘多树的角落里。"孔子说："黄鸟在栖息的时候都清楚它应当栖息在什么地方，怎么人反而还不如鸟儿吗？"《诗经·大雅·文王》说："品德高尚的周文王啊，为人光明磊落，做事始终都是庄重而谨慎的。"做国君的，应当尽力做到仁爱；做臣子的，应尽力做到恭敬；做子女的，要尽力孝顺父母；做父亲的，应当尽力对儿女慈爱；与他人交往，应当尽力做到守信。《诗经·卫风·淇澳》说："看那淇水弯曲的岸边，嫩绿的竹子郁郁葱葱。有一位文采斐然的君子，研究学问犹如加工骨器，不断进行切磋；修炼自己犹如磨砺美玉，反复琢磨。他的仪表庄重而开朗，他的品德光明显赫。这样一位文采斐然的君子，真是让人难忘啊！这里提到的"犹如加工骨器，不断进行切磋"，是指做学问的态度；这里提到的"犹如磨砺美玉，反复琢磨"，是指自我修炼的精神；说他"庄重而开朗"，是指他内心谨慎而有戒惧的态度；说他"仪表堂堂"，是指他很有令人敬畏的威严；说"这样一位文采斐然的君子，可真是让人难忘啊！"是指因为他的品德很高尚，达到至善的境界，所以让人难忘。《诗经·周颂·烈文》说："呜呼，前代君王的德行真使人难忘啊！"君主和贤人尊重他们所尊重的贤人，亲近他们自己的亲族，平民百姓也能够蒙受恩泽，享受安乐，获取他们赐予的利益。所以，虽然前代君王已经去世，但人们永远不会忘记他们。

子曰："听讼，吾犹人也，必也使无讼乎！"无情者不得尽其辞。大畏民志。此谓知本。

 译文 孔子说："听取诉讼，审理案子，我也与别人一样，一定要让诉讼不再出现。"圣人使隐瞒真实情况的人不敢去陈说虚诞的言辞。让人心怀敬畏圣德之情，这就叫做抓住了根本。

此谓知本，所谓致知在格物者，言欲致吾之知，在即物而穷其理也。盖人心之灵莫不有知，而天下之物莫不有理，惟于理有未穷，故其知有不尽也。是以《大学》始教，必始学者即凡天下之物，莫不因其已知之理而益穷之，以求至乎其极。至于用力之久，而一旦豁然贯通焉，则众物之表里精粗无不到，而吾心之全体大用无不明矣。此谓知之至也。

译文 这叫做抓住了根本，所谓的获得知识的途径在于认知、研究万物，是指要想获取知识，就必须接触事物而彻底研究它的原理。大概人的心灵都拥有认知能力，而天下间的万事万物都拥有一定的原理，只不过因为这些原理还没有被彻底地认知，因此人的知识显得有所局限。因此，《大学》一开始就教学习者接触天下万事万物，用自己已有的知识去进一步探究，以彻底认识万事万物的原理。经过长期努力，总有一天会豁然贯通，到那时，万事万物的内外精粗规律都被认识得非常清楚，而自己内心当中的一切认知能力都能够得到淋漓尽致地发挥，再也没有阻塞。这就叫万事万物被认知、研究了，这就可以称为知识达到顶点了。

所谓诚其意者，毋自欺也。如恶恶臭，如好好色，此之谓自谦。
wù è xiù hào hǎo qiǎn
故君子必慎其独也！小人闲居为不善，无所不至，见君子而后厌然，掩其不善，而著其善。人之视己，如见其肺肝然，则何益矣。此谓诚于中，形于外。故君子必慎其独也。曾子曰："十目所视，十手所指，其严乎！"富润屋，德润身，心广体胖。故君子必诚其意。

译文 所谓的使意志真诚的含义是说，不要自己欺骗自己。要像厌恶腐臭的气味一样，要像喜爱美丽的女子一样，这样才可以叫做自己心满意足。所以，品德高尚的人哪怕是在他独处时，也一定要谨慎。品德低下的人在一个人独处的时候无恶不作，见到品德高尚的人之后就会躲闪，掩盖他所做的坏事而彰显他的善良。可是别人看你，就犹如看见你的内脏一样清楚，那么掩盖有什么作用呢？这就叫做内心的真实一定会表现在外在。所以，品德高尚的人在他独处时，也一定会谨慎。曾子说："在一个人独处时，就像有十只眼睛看着，十只手指指着自己，这是多么严峻而可畏啊？"财富可以用于装饰房屋，品德可以修养身心，使得心胸宽广而身体舒泰安康。所以，品德高尚的人一定要让自己的意志真诚。

所谓修身在正其心者，身有所忿懥，则不得其正；有所恐惧，则不得其正；有所好乐，则不得其正；有所忧患，则不得其正。心不在焉，视而不见，听而不闻，食而不知其味。此谓修身在正其心。

译文 经文中所说的修养自身品性应先端正自身心思，是说心存愤怒就无法端正内心；心有恐惧就无法端正；心有贪念就无法端正；心有忧虑就无法端正。

心思不端正就犹如心不在自己身上一样：尽管眼睛在看，却犹如没有看见；虽然耳朵在听，却犹如没有听见；虽然嘴在吃东西，却犹如丝毫不清楚是什么滋味。所以说，要修养自身的品性就在于端正自己的心思。

所谓齐其家在修其身者，人之其所亲爱而辟焉，之其所贱恶而辟焉，之其所畏敬而辟焉，之其所哀矜而辟焉，之其所敖惰而辟焉。故好而知其恶，恶而知其美者，天下鲜矣！故谚有之曰："人莫知其子之恶，莫知其苗之硕。"此谓身不修不可以齐其家。

译文 经文中所说的管理好家庭与家族应当先修养自身，人们对于自己所亲近爱护的人会带有过分亲近的偏爱，对于自己轻蔑厌恶的人会有过分轻蔑厌恶的偏见，对于自己畏服敬重的人则出现过分敬畏尊重的偏向，对于自己同情哀怜的人会有过分哀怜同情的偏心，对于自己轻视怠慢的人会有过分鄙视怠慢的偏向。因此，喜爱某人又能了解那人的缺点，厌恶某人又能了解那人的优点，这种人真是天下少有了。所以有谚语说："人都不知道自己孩子的缺点，人都不满足于自己庄稼的苗壮成长。"这就叫做不修养自身就无法管理好家庭与家族的道理。

所谓治国必先齐其家者，其家不可教而能教人者无之。故君子不出家而成教于国：孝者，所以事君也；悌者，所以事长也；慈者，所以使众也。《康诰》曰："如保赤子。"心诚求之，虽不中，不远矣。未有学养子而后嫁者也！一家仁，一国兴仁；一家让，一国兴让；一人贪戾，一国作乱。其机如此。此谓一言偾事，一人定国。尧舜帅天下以仁，而民从之；桀纣帅天下以暴，而民从之。其所令反其所好，而民不从。是故君子有诸己而后求诸人，无诸己而后非诸人。所藏乎身不恕，而能喻诸人者，未之有也。故治国在齐其家。《诗》云："桃之夭夭，其叶蓁蓁。之子于归，宜其家人。"宜其家人，而后可以教国人。《诗》云："宜兄宜弟"宜兄宜弟，而后可以教国人。《诗》云："其仪不忒，正是四国。"其为父子兄弟足法，而后民法之也。此谓治国在齐其家。

译文 之所以说治理国家必须首先管理好自己的家庭及家族，意思是说如果无法管教好自己的家人却能管理好一国人民的人，是不存在的。所以，有修养的人不出家门就把他的教化推广及于全国：对父母孝顺的人可以用于辅佐君主；对兄长恭敬的人能够用于侍奉尊长；对子女慈爱的人能够用于统治百姓。《尚书·周书·康诰》提及："爱护百姓犹如爱护婴儿一般。"内心真诚地去对他予以追求，即使没能达到目标，也不会差得太远。要知道，没有先学会抚养孩子的方法再出嫁的人啊！一家能够践行仁爱，一国也会盛行仁爱；一家能够践行礼让，一国也会盛行礼让；如果国君一人贪婪暴戾，一国的人就会跟着动乱不已。国君所作所为的关键竟有这样的重要，这就叫做：一句话能够坏事，一个人的行为可以安定国家。尧舜用仁义统治天下，老百姓都跟随着仁爱；桀纣用凶暴统治天下，老百姓就跟着变得凶暴。统治者从善的命令与自己喜好暴虐的实际行为相反，于是老百姓不服从他们的政令。所以，品德高尚的人，总是自己有了善的品德，然后才要求别人能做到；自己身上没有恶习，然后才要求别人不去这样做。如果自己不讲恕道而想让别人要讲恕道，没有这样的事情。所以，

四书五经精华本

〇〇六

治理国家必须首先管理好自己的家庭与家族。

　　《诗经·周南·桃夭》说："桃花仙美，树叶茂密，像花一样美好的姑娘出嫁到了夫家，全家人一定都很和睦。"让全家都和睦，然后才能教育全国的人都和睦。《诗经·小雅·蓼萧》说："兄弟和睦。"君主只有使自己的兄弟和睦了，然后才能够教育一国的人都彼此和睦。《诗经·曹风·鸤鸠》说："国君的容貌举止庄重严肃，才能整治周边国家。"只有国君使自己家中的人不管是身为父亲、儿子，还是兄长、弟弟的言行举止都足以值得别人效法时，百姓才会去效法他。这就是所谓的要治理国家必须首先管理好家庭及家族的道理。

　　所谓平天下在治其国者，上老老而民兴孝；上长长而民兴弟；上恤孤而民不倍。是以君子有絜矩（xié）之道也。所恶于上毋以使下；所恶于下毋以事上；所恶于前毋以先后；所恶于后毋以从前；所恶于右毋以交于左；所恶于左毋以交于右。此之谓絜矩之道。

　　译文　　所谓的平定天下在于治理好国家，是因为身居庙堂之上的人能够尊敬老人，老百姓孝顺父母之风才会兴起；身居庙堂之上的人尊重长辈，老百姓才会兴起兄友弟恭之道；身居庙堂之上的人能够体恤、救济孤儿，老百姓才不会背弃这类做法。所以，品德高尚的人应当总是实践以身作则、推己及人的"絜矩之道"。如果厌恶地位比你高的人以无礼的行为对你，就不要用这类无礼的行为去对待你的下属；如果厌恶下属以不忠的行为对你，就不要用这类不忠的行为去对待你的上司；如果厌恶身处你前面的人以不善的行为对你，就不要用这类不善的行为去对待处于你后面的人；如果厌恶处于你后面的人以不善的行为对你，就不要以这种不善的行为去对待身处你前面的人；如果厌恶处于你右边的人以不善的行为对你，就不要以这种不善的行为去对待身处你左边的人；如果厌恶处于你左边的人以不善的行为对你，就不要以这种不善的行为去对待身处你右边的人。这就是所谓道德上起示范作用的"絜矩之道"。

　　《诗》云："乐只君子，民之父母。"民之所好好之；民之所恶恶之。此之谓民之父母。《诗》云："节彼南山，维石岩岩。赫赫师尹，民具尔瞻。"有国者不可以不慎。辟，则为天下僇矣。《诗》云："殷之未丧师，克配上帝。仪监于殷，峻命不易。"道得众则得国，失众则失国。是故君子先慎乎德。有德此有人，有人此有土，有土此有财，有财此有用，

德者，本也；财者，末也。外本内末，争民施夺。是故财聚则民散，财散则民聚。是故言悖而出者，亦悖而入。货悖而入者，亦悖而出。《康诰》曰："惟命不于常。"道善则得之，不善则失之矣。

译 文 《诗经·小雅·南山有台》当中提及："使百姓能心悦诚服的国君啊，是百姓的父母。"他也喜欢老百姓喜欢的事物，他也厌恶老百姓厌恶的事物，这样的国君才称得上是百姓的父母。《诗经·小雅·节南山》说："巍峨雄伟的南山啊，岩石高峻耸立。权势显赫的尹太师啊，百姓全都在仰望你。"统治国家大权的人不可以不谨慎。稍有偏颇，就会被天下人民所不容。《诗经·大雅·文王》说："殷朝没有丧失众人拥护的时候，还能够与上天的要求相符合。应以殷朝做个镜鉴吧，守住天命是不容易的事。"这就是说，君主得到民心才能得到国家，君主失去民心就会丧失国家。所以，品德高尚的人首先在道德修养上慎重。有德行才能有人拥护，有人拥护才能保住土地，有土地才会拥有财富，有财富才能供人使用，德像是树的根本，财像是树的末节，假如将根本当成外在的东西，却把末节当成内在的根本，那就会使百姓争抢利益。所以，君王聚财敛货，就会使民心丧失；君王把财富散发于民，就会使民心汇聚。所以你说话违背情理出口责备他人，人家也会用违背情理的话来回敬你；用违背情理的手段来聚敛财货，总有一天也会被他人用违背道理的手段掠夺去。《康诰》说："只有天命是没有常规的。"行善便能得到天命，为恶就会失去天命。

《楚书》曰："楚国无以为宝，惟善以为宝。"舅犯曰："亡人无以为宝，仁亲以为宝。"《秦誓》曰："若有一个臣，断断兮，无他技，其心休休焉，其如有容焉。人之有技，若己有之。人之彦圣，其心好之，不啻若自其口出，实能容之。以能保我子孙黎民，尚亦有利哉！人之有技，媢疾以恶之。人之彦圣，而违之俾不通，实不能容。以不能保我子孙黎民、亦曰殆哉！"唯仁人放流之，迸诸四夷，不与同中国。此谓唯仁人为能爱人，能恶人。见贤而不能举，举而不能先，命也。见不善而不能退，退而不能远，过也。好人之所恶，恶人之所好，是谓拂人之性，灾必逮夫身。是故君子有大道：必忠信以得之，骄泰以失之。

《楚书》提及："楚国没有什么可以当作珍宝，只是将善当作珍宝。"重耳的舅舅子犯说，"流亡在外的人没有什么可以当作珍宝，只是将仁爱当作珍宝。"《秦誓》中说："如果有这样的大臣，忠诚老实，虽然没有什么其他特别的本领，但他心胸宽广，有容人之量，别人有能力，就犹如他自己有才能一样；别人德才兼备，他会发自内心为之心悦诚服，不只是像他口中说出来的那样。任用这种人，是可以保护我的子孙与百姓的，是可以为他们造福的啊！相反，如果别人有能力，他就会妒忌、厌恶；别人德才兼备，他就想方设法予以压制、排挤。任用这种人，是不能保护我的子孙与百姓的，而且这种人是非常危险的！"因此，只有有仁德的人会把这种没有容人之量的人流放，把他们驱逐到边远的蛮荒之地去，不让他们和贤能之人一起居住在中原地区。这说明，有德的人才能懂得爱什么人，恨什么人，发现贤才而不能提拔，提拔而不能先于己得到重用，这是轻慢。发现恶人而不予罢免，罢免而不能把他驱逐到边远的地方，这是过错。喜欢众人所厌恶的，厌恶众人所喜欢的，这叫做违背了本性，灾难必定要降临到他身上。所以，当国君有在道德上起示范作用的途径：能够忠诚信义，就能获得一切；骄奢放纵，便会丧失一切。

生财有大道：生之者众，食之者寡，为之者疾，用之者舒，则财恒足矣。仁者以财发身，不仁者以身发财。未有上好仁而下不好义者也，未有好义其事不终者也，未有府库财非其财者也。孟献子曰："畜马乘不察于鸡豚，伐冰之家不畜牛羊，百乘之家不畜聚敛之臣。与其有聚敛之臣，宁有盗臣。"此谓国不以利为利，以义为利也。长国家而务财用者，必自小人矣。彼为善之，小人之使为国家，灾害并至。虽有善者，亦无如之何矣！此谓国不以利为利，以义为利也。

译　文 获得财富也有正确的途径；增多工作的人，减少消费的人；加快生产的速度，节约消费的资财。这样才能使国家财富始终充足。仁爱的人疏财使自兴起，不仁的人用尽心机去敛财。没有地位高的人喜爱仁德而其手下却不喜爱忠义的；没有喜爱忠义而做什么事半途而废的；没有国库里的财物不当成自身财富那样给予保护的。孟献子说："养了马拉车的士大夫之家，就不需再计较养鸡或养猪的薄利；祭祀用冰的卿大夫之家，就不要再养牛养羊以图利；拥有百辆兵车的诸侯之家，就不要去收养搜刮民财的家臣。与其有搜刮民财的家臣，宁可有偷东西的家臣。"意思是说，一个国家不应当以聚敛财货为利益，而应该以仁义为利益。身为国君却一心想聚敛财货，这一定是因为小人好利之心，而国君还认为小人是好人，让他们处理国家大事，结果天灾人祸共同降临，这时即使有贤能之人，也无可奈何了。所以这就说明，一个国家不应当以自己的财货为利益，而应以仁义为利益。

《中庸》全本

天命之谓性，率性之谓道，修道之谓教。道也者，不可须臾离也，可离非道也。是故君子戒慎乎其所不睹，恐惧乎其所不闻。莫见乎隐，莫显乎微，故君子慎其独也。喜怒哀乐之未发，谓之中；发而皆中节，谓之和；中也者，天下之大本也；和也者，天下之达道也。致中和，天地位焉，万物育焉。

译文 天所赋予人的气禀称之为本性，遵循本性而运行就称为遵循道路，修养自身本性的道路使一切事物都能合乎于正道称为教育。凡是正道，都不可有片刻离开；如果能够离开，就不是正道了。所以君子在别人看不见的地方，也要谨慎敬戒，在不被别人听到时，也会有所畏惧。要知道没有比幽暗当中更为显著的了，没有比细微之处更加明显的了；因此君子在独处时更应当谨慎。人们喜怒哀乐的感情还没有展现出来时，心是平静的，无所偏倚的称为"中"，表露出来之后不偏不倚，而且富有节制，就称为和谐协调。"中"即不偏不倚，不上不下，位于中间的含义是天下万物的大本；"和"即和谐且协调，是天下间万物通达的道路。人如果能把中和的道理做到不偏不倚、协调和谐的状态，天地就各居其位而运行不息，万物于是各得其所而发育了。

仲尼曰："君子中庸，小人反中庸，君子之中庸也，君子而时中；小人之中庸也，小人而无忌惮也。"

子曰："中庸其至矣乎！民鲜能久矣！"

子曰："道之不行也，我知之矣：知者过之，愚者不及也。道之不明也，我知之矣：贤者过之，不肖者不及也。人莫不饮食也，鲜能知味也。"

子曰："道其不行矣夫！"

子曰："舜其大知也与！舜好问而好察迩言，隐恶而扬善，执其两端，用其中于民，其斯以为舜乎！"

子曰："人皆曰予知，驱而纳诸罟^{huò}擭陷阱之中，而莫之知辟也。人皆曰予知，择乎中庸，而不能期月守也。"

子曰："回之为人也，择乎中庸，得一善，则拳拳服膺而弗失之矣。"

子曰："天下国家可均也，爵禄可辞也，白刃可蹈也，中庸不可能也。"

译文 孔子说："君子的所作所为都合乎中庸的道理；小人们的所作所为都违反中庸的道理。君子的所作所为之所以能够合乎中庸之道，是君子可以随时居于中道。小人们反对中庸之道，是因为小人们毫无忌惮而无所不为。"

孔子说："中庸的道理是非常周密而周到的，百姓已很少能长期保持这种品行了。"

孔子说："我们现在走的这个中庸道路行不通了，我是清楚它的原因的；拥有智慧的人想得太多，愚蠢的人想得又过少。人类的道路不明确，我是清楚的；贤能的人过于贤能了，不贤能的人又太缺少贤能。正如人们没有不需要吃喝的，但人们很少能清楚食物的本味了。"

孔子说："这个中庸道路大概是不行了。"

孔子说："舜帝真是具有无穷智慧的人啊！他喜欢向别人求教，善于对那些浅近的话进行仔细的审察。他善于隐藏人们的罪恶，而将人们的善行发扬光大。他度量人们认识上的过分与不及的两个极端加以折中，使用中间的标准来对待人们。因此才被称为舜啊！"

孔子说："人人都在说自己什么都清楚，但他们却像禽兽那样落入网罟、木笼、陷阱当中，而不知道去躲避。人人都在说自己什么都清楚，但是选择中庸之道，却连一个月的时间都无法坚持。"

孔子说："颜回为人处世，选择中庸之道，得出善良的道理，他就能够诚恳而深切地记在心上，不会忘记而失掉。"

孔子说："天下间的国家，都是能够分配的；地位和财富也是能够推辞掉的；雪白锋利的刀刃也是能够踩踏过去的；然而中庸之道却难以做到啊。"

子路问强。子曰："南方之强与？北方之强与？抑而强与？宽柔以教，不报无道，南方之强也，君子居之。衽金革，死而不厌，北方之强也，而强者居之。故君子和而不流，强哉矫！中立而不倚，强哉矫！国有道，不变塞焉，强哉矫！国无道，至死不变，强哉矫！"

子曰："素隐行怪，后世有述焉，吾弗为之矣。君子遵道而行，半涂而废，吾弗能已矣。君子依乎中庸，遁世不见知而不悔，唯圣者能之。"

译文 子路询问有关强大的问题。孔子说："你问的是南方国家的强大呢？还是北方国家的强大？或是你认为的强大的国家的强大？用宽容温和的方法去教化他人，能忍受无理的欺侮而不报复那些没能走正道的人，是南方国家的强大原因所在。君子必须分辨清楚，安于此道。用兵器甲胄作为枕席，死了也不会厌倦，这是北方国家的强大原因所在。所以对强大者必须要进行辨别，勇武好斗之人安于此道。因此，君子和同而不随波逐流，这才是真正的强大啊。中立而不能有所偏倚，这才是真正的强大啊。国家政治清平时，能够不改变当年贫困之时的志向，这才是真正的强大啊。国家政治黑暗，则宁死也不会改变自己的操守，这才是真正的强大。"

　　孔子说："真心诚意的隐逸尽管行为怪僻，来欺世盗名。后世有传述，但我不会去做这样的人。君子遵循着正确的中庸道路不断前进，假如有人半途而废，但我无法停止。君子依从中庸的道理，隐姓埋名没有人知道也不会悔恨，那是只有圣人能够做到的事。

　　君子之道费而隐。夫妇之愚，可以与知焉，及其至也，虽圣人亦有所不知焉。夫妇之不肖，可以能行焉；及其至也，虽圣人亦有所不能焉。天地之大也，人犹有所憾。故君子语大，天下莫能载焉；语小，天下莫能破焉。《诗》云："鸢飞戾天，鱼跃于渊。"言其上下察也。君子之道，造端乎夫妇，及其至也，察乎天地。

　　译　文　君子的道广博而又很精微。普通男女尽管愚昧，也能多少知道一点君子的道；但它最为高深精微的境界，就算是圣人也有没能弄清楚的地方，不肖男女尽管不贤明可以施行，也可以实行君子之道，但其最为高深精微的境界，就算是圣人也有无法做到的地方。大地如此广大，但人们遭受自然灾害的时候依旧有不满足的地方。所以，君子谈到"大"，就大得让整个天下都承载不下；君子说到"小"，就小得连分毫也分不开。《诗经》中说："鸢鸟飞向天空，鱼儿跃向深水。"这是在说上下分明。君子之道，起始于普通男女，但其最高深境界却昭著于整个天地之间。

　　子曰："道不远人，人之为道而远人，不可以为道。《诗》云：'伐柯，伐柯，其则不远。'执柯以伐柯，睨而视之，犹以为远。故君子以人治人，改而止。忠恕违道不远，施诸己而不愿，亦勿施于人。君子之道四，丘未能一焉，所求乎子，以事父，未能也；所求乎臣，以事君，未能也；所求乎弟，以事兄，未能也；所求乎朋友，先施之，未能也。庸德之行，庸言之谨；有所不足，不敢不勉，有余不敢尽；言顾行，行顾言，君子胡不慥慥尔！"

译文 孔子说："大道并不会排斥人们，是离人不远的。如果有人好高骛远实行道却去排斥他人，那就无法实行道了。《诗经》当中说：'砍削斧柄，砍削斧柄，斧柄的式样就近在眼前。'握着斧柄砍削斧柄，应该说不会出现什么差异，但如果你斜眼看过去，还是会发现存在很大的差异。所以，君子总是会依据不同人的实际情况作为法则，采取不同的办法进行治理，只要他可以改正错误实行大道就可以了。一个人做到忠恕，尽己之心推己及人，离道也就接近了。什么是忠恕呢？自己不愿意去做的事，也不会强加给别人。"

"君子的道一共有四项，我孔丘连其中的一项也没能做到：身为儿子应该为父亲做到的，我没能做到；作为臣民应当为君王做到的，我没能做到；身为弟弟应当为哥哥做到的，我没能做到；身为朋友应当做到的，我没能做到。平时的德行通过努力实践，平常的言谈要尽可能谨慎。德行的实践有不足之处，不敢不勉励自己去进行努力；言谈却不敢放肆而没有顾忌。说话符合自身行为，行为符合自己所讲过的话，这样的君子为何还会不忠厚诚实呢？"

君子素其位而行，不愿乎其外。素富贵，行乎富贵；素贫贱，行乎贫贱；素夷狄，行乎夷狄；素患难行乎患难，君子无入而不自得焉。在上位不陵下，在下位不援上，正己而不求于人，则无怨。上不怨天，下不尤人。故君子居易以俟命。小人行险以徼幸。子曰："射有似乎君子，失诸正鹄，反求诸其身。"

译文 君子安于如今所处的地位去实行应做的事，没有出现非分之想。身处富贵的地位，就应当做富贵之人应当去做的事；处于贫贱的状况，就去做贫贱之人应当去做的事；身处边远地区，就该做在边远地区应当去做的事；身处患难之中，就做在患难当中应当去做的事。君子守道安分，无论处于什么情况下，都应当是安然自得的。身处上位，不会欺侮处于下位的人；处于下位，不去攀附身处上位的人。端正自己而不去苛求别人，这样就不会有抱怨了。上不抱怨天，下不抱怨人。所以，君子安居现状应当等候天命的驱使，小人却铤而走险，妄图获取非分的东西。孔子说："君子立身处世犹如射箭一样，射不中正鹄，不去怪靶子不正，只能怪自己箭术不精。"

君子之道，辟如行远必自迩，辟如登高必自卑。《诗》曰："妻子好合，如鼓瑟琴。兄弟既翕，和乐且耽。宜尔室家，乐尔妻孥。"子曰："父母其顺矣乎！"

译文 君子的道路，犹如前往远方必然要从附近出发，犹如登上高山必然要从低矮处开始。《诗经·小雅·常棣》中说："妻子儿女的感情和睦，就犹如弹琴鼓瑟一样和谐。兄弟关系融洽,和顺而快乐。使你的家庭变得美满,使你的妻儿感到幸福。"孔子说："这样,父母也就称心如意了！"

子曰："鬼神之为德,其盛矣乎！视之而弗见,听之而弗闻,体物而不可遗,使天下之人齐明盛服,以承祭祀。洋洋乎,如在其上,如在其左右。《诗》曰：'神之格思,不可度思！矧可射思！'夫微之显,诚之不可揜,如此夫。"

译文 孔子说："鬼神的性情德行实在是盛大啊！想看它们却看不到,想听它们讲什么也听不见,但它却体现在万物当中,无法被遗忘。天下的人都在斋戒净心,穿着庄重而整齐的服装前去祭祀它,鬼神的灵气无所不在啊,犹如在我们的头上,似乎就在我们的旁边。《诗经·大雅·抑》中说：'神的降临,不可揣测,怎能怠慢不敬呢？'鬼神的事从隐微到显著,真实的东西就是这样无法掩盖！"

子曰："舜其大孝也与！德为圣人,尊为天子,富有四海之内。宗庙飨之,子孙保之。故大德必得其位,必得其禄。必得其名,必得其寿,故天之生物,必因其材而笃焉。故栽者培之,倾者覆之。《诗》曰：'嘉乐君子,宪宪令德。宜民宜人,受禄于天,保佑命之,自天申之。'故大德者必受命。"

译文 孔子说："舜真是个继承先人之志的人啊！他的品德使其成为圣人,被百姓尊为天的儿子,并由此拥有四海的财富。宗庙当中供奉祭祀的贡品,都要有他一份,后世的祭祀永远不绝。所以大的德行,必然会得到应得的地位与名誉,必然得到相应的福禄,必然会得到应有的长寿。所以上天生育万物,必然会因为生物的本质属性忠实笃厚而予以厚施得以生育。所以,能栽种的就去培养,彼此依倚着的就将其倾覆翻转。《诗经》上说：'高雅欢乐的君子啊,效法那从上到下的规律有光明的美德,适宜于民众,适宜于百姓,从上天接受福禄。保护佑助而给他重要的命令,这是上天所表述的啊。'所以,掌握大德的人,必然会接受来自上天的命令而做天子。"

子曰："无忧者,其惟文王乎！以王季为父,以武王为子,父作之,子述之。武王缵大王、王季、文王之绪,壹戎衣而有天下。身不失天

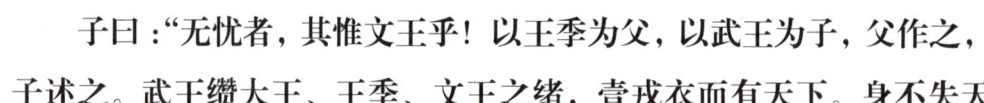

下之显名，尊为天子，富有四海之内。宗庙飨之，子孙保之。武王末受命，周公成文、武之德，追王大王、王季，上祀先公以天子之礼。斯礼也，达乎诸侯大夫，及士庶人。父为大夫，子为士，葬以大夫，祭以士。父为士，子为大夫，葬以士，祭以大夫。期之丧，达乎大夫。三年之丧，达乎天子。父母之丧，无贵贱，一也。"

译文 孔子说："古代帝王当中无忧无虑的人，大概仅有周文王吧！因为他拥有贤明的王季作为父亲，有英勇的武王作为儿子，父亲王季为他开创了大周基业，儿子周武王继承其遗志，完成了他没能完成的事业。武王继续着太王、王季、文王没能完成的功业，灭掉了殷，执掌天下。周武王这种以下伐上的正义行为，不但没使他失去显赫于天下的美名，反而被天下人尊奉为天子，掌握天下的财富，世代在宗庙当中享受祭祀，子孙永葆祭祀不绝。周武王直到晚年才接受上天之命而为天子，因此他还有许多没能来得及去完成的事情。武王死后，周公辅助成王才成就文王与武王的德业，追封太王、王季为王，用天子的礼制来祭祀祖先，并且将这种礼制一直实行到诸侯、大夫一级，还有士人和庶人中间。周公制定的礼节规定：假如父亲是大夫，儿子是士的，父亲死后就要按照大夫的礼制予以安葬、按士的礼制进行祭祀。假如父亲是士，儿子是大夫的，父死要按照士的礼制予以安葬，按照大夫的礼制进行祭祀。旁系亲属守丧一周年，是大夫的礼制，直系亲属守丧三年整，就只有天子才能这样做。至于给父母守丧本身没有贵贱之分，天子与庶人都是同样的。"

子曰："武王、周公，其达孝矣乎！夫孝者，善继人之志，善述人之事者也。春秋修其祖庙，陈其宗器，设其裳衣，荐其时食。宗庙之礼，所以序昭穆也。序爵，所以辨贵贱也。序事，所以辨贤也。旅酬下为上，所以逮贱也。燕毛，所以序齿也。践其位，行其礼，奏其乐，敬其所尊，爱其所亲，事死如事生，事亡如事存，孝之至也。郊社之礼，所以事上帝也。宗庙之礼，所以祀乎其先也。明乎郊社之礼、禘尝之义，治国其如示诸掌乎！"

译文 孔子说："周武王与周公都是天下通称最守孝道的人啊！这里所说的孝道，就是善于继承先人遗志，善于继续先人没有完成的功业。在春秋两季的祭祀时，修整祖宗庙宇，陈列祭祀器具，摆设先王留下的衣裳，进献祭祀的应时的鲜美食品。按照宗庙祭祀的礼制与规格，将父子、长幼、亲疏的次序排列好；将官职、爵位的次序排列出来，就可以把贵贱区分清楚；在众人劝酒时将执事职位的次序排列好，就可以将才能的高低分清楚；晚辈必须率先向长辈举杯，这样祖先的恩惠就可以泽及晚辈，宴饮时按照头发的颜色来决定宴席的座次，这样就能让老小长幼的秩序井然。站在合适的位置上，举行先王流传下来的祭礼，演奏先王时代的音乐，尊敬先祖所尊敬的，爱戴先祖所爱戴的。侍奉死去的人犹如侍奉活人一样；侍奉亡故的人就好像侍奉还生存着的人一样，这才是孝的至高境界。制定祭祀天地的礼节，是用来侍奉皇天与后土的；制定宗庙的礼仪，是用于祭祀祖先的。清楚了祭天地的礼节，大祭小祭的意义，那么治理天下国家的道理，也就犹如看着自己手掌上的东西那样明白啊！"

哀公问政。子曰："文武之政，布在方策。其人存，则其政举；其人亡，则其政息。人道敏政，地道敏树。夫政也者，蒲卢也。故为政在人，取人以身，修身以道，修道以仁。仁者人也。亲亲为大；义者宜也。尊贤为大。亲亲之杀，尊贤之等，礼所生也。（在下位不获乎上，民不可得而治矣。）故君子不可以不修身；思修身，不可以不事亲；思事亲，不可以不知人，思知人，不可以不知天。"

译文 鲁哀公询问政务。孔子说："周文王、周武王的政事全都被记载在典籍上。他们在世时，这些政事就得以实施；他们去世了，这些政事也就随之废弛了。治理人的途径是去勤于正事推行快速；治理地的途径是多种树木使之快速生长。政事犹如芦苇一样，完全取决于任用什么人。所以为政道在于得到合适的人才，要得到合适的人在于修养自身，修养自身在于遵循天地大道，遵循大道应当从仁义做起。仁即为爱人，亲爱亲族就是最大的仁。义就是事事处理得宜，尊重贤人为最大的义。（至于亲爱亲族要分清楚亲疏，尊重贤人要有等级，这全都是礼的要求。）所以，君子必须修养自己。要修养自己，就必须侍奉亲族；要侍奉亲族，必须尊贤爱人；要尊贤爱人，不能不清楚天理。"

天下之达道五，所以行之者三。曰：君臣也，父子也，夫妇也，昆弟也，朋友之交也，五者天下之达道也。知，仁，勇，三者天下之达德也，所以行之者一也。或生而知之，或学而知之，或困而知之，及其知之，一也。或安而行之，或利而行之，或勉强而行之，及其成功，

一也。子曰："好学近乎知，力行近乎仁，知耻近乎勇。知斯三者，则知所以修身；知所以修身，则知所以治人；知所以治人，则知所以治天下国家矣。"

译文 天下通达的大道有五种，能够行使功夫的有三种。这就是：君与臣、父与子、夫与妇、兄与弟、朋友之间这五种关系。这五种关系，全都是天下通达的道路。知人、爱人、勇敢这三种，即天下通达的规律和德行。为什么要这样做，其实是同样的道理。或许有生下来就能得知的，或者是通过学习而得知的，或者是经过困难的磨炼才能得知的，但终能知道这就是一样的道理。或者从容安然去实行，或者追求利益前去实行，或者勉强自己去实行。但一等到成功的时候却都是一样，为什么这样做，其实是同样的道理。孔子说："爱好学习就可以接近知识，尽力就能接近仁爱，知道羞耻就接近于勇敢。知道了这三种情况，就知道了为什么应当修养自身，知道了为何要修养自身，就清楚为何要治理百姓；知道了为何去治理百姓，就知道了为何要治理天下、国家的道理了。

凡为天下国家有九经，曰：修身也，尊贤也，亲亲也，敬大臣也，体群臣也，子庶民也，来百工也，柔远人也，怀诸侯也。修身则道立，尊贤则不惑，亲亲则诸父昆弟不怨，敬大臣则不眩，体群臣则士之报礼重，子庶民则百姓劝，来百工则财用足，柔远人则四方归之，怀诸侯则天下畏之。齐明盛服，非礼不动。所以修身也；去谗远色，贱货而贵德，所以劝贤也；尊其位，重其禄，同其好恶，所以劝亲亲也；官盛任使，所以劝大臣也；忠信重禄，所以劝士也；时使薄敛，所以劝百姓也；日省月试，既禀称事，所以劝百工也；送往迎来，嘉善而矜不能，所以柔远人也；继绝世，举废国，治乱持危。朝聘以时，厚往而薄来，所以怀诸侯也。凡为天下国家有九经，所以行之者一也。

译文 凡是治理天下及国家的道理一共有九条原则：修养自身，尊崇贤人，友爱亲族，敬重大臣，体恤群臣，爱民如子，招纳工匠，优待远客，安抚诸侯。修养自身就可以确立正道；尊崇贤人就不会思想出现困惑；友爱亲族就不会导致叔伯兄弟出现怨恨；敬重大臣就不会遇事举止失措；体恤群臣，富有才智的士人们就会竭力进行报效；爱民如子，老百姓就会对其忠心耿耿；招纳工匠，财物就会变得充足；优待远客，四方百姓就会前来归顺；安抚诸侯，天下的人都会感到敬畏。犹如斋戒般净心虔诚，穿着庄重而整齐的服装，不符合礼仪的事坚决不去做，这是为了增强自身的修养；驱除小人，疏远女色，看轻财物而重视德行，这都是尊崇贤人的方法；提高亲族的地位，给予他们丰厚的俸禄，同情他的爱好与厌恶，这是为了友爱亲族；让众多的官员能够供其使用，这是敬重大臣的方法；真心诚意地任用他们，并给他们以较多的俸禄，这是体恤群臣的方法；使用民役而不耽误农时，少收赋税，这是能够爱民如子的方法；经常视察考核，按劳支付酬劳，这是招纳工匠的方法；来时欢迎，去时欢送，嘉奖有才能之士，救济有困难的人，这是为了优待远客；延续绝嗣的家族，复兴被灭亡的国家，治理祸乱，扶持危难，按时接受诸侯朝见，赠送丰厚的礼物，收纳菲薄的礼物，这是为了安抚诸侯。总而言之，治理天下与国家总共有九条原则，但实行这些原则的道理全都是一样的，只是一个"诚"字罢了。

凡事豫则立，不豫则废。言前定，则不跲，事前定，则不困，行前定，则不疚，道前定，则不穷。在下位不获乎上，民不可得而治矣。获乎上有道，不信乎朋友，不获乎上矣。信乎朋友有道：不顺乎亲，不信乎朋友矣。顺乎亲有道：反诸身不诚，不顺乎亲矣。诚身有道：不明乎善，不诚乎身矣。诚者，天之道也；诚之者，人之道也。诚者不勉而中，不思而得，从容中道，圣人也。诚之者，择善而固执之者也。

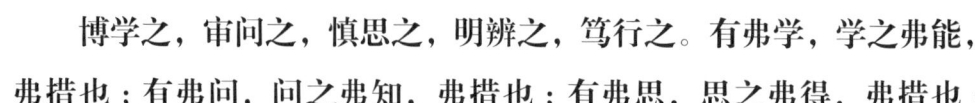 任何事情，事先有预备就能成功，没有预备就会招致失败。说话先有预备，就不会说出的理由站不住脚而被打断；做事先有预备，就不会受到挫折；行为先有预备，就不会事后后悔；道路预先选定，就不会出现走投无路的情况。身居下位的人，如果无法得到居上位的人信任，就不可能治理好百姓。得到居上位的人信任是有办法的：得不到朋友的信任，就无法得到居上位的人的信任；得到朋友的信任是有办法的：不孝顺父母就无法得到朋友的信任；孝顺父母有办法：自己不真诚地反省自身就无法孝顺父母；使自己真诚是有办法的：不清楚什么是善就不能让自己真诚。真诚，是上天的准则；追求真诚，是做人的原则。天生真诚的人，不必勉强就可以做到，不用思考就可以拥有，自然而然地符合上天的准则，这样的人是圣人。

博学之，审问之，慎思之，明辨之，笃行之。有弗学，学之弗能，弗措也；有弗问，问之弗知，弗措也；有弗思，思之弗得，弗措也；

有弗辨，辨之弗明，弗措也；有弗行，行之弗笃，弗措也。人一能之己百之，人十能之己千之。果能此道矣。虽愚必明，虽柔必强。

译文 努力做到真诚，就要选择至善美好的目标去进行执着追求：广泛学习，详细咨询，周密思考，明确辨别，切实去进行实行。要么不学，学了就必须学会；要么不问，问了就必须弄懂；要么不想，想了就要想通；要么不去分辨，分辨就要分辨清楚明确；要么不去实行，实行了就必须有成效才能罢休。别人用一分的努力就可以做到的，我用一百分的努力去进行；别人用十分的努力做到的，我要用一千分的努力去做。如果真能做到这样，就算是愚笨的人也一定能聪明起来，虽然柔弱也必然可以刚强起来。

自诚明，谓之性。自明诚，谓之教。诚则明矣，明则诚矣。

译文 真诚而自然明确的道理，称为天性；由明白道理之后做到真诚，称为人为的教育。真诚也就能够自然明白道理，明白道理后也就能够达到真诚。

唯天下至诚，为能尽其性；能尽其性，则能尽人之性；能尽人之性，则能尽物之性；能尽物之性，则可以赞天地之化育；可以赞天地之化育，则可以与天地参矣。

译文 只有天下极为真诚的人可以充分发挥出其本性；能够充分发挥其本性，就可以充分发挥众人本性；可以充分发挥大家的本性，就能充分发挥万物本性；可以充分发挥万物的本性，就能帮助天地培育出生命；能帮助大地培育出生命，就可以与天地并列为三了。

其次致曲。曲能有诚，诚则形，形则著，著则明，明则动，动则变，变则化。唯天下至诚为能化。

译文 要比圣人次一等的贤人不能如圣人完全尽其本性，对某一方面进行努力也能做到真诚。做到真诚就可以表现出来，表现出来就能够逐渐显著，显著了就得以发扬光大，发扬光大就能够感动他人，感动他人就可以引发转变，引发转变就可以化育万物。只有天下最真诚的人才能化育万物。

至诚之道，可以前知。国家将兴，必有祯祥；国家将亡，必有妖孽。见乎蓍龟，动乎四体。祸福将至，善，必先知之；不善，必先知之。故至诚如神。

译文 真诚到达极致，能够预知未来的事情。国家将会兴旺，必然会出现吉祥的征兆；国家即将衰亡，必然出现不祥的异兆。呈现到蓍草龟甲上，表现在手足动作上。祸福将要来临的时候，是福可以预知，是祸也能预知。所以真诚到极致就犹如神灵般微妙。

诚者自成也，而道自道也。诚者物之终始，不诚无物。是故君子诚之为贵。诚者非自成己而已也，所以成物也。成己，仁也；成物，知也。性之德也，合外内之道也，故时措之宜也。

译文 真诚是能自我成就、完善的要件，道是自然而然就运行起来的道路。真诚是事物的开端与归宿，没有真诚也就没有事物。因此君子以真诚为贵。不过，真诚并非自我完善就可以了，而是还要完善其他事物。自我完善为仁，完善其他事物为智。仁与智是出自本性的德行，是融合自身及外物的准则，所以任何时候施行都是适宜的。

故至诚无息。不息则久，久则征；征则悠远，悠远则博厚，博厚则高明。博厚，所以载物也；高明，所以覆物也；悠久，所以成物也。博厚配地，高明配天，悠久无疆。如此者，不见而章，不动而变，无为而成。

译文 所以，真诚的极致是没有止境的。没有止境就能保持长久，保持长久就能够显露出来。显露出来就可以悠远，悠远就能广博深厚，广博深厚就可以高大光明。广博深厚的作用为承载万物；高大光明的作用为覆盖万物；悠远长久的作用为生成万物。广博深厚能与大地相比，高大光明能与天空相比，悠远长久则永无止境。达到如此境界的作用，不显示也会明显，不活动也会有改变，无所作为也能有所成就。

天地之道，可一言而尽也。其为物不贰，则其生物不测。天地之道：博也，厚也，高也，明也，悠也，久也。今夫天，斯昭昭之多，及其无穷也，日月星辰系焉，万物覆焉。今夫地，一撮土之多，及其广厚，载华岳而不重，振河海而不泄，万物载焉。今夫山，一卷石之多，及其广大，草木生之，禽兽居之，宝藏兴焉。今夫水，一勺之多，及其不测，鼋鼍蛟龙鱼鳖生焉，货财殖焉。

译文 天地的法则，简直能够用一个"诚"字予以概括：造物者诚一不二，因此生育出的万物多到不可估量。天地的法则，即广博、深厚、高大、光明、悠远、长久。今天我们所说的天，本来不过是由一点点的光明累积起来的，可等到它无边无际时，日月星辰都依靠它维系，世界万物都靠它来覆盖。今天我们谈到的地，原本只是由一撮撮土聚积起来的，可等到它广博而深厚时，承载如华山般的崇山峻岭也不会感到重，容纳那众多的江河湖海，水也不会外溢，世间万物都由它来承载。如今我们所说到的山，本来只是由拳头大的石堆积起来的，可等到它变得高大时，草木都在上面生长，禽兽在上面栖息，宝藏在当中贮藏。今天我们所说的水，原本只是一勺勺聚积起来的，可等到它变得浩瀚无涯时，蛟龙鱼鳖等都在当中生长，珍珠、珊瑚等富有价值的东西都在其中滋生。

《诗》曰："维天之命，於穆不已！"盖曰天之所以为天也。"於乎不显，文王之德之纯！"盖曰文王之所以为文也，纯亦不已。

译文 《诗经·周颂·维天之命》中提到："料想天道的运行，多肃穆啊，而且永不停息！"这是说天之所以成为天的道理吧。此诗又说："啊！多宏大而显赫啊，文王的道德是如此纯正！"这大体上说的是文王会被称之为文王的道理，他的纯正是没有止息的。

大哉！圣人之道洋洋乎！发育万物，峻极于天。优优大哉！礼仪三百，威仪三千。待其人然后行。故曰：苟不至德，至道不凝焉。故君子尊德性而道问学。致广大而尽精微。极高明而道中庸。温故而知新，敦厚以崇礼。是故居上不骄，为下不倍；国有道，其言足以兴；国无道，其默足以容。《诗》曰："既明且哲，以保其身。"其此之谓与！

译文 伟大啊，圣人之道！浩瀚无边，生养万物，与天同样崇高。充足有余而又伟大，礼仪三百条，威仪三千条。这些都有待圣人加以实行。所以说，假如没有非常高的德行，就不能成就极高的道。因此，君子尊崇道德修养而追求知识与学问；使德行和学问达到广博境界，同时能够钻研其中精微之处；洞察一切，又能尊奉中庸之道；温习现有的知识从而获得新知识；充厚自身的纯一心志诚心诚意地崇奉礼节。所以，身居高位而不能骄傲，身在低位而不会悖逆。国家政治清明的时候，他的言论足以振兴国家；国家政治黑暗的时候，他的沉默足以保全自身。《诗经·大雅·烝民》说："既明智又能够通达事理，足以保全自身。"大体上说的就是这层意思。

子曰："愚而好自用，贱而好自专，生乎今之世，反古之道：如此者，栽及其身者也。"非天子，不议礼，不制度，不考文。今天下车同轨，书同文，行同伦。虽有其位，苟无其德，不敢作礼乐焉；虽有其德，苟无其位，亦不敢作礼乐焉。子曰："吾说夏礼，杞不足征也。吾学殷礼，有宋存焉。吾学周礼，今用之，吾从周。"

译文 孔子说："愚昧却喜好自以为是，卑贱却喜好独断专行。生活在现在的时代却一心想恢复古代的制度。这样做，灾祸必然会降临到自己身上。"不是天子就不要议定礼仪，不要去制定法度，不要考订文字的规范。如今，天下车子的轮距相一致，文字的字体统一，行为法度伦理道德相同。尽管拥有着相应的地位，如果没有相应的德行，是无法制定礼乐制度的；尽管有相应的德行，如果没有相应的地位，也不敢制作礼乐制度。孔子说："我谈论夏朝的礼制，夏朝的后裔杞国已经不足以验证它；我去学习殷朝的礼制，殷的后裔宋国还残留着它，但是宋国所行的，已证明不合当时之用；我学习周朝的礼制，今天依旧在使用，纵有可议之处，但我不在其位，因此我遵从周朝的社会行为规范。

王 天下有三重焉，其寡过矣乎！上焉者虽善无征，无征不信，不信民弗从；下焉者虽善不尊，不尊不信，不信民弗从。故君子之道：本诸身，征诸庶民，考诸三王而不缪，建诸天地而不悖，质诸鬼神而无疑，百世以俟圣人而不惑。质诸鬼神而无疑，知天也；百世以俟圣人而不惑，知人也。是故君子动而世为天下道，行而世为天下法，言而世为天下则。远之则有望，近之则不厌。《诗》曰："在彼无恶，在此无射。庶几凤夜，以永终誉！"君子未有不如此而蚤有誉于天下者也。

译文 治理天下做好制定礼仪、法度，考订文字规范这三件重要的大事，也就没有什么大过失了吧！在上者夏商时代的制度尽管好，但假如没有验证的话，就无法使人信服,无法使人信服,老百姓就不会去听从。在下者如孔子这样身居下位的人,尽管行为很好,但由于缺乏尊贵的地位,也无法使人信服,无法使人信服,老百姓就不会听从他。因此,君临天下君子治理天下应当以自身德行作为根本,并从老百姓那里获取验证。考察夏、商、周三代先王的做法,而没有悖谬,站立于天地之间而毫无悖乱,质询鬼神而没有疑惑,百世之后,等到圣人出现也没有什么无法理解的地方。质询于鬼神而没有疑惑,这是知道合乎天理了,百世之后等到圣人出现也没有什么无法理解的地方,这是清楚人的情理了。所以君子的举止可以世世代代成为天下的先导,行为能世代成为天下之法度,语言可以世代成为天下的准则。在远方也有着威望,在近处也不会让人产生厌恶。《诗经·周颂·振鹭》上说:"在那里没有人憎恶,在这里没有人厌烦,日日夜夜操劳啊,为了保全美好的名望。"君子没有不这样做而可以在天下间及早获得名望的。

仲尼祖述尧舜,宪章文武,上律天时,下袭水土。辟如天地之无不持载,无不覆帱,辟如四时之错行,如日月之代明。万物并育而不相害,道并行而不相悖,小德川流,大德敦化,此天地之所以为大也。

译文 孔子继承了尧舜的品行,以文王、武王为典范,在上遵循天时,在下符合地理。犹如天地那样,没有什么东西不承载,没有什么东西不覆盖。又犹如四季交错运行,日月的交替光明。万物共同生长而不彼此妨害,道路同时并行而彼此不冲突。小的德行则协力分工犹如河水般长流不息,大的德行使得万物敦厚淳朴,根本盛大,达于无穷无尽。这就是天地的伟大之处啊!

唯天下至圣,为能聪明睿知,足以有临也;宽裕温柔,足以有容也;发强刚毅,足以有执也;齐庄中正,足以有敬也;文理密察,足以有别也。溥博渊泉,而时出之。溥博如天,渊泉如渊。见而民莫不敬,言而民莫不信,行而民莫不说。是以声名洋溢乎中国,施及蛮貊。舟车所至,人力所通,天之所覆,地之所载,日月所照,霜露所队,凡有血气者,莫不尊亲,故曰配天。

译文 只有天下那周密而又周到的圣人,才能称得起是明察事理,清楚道理,通达明智,富有智慧,才足以有统治、管理的能力。只有度量宽宏,知识充足,温文儒雅,温柔待人,才会有足够容纳万物的胸怀。只有可以阐明,强大,刚健,有毅力,才足以拥有保持正道的能力。只有平等、端庄、守中、执正，才足以拥有令人尊敬的地方。只有文明、理智、严密、明察，才足以获得区别的能力。他犹如普遍而广博的水潭与泉水，时常出现于大地之上，其普遍而广博宛如天空，水潭、泉水有如大气。他的外在容仪，百姓没有人会不尊敬，他的话语，百姓没有谁会不相信，他的行为，百姓没有谁会不喜悦。所以圣人的名声传扬在中华大地之上，并传播到边远的少数民族区域；凡是船与车辆所到达的地方，凡是人们所能走通的地方，凡是天空能覆盖的地方，凡是大地可以承载的地方，凡是太阳、月亮可以照耀到的地方，凡是霜与露坠落下来的地方，凡是有血气的人，没有不去尊敬他的，所以说圣人能够与天相匹配。

唯天下至诚，为能经纶天下之大经，立天下之大本，知天地之化育。夫焉有所倚？肫肫其仁！渊渊其渊！浩浩其天！苟不固聪明圣知达天德者，其孰能知之？

译文 只有天下那周密而周到的诚信，可以成为治理天下的最高典范，树立起天下间最为根本的法则，知道天地间的变化与生育状况，这哪里有什么能够依靠的呢？恳切真诚就是彼此亲爱，他的沉静深不可测，回旋往复便是供万物生存的大气层，浩瀚广博，与天平齐。如果不坚定专一地去明察事理，明白道理，就会通达明智，有智慧，可以通达于上天规律的人，有谁可以知道的呢？

《诗》曰："衣锦尚绷（jiǒng）。"恶其文之著也。故君子之道，阇然而日章；小人之道，的然而日亡。君子之道，淡而不厌，简而文，温而理，知远之近，知风之自，知微之显，可与入德矣。

译文 《诗经·卫风·硕人》里说："身穿锦缎，但还要在外面穿一件麻布罩衫。"这是厌恶锦缎的花纹太过于鲜明了。所以，君子的道路，看似暗淡，却日益彰明；小人的道路，看似显著，却日益趋于衰亡。君子的道路，平淡但却不会让人厌烦，简单而不失文雅，温和而不失条理性，知道到达远方是从近处开始，知道风云是从何处出现，知道细微的可以转化为明显的，这样就能够进入与天地同德的境界了。

《诗》云："潜虽伏矣，亦孔之昭！"故君子内省不疚，无恶于志。君子之所不可及者，其唯人之所不见乎！《诗》云："相在尔室，尚不愧于屋漏。"故君子不动而敬，不言而信。《诗》曰："奏假无言，时靡

有争。"是故君子不赏而民劝，不怒而民威于鈇钺。

译文 《诗经·小雅·正月》当中说："虽然潜伏在水底，但也可以被洞察得很清楚。"所以君子内心审视自身而不会感到愧疚，不会羞愧于自身志向。君子做不到的地方，也是人们根本无法看到的地方。《诗经·大雅·抑》当中提及："看你独自在家里，不会羞愧于心。"所以君子不行动也会相当恭敬，不言说也会有所信任。《诗经·商颂·烈祖》上提及："祭祀时心中默默祈祷，此时肃穆无言而没有争执。"所以君子不报偿于天地，而百姓也会互相勉励自己，不发怒而百姓也会惧怕于刑器。

《诗》曰："不显惟德！百辟其刑之。"是故君子笃恭而天下平。《诗》云："予怀明德，不大声以色。"子曰："声色之于以化民，末也。"《诗》曰："德輶如毛。"毛犹有伦。"上天之载，无声无臭。"至矣！

译文 《诗经·周颂·烈文》上说："极尽盛大地彰显、弘扬天子的德行，诸侯们都会以此作为典范。"所以君子忠厚笃实，恭敬而天下为之平定。《诗经·大雅·皇矣》提及："我怀念文王的美德感化人民，他从来不会疾言厉色。"孔子说："用疾言厉色来教化百姓，是像枝末一样的本领。"《诗经·大雅·烝民》上说："德行如鸿毛。"就算鸿毛也是有行迹可寻的。"上天承载的万物行四时化育万民，没有声音也没有味道。"这才是至高境界啊！

《论语》精华

学而篇第一

一

子曰："学而时习之，不亦说乎？有朋自远方来，不亦乐乎？人不知而不愠(yùn)，不亦君子乎？"

译文 孔子说："学习了知识之后，能够按照一定的时间去温习它，不是也能感到很高兴吗？有同一师门的同学从远方来到这里，不也能感到非常快乐吗？别人不了解我，我却不生气，不也是一位具有教养的君子吗？"

二

有子曰："其为人也孝弟(tì)，而好犯上者，鲜(xiǎn)矣；不好犯上，而好作乱者，未之有也。君子务本，本立而道生。孝弟也者，其为仁之本与！"

译文 有子说："假如一个人他的为人可以孝顺父母、尊敬兄长，却喜欢触怒上级，这种人是非常罕见的；不喜欢触犯上级，却喜欢造反作乱，从来没出现过这种人。君子专心致志于最为基础的工作，基础的东西树立起来了，道也就由此产生了。孝顺父母、尊敬兄长，这应当是仁的基础吧！"

十六

子曰："不患人之不己知，患不知人也。"

译文 孔子说："不担心别人不能了解我；我担心的是自己无法了解别人。"

为政篇第二

一

子曰："为政以德，譬如北辰，居其所而众星共(gǒng)之。"

译文 孔子说："用道德来治理国政，自己就会像北极星一般，处于自己的位置之上，其他的众多星辰都围绕它进行转动。"

四

子曰："吾十有五而志于学,三十而立,四十而不惑,五十而知天命,六十而耳顺,七十而从心所欲,不逾矩。"

译文 孔子说："我十五岁时,有志于学习知识。三十岁时,就可以自立了。四十岁时,因为掌握了各种知识和道理而不再感觉迷惑了。到了五十岁,我明白了什么是天命。六十岁,凡是我所能听到的一切,都可以明白贯通、泰然对待,都可以分辨真伪,明辨是非了。到了七十岁,我就可以随心所欲,任何想法也都不会越出规矩了。"

八

子夏问孝。子曰："色难。有事,弟子服其劳;有酒食,先生馔,曾是以为孝乎?"

译文 子夏向孔子请教什么是孝道。孔子说："子女在父母面前经常可以和颜悦色,是一件很不容易的事。遇到事情,由年轻人去效劳;有美酒佳肴,让年长的人先吃喝,仅仅是这样,难道这就可以认为是孝道了吗?"

●孔子乘辂图

八佾篇第三

一

孔子谓季氏："八佾舞于庭,是可忍也,孰不可忍也?"

译文 孔子谈论季氏时说:"他在自己家的庭院当中使用了六十四人奏乐舞蹈,这种事他都能忍心干出来,还有什么事是他不忍心做出来的呢?"

十九

定公问:"君使臣,臣事君,如之何?"孔子对曰:"君使臣以礼,臣事君以忠。"

译文 鲁定公问："君主命令臣子，臣子侍奉君主，各自该怎样去做呢？"孔子回答："君主应该按照礼节来命令臣子，臣子应该忠心地侍奉君主。"

二十

子曰："《关雎》，乐而不淫，哀而不伤。"

译文 孔子说："《关雎》这首诗，欢乐而不放荡，悲哀但不伤感。"

里仁篇第四

二

子曰："里仁为美。择不处仁，焉得知？"

译文 孔子说："人所住的地方有仁道才是最好的。如果择身所居而没有仁德，怎能称得上是聪明呢？"

五

子曰："富与贵，是人之所欲也；不以其道得之，不处也。贫与贱，是人之所恶也；不以其道得之，不去也。君子去仁，恶乎成名？君子无终食之间违仁，造次必于是，颠沛必于是。"

译文 孔子说："财富与官位，这是人人都想要的事，但如果不能用正当的途径去获取富贵，君子是不会接受这种富贵的。贫困与低贱，这是人人都厌恶的事，但如果不能用正当的方法去摆脱贫贱，君子是不会摆脱这种贫贱的。假如君子抛弃了仁德，又怎能去成就他的名声呢？君子没有哪怕吃完一顿饭的时间会去背离仁德，就是在匆促急遽时一定依旧与仁同在，颠沛流离之时也同样与仁同在。"

十七

子曰："见贤思齐焉，见不贤而内自省也。"

译文 孔子说："见到贤人，应该想着向他看齐；见到不贤的人，就应当自己去反省，看有没有与他一样的问题。"

十九

子曰："父母在，不远游，游必有方。"

译文 孔子说："父母还在世时，孩子不能出门远行。如果不得已必须远行，也必须有一定的方向，安顿好父母之后再走。"

公冶长篇第五

十五

子贡问曰："孔文子何以谓之'文'也？"子曰："敏而好学，不耻下问，是以谓之文也。"

译文 子贡问道："孔文子依靠什么获得'文'的谥号？"孔子说："他聪敏灵活又爱好学问，不以请教比他学问低的人为耻，这就是他之所以能得到'文'的谥号的原因。"

二十六

颜渊、季路侍。子曰："盍各言尔志？"子路曰："愿车马、衣轻裘与朋友共，敝之而无憾。"颜渊曰："愿无伐善，无施劳。"子路曰："愿闻子之志。"子曰："老者安之，朋友信之，少者怀之。"

译文 孔子端坐，颜渊、子路侍立在旁边。孔子说："你们为什么不各自来说一说自己的志向呢？"子路说："我愿意将自己的车马、衣服、皮袍与朋友们共同分享，就算损坏了也没什么不满。"颜渊说："我愿望不去夸耀自己的好处，不去表明自己的功劳。"子路对孔子说："我们希望能听听先生您的志向。"孔子说："我的志向是，对老年人能使他安逸，对朋友能使他信任我，对少年可以使他怀念我。"

雍也篇第六

八

季康子问："仲由可使从政也与？"子曰："由也果，于从政乎何有？"曰："赐也可使从政也与？"曰："赐也达，于从政乎何有？"曰：

"求也可使从政也与？"曰："求也艺，于从政乎何有？"

译文 季康子问孔子："仲由这人，能够让他来治理政事吗？"孔子说："仲由做事果断，让他治理政事有什么困难呢？"季康子又问："端木赐可以让他来治理政事吗？"孔子说："端木赐这个人非常通达，让他治理政事又有什么困难呢？"季康子继续问："冉求可以让他来治理政事吗？"孔子说："冉求这个人多才多艺，让他治理政事有什么困难吗？"

十二

子曰："贤哉，回也！一箪食，一瓢饮，在陋巷，人不堪其忧，回也不改其乐。贤哉，回也！"

译文 孔子说："颜回是多么的贤良啊！食不过是一竹筐饭，饮不过是一瓜瓢水，住在小巷当中，别人都无法忍受他的那种愁苦，颜回却不会改变他的自得其乐。颜回是个多么有修养的人啊！"

述而篇第七

二十二

子曰："三人行，必有我师焉。择其善者而从之，其不善者而改之。"

译文 孔子说："几个人一同走路，其中一定有能在某方面足以当我老师的人。我选取他们的优点而去学习，根据他们的缺点而改正自身。"

三十七

子曰："君子坦荡荡，小人长戚戚。"

译文 孔子说："君子心地坦荡宽广，小人却通常局促忧戚。"

泰伯篇第八

九

子曰："民可使由之，不可使知之。"

译文 孔子说："对于百姓，可以让他们遵照着我们的意志去做，却不能让他们知道那是为什么。"

十四

子曰："不在其位，不谋其政。"

译文 孔子说："不身处于这个职位上，就不要考虑这个职位上的事务。"

子罕篇第九

一

子罕言利与命与仁。

译文 孔子很少主动谈论功利、命运及仁德。

十七

子在川上曰："逝者如斯夫！不舍昼夜。"

译文 孔子在河边感叹说："逝去的时光就和这河水一样啊！日夜不停地流逝。"

二十六

子曰："三军可夺帅也，匹夫不可夺志也。"

译文 孔子说："一国的军队可以被夺去主帅，平民百姓却不能被逼迫放弃志向。"

乡党篇第十

八

食不厌精，脍（kuài）不厌细。食饐（yì）而餲（ài），鱼馁（něi）而肉败，不食；色恶，不食；臭恶，不食；失饪，不食；不时，不食；割不正，不食；不得其酱，不食。肉虽多，不使胜食气（sì）。唯酒无量，不及乱。沽酒市脯，不食。不撤姜食，不多食。

译文 粮食不嫌做得太精细，鱼和肉不嫌切得很细。粮食放得太久而腐臭，鱼臭肉烂，不可以食用；颜色难看的食物，不可以食用；气味难闻的食物，不可以食用；烹调不当的食物，不可以食用；不合时令的食物，不可以食用；不按照一定的方法切割的食物，不可以食用；没有该加的酱料，不可以食用。肉即使再多，食用时也不能让它超过主食。只有酒不限量，但不可以喝醉。打来的酒、买来的肉干，不能食用。每次进食时必须要有姜，但不可以多吃。

十八

君赐食，必正席先尝之；君赐腥，必熟而荐之；君赐生，必畜之。侍食于君，君祭，先饭。

译文 国君赏赐的熟食，孔子一定端正座席后先尝一点；国君赐给的生肉，一定要煮熟了才能给祖宗上供；国君赐给的活物，一定要养起来。陪同国君一起进食，当国君在进行饭前祭礼的时候，要先为君主尝饭。

先进篇第十一

二

子曰："先进于礼乐，野人也；后进于礼乐，君子也。如用之，则吾从先进。"

译文 孔子说："首先学习礼乐，随后做官，这是未曾受过爵禄的在野人士；首先做官，然后再去学习礼乐，这是卿大夫的子弟。假如我要选用人才，我主张选用首先学习礼乐的人。"

十二

季路问事鬼神。子曰："未能事人，焉能事鬼？"曰："敢问死。"曰："未知生，焉知死？"

译文 子路询问侍奉鬼神的方法。孔子说："还没能侍奉好活人，怎么能想着去侍奉鬼神呢？"子路说："我大胆地请问您如何看待死？"孔子说："还没了解生的道理，怎么能了解死后的事呢？"

二十二

子路问：“闻斯行诸？”子曰：“有父兄在，如之何其闻斯行之？”冉有问：“闻斯行诸？”子曰：“闻斯行之。”公西华曰：“由也问闻斯行诸，子曰，‘有父兄在’；求也问闻斯行诸，子曰，‘闻斯行之’。赤也惑，敢问。”子曰：“求也退，故进之；由也兼人，故退之。”

译文 子路问道：“听说了一件合乎义理的事情就能去实行吗？”孔子说：“有父亲、兄长在世，怎能听说了就去实行呢？”冉有问道：“听说了一件合乎义理的事情就可以实行吗？”孔子说：“听说了就可以实行。”公西华说：“仲由询问是否听说了一件合乎义理的事情就可以实行，老师说‘有父亲、兄长在世’；冉求询问是否听说了一件合乎义理的事情就可以实行，老师说‘听说了就可以实行’。两个人的问题相同，而您的回答却不同，我搞不懂，为此事大胆地向老师请教。”孔子说：“冉求平时做事谦退，所以要促使他大胆地去实践；仲由的胆量仿佛如两个人的那么大，因此要抑制他的行动。”

颜渊篇第十二

一

颜渊问仁。子曰：“克己复礼为仁。一日克己复礼，天下归仁焉。为仁由己，而由人乎哉？”颜渊曰：“请问其目。”子曰：“非礼勿视，非礼勿听，非礼勿言，非礼勿动。”颜渊曰：“回虽不敏，请事斯语矣。”

译文 颜渊询问仁德，孔子说：“约束自身使得言行合乎礼制，这就是仁。一旦可以约束自身，使得言行合乎礼制，天下人就会用仁人来赞美他。成就仁德全凭自身，难道还要依靠他人吗？”颜渊说：“请问仁德的纲目的具体内容。”孔子说：“不合乎礼的事不要去看，不合乎礼的事不要去听，不合乎礼的事不要去说，不合乎礼的事不要去做。”颜渊说：“我虽然迟钝，也要奉行您的这些教导。”

十一

齐景公问政于孔子。孔子对曰：“君君，臣臣，父父，子子。”公曰：“善哉！信如君不君，臣不臣，父不父，子不子，虽有粟，吾得而食诸？”

《论语》精华

齐景公向孔子询问政事。孔子说:"君主要像君主,臣僚要像臣僚,父亲要像父亲,儿子要像儿子。"景公说:"是啊!如果君主不像君主、臣僚不像臣僚、父亲不像父亲、儿子不像儿子,即使拥有粮米,我能够从中得到食物吗?"

十六

子曰:"君子成人之美,不成人之恶。小人反是。"

孔子说:"君子会成就别人的好事,不促成别人的坏事。小人却与此相反。"

子路篇第十三

五

子曰:"诵《诗》三百,授之以政,不达;使于四方,不能专对。虽多,亦奚以为?"

孔子说:"读熟了《诗经》三百篇,将政务交给他却不能办通,派他出使别国却无法独立地去谈判应对。即使读得再多,又有什么用呢?"

十七

子夏为莒父宰,问政。子曰:"无欲速,无见小利。欲速,则不达;见小利,则大事不成。"

子夏担任莒父的长官,询问政事,孔子说:"不要求快,不要只看到小的利益。求快,反而无法达到目的,只看到小利,就无法成就大事。"

二十三

子曰:"君子和而不同,小人同而不和。"

孔子说:"君子可与周围保持和谐融洽而不盲目附和,小人彼此盲目附和而不追求真正的和谐融洽。"

四书五经精华本

○三八

宪问篇第十四

三

子曰："邦有道，危言危行；邦无道，危行言孙^{xùn}。"

译文 孔子说："国家清平，治理有方，话语与行为应当正直；国家无道，行为就要正直，说话则要谦逊谨慎。"

四

子曰："有德者必有言，有言者不必有德。仁者必有勇，勇者不必有仁。"

译文 孔子说："有德行的人一定有自己的主张，有自己的主张的人不一定有德行。仁德的人一定有胆量，有胆量的人不一定有仁德。"

十

子曰："贫而无怨难，富而无骄易。"

译文 孔子说："贫穷而不去抱怨非常困难，富有而不傲慢则较容易。"

●贵黍贱桃

二十三

子曰："君子上达，小人下达。"

译文 孔子说："君子通达于仁义的崇高，小人通达于私利的追求。"

三十四

或曰："以德报怨，何如？"子曰："何以报德？以直报怨，以德报德。"

译文 有人对孔子说："用恩德来回报怨恨，怎么样啊？"孔子说："那用什么来报答恩德呢？应当用正直来回报怨恨，用恩德来回报恩德。"

卫灵公篇第十五

三

在陈绝粮，从者病，莫能兴。子路愠见曰："君子亦有穷乎？"子曰："君子固穷，小人穷斯滥矣。"

译文 孔子在陈国时没有了粮食，随行的人们都饿得站不起来。子路很不高兴地来拜见孔子，说："君子也有陷入穷困的时候吗？"孔子说："君子虽然穷困但仍可以安守，小人穷困就会胡作非为。"

九

子曰："志士仁人无求生以害仁，有杀身以成仁。"

译文 孔子说："志士仁人没有会为了求生而损害仁德的，只会勇于牺牲自身来成全仁德。"

十

子贡问为仁。子曰："工欲善其事，必先利其器。居是邦也，事其大夫之贤者，友其士之仁者。"

译文 子贡询问孔子如何才能做到仁德。孔子说："工匠想要做好他的事情，一定首先使他的工具精良。居住在这个国家里，就要侍奉那些大夫当中的贤者，结交那些士人当中的仁者。"

十二

子曰："人无远虑，必有近忧。"

译文 孔子说："人没有长远的谋虑，一定会有眼前的忧患。"

二十二

子曰："君子求诸己，小人求诸人。"

译文 孔子说："君子律求自身，小人苛求他人。"

二十四

子贡问曰："有一言而可以终身行之者乎？"子曰："其恕乎！己所不欲，勿施于人。"

译文 子贡问道："是否有一句话足以让我们终身奉行的呢？"孔子说："大概是'恕'吧！自己所不想要的事物，不要强加给他人。"

二十七

子曰："巧言乱德。小不忍，则乱大谋。"

译文 孔子说："花言巧语会扰乱德行。小事情不能忍耐，就会扰乱大事。"

三十

子曰："过而不改，是谓过矣。"

译文 孔子说："犯了错而不去改正，这才叫真的错误。"

三十六

子曰："当仁，不让于师。"

译文 孔子说："面对着仁德的事，不可以同老师谦让。"

三十九

子曰："有教无类。"

译文 孔子说："人人都要进行教育，没有哪一类人的分别。"

季氏篇第十六
四

孔子曰："益者三友，损者三友。友直，友谅，友多闻，益矣。友便辟，友善柔，友便佞，损矣。"

译文 孔子说："有益的朋友有三种，有害的朋友也有三种。朋友正直、朋友诚实、朋友见识广博，这些是有益的；朋友阿谀奉承、朋友当面恭维背后毁谤、朋友圆滑善辩，这些是有害的。"

孔子曰："益者三乐，损者三乐。乐节礼乐，乐道人之善，乐多贤友，益矣；乐骄乐，乐佚游，乐宴乐，损矣。"

译文 孔子说："有益的乐趣有三种，有害的乐趣也有三种。以用礼乐来克制自己的行为为乐，以称道他人的长处为乐，以多结交有贤能的朋友为乐，这些是有益的；以骄奢淫乐为乐，以游荡无度为乐，以宴饮荒淫为乐，这些是有害的。"

七

孔子曰："君子有三戒：少之时，血气未定，戒之在色；及其壮也，血气方刚，戒之在斗；及其老也，血气既衰，戒之在得。"

译文 孔子说："君子有三件事情应该警惕和戒备：年轻时，血气还不稳定，对于女色要禁戒；到了壮年，血气正旺盛，对于好勇斗狠要禁戒；到了老年，血气已经衰微，对于贪得无厌要禁戒。"

八

孔子曰："君子有三畏：畏天命，畏大人，畏圣人之言。小人不知天命而不畏也，狎大人，侮圣人之言。"

译文 孔子说："君子有三项敬畏的事：敬畏天命，敬畏王公大人，敬畏有德行之人的言语。小人因为不懂得天命而不敬畏它，轻慢王公大人，轻侮有德之人的话。"

阳货篇第十七

二

子曰："性相近也，习相远也。"

译文 孔子说："人的天性彼此接近，因为经过了后天的传习、教育并不相同，差距就变得很大了。"

六

子张问仁于孔子。孔子曰："能行五者于天下为仁矣。"请问之，曰："恭、宽、信、敏、惠。恭则不侮，宽则得众，信则人任焉，敏则有功，惠则足以使人。"

译文 子张向孔子询问仁。孔子说："可以在天下施行五种德行的人便是仁人了。"子张请教是哪五种德行，孔子说："恭敬、宽厚、诚实、勤敏、慈惠。恭敬就不会受到欺侮，宽厚就可以得到众人的拥护，诚实就能被别人信任，勤敏就有工作效率，慈惠就足以役使他人。"

八

子曰："由也，女闻六言六蔽矣乎？"对曰："未也。""居！吾语女。好仁不好学，其蔽也愚；好知不好学，其蔽也荡；好信不好学，其蔽也贼；好直不好学，其蔽也绞；好勇不好学，其蔽也乱；好刚不好学，其蔽也狂。"

译文 孔子说："仲由啊，你听说过有六种德行便会有六种弊病吗？"子路答道："没有。"孔子说："坐下！我来告诉你。喜好仁德而不喜好学习，那种弊病就是愚昧；喜好耍小聪明而不喜欢学习，那种弊病就是放荡；喜好诚信而不喜欢学习，那种弊病就是受到损害；喜好直率而不喜欢学习，那种弊病就是偏激；喜好勇敢而不喜欢学习，那种弊病就是作乱；喜好刚强而不喜欢学习，那种弊病就是狂妄。"

十二

子曰："色厉而内荏(rěn)，譬诸小人，其犹穿窬(yú)之盗也与？"

译文 孔子说："神色严厉而内心怯弱，如果用小人来进行比喻，就犹如钻墙洞爬墙头进行盗窃的盗贼吧！"

十七

子曰："巧言令色，鲜矣仁。"

译文 孔子说："花言巧语、装出一副和颜悦色的样子的人，仁德就很少了。"

子曰："唯女子与小人为难养也，近之则不孙，远之则怨。"

译文 孔子说："只有女子与小人可以算是很难与之相处的了，亲近了就会放肆无礼，疏远了就会怨恨。"

微子篇第十八

二

柳下惠为士师，三黜。人曰："子未可以去乎？"曰："直道而事人，焉往而不三黜？枉道而事人，何必去父母之邦？"

译文 柳下惠担任典狱官，多次遭到罢免。有人对他说："你不能离去吗？"柳下惠说："以正直的道义来为他人做事，到哪里不会被多次罢免呢？以歪门邪道去为他人工作，为什么一定要离开生养我的国家呢？"

五

楚狂接舆歌而过孔子，曰："凤兮凤兮，何德之衰？往者不可谏，来者犹可追。已而已而，今之从政者殆而！"孔子下，欲与之言，趋而辟之，不得与之言。

译文 楚国的狂人接舆唱着歌经过孔子的身边，说："凤凰啊凤凰，你的德行为什么如此地衰微呢？过去的无法挽回，未来的还来得及补救。算了算了，如今的执政者已经危乎其危！"孔子走下车来希望和他谈谈，他却快步避开了，孔子没能与他交谈。

子张篇第十九

三

子夏之门人问交于子张。子张曰："子夏云何？"对曰："子夏曰：'可者与之，其不可者拒之。'"子张曰："异乎吾所闻。君子尊贤而容众，嘉善而矜不能。我之大贤与，于人何所不容？我之不贤与，人将拒我，如之何其拒人也?"

译　文　子夏的门徒向子张询问交朋友的事情,子张说:"子夏说了些什么?"门徒答道:"子夏说:'可以交往的就去结交,不能交往的就拒绝他。'"子张说:"不同于我所听说的。君子尊重贤明,但也能容纳众人;赞美善良的人,但也怜惜缺乏能力之人。如果我很贤明,对于别人有什么不能容纳的呢?如果我不贤明,别人会拒绝我,我又怎能还去拒绝别人呢?"

<h1 style="text-align:center">五</h1>

子夏曰:"日知其所亡,月无忘其所能,可谓好学也已矣。"

译　文　子夏说:"每天了解自己所未知的,每月不遗忘自己已经学到的,可以称为好学了。"

<h1 style="text-align:center">八</h1>

子夏曰:"小人之过也必文。"

译　文　子夏说:"小人对于过错一定会进行掩饰。"

<h1 style="text-align:center">十二</h1>

子夏曰:"大德不逾闲,小德出入可也。"

译　文　子夏说:"大的品德操行不能超越界限,小的操行有一定出入没关系。"

<h1 style="text-align:center">十三</h1>

子夏曰:"仕而优则学,学而优则仕。"

译　文　子夏说:"做官而有余力的时候就应当去学习,学习而有余力的时候就应当去做官。"

<h1 style="text-align:center">尧曰篇第二十</h1>
<h2 style="text-align:center">二</h2>

尧曰:"咨!尔舜!天之历数在尔躬,允执其中。四海困穷,天禄永终。"舜亦以命禹。曰:"予小子履,敢用玄牡,敢昭告于皇皇后帝:

有罪不敢赦，帝臣不蔽，简在帝心。朕躬有罪，无以万方；万方有罪，罪在朕躬。"周有大赉^{lài}，善人是富。"虽有周亲，不如仁人。百姓有过，在予一人。"谨权量，审法度，修废官，四方之政行焉。兴灭国，继绝世，举逸民，天下之民归心焉。所重：民、食、丧、祭。宽则得众，信则民任焉，敏则有功，公则说^{yuè}。

译文 尧说："啊！舜啊！上天的大命落在了你身上，真诚地保持中正之道。如果天下都贫困而穷苦，上天给你的禄位就会彻底终止。"舜也用这样的一番话来告诫禹。成汤说："我的小子履，冒昧地使用黑色的公牛作为祭品来明确地向光明伟大的天帝告知：有罪的人我不敢去擅自赦免，您的臣属我不敢加以隐蔽隐瞒，这是您心中所明白的。我个人如果有罪，不可以牵连天下万方；天下万方如果有罪，责任都在于我一人身上。"周室施行大的赏赐，善人得以富有起来。周武王说："就算有亲近的亲属，也不如有仁德的人士。百姓如果有过错，责任都在我一人身上。"慎重地检验并审定度量衡，恢复废弃的官职，天下四方的政令就可以在全国通行了。复兴灭亡的国家，承续断绝的后嗣，举荐遗落的人才，天下的民众就能够从内心归服了。应当重视的是：民众、粮食、丧葬、祭祀。宽厚就可以获得百姓拥护，诚实守信就会得到民众信任，勤敏就会有功绩，公正就会使众人心悦诚服。

三

孔子曰："不知命，无以为君子也；不知礼，无以立也；不知言，无以知人也。"

译文 孔子说："不懂得天命，就无法成为君子；不知晓礼，就没办法立身处世；不懂得去分辨别人的言论，就无法了解别人。"

《孟子》精华

梁惠王章句上

第一章

孟子见梁惠王。王曰："叟！不远千里而来,亦将有以利吾国乎？"

孟子对曰："王！何必曰利？亦有仁义而已矣。王曰：'何以利吾国？'大夫曰：'何以利吾家？'士庶人曰：'何以利吾身？'上下交征利而国危矣。万乘之国,弑^{shì}其君者,必千乘之家；千乘之国,弑其君者,必百乘之家。万取千焉,千取百焉,不为不多矣。苟为后义而先利,不夺不餍。未有仁而遗其亲者也,未有义而后其君者也。王亦曰仁义而已矣,何必曰利？"

译 文 孟子拜见梁惠王,惠王说："老人家,您不远千里来到这里,有什么有利于我国富强的方法吗？"

孟子回答道："大王为什么要讲究'利'呢？有仁义就足够了。大王说：'有什么有利于我国的方法。'大夫们说：'有什么有利于我家。'士及庶人们说：'有什么有利于我自己。'到了这个时候从上到下都追求私利,那么,国家就变得危险了。在拥有兵车万乘的国家里,谋杀其君主的,必定是拥有兵车千乘的大夫；在兵车千乘的国家里,谋杀其君主的,必定是拥有兵车百乘的大夫。依照先王所定的成法在兵车万乘的国家里,大夫能够得到兵车千乘,在兵车千乘的国家当中,大夫能从中获取兵车百乘,不能说是少了。如果把义放在后,而把利放在前,那么不争夺更多的利益就不会满足。从来没有讲仁德的人会遗弃其双亲的,从来没有讲道义的人会不去尊重其君王的。大王您只要讲仁义就足够了,为什么要讲利呢？"

第二章

孟子见梁惠王。王立于沼上,顾鸿雁麋鹿,曰："贤者亦乐此乎？"

孟子对曰："贤者而后乐此,不贤者,虽有此不乐也。《诗》云：'经始灵台,经之营之,庶民攻之,不日成之。经始勿亟^{jí},庶民子来。王在灵囿_{yòu},麀鹿攸_{yōu}伏,麀鹿濯濯_{zhuó},白鸟鹤鹤。王在灵沼,於牣_{wū rèn}鱼跃。'

文王以民力为台为沼，而民欢乐之，谓其台曰灵台，谓其沼曰灵沼，乐其有麋鹿鱼鳖。古之人与民偕乐，故能乐也。《汤誓》曰：'时日害_{hé}丧，予及女_{rǔ}偕亡。'民欲与之偕亡，虽有台池鸟兽，岂能独乐哉？"

●孟轲

译文 孟子谒见梁惠王，惠王站在水沼旁边，望着周围诸多的鸿雁与麋鹿，（得意扬扬地）询问孟子："贤德的人也喜欢享受这类东西了吗？"

孟子回答："贤德的人才可以享受到这类东西，不贤德的人，即便拥有这些东西也享受不了。《诗经·大雅·灵台》当中提到：'文王开始筹建灵台，先度量它的高低宽长，再准备他所需要的材料。百姓一起前来建造它，很快便建成了。但在建造时，文王叫百姓不要太性急了。动工无须多加督促，百姓都犹如子女般自愿前来，因此很快完工。文王来到灵囿，母鹿伏地呦呦鸣叫。母鹿肥美，白色的鸟洁白而又肥美！文王赶到灵沼旁，啊！满池鱼在不断跳跃！'文王以百姓的劳力建造高台，挖深池，百姓却非常欢喜，称他的台为灵台，称他的沼为灵沼，为他得以享受麋鹿鱼鳖的奉养而极为高兴。古代的贤者可以与民同乐，所以自己也能得到快乐。《尚书》当中的《汤誓》记载：'这个太阳（指夏桀）何时能够灭亡呢？我们愿意与你一起灭亡。'百姓痛恨夏桀要跟他一起灭亡，那他即便有台池鸟兽，难道可以独自享受吗？"

梁惠王章句下

第一章

庄暴见孟子，曰："暴见于王，王语暴以好乐，暴未有以对也。"曰："好乐何如？"孟子曰："王之好乐甚，则齐国其庶几乎！"他日见于王，曰："王尝语庄子以好乐，有诸？"王变乎色，曰："寡人非能好先王之乐也，直好世俗之乐耳。"

《孟子》精华

译文 庄暴面见孟子，说："齐王召见我，告诉我他也同样喜欢音乐，我（一时）想不出用什么样的话来回答他。"（庄暴稍等了一会儿，）继续问孟子："（身为国君的人）喜欢音乐，到底是否应该呢？"孟子说："齐王如果喜欢音乐到了极致，那么，齐国几乎就可以治理好了啊！"后来有一天，齐宣王召见孟子时，孟子说："您曾经告诉过庄暴您喜好音乐，有这件事吗？"齐宣王听到后，（惭愧得）都变了脸色，说："我喜欢的并非是先代帝王留下来的古乐，只是一些世俗中流行的音乐而已。"

曰："王之好乐甚，则齐其庶几乎！今之乐，由古之乐也。"曰："可得闻与？"曰："独乐乐，与人乐乐，孰乐？"曰："不若与人。"曰："与少乐乐，与众乐乐，孰乐？"曰："不若与众。"

译文 孟子说："大王您如果喜欢音乐到达了极点，那么，齐国就治理得差不多了！当前流行的音乐及古代的音乐都是一样的。"齐宣王说："您能够将这个道理说给我听听吗？"孟子（没有正面去回应齐宣王）说道："一个人独自享受听音乐的乐趣，与跟别人一起享受听音乐的乐趣，哪一种更让人感到快乐呢？"齐宣王说："一个人不如和别人一起听音乐更快乐。"孟子说："跟少数人一起享受听音乐的乐趣，与跟很多人享受听音乐的乐趣，哪一种更让人快乐些呢？"齐宣王说："跟少数人不如与多数人听音乐更快乐。"

"臣请为王言乐。今王鼓乐于此，百姓闻王钟鼓之声，管钥之音，举疾首蹙頞而相告曰：'吾王之好鼓乐，夫何使我至于此极也？父子不相见，兄弟妻子离散！'今王田猎于此，百姓闻王车马之音，见羽旄之美，举疾首蹙頞而相告曰：'吾王之好田猎，夫何使我至于此极也？父子不相见，兄弟妻子离散！'此无他，不与民同乐也。""今王鼓乐于此，百姓闻王钟鼓之声，管钥之音，举欣欣然有喜色而相告曰：'吾王庶几无疾病与，何以能鼓乐也？'今王田猎于此，百姓闻王车马之音，见羽旄之美，举欣欣然有喜色而相告曰：'吾王庶几无疾病与，何以能田猎也？'此无他，与民同乐也。今王与百姓同乐，则王矣。"

译文 孟子说："王既然知道如此的道理，请让我为您讲述一下应当如何来享受欣赏音乐的乐趣吧。假如现在大王您来演奏音乐，老百姓听到大王您钟鼓的声响与箫管中吹出的曲调，大家全都皱着眉头、痛苦地说：'我们大王只顾着自己听音乐，怎么将我们搞得妻离子散、父母兄弟天各一方这种困苦的地步呢？'如今，大王您在这里打猎，老百姓听见大王您的车子及马的声音，看见装饰得非常好看的旗帜，大家都皱眉头、痛苦地说：'大王只顾着自己打猎开心，怎么将我们搞得妻离子散、父母兄弟天各一方这种困苦不堪的境地呢？'这没有其他的原因，只是由于不能与老百姓共同娱乐的缘故。""假若现在大王您在此处奏乐，老百姓一听到您钟鼓的声音与箫管当中吹出的曲调，大家全都喜形于色地四处奔走相告：'我们大王应当没有什么疾病吧，不然，为什么会去奏乐呢？'现在大王您在此处打猎，老百姓一听到大王您车子与马的声音，看见优美的旗帜，大家都喜形于色，奔走相告：'我们大王应当没有疾病吧，不然，怎么会去打猎呢？'这没有其他的原因，只是由于与老百姓一起娱乐的缘故。现在只要大王您可以跟百姓一起娱乐，就能够让百姓归附于您，天下就得以统一了。"

第十章

齐人伐燕，胜之。宣王问曰："或谓寡人勿取，或谓寡人取之。以万乘之国伐万乘之国，五旬而举之，人力不至于此，不取必有天殃。取之，何如？"

孟子对曰："取之而燕民悦，则取之。古之人有行之者，武王是也。取之而燕民不悦，则勿取。古之人有行之者，文王是也。以万乘之国伐万乘之国，箪食壶浆以迎王师，岂有他哉？避水火也。如水益深，如火益热，亦运而已矣。"

译文 齐国人进攻燕国，击败了它。齐宣王问孟子："寡人打了胜仗有的人让我不要去吞并它，有的人却劝我要去吞并它。如果一个拥有万辆兵车的大国，去进攻另一个有万辆兵车的大国，只用五十天就占据了它，人力是做不到这样的事情的。看来，如果不吞并它，一定会有天灾降临。您觉得吞并它会有什么结果呢？"

孟子回答说："如果吞并它，燕国的百姓高兴，就吞并它。古代的周武王便是这样做的。要是吞并它，燕国的百姓不高兴，就不去吞并它。古代的周文王就是这样去做的。一个有万辆兵车的大国前去攻打另一个拥有万辆兵车的大国，老百姓带着饭筐及酒壶来迎接您大王的军队，难道是有着其他用意吗？只是想避免再去过那种水深火热的生活啊。假如燕国被吞并之后，如果水淹得更深，火烧得更热，老百姓蒙受的灾难越发深重，那他们就只能躲避到其他地方了。"

公孙丑章句上

第一章

公孙丑问曰：“夫子当路于齐，管仲、晏子之功，可复许乎？”

孟子曰：“子诚齐人也，知管仲晏子而已矣。或问乎曾皙曰：‘吾子与子路孰贤？’曾皙蹴然，曰：‘吾先子之所畏也。’曰：‘然则吾子与管仲孰贤？’曾皙艴然不悦，曰：‘尔何曾比予于管仲？管仲得君，如彼其专也；行乎国政，如彼其久也；功烈，如彼其卑也。尔何曾比予于是！’”曰：“管仲，曾皙之所不为也，而子为我愿之乎？”

曰：“管仲以其君霸，晏子以其君显。管仲、晏子，犹不足为与？”

曰：“以齐王，由反手也。”

译文 公孙丑问孟子：“先生您如果在齐国掌权，管仲、晏婴那种功业可以再度兴起吗？”

孟子答道：“你确实是个齐国人，只知道管仲、晏婴罢了。曾有人问曾皙：‘您与子路相比较，哪个更强一些呢？’曾皙不安地回复：‘（子路是）我先祖父所极为尊敬的人啊。’那个人又继续问：‘那么，您与管仲相比，哪个更强一些呢？’曾皙气愤的神色溢于言表，不高兴地说：‘你怎能拿管仲来与我相比呢？管仲获得他的君主的赏识是那样专一，行使国家政权的时间又那么长，可是，成就的功业却如此微不足道，你怎能拿他来与我相比呢！’”孟子又接着说：“管仲那样的人，是曾皙都不愿意做的那种人，你说我会愿意学他吗？”

公孙丑说：“管仲辅佐齐桓公建立霸业，晏婴辅佐齐景公，让他得以名扬天下。难道管仲、晏婴这样的人都不值得您去学习吗？”

孟子：“像齐国这种条件的大国去实行王政，统一天下，就犹如将手掌翻转过来一样容易。”

曰：“若是，则弟子之惑滋甚。且以文王之德，百年而后崩，犹未洽于天下；武王、周公继之，然后大行。今言王若易然，则文王不足法与？”

四书五经精华本

曰："文王何可当也！由汤至于武丁，贤圣之君六七作，天下归殷久矣，久则难变也。武丁朝诸侯，有天下，犹运之掌也。纣之去武丁未久也，其故家遗俗、流风善政，犹有存者；又有微子、微仲、王子比干、箕子、胶鬲，皆贤人也，相与辅相之，故久而后失之也。尺地，莫非其有也；一民，莫非其臣也。然而文王犹方百里起，是以难也。

译文 公孙丑说："如您所说的那样，那学生我的疑虑就更大了。凭借文王那样的德行，活了接近百岁才死，仍然都还没能使得天下融洽；武王、周公继承其遗志努力多年，然后才使得王政大行，教化广布于天下。如今，您将实行王政、统一天下讲得那么容易，难道文王还不值得效法吗？"

孟子说："我们怎么可以能跟文王比呢？从商汤到武丁，这期间有六七位圣贤的君主兴起，天下的人归附于殷商已经很久了，时间长了，要变动就难了。武丁使诸侯来朝见，治理天下，就像是将一样东西放到手心当中转动一样容易。商纣他距离武丁时间不久，那些拥有旧勋的世家、上代流传下来的良好风俗、君主的优良作风、好的政教，仍然还有留存下来的；又有微子、微仲、王子比干、箕子及胶鬲这些贤臣，共同来辅佐商纣，所以过了很久，商朝才失去天下。那时没有一尺土地不是殷朝所拥有的土地，没有一个百姓不是殷朝的臣民，可文王那时仍然能从方圆百里的地方起事，因此这时要夺取天下是很难的。

齐人有言曰：'虽有智慧，不如乘势；虽有镃基，不如待时。'今时则易然也：夏后殷周之盛，地未有过千里也，而齐有其地矣；鸡鸣狗吠相闻，而达乎四境，而齐有其民矣；地不改辟矣，民不改聚矣，行仁政而王，莫之能御也。且王者之不作，未有疏于此时者也；民之憔悴于虐政，未有甚于此时者也。饥者易为食，渴者易为饮。孔子曰：'德之流行，速于置邮而传命。'当今之时，万乘之国行仁政，民之悦之，犹解倒悬也。故事半古之人，功必倍之，惟此时为然。"

译文 齐国人有一句俗话：'即便有才智，还得顺应形势；即便有大锄，还得等待农时。'如今便是易于统一天下的好时机：夏、商、周三代在最为鼎盛的时期，土地没有超过纵横一千里的，而齐国却有了如此宽广的领地了；（三代时）鸡犬鸣叫的声音，从首都一直绵延到四方的边境，而齐国也有了那么多的百姓了；（齐国的）

土地无须再加以扩张了，百姓也不必再增多了，如果推行仁政能够统一天下，那是没有谁可以抵挡得住的。况且统一天下的贤圣不出现的时间，没有比如今更持久的了；百姓被暴政迫害得困苦不堪，没有比如今更厉害的了。一个饥饿的人对食物是不予挑剔的，一个口渴的人对水饮也是很少进行选择的。孔子说过：'仁政的推行，要比驿站邮亭当中传递上级政令还迅速。'此时，如果一个拥有万辆兵车的大国能够实行德政，那百姓心中的兴奋，就会跟一个被倒挂着得到解救的人差不多。因此只要做古人一半多的事情，就能够获得比古人高出一倍的成功，也只有如今这个时候才能做到这样。"

第六章

孟子曰："人皆有不忍人之心。先王有不忍人之心，斯有不忍人之政矣。以不忍人之心，行不忍人之政，治天下可运之掌上。所以谓人皆有不忍人之心者，今人乍见孺子将入于井，皆有怵惕恻隐之心——非所以内交于孺子之父母也，非所以要誉于乡党朋友也，非恶其声而然也。由是观之，无恻隐之心，非人也；无羞恶之心，非人也；无辞让之心；非人也；无是非之心，非人也。恻隐之心，仁之端也；羞恶之心，义之端也；辞让之心，礼之端也；是非之心，智之端也。人之有是四端也，犹其有四体也。有是四端而自谓不能者，自贼者也；谓其君不能者，贼其君者也。凡有四端于我者，知皆扩而充之矣，若火之始然，泉之始达。苟能充之，足以保四海；苟不充之，不足以事父母。"

译　文　孟子说："人们都有一颗不忍伤害人，怜悯他人的心。古代帝王因为拥有这种怜悯他人的心，这样才有了怜悯百姓的仁政。以这种怜悯他人的好心，去施行怜悯百姓的仁政，治理天下就易如反掌了，我之所以说每个人都拥有一颗怜悯之心，譬如人们突然见到无知的小孩快要跌落到井里去，都会马上产生一种惊恐、伤痛不忍的心情——这种心情是完全出于天性的，这并非是为了想跟这孩子的父母攀交情，不是为了要在邻里朋友当中获得好名声，也不是因为不喜欢孩子的啼哭声才去这样做的。从这件事来看，任何一个人，如果没有同情心，就算不上是人；没有羞耻的心，也算不上是人；没有礼让之心，算不上人；没有是非之心，也算不上人。同情人的心，是仁的开始；羞耻之心，是义的开端；礼让之心，是礼的开端；是非之心，是智的开端。

一个人拥有这四端，就犹如他的身体当中有四肢一样，（这是他自身固有的。）有这四个开端却自认无所作为的人，便是甘心自弃，是害自己天性的人；说他的君主无所作为的人，是陷害其君主的人。凡是在自己本身具备这四个开端的人，要是能将它们全都扩大开去，那就会如火刚被点着，越来越旺盛；泉水刚开始流出一样，越来越汹涌（其前景无可限量。）（一个从政的人，）假如能扩大这四端，就可以保护天下的百姓，使其安居乐业；假使不去扩大的话，那就连自身的父母也无法奉养了。"

公孙丑章句下

第一章

孟子曰："天时不如地利，地利不如人和。三里之城，七里之郭，环而攻之而不胜。夫环而攻之，必有得天时者矣，然而不胜者，是天时不如地利也。城非不高也，池非不深也，兵革非不坚利也，米粟非不多也，委而去之，是地利不如人和也。故曰：域民不以封疆之界，固国不以山溪之险，威天下不以兵革之利。得道者多助，失道者寡助。寡助之至，亲戚畔之；多助之至，天下顺之。以天下之所顺，攻亲戚之所畔，故君子有不战，战必胜矣。"

译文 孟子说："得天时不如得地利，得地利不如得人和。譬如这里有座内城三里、外城七里的城市，敌人把它包围起来进攻却无法取胜。敌人既来围攻，一定是考虑过天时了；然而却无法取胜，这正说明得到天时不如获得地利。又譬如这里有另外一座城邑，它的城墙修建的并不是不高，护城壕挖得并不是不深，士卒们武器也不是不锐利、不坚固，粮食也并不是不多，可是最后，（当敌人进犯，）守兵们马上弃城而逃，这正足以说明得到地利不如得到人和好。因此说：限制百姓不必依靠国家的疆界，巩固国防无须凭借山河的险要，威慑天下不必倚仗武力的强大。能合正道的国君，帮助他的人就会很多，不合正道的国君帮助他的人就会很少。寡助到了极点时，连自己的亲人与朋友都会背叛他；多助到了极点时，全天下的人都愿意服从他。让天下都顺从他的人去进攻连他的亲属也会背叛他的人，则那些得到正道的君主要么不会去攻打，只要去攻打就一定立即会获得胜利。"

第五章

孟子谓蚔鼃（chí wá）曰："子之辞灵丘而请士师，似也，为其可以言也。今既数月矣，未可以言与？"蚔鼃谏于王而不用，致为臣而去。齐人曰："所以为蚔鼃则善矣；所以自为，则吾不知也。"公都子以告。曰："吾闻之也：有官守者，不得其职则去；有言责者，不得其言则去。我无官守，我无言责也，则吾进退，岂不绰绰然有余裕哉？"

译文 孟子对蚔鼃说："你辞掉灵丘邑令的官职，却要求去当谏官，这件事做得似乎有道理，因为这个职位讽刺孟子就能随时向主上进言了。现在（你担任治狱官）已有几个月了，难道还不能进言吗？"蚔鼃向齐王进言却没能被采纳，于是辞职离去了。齐国有人（议论这件事）讽刺孟子说："（孟子）为蚔鼃打算是好的；可为自己打算的怎样，我就不清楚了。"公都子将这些话告知孟子。孟子说："我听说过：有官职的人，不可以履行他的职责，就只能辞职；有进言责任的人，他进言，上边的人不予采纳，就也要辞职不干。我既然没有官职，也没有进言的责任，那我的出入进退，岂不是有很多自由吗？"

滕文公章句上

第一章

滕文公为世子，将之楚，过宋而见孟子。孟子道性善，言必称尧舜。

世子自楚反，复见孟子。孟子曰："世子疑吾言乎？夫道一而已矣。成覸谓齐景公曰：'彼，丈夫也；我，丈夫也；吾何畏彼哉？'颜渊曰：'舜，何人也？予，何人也？有为者亦若是。'公明仪曰：'文王，我师也；周公岂欺我哉？'今滕（téng），绝长补短，将五十里也，犹可以为善国。《书》曰：'若药不瞑眩（míng xuàn），厥疾不瘳（chōu）。'"

译文 滕文公做太子时，将要出使前往楚国，途经宋国，便特地去看孟子。孟子跟他谈论了人性善的观点，话题始终不离尧舜。太子从楚国返回时，又见了孟子。孟子说："太子怀疑我的话吗？要知道天下古今的道理仅仅有一个罢了，不论圣愚，本同一性，只要肯为善就可以了。成覸对齐景公说：'他是男子，我也是男子，我为

何要怕他呢？'颜渊说过：'舜是什么样的人呢？我是什么样的人呢？有作为的人也应当像他那样。'公明仪说：'文王也是我的老师，周公难道会欺骗我吗？'现在滕国（虽小），截长补短如果将土地进行丈量，也只有五十里见方，还是可以建设成一个推行善政的强国的。《书》说：'如果一种药服用了之后，不让人有头晕目眩的感觉，那个病是无法治好的。'"

第五章

墨者夷之因徐辟而求见孟子。孟子曰："吾固愿见，今吾尚病，病愈，我且往见，夷子不来。"

他日，又求见孟子。孟子曰："吾今则可以见矣。不直，则道不见，我且直之。吾闻夷子墨者。墨之治丧也，以薄为其道也。夷子思以易天下，岂以为非是而不贵也；然而夷子葬其亲厚，则是以所贱事亲也。"

徐子以告夷子。

夷子曰："儒者之道，古之人若保赤子，此言何谓也？之则以为爱无差等，施由亲始。"

徐子以告孟子。

译文 墨家的门徒夷子通过徐辟的关系来面见孟子。孟子说："我本来是愿意见他的，但如今我患病了，病好后，我准备去看望他，夷子不必前来。"

过了一段日子，（夷子）又求托徐辟面见孟子。孟子说："我现在可以见他了。不直接进行论辩，正确的道理就无法表现出来；我准备直接与他论辩。我听说夷子为墨家学派信徒，墨家为父母办丧事，将薄葬看作是正道；夷子想拿这种行为来移风易俗，难道认为不这样薄葬就不贵重吗？但是夷子却厚葬其父母，这就等于用他们所轻贱的礼仪去对待双亲了。"

徐子将这些话告知了夷子。

夷子说："儒家的学说当中确实有这样的记载，古代的帝王对老百姓就犹如爱抚初生的婴儿一般，《尚书·康诰》上这句话是什么含义呢？我认为爱是毫无差别的，但是实施这种爱却应当从自己的父母开始。"

徐子又将这些话告诉了孟子。

孟子曰："夫夷子信以为人之亲其兄之子为若亲其邻之赤子乎？彼

有取尔也。赤子匍匐将入井，非赤子之罪也。且天之生物也，使之一本，而夷子二本故也。盖上世尝有不葬其亲者，其亲死，则举而委之于壑。他日过之，狐狸食之，蝇蚋姑嘬之。其颡有泚，睨而不视。夫泚也，非为人泚，中心达于面目，盖归反虆梩而掩之。掩之诚是也，则孝子仁人之掩其亲，亦必有道矣。"徐子以告夷子。

徐子以告夷子。夷子怃然为间曰："命之矣。"

 译文 孟子说："那位夷子难道确实认为人们爱他哥哥的孩子与爱他邻居的孩子是无差别的吗？古书里的话（指"如葆赤子"）是用来打比方才这样去说的，（百姓由于无知而犯法，就犹如）婴儿在地上爬动，即将掉进井里，这并非是婴儿的过错可见婴儿是无知的需靠父母保护，这和百姓无知需靠君王保护是一样的。天生万物，使得它们都仅有一个根本，而夷子提出了两个根本，这便是我要驳斥他的原因。上古时代曾有过不去埋葬父母的人，他的父母去世了，就将其遗骸抬走抛到山沟当中。后来途经那里，看见狐狸在啃食他们，苍蝇、蚊子在叮咬它们。（心里难过）额角冒汗，只是斜眼看一下，连正视都不敢。那个人的流汗，并非为流给别人看，而是出自真心的难过，内心愧悔自然而然地在脸上流露出来。可能他回去拿到了土筐与铁锹，掩埋父母的遗体做得是对的，这样看来，孝子仁人埋葬其父母，一定是有道理的。"

徐子再次将孟子的话告知夷子，夷子心里感到茫然若有所失，过了一会儿，说："我受教了。"

滕文公章句下

第一章

陈代曰："不见诸侯，宜若小然；今一见之，大则以王，小则以霸。且《志》曰：'枉尺而直寻。'宜若可为也。"

孟子曰："昔齐景公田，招虞人以旌，不至，将杀之。志士不忘在沟壑，勇士不忘丧其元。孔子奚取焉？取非其招不往也。如不待其招而往，何哉？且夫枉尺而直寻者，以利言也。如以利，则枉寻直尺而利，亦可为与？昔者赵简子使王良与嬖奚乘，终日而不获一禽。嬖奚反命曰：'天下贱工也。'或以告王良。良曰：'请复之。'强而后可，一朝而获十禽。嬖奚反命曰：'天下之良工也。'简子曰：'我使掌与女乘。'谓王良。良不可，曰：'吾为之范我驰驱，终日不获一；为之诡遇，一朝而获十。《诗》云："不失其驰，舍矢如破。"我不贯与小人乘，请辞。'御者且羞与射者比，比而得禽兽，虽若丘陵，弗为也。如枉道而从彼，何也？且子过矣；枉己者，未有能直人者也。"

译文 陈代说："夫子不愿拜会诸侯，心地未免显得太狭小了；假如如今要去谒见他们，做得好的话，也许能够实行德政。帮助其统一天下，即便不这样理想，也能够富国强兵，帮助他们称霸天下。况且如今的《志》书当中也说道：'屈曲时不超过一尺，而伸直后却有八尺。'（相较之下，）似乎是可以去做的。"

孟子说："过去齐景公外出打猎，拿装饰有羽毛的旗子召唤主管苑囿的小吏，小吏不前来拜见，（景公）要杀掉他。孔子听见这件事，反而称赞小吏，一个志士仁人正直不苟，不惧怕杀戮，尸填沟坑，一个大勇的人临危不乱，即便是要脑袋落地，孔子要赞扬这位小吏的哪一点呢？就是赞扬他敢于坚守礼义，不接受那些不符合礼仪的召唤。如果我不等待诸侯以礼相召，就径自去谒见他们，这怎么可以呢？而且那些所谓屈曲一尺，却可以伸直八尺的话，只是从获取利益的观点去说的。如果只是从利益的观点来思考问题的话，那么只要能获取利益，就算屈曲八尺，伸直一尺的事，难道也可以去做吗？从前赵简子派王良为他的宠臣奚驾车出猎，赶了一整天却没有打到一只鸟，奚回来对赵简子说：'（王良）是天下最差的驭手。'有人将这话告诉了王良；王良（对赵简子）说：'请让我再为他驾一次车吧。'奚最初还不同意，经过劝说后才勉强答应，一个早上就打到了十只鸟。奚回来在赵简子面前夸奖王良道：'（王良真）是世上最出色的赶车人。'简子说：'那我就让他专门为你驾车。'（简子）将此事对王良说，王良没有答应，说：'我按照驾车的正当规矩为他驾车奔驰，却整天没能打到一只鸟；不按驾车的正当规矩去赶车，斜对着鸟兽横冲而去，一个早上就可以打到十只鸟。《诗经》中说过：不违背驾车的正规，箭一发出便必然会有杀伤。我不习惯为这种不守规矩的小人驾车，请您同意我辞去这份工作。'一个驾车的人尚且以与一个不体面的射手合作为耻；合作后打到的禽兽，即便可以堆积如山，也不屑去做。你怎么反倒劝我要枉曲正道去屈从如今那些骄横的诸侯呢？况且你有一点搞错了：凡是枉屈自身正道的人，没有一个有资格可以纠正别人，让别人正直。"

第七章

公孙丑问曰：“不见诸侯何义？”

孟子曰：“古者不为臣不见。段干木逾垣而辟之，泄柳闭门而不内，是皆已甚；迫，斯可以见矣。阳货欲见孔子，而恶无礼，大夫有赐于士，不得受于其家，则往拜其门。阳货瞰孔子之亡也，而馈孔子蒸豚；孔子亦瞰其亡也，而往拜之。当是时，阳货先，岂得不见？曾子曰：‘胁肩谄笑，病于夏畦。’子路曰：‘未同而言，观其色赧赧然，非由之所知也。’由是观之，则君子之所养，可知已矣。”

译　文　公孙丑问孟子道：“您不愿拜会诸侯是什么意思呢？”

孟子说：“按照古代的惯例，没有身为臣子的身份，可以不去谒见诸侯。段干木不做魏文侯的臣子，跳墙躲避魏文侯，泄柳不做鲁缪公的臣子，关门不见鲁缪公，这都已经做得很过分了；要是对方来意恳切，强迫要见你，那还是可以去见的。阳货想让孔子来见自己，但又害怕失礼，怕人家批评他没有礼貌，（按当时的规定，）大夫假如赏赐物品给士，士如果刚好不在家，无法在家中接受大夫的赏赐，就应当到大夫家登门拜谢。阳货打听到孔子不在家时，就赐给孔子一个蒸猪腿；孔子也在得知阳货不在家时，到他家去拜谢。这时，阳货首先赏赐东西给孔子，（孔子）怎么好不前去拜会他呢？曾子说过：‘耸起两个肩头，（向人家）装出一副讨好的笑容，那真比在盛夏的日子里去菜地里做农活还要辛苦呢。’子路也说：‘明明跟这个人志趣不相投，却要勉强去与别人攀谈，看到他那因羞惭而满脸涨红的样子，我真不清楚为什么而来真不是我仲由能够了解的了。’从以上这些事例来看，一个君子应当如何来培养自身的品德与操守就能够一目了然了。”

离娄章句上

第一章

孟子曰：“离娄之明、公输子之巧，不以规矩，不能成方员；师旷之聪，不以六律，不能正五音；尧舜之道，不以仁政，不能平治天下。今有仁心仁闻，而民不被其泽，不可法于后世者，不行先王之道也。

故曰，徒善，不足以为政；徒法，不能以自行。《诗》云：'不愆^{qiān}不忘，率由旧章。'遵先王之法而过者，未之有也。圣人既竭目力焉，继之以规矩准绳，以为方员平直，不可胜用也；既竭耳力焉，继之以六律正五音，不可胜用也；既竭心思焉，继之以不忍人之政，而仁覆天下矣。故曰，为高必因丘陵，为下必因川泽；为政不因先王之道，可谓智乎？

译文 孟子说："就算拥有离娄那种敏锐的视力，公输般那种精巧的手艺，如果不会用圆规与曲尺，就不能画出精准的方形与圆形，制成方圆的器具；就算拥有师旷那样强大的辨音能力，如果不使用六律，就不能校正好五音；即便有尧舜那种高明的政治素养，如果不实施仁政，就无法将天下治理好。如今（一些诸侯）虽然有仁爱之心思与仁爱的声望，可是老百姓却无法蒙受他们的恩泽，也不足以为后世的人所效法的原因，就是由于他们不能奉行先代圣王之道。因此，只有善念不足以凭借其来做好政治，只有良法却不能自动执行。《诗经·大雅·假乐》当中提及：'不要犯下偏差，也不要出现遗漏，一切都要遵循旧有的规章。'遵循古代圣王的法规行事而出现过失，几乎是从没有过的事。古代圣人既竭尽自身的目力进行测试，接着又以圆规、曲尺、水平仪及绳墨来制造方的、圆的、平的、直的各类东西，后世便拿这个器具来法度，那些东西便用之不尽了；（古代圣人）既竭尽自己听力来分辨声音，接着又以六律来校正五音，后世拿这个来法度这种经过校正的音调，也就能够用之不尽了。（古代圣王）既竭尽心思去考虑政事，接着又实行了便民的法度推行仁政，这样其仁爱就广泽天下万民了。因此，堆高山就必然凭借原有的丘陵高地，挖深池就需要利用原有的河流与沼泽。处理政治不依靠古代的圣王之道，能称得上是明智的吗？

"是以惟仁者宜在高位，不仁而在高位，是播其恶于众也。上无道揆^{kuí}也，下无法守也，朝不信道，工不信度，君子犯义，小人犯刑：国之所存者，幸也。故曰，城郭不完，兵甲不多，非国之灾也；田野不辟，货财不聚，非国之害也。上无礼，下无学，贼民兴，丧无日矣。《诗》曰：'天之方蹶，无然泄泄！'泄泄，犹沓沓也。事君无义，进退无礼，言则非先王之道者，犹沓沓也。故曰，责难于君谓之恭，陈善闭邪谓之敬，吾君不能谓之贼。"

译文 "所以仅有仁爱的人才适合身处较高的统治地位上；不仁爱的人处于

较高的地位上，这就等于将其劣迹散播到群众当中去。在上的国君没能掌握正确的道术用来揣测天意，审度事理，在下的臣民没有正确的法度可以去遵守，朝廷上不能去相信道义，下面的工匠们否认法度，做官的人违反义理，老百姓轻犯刑法，（这样的）国家还可以存在，那实在是侥幸的事。因此，城墙不够坚牢，武器不足，并非国家的灾难；农田没有得到开发，财富没有收聚，并非是国家的祸害；（只有）身处上位的人不去讲究礼义，臣下又不愿意去学习，造反的百姓多了，那亡国的日子就临近了。《诗经·大雅·板》当中又说：'老天正要降下祸乱，不要多嘴多舌来进行附和而不振作了。''泄泄'和'沓沓'相差无几，都是嘈杂多言，随声附和的含义。现在的臣子，事君不过问做得是否正确，进退不讲究礼法，开口就要诋毁先代圣王之道，这种人跟多言无义的'沓沓'者是一丘之貉。所以，责求君主实行他认为难以实行的事——即实行先王的仁政，就称作'恭'，向君主陈说善道，阻塞邪念，就称为'敬'，认为'我的君主无法行仁政'，就叫作'贼'。"

第二十八章

孟子曰："天下大悦而将归己，视天下悦而归己，犹草芥也，惟舜为然。不得乎亲，不可以为人；不顺乎亲，不可以为子。舜尽事亲之道，而瞽瞍底豫，瞽瞍底豫而天下化，瞽瞍底豫而天下之为父子者定，此之谓大孝。"

gǔ sǒu zhǐ

译 文 孟子说："天下的人都非常高兴，并且将要归附自身；将天下的人征服并将其归附于自己，看得犹如草芥般不重要，只有舜是这样的。（在舜看来）儿子与父母的关系相处得不好不能得到父母的欢心，不能去做人；儿子不能事事都顺从父母心意，便不能成为儿子。（所以）舜尽一切事亲之道，而让瞽瞍从不高兴变得高兴了，瞽瞍从不高兴变得高兴了，于是普天下的人都受到感化，瞽瞍从不高兴变得高兴了，便知做父亲的应当慈爱，做子女的应当孝顺，于是天下作为父子的伦常关系也由此确定了，这是一定不移的道理，这就称为大孝。"

离娄章句下

第十六章

孟子曰："以善服人者，未有能服人者也；以善养人，然后能服天下。天下不心服而王者，未之有也。"

　孟子说："拿自身的长处去折服他人，没有人会为之折服；拿自己的长处去教育帮助他人，（使别人也可以获得这些长处，）然后才能让天下的人都为之心服。天下的人不归心而可以统一天下的，是绝对不会有的事。"

第三十三章

齐人有一妻一妾而处室者。其良人出，则必餍酒肉而后反。其妻问所与饮食者，则尽富贵也。其妻告其妾曰："良人出，则必餍酒肉而后反；问其与饮食者，尽富贵也，而未尝有显者来，吾将瞷良人之所之。"

蚤起，施从良人之所之，遍国中无与立谈者。卒之东郭墦间，之祭者，乞其余；不足，又顾而之他——此其为餍足之道也。其妻归，告其妾，曰："良人者，所仰望而终身也，今若此！"与其妾讪其良人，而相泣于中庭。而良人未之知也，施施从外来，骄其妻妾。

由君子观之，则人之所以求富贵利达者，其妻妾不羞也，而不相泣者，几希矣。

　齐国有个拥有一妻一妾的人家，她们的丈夫每次外出，就一定要等到吃饱酒肉才回来。他的妻子问跟他一起喝酒吃饭的都有些什么人，回答都是有钱、有地位的人。他的妻子告诉他的妾："丈夫外出，必定要酒醉饭饱才会回来；问跟他一起饮酒吃饭的人，都是有钱有地位的人，可是，从来没有显贵的人到家里来。我准备偷看一下丈夫要去的地方。"

于是第二天清早起来，（妻子）就远远地跟着丈夫，一起去他所去的地方，走遍了全城（发现）整个都城当中并没有谁与他是站着交谈的。最后（丈夫）来到东门城外的坟墓中，向那些扫墓的人乞讨一些残羹剩饭；没吃饱，又四面望望，然后走到其他扫墓的人那里去——这就是他天天得以醉饱的方法。他的妻子回家后，（把这件事）告诉他的妾，并且说："丈夫，是我们指望托付终身的人，现在丈夫却是这副模样这样没有出息！"于是，跟他的妾一同在庭中咒骂丈夫，哭作一团，丈夫却丝毫不知情，得意扬扬地从外面回来，在妻妾面前大耍威风。

从君子的观点看来，一些人用来追求升官发财的丑恶方法，能够让他们的妻妾不感到羞耻而一起哭泣的，是很少的。

万章章句上

第一章

万章问曰："舜往于田，号泣于旻天，何为其号泣也？"

孟子曰："怨慕也。"

万章曰："'父母爱之，喜而不忘；父母恶之，劳而不怨。'然则舜怨乎？"

曰："长息问于公明高曰：'舜往于田，则吾既得闻命矣；号泣于旻天，于父母则吾不知也。'公明高曰：'是非尔所知也。'夫公明高以孝子之心，为不若是恝：我竭力耕田，共为子职而已矣，父母之不我爱，于我何哉？帝使其子九男二女，百官牛羊仓廪备，以事舜于畎亩之中，天下之士多就之者，帝将胥天下而迁之焉。为不顺于父母，如穷人无所归。天下之士悦之，人之所欲也，而不足以解忧；好色，人之所欲，妻帝之二女，而不足以解忧；富，人之所欲，富有天下，而不足以解忧；贵，人之所欲，贵为天子，而不足以解忧。人悦之、好色、富、贵，无足以解忧者，惟顺于父母可以解忧。人少，则慕父母；知好色，则慕少艾；有妻子，则慕妻子；仕则慕君，不得于君，则热中。大孝终身慕父母。五十而慕者，予于大舜见之矣。"

译文 万章问："舜在历山田地里耕种，望着天空哭诉着，他为什么要去哭诉呢？"

孟子答道："这是由于舜对父母既怨恨，又怀念。"

万章说："（从前曾子说）'父母如果喜欢自己，自己心中尽管高兴，但却不敢对做儿子的职责有任何遗忘与懈怠；父母如果不喜欢自己，自己心中尽管不免感到忧愁，但却不敢埋怨父母。'按照夫子的说法，那么舜是否在抱怨父母呢？"

孟子说："长息曾问公明高：'舜在地里耕种，这个我已可以理解夫子的指教了；但他一面喊着天一面叫着父母，又哭又喊，我就不懂这是因为什么。'公明高说：'这个并非是你可以理解得了的。'在公明高看来，一位孝子的心对父母对自己的爱恶，

决不会无动于衷怎么能没有忧愁呢？我尽力耕田，恭恭敬敬地尽身为人子的本分，如果父母不爱我，我有什么罪过呢？与我有什么关系呢？尧帝知道舜的贤能。尧帝让自己的九个儿子与两个女儿，还有百官带上牛羊，囤积粮食，应有尽有，到田野当中侍候舜，天下的士人也大多投奔到他门下，尧帝将整个天下都让给了舜。但舜仍然认为因为不能让父母顺心，自己就像穷困的人没有归宿一样。天下的士人喜爱自己，这原本是人们的愿望，但却不足以解除舜的忧愁；喜爱美色，原本是人们的愿望，但舜娶了尧的两个女儿，却不足以解除忧愁；富有，原本是人们的愿望，但舜拥有天下财富，却不足以解除忧愁；尊贵，原本同样是人们的愿望，但舜获得了天子的尊贵，还不足以解除忧愁。（对于舜，）人们喜欢他、爱好美色、财多地位高，没有一样能够解除忧愁，只有让父母顺心满意才能解除忧愁。（大概）人处于儿童时期，只知道恋慕父母；知道喜好美色了，就爱慕年轻又漂亮的人；有了妻子，就宠爱妻子；走上做官的道路，于是倾心君主，要是得不到君主信任，人心便感到焦急而烦躁，心就像火烧一样难过。（只有）大孝的人才能终生怀恋父母。到五十岁时还怀恋父母的，我在舜的身上看到了。"

第七章

万章问曰："人有言，'伊尹以割烹要汤'，有诸？"

孟子曰："否，不然。伊尹耕于有莘（shēn）之野，而乐尧舜之道焉。非其义也，非其道也，禄之以天下，弗顾也；系马千驷，弗视也。非其义也，非其道也，一介不以与人，一介不以取诸人。汤使人以币聘之，嚣嚣（áo）然曰：'我何以汤之聘币为哉？我岂若处畎亩之中，由是以乐尧舜之道哉？'汤三使往聘之，既而幡然改曰：'与我处畎亩之中，由是以乐尧舜之道，吾岂若使是君为尧舜之君哉？吾岂若使是民为尧舜之民哉？吾岂若于吾身亲见之哉？天之生此民也，使先知觉后知，使先觉觉后觉也。予，天民之先觉者也，予将以斯道觉斯民也。非予觉之而谁也？'思天下之民匹夫匹妇有不被尧舜之泽者，若己推而内之沟中——其自任以天下之重如此。故就汤而说之以伐夏救民。吾未闻枉己而正人者也，况辱己以正天下者乎？圣人之行不同也，或远，或近，或去，或不去，归洁其身而已矣。吾闻其以尧舜之道要汤，未闻以割烹也。《伊训》曰：

'天诛造攻自牧宫，朕载自亳。'"

译 文 万章问："人们有这样的说法，'伊尹以烹调的技术去要求汤王任用他'，真有这件事吗？"

孟子说："不，不是的。伊尹在有莘国的郊野当中种田，喜爱尧舜的治理之道。如果不合乎道义，就算拿全天下的财富给他作为俸禄，他都毫不理睬；就算有四千匹马在他前面（作为礼物，）他都不屑一顾。要是不合乎道义，一点小东西也不会拿给别人看，也不会向别人索要小东西。汤王派专人带礼物前去聘请他，他却悠闲自得不动声色地说：'我为何要接受汤的聘礼呢？哪里能赶得上我如今身处田野之中，由此开始研习尧舜之道为乐呢？'汤王三次派人去请他，然后他才改变了态度说：'我与其居住在田野之中，由此研习尧舜之道作为个人乐趣，何不使这位君主变成尧舜之君呢？何不让这些百姓变成尧舜的百姓呢？何不在我生前看到尧舜之道得以实行呢？上天使得这些百姓生在人世，使先知的人帮助后知的人去觉醒，使先觉的人帮助后觉的人去觉醒。我，是百姓当中天生先觉之人；我将拿尧舜之道去帮助那些百姓得以觉醒。如果不是我去帮助他们觉醒，还会是谁呢？'他心中想，天下的百姓中无论是男人还是女人没能得到尧舜的恩泽，就似乎是自己把他们推到水沟中一样。他是这样自愿将天下的重担挑在肩上，因此应允汤的聘请跑到商汤那里，以攻打夏桀来拯救百姓的事向其游说。我没听说过委屈自己却可以匡正别人的，更何况是屈辱自己而匡正天下呢？圣人的行事各有差异，有的远离君王隐居山林，有的要接近君王，有的要离开朝廷，有的则不愿离开，但是总结起来，（相同点，）只要做到洁身自好，做到一尘不染就可以了，我只听说伊尹以尧舜之道去求见汤王，没有听说以烹调技术的事去求汤。《伊训》当中说道：'上天对夏桀的讨伐，是因为牧宫（指夏桀）自己制造出了该被讨伐的罪恶，伊尹与汤谋划讨伐夏桀却是从亳都开始的。'"

万章章句下

第一章

孟子曰："伯夷目不视恶色，耳不听恶声；非其君不事，非其民不使；治则进，乱则退。横政之所出，横民之所止，不忍居也。思与乡人处，如以朝衣朝冠坐于涂炭也。当纣之时，居北海之滨，以待天下之清也。故闻伯夷之风者，顽夫廉，懦夫有立志。

"伊尹曰：'何事非君？何使非民？治亦进，乱亦进。'曰：'天之生斯民也，使先知觉后知，使先觉觉后觉。予，天民之先觉者，予将以此道觉此民也。'思天下之民匹夫匹妇有不与被尧舜之泽者，若己推而内之沟中——其自任以天下之重也。

"柳下惠不羞污君，不辞小官；进不隐贤，必以其道；遗佚而不怨，厄穷而不悯；与乡人处，由由然不忍去也。'尔为尔，我为我，虽袒裼^{tǎn xī}裸裎^{chéng}于我侧，尔焉能浼^{měi}我哉？'故闻柳下惠之风者，鄙夫宽，薄夫敦。

"孔子之去齐，接淅而行。去鲁，曰：'迟迟吾行也，去父母国之道也。'可以速而速，可以久而久，可以处而处，可以仕而仕，孔子也。"

译文 孟子说："伯夷这个人，眼睛不会去看妖冶不正的颜色，耳朵不会去听淫靡不正的音乐。不是他所认可的君主不会去侍奉，不是他认可的百姓不会去支使。天下太平就出来处理事务，天下动乱就会退隐田野。暴政所出与暴民所在的地方，他都不能耐心在那里定居。他认为跟乡里无知暴民相处，就犹如身穿礼服，戴着礼帽坐在烂泥与煤灰上。商纣王时代，他隐居于北海边，等待天下变得太平。所以感受到伯夷的高风亮节的人，就是贪婪的人也会变得廉洁，怯懦的人也可以树立起不屈的意志。

"伊尹说：'什么君主是不可以去侍奉的？什么百姓是不能去支使的？'太平时愿意当官，乱离时也愿意去当官，他说，'上天让这些百姓存在，使先知的人去帮助后知的人得以觉醒，使先觉的人帮助后觉的人得以觉醒。我，是天生百姓当中先觉醒的人；我将要拿这些圣贤之道去帮助百姓们觉醒。'他想天下的百姓当中只要还有一个男人、一个女人没得到尧舜恩泽的，就似乎是自己将他们推进水沟当中一样：他自愿将天下的重担挑在肩头上的缘由。

"柳下惠侍奉恶的君主并不会以此为耻，做小官也会在所不辞。上朝做官不保留自身的才干，但一定要合乎原则。尽管被遗弃贬斥也不会有怨言，身处困境而不会犯愁。跟乡里的无知暴民共处，很自然地不舍得离开他们。'你是你，我是我，就算是赤身露体坐在我身旁，你又怎能玷污我呢？'因此只要感受到柳下惠高风亮节的人，就是心地狭窄的人也变得襟怀宽大，为人刻薄的人也变得厚道起来。

"孔子离开齐国时，饭都没来得及做，把已经浸在水中的米捞起就离开了；离开鲁国时，却说：'我们慢慢离开吧，这是离开父母之国应当采取的态度。'该快走就快走，该从容久留就从容久留，该闲居就闲居，该做官就去做官。这便是孔子所持有的态度。"

孟子曰："伯夷，圣之清者也；伊尹，圣之任者也；柳下惠，圣之和者也；孔子，圣之时者也。孔子之谓集大成。集大成也者，金声而玉振之也。金声也者，始条理也；玉振之也者，终条理也。始条理者，智之事也；终条理者，圣之事也。智，譬则巧也；圣，譬则力也。由射于百步之外也，其至，尔力也；其中，非尔力也。"

译文 孟子说："伯夷是圣人当中清高的人；伊尹是圣人中很有责任感的人；柳下惠是圣人中较随和的人；孔子是圣人中善于相机行事最合时宜的人。孔子称得上是集大成者了。所谓集大成的含义，（就犹如奏乐，）先以敲钟开始，后击玉磬收尾一样。先敲钟，是表示节奏条理的开端；后击玉磬来收尾，是表示节奏条理的终结。掌握奏乐的条理的开端，得靠人的智力；坚持奏乐条理的终结，需要依靠人的圣功。智，就好比是技巧；圣，就犹如力气。就如同在百步距离之外射箭一样，射到目的地，是依靠你的力量；命中靶子，就不是单纯依靠你的力量。（还需要运用智慧和技巧。）"

第八章

孟子谓万章曰："一乡之善士，斯友一乡之善士，一国之善士，斯友一国之善士，天下之善士，斯友天下之善士。以友天下之善士为未足，又尚论古之人。颂其诗，读其书，不知其人，可乎？是以论其世也。是尚友也。"

译文 孟子对万章说："一个乡村当中的善士才能与另外一个乡村里的善士交朋友，一个国家的善士才能与另一个国家的善士交朋友，名闻天下的善士才能和名闻天下的人士交朋友。假如感到与天下闻名的人士交朋友还无法满足自己的要求，便又向上评论古代的人，吟诵他们的诗歌，研读他们写的书，因为还不了解他们的生平为人，因此还要议论他们所处的时代,这就是追溯到上代，与古代的著名人物做朋友。"

告子章句上

第四章

告子曰：“食色，性也。仁，内也，非外也；义，外也，非内也。”

孟子曰：“何以谓仁内义外也？”

曰：“彼长而我长之，非有长于我也；犹彼白而我白之，从其白于外也，故谓之外也。”

曰：“异于白马之白也，无以异于白人之白也；不识长马之长也，无以异于长人之长与？且谓长者义乎？长之者义乎？”

曰：“吾弟则爱之，秦人之弟则不爱也，是以我为悦者也，故谓之内。长楚人之长，亦长吾之长，是以长为悦者也，故谓之外也。”

曰：“耆秦人之炙，无以异于耆吾炙，夫物则亦有然者也，然则耆炙亦有外欤？”

译文 告子说：“饮食与男女两件事，是人的天性。仁，存在于人身内部，不是显现在本体之外的；义，存在于人身之外，而不存在于本身之内。”

孟子说：“为什么要说仁在身内，义在身外呢？”

告子答道：“由于他年长，因为我将他看作是长者予以尊敬，年长在他，不在我，不是我预先有敬重他的意思。就好像它是白色的东西因此我认为它白。这是因为外在物的白色所决定的，（并非我脑海里先存有白色的观念，）所以它是外在的东西。”

孟子问道：“白马的白与人的白尽管没有什么不同，但不知对老马的尊敬，跟对年长的人的尊敬是不是一回事呢？而且你所说到的义，是指长者呢，还是指尊敬长者之心呢？（如果义不在于其年长，而在于我尊敬长者之心，那么，义就还是在内，而不是在外啊。）”

告子说：“对自己的弟弟就爱，对于秦人的弟弟就不去爱，这就可以看出爱不爱在于我自身内心，所以我（要将其）称为内在的东西。尊敬楚人的长者，也是尊敬我的长者，这可见爱不爱取决于他人的年长，所以我（将义）叫作外在的东西。”

孟子说：“喜欢吃秦人的烧肉与爱吃自己的烧肉是没有多大区别的，看来各种事物也都有类似的情况，那么喜欢吃烧肉的心意难道也存在于身外吗？（这样，'食色'还能被称为'性'吗？）”

第十五章

公都子问曰:"钧是人也,或为大人,或为小人,何也?"

孟子曰:"从其大体为大人,从其小体为小人。"

曰:"钧是人也,或从其大体,或从其小体,何也?"

曰:"耳目之官不思,不思而蔽于物,物交物,则引之而已矣。心之官则思,思则得之,不思则不得也。此天之所与我者。先立乎其大者,则其小者弗能夺也。此为大人而已矣。"

译文 公都子问孟子道:"作为同样的人,为什么有些人会成为君子,有些人却沦为卑微小人呢?"

孟子说:"顺从心志的需要去做的人,才可能成为大人君子,顺从感官私欲需要的就会沦为卑微小人。"

又问:"都是一样的人,为什么有些人顺从心志的需要,有的却顺从它不重要器官的需要呢?"

孟子答道:"耳朵、眼睛这一类器官无法思考,因而容易被外物蒙蔽。(耳朵、眼睛)这种东西与外物接触,就会被外物(如声色犬马等利欲)所引诱。心这种器官善于思考,一加思考就能让人原本的善性显露出来获得义理,不思考就得不到。耳、目和心是上天特意赋予人类的。(你)首先将心树立起来,那么其他感官就不会(由外物的诱惑而)迷失天生的善性了。成为圣人君子的道理就是这样。"

告子章句下

第九章

孟子曰:"今之事君者皆曰,'我能为君辟土地,充府库。'今之所谓良臣,古之所谓民贼也。君不乡道,不志于仁,而求富之,是富桀也。'我能为君约与国,战必克。'今之所谓良臣,古之所谓民贼也。君不乡道,不志于仁,而求为之强战,是辅桀也。由今之道,无变今之俗,虽与之天下,不能一朝居也。"

译文 孟子说:"现在那些侍奉君主的人都在说:'我可以为君主开拓疆土,

四书五经精华本

〇七〇

充实府库。'现在这种所谓的好臣子，正是古代那些所谓的害民之贼。君主不趋近于道德，又没有实行仁义，你却力求让他富足，这等于让夏桀富足。（那些侍奉君主的人又说：）'我能够替君主联合邻国，每次战争必定会获胜。'现在所谓的好臣子，正是古代时的害民之贼。君主不趋向道德，又没有实行仁义，你却去力求替他恃强奋战，这等于去辅佐夏桀。假如走现在的道路，不去改变如今的恶劣习俗，就算将整个天下都给他，他也不能安稳统治一天的太平的。"

第十六章

孟子曰："教亦多术矣，予不屑之教诲也者，是亦教诲之而已矣。"

译文 孟子说："教育也有多种多样的方法，那些我不屑给予教诲的人，这也是对他的一种教诲啊。"

尽心章句上

第一章

孟子曰："尽其心者，知其性也。知其性，则知天矣。存其心，养其性，所以事天也。夭^{yāo}寿不贰，修身以俟之，所以立命也。"

译文 孟子说："可以竭尽其灵明善心的，就是真正了解人的本性。懂得人的本性，就知晓了天命。（一个人）如果可以努力存留其灵明善心，培养他禀受先天善性，目的就是在于正确对待天命。毫无疑虑无论是短命，或是长寿都不会有丝毫动摇，只要是修身养性，以便等待天命的抉择，这都是用来安身立命的方法。"

第三章

孟子曰："求则得之，舍则失之，是求有益于得也，求在我者也。求之有道，得之有命，是求无益于得也，求在外者也。"

译文 孟子说："（有的东西）仁、义、礼、智追求它就可以得到，放弃它就会失去，这种追求是对获得（这个东西）有益的，这是因为所追求的东西就在我的本身当中，（能否获得它，取决于自身。）（有的东西）富贵利达追求它应当有一定的原则，能否获得它需要靠命运的安排，这种追求是对获得（这一东西）毫无益处的，这是因为追求的东西存在于身体之外。（能不能得到它就不是自己能决定的了。）"

第六章

孟子曰："人不可以无耻，无耻之耻，无耻矣！"

译 文 孟子说："一个人不可以没有羞耻之心；一个人假如能够以自己没有羞耻心为可耻，（因此能改过自新，）他就可以终身不再蒙受羞耻了。"

尽心章句下

第三章

孟子曰："尽信《书》，则不如无《书》。吾于《武成》，取二三策而已矣。仁人无敌于天下，以至仁伐至不仁，而何其血之流杵也？"

译 文 孟子说："彻底相信《尚书》中的话，就还不如没有《尚书》的好。我对于《武成》这篇文章，只是采用其中的两三段文字罢了。一个仁德的人在天下是没有敌人的，以周武王这种天下间最为仁爱的贤君去讨伐商纣这种最不仁爱的暴君，又怎会出现血流成河，连舂米的木棒都漂起来的事呢？"

第十四章

孟子曰："民为贵，社稷次之，君为轻。是故得乎丘民而为天子，得乎天子为诸侯，得乎诸侯为大夫。诸侯危社稷，则变置。牺牲既成，zī chéng粢盛既洁，祭祀以时，然而旱乾水溢，则变置社稷。"

译 文 孟子说："（在天下间，）百姓是最重要的，其次就是社稷，君主是地位比较低的了。因此得到民众拥护的就可以做天子，得到天子的信任的便可以做诸侯，得到诸侯信任的就能做大夫。诸侯无道如果危害国家，便需要废掉他，改立别人。如果祭祀所用的牲口已肥大到合乎标准，盛在祭器当中的黍稷也已清洁，祭祀又按时进行，可是百姓依旧逃脱不了旱灾和水灾的侵袭，那就得更改新的社稷了。"

第三十一章

孟子曰："人皆有所不忍，达之于其所忍，仁也；人皆有所不为，达之于其所为，义也。人能充无欲害人之心，而仁不可胜用也；人能充无穿窬之心，而义不可胜用也；人能充无受尔汝之实，无所往而不

为义也。士未可以言而言，是以言餂之也；可以言而不言，是以不言餂
之也。是皆穿窬之类也。"

译　文　孟子说："每个人都有其不忍心去做的事，只要他能将其扩充到他所
忍心去做的事上，这就是仁；每个人都有其所不愿去做的事，只要他能将它扩充到他
所愿去做的事上，（因此停止再做他所愿做的事，）就是义。只要人们可以扩充他的
那种不愿害人的心，那么他的仁就没有穷尽了；只要人们可以扩充那种不盗窃之心，
那么他的义就用不尽了。只要人们能够充满了羞耻心可以扩充那种不被轻蔑的实际言
行，那么他不管到哪里，都再也没有不合于义的行为了。对于一个士人原本不可以跟
他攀谈，却故意去与他攀谈，这便是用言语去诱惑他，而自己便于从中获利；可以跟
他攀谈，却故意不去攀谈，这就是以沉默去诱惑他，而自己便于谋利，这些都是属于
挖洞跳墙偷窃一类的行为。"

《孟子》精华

○七三

《周易》全本

乾卦第一

乾。元亨利贞。

译文 乾卦：象征天。拥有万物创始的伟大天元，亨通顺利地成长，所占问的事情是有利的。

初九：潜龙勿用。

译文 初九：像龙潜伏在水里，暂时不宜有所作为。

九二：见龙在田，利见大人。

译文 九二：龙出现在田野之间，有利于见到贵族之人。

九三：君子终日乾乾，夕惕若，厉，无咎。

译文 九三：君子整天忧愁戒惧，就算是在夕阳西下时，依旧时刻保持警惕，谨慎行事。尽管有危险的情况，也不会遭受灾祸。

九四：或跃在渊，无咎。

译文 九四：游龙或是潜伏于深谷当中，不会出现过失。

九五：飞龙在天。利见大人。

译文 九五：龙高飞在天上，有利于见到贵人。

上九：亢龙有悔。

译文 上九：龙飞得极高，超过了极限而有悔悟。

用九：见群龙无首，吉。

译文 用九：发现一群龙，谁也不去自居首领之位的龙王，则无过亢的灾祸，这是吉祥的预兆。

《彖》曰：大哉乾"元"，万物资始，乃统天。云行雨施，品物流形。

大明终始，六位时成，时乘六龙以御天。乾道变化，各正性命。保合太和乃"利贞"。首出庶物，万国咸宁。

译文 《彖传》提及，多么盛大的天之元气啊。万物都要依靠其开始生长，天是统帅万物的本源。它使得云朵飘行翻动，使雨水洒落，各种事物各具形态而不断有所发展。明亮的太阳周而复始地在运行，乾卦各爻依据不同的时位组成，犹如六条龙彼此连接，按时驾行于天地之间。天地自然的变化使万物端正了它性命的位置，万物各自积蓄精神，保持太和元气。这样就会祥和有益，利于正道。天道创造了万物，天下邦国都能安宁。

《象》曰：天行健，君子以自强不息。"潜龙勿用"，阳在下也。"见龙在田"，德施普也。"终日乾乾"，反复道也。"或跃在渊"，进无咎也。"飞龙在天"，大人造也。"亢龙有悔"，盈不可久也。"用九"，天德不可为首也。

译文 《象传》中说，乾卦犹如天道运行，刚强而劲健。君子也应当以天为法，所以坚强振作，不断进行努力。"龙潜入水中，暂时不宜有所作为"，因此初九之象，阳气刚萌生，自然位置低下所以隐居不出。"龙出现在田间"，此象说明德业昭著，大德之人经过人间潜藏与休养，必定将有大德普济于世。"整天勤勤恳恳"，反反复复都合乎正道。"潜伏深谷，或跃腾上进"，表明龙处在进取而无损害的时机。"龙高飞于天"，说明怀德之人可一举创就大业，有所作为。"龙高亢至极，终会有所悔恨"，骄傲自满不能长久。"用九"，说明群龙无首，天之宏德也并非永居首位。

《文言》曰："元"者善之长也，"亨"者嘉之会也，"利"者义之和也，"贞"者事之干也。君子体仁足以长人，嘉会足以合礼，利物足以和义，贞固足以干事。君子行此四德者，故曰："乾，元亨利贞"。

译文 《文言》说，"元始为众善之首；亨通是事物间的完美聚合；祥和有利是道义的和谐之境；贞固为处身行事之根本。因此，君子以自身行动体现实践至善的仁德，就可以成为众人的头领；能够使得众善得以聚集一堂，就能符合礼仪；能够施利于万物，才足以使道义达到和谐的境界；可以坚守节操，就能主持各类大事。君子施行这四种美德，所以说：乾卦所说的行善为万物创始的伟大根源、亨通和美、祥和有利、贞正坚固。"

初九曰："潜龙勿用。"何谓也？子曰："龙德而隐者也。不易乎世，不成乎名，遁^{dùn}世无闷，不见是而无闷，乐则行之，忧则违之。确乎其不可拔，潜龙也。"

> **译文** 初九的爻辞说："龙潜伏在水里，暂时不适宜有所作为。"这说的是什么含义呢？孔子指出："潜龙这是比喻有德才而隐居的人。不为世俗所转移，他也不追逐功名；从世间隐退而不会感到苦闷，对于能愉快地实现抱负的事情，就入世行道；对于感到忧虑的事情，就出世隐遁。信念坚定不可改变，从来不会动摇，这就是君子像潜龙的原因。"

九二曰："见龙在田，利见大人。"何谓也？子曰："龙德而正中者也。庸言之信，庸行之谨。闲邪存其诚。善世而不伐，德博而化。《易》曰：'见龙在田。利见大人。'君德也。"

> **译文** 九二的爻辞："龙出现在田野当中，有利于见到贵族之人。"这说的是什么含义呢？孔子指出："这是指像龙一样的有德行而坚持中正之道的人。这种人，其日常言论能诚实守信，他的日常行动是谨慎小心的。防止一切邪念，心存他的诚实。尽管善行卓著，加惠世人，却不会以此来夸耀自己。以伟大广博的德行来感化世间的一切。《周易》说：'龙出现在田野，有利于见到贵人。'这是指出现了有君主品德的贤人。"

九三曰："君子终日乾乾，夕惕若，厉，无咎。"何谓也？子曰："君子进德修业。忠信，所以进德也。修辞立其诚，所以居业也。知至至之，可与言几也。知终终之，可与存义也。是故居上位而不骄，在下位而不忧。故乾乾因其时而惕，虽危，无咎矣。"

> **译文** 九三的爻辞说："君子整天忧愁戒惧，提高警觉，就算是在夜晚，仍时刻警惕，谨慎行事，虽然有危险的情况，却无灾祸。"这是什么含义呢？孔子指出："这是说君子应当增进美德、营修功业的道理。忠诚信实，是用来增进美德的。修饰自身的文辞与言行，从而确立至诚的感情，是用来营修功业的。知道把握时机，全力进取的人，能够跟他商讨事物发展的地步；清楚事物发展的结局，并可以用自己的行动去适应结局的人，可以与他共保正义。因此能够做到这些的人，一个人就可以身居高位而不感到骄傲，身处下位也不忧愁，因而能够忧愁戒惧，自强不息，随时警惕，小心行事。这样，尽管身处危险之中，也不会有过错。"

九四曰："或跃在渊，无咎。"何谓也？子曰："上下无常，非为邪也。进退无恒，非离群也。君子进德修业，欲及时也，故无咎。"

译文 九四爻辞说："游龙或潜伏在深谷当中，都不会出现什么灾祸。"这是何意呢？孔子指出："这比喻贤人的上升或是下降，身居高位或身处低位，没有常态，这并非是因为邪念；他的进取或引退也没有固定的规律，这种进退并不是要脱离众人。这说明，君子要想在品德及事业上都有提高，获得成功。只能及时把握时机，随着时势的变化而进行行动，这样的话，就必然'没有过错'了。"

九五曰："飞龙在天，利见大人。"何谓也？子曰："同声相应，同气相求。水流湿，火就燥。云从龙，风从虎。圣人作而万物睹。本乎天者亲上，本乎地者亲下，则各从其类也。"

译文 九五爻辞说："龙高飞在天上，对于有大德之人出来治世很有利。"这是什么含义呢？孔子指出："这是说同类的声音会相互应和，同样的气息彼此吸引而互相求取；水向低洼潮湿的地方流动，火趋向干燥的地方燃烧；彩云伴随龙飞而聚散，风随虎跃而出现；圣贤的兴起让世间万物仰望，因此，以天为本的生物系附上天，依存于大地的生物系附下地，这就是所有事物各依其类别彼此聚合的道理。"

上九曰："亢龙有悔。"何谓也？子曰："贵而无位，高而无民，贤人在下位而无辅，是以动而有悔也。"

译文 上九的爻辞说："龙飞得太高，超越了极限，最终有所悔恨。"这是何意呢？孔子指出："这是比喻高高在上、尊贵而没有地位、丧失百姓拥戴的人君。贤士能人都处于下位，因此他得不到贤士的辅佐。因为这种举动而感到有所悔恨。"

"潜龙勿用"，下也。"见龙在田"，时舍也。"终日乾乾"，行事也。"或跃在渊"，自试也。"飞龙在天"，上治也。"亢龙有悔"，穷之灾也。乾元"用九"，天下治也。

译文 所谓"龙潜伏在水里，暂不适宜有所作为"，是指德才兼备的人还身处地位低下的状况，无法发挥作用。"龙出现在田野当中"，说明时势开始舒展，暂时居于人间已得时得位了。"整天忧愁戒惧"，说明事业依旧在付诸实行，正在勤勉地做事。"潜伏于深谷，或跃腾上进"，说明正处于自我考验他才能的时期。"龙高飞于天"，表明已获得高位治国，正在大展抱负。"龙飞到极高的位置，终将有所悔恨"，说明爬上最高位置而不想着去改变，脱离群众，将会导致灾难。天道最广大的源头是运用阳九变化，说明天下太平是大势所趋。

"潜龙勿用"，阳气潜藏。"见龙在田"，天下文明。"终日乾乾"，与时偕行。"或跃在渊"，乾道乃革。"飞龙在天"，乃位乎天德。"亢龙有悔"，与时偕极。乾元"用九"，乃见天则。

译文 所谓"龙潜伏在水里，暂时不适宜有所作为"，说明阳气依旧潜伏隐藏在地下，没有出现什么状况。"龙出现在田野当中"，说明天下可以看到欣欣向荣的富于文采而光明的景象。"整天忧愁戒惧"，说明随着时间不断流逝而向前发展。"潜伏于深谷，或跃腾上进"，说明此时天道革新已经开始。"龙高飞于天"，说明位与天高，德与天齐 已然登上君位。"龙飞到极高位置，终将会有所悔恨"，说明伴随时间的推移而达到极限。天道最广大的源头是运用阳九主张的变化，这才合乎天道的法则规律。

乾"元"者，始而亨者也。"利贞"者，性情也。乾始能以美利利天下。不言所利，大矣哉。大哉乾乎！刚健中正，纯粹精也。六爻^{yáo}发挥，旁通情也。时乘六龙，以御天也。云行雨施，天下平也。

译文 乾卦象征着天，是万物创始，创造天地万物亨通的起始。"祥和有益，贞正坚固"，是天的内在本性及外部的情感。上天开始能够用丰美的利益来使天下万物得利，但它却不言它所广施的利益，不居其功，这种精神实在是很伟大啊！伟大的天道啊，刚强劲健、居中守正，这一切都是纯粹而无瑕的，精致而不杂。六爻的无穷变化及联系发挥着作用，沟通万物发展的情与理。无论何时，都犹如按时驾驭六条龙巡行天上。云朵飘行运动，雨水洒落，使得天下万物均衡和谐地发展。

君子以成德为行，日可见之行也。"潜"之为言也，隐而未见，行而未成，是以君子"弗用"也。君子学以聚之，问以辨之，宽以居之，仁以行之。《易》曰："见龙在田。利见大人。"君德也。

译文 君子的行为，是以完善品德及修养为行动目的的，而且这些行为是在日常言行当中都可以体现出来的。乾卦初爻当中提到的"潜"，是说在应当隐藏着，还未显露时，行动与时机还未有所成就和成熟，因此君子暂时还不可以施展才能。君

子通过学习进行知识积累，用抱着怀疑的态度来辨明是非，以宽厚仁恕之心来待人接物，以仁爱之心去指导行为。《周易》说："龙出现在田野当中，有利于遇见伟人。"这是指这种"有德之人"具备身为国君的品德。

九三：重刚而不中，上不在天，下不在田，故"乾乾"因其时而"惕"，虽危，"无咎"矣。

译文 乾卦的九三爻正处于多重阳刚之处，彼此相叠之位，六爻之内不在中间，因此上不沾天位，下不挨田野，因此必须忧愁戒惧，自强不息，顺应时机，随时保持警惕。如此，就算面临危险，也没有什么灾祸了。

九四：重刚而不中，上不在天，下不在田，中不在人，故"或"之。或之者，疑之也，故"无咎"。

译文 乾卦的九四爻处在三重阳刚之位，在六爻之内不在中间，因此上不沾天位，下不挨田野，而且不在人可以居住的位置，因而说是"或"之。强调"或"的含义，是指应当有所疑虑，多方审度，因此也就不会出现过失之灾了。

夫"大人"者，与天地合其德，与日月合其明，与四时合其序，与鬼神合其吉凶。先天而天弗违，后天而奉天时，天且弗违，而况于人乎，况于鬼神乎。

"亢"之为言也，知进而不知退，知存而不知亡，知得而不知丧。其唯圣人乎？知进退存亡而不失其正者，其唯圣人乎。

译文 乾卦九五爻辞当中提到的有德之人，其德行，要与天地万物之德相合；他的圣明，要与日月普照大地相合；他的进退，要与四季交替般井然有序相合；他的吉凶，要与鬼神的吉凶相契合；其作为，先于天象而行动，但却也不违背天道，后于天象而处事，仍然可以奉行天道运行的规律而行事。他尚且不会违背上天，更何况是人呢？更何况是鬼神呢？

乾卦上九爻辞提到的"亢"字，是指高到极点只想着进取，而不知道隐退；只知道生存，而不知道最终陷入衰亡；只知道获利，而不清楚要放弃。难道只有圣人才是明智的吗？那些深知进取、隐退、生存、灭亡的道理，而又不偏失其正道的人，大概只能是我们所称赞的圣人吧！

坤卦第二

坤。元，亨。利牝马之贞。君子有攸往。先迷，后得主，利，西南得朋，东北丧朋。安贞吉。

译文 《坤》卦象征大地，拥有伟大而元始亨通的德行，犹如雌马一样守持正固是最为有利的。君子有所往求，如果遇事争先居首，则必然会迷失方向，如果跟随在人后，就会找到主人，因此获得利益。往西南方能够获得友朋，向东北方将会丧失朋友。安顺守持正固可以获得吉祥。

《彖》曰：至哉坤"元"！万物资生，乃顺承天。坤厚载物，德合无疆。含弘光大，品物咸亨。"牝马"地类，行地无疆，柔顺利贞。"君子"攸行，先迷失道，后顺得常。"西南得朋"，乃与类行。"东北丧朋"，乃终有庆。"安贞"之"吉"，应地无疆。

译文 《彖传》当中说："美德至极广阔无垠的大地啊，是生成万物的根源啊！万物都依靠它而成长，它顺从地秉承天道。大地深厚且载育万物，它的功德无穷无尽。它包含了弘博、光明、远大的功能使之发扬光大，使得万物都可以顺利成长。雌马是地上的走兽，具有在大地上无限奔驰的能力，它的性情非常柔顺、祥和，有利于持守正道。君子应当效仿这种品德而去行动，如果遇事争先居首，就会出现迷失方向的情况，如果跟在人后，顺随大势就能使得福庆久长。往西南方能够获得友朋，是因为可以与同类同行；朝东北方向将会损失友朋，尽管如此，最终结果依旧有吉庆。安顺且守持正固的行动将会有吉祥的结果，因为应和大地广阔无垠的柔顺德行，永保无疆。"

《象》曰：地势坤，君子以厚德载物。

译文 《象传》说，坤卦象征大地气势厚实和顺。君子应当效法大地的宽厚、和顺的德行，承载万物。

初六：履霜，坚冰至。

《象》曰："履霜坚冰"，阴始凝也。驯致其道，至坚冰也。

《象传》说："当踩到地面上的薄霜时，就知道结坚冰的寒冬到来了。"是指阴气开始凝聚，依照自然规律，冰雪寒冬的坚冰将至。

六二：直方大，不习无不利。

《象》曰："六二"之动，"直"以"方"也。"不习无不利"，地道光也。

译文 六二，大地是正直、端方而又宏大的，一个人具备这些德行，就算不学习也不会不获利。

《象传》说，六二这一爻指引的行动，趋向于正直及端方。"不学习也不会不获利"是大地法则柔顺之道发出的光明。

六三：含章可贞。或从王事，无成有终。

《象》曰："含章可贞"，以时发也。"或从王事"，知光大也。

译文 六三，蕴含阳刚美好的内涵，能够守持正固。如果能辅助君王的事业，虽然没有将成就归于自己，谨守臣职至终却将会取得很好的结果。

《象传》说，"蕴含阳刚美好的内涵，能够守持正固"，指要把握时机并加以发挥作用。"如果能辅助君王的事业"，指智慧的光明远大，知道自己怎样将才能发挥出来。

六四：括囊。无咎无誉。

《象》曰："括囊无咎"，慎不害也。

译文 六四，把口袋收紧，尽管得不到赞誉，但可以免遭灾难。

《象传》说，"把口袋收紧可以免遭灾难"，是指应当收敛，谨言慎行才会免受祸患。

六五：黄裳。元吉。《象》曰："黄裳。元吉"，文在中也。

译文 六五，黄色的衣裳，会有吉祥之兆。《象传》说，"黄色的衣裳，会有吉祥之兆"，是指应当以温文之美德守持中道。

上六：龙战于野。其血玄黄。

《象》曰："龙战于野"，其道穷也。

译文 上六，龙在旷野当中战斗，流出了青黄交合的血。

《象传》说，"龙在旷野当中战斗"，表示纯阴之道已处于穷途末路之中。

用六：利永贞。

《象》曰："用六"永贞，以大终也。

译　文　以"六"为数，有利于永久守持正固。

《象传》说，以六数"永久守持正固"，说明人应当从阴柔返回到永远刚正不阿，就可以实现远大的目标。

《文言》曰：坤至柔而动也刚，至静而德方。后得主而有常，含万物而化光。坤道其顺乎，承天而时行。

译　文　《文言》说，大地的德行是非常柔顺的，但变动时则显露出刚强；虽然非常安静，但柔美的品德却传播到了四方。随从人后，有人作主，于是保持福庆长久，能包容万物并使其得以生长光大。大地的法则有多么柔顺啊！它秉承上天的意志而四时运行。

积善之家必有余庆，积不善之家必有余殃。臣弑其君，子弑其父，非一朝一夕之故。其所由来者渐矣。由辩之不早辩也。《易》曰："履霜坚冰至。"盖言顺也。

译　文　修积善行的人家，必定有许多吉庆的事；累积恶行的人家，必然会留下诸多的殃祸。凡是臣下杀害君王，儿子弑杀父亲，这都并非一朝一夕之间偶然产生的，而是日积月累逐渐演变的结果，是因为君王父亲们没能早日洞察处理这些事。《周易》说："踩到地面上的薄霜便能知道冰雪寒冬的坚冰到来了。"说明事物发展的自然规律，阴恶事物的发展往往顺沿一定的趋向。

"直"其正也，"方"其义也。君子敬以直内，义以方外。敬义立而德不孤。"直方大，不习无不利"，则不疑其所行也。

译　文　"直"是在说为人应当品性纯正，"方"是指办事应当合乎理义行为适宜。君子以恭敬审慎的态度作为内心的正直准则；以合乎理义的行为去处理外界的事务，促使外形端正。只要做到恭敬的态度与合适地处事，就可以广布美德，获取众人的信任及支持而不至于孤立。因此，"只要能做到正直、端方、宏大，即便不学习也不会不获利"，这样，他对自己的立身行事就不会有什么感到疑惑不定的了。

阴虽有美，"含"之以从王事，弗敢成也，地道也，妻道也，臣道也。

四书五经精华本

地道"无成"，而代"有终"也。

译文 阴柔固然属于一种美德，但应当含蓄隐藏。用来辅助君王的事业时，不能居功于自己。这是大地的法则、为妻的原则、称臣的原则。地道顺应天道的法则表明有成就而不会居功，实际上是在时序的交替当中继续天道，使事达到预期的效果奉事至终。

天地变化，草木蕃^{fán}。天地闭，贤人隐。《易》曰："括囊，无咎无誉"，盖言谨也。君子"黄"中通理，正位居体，美在其中，而畅于四支，发于事业，美之至也。

译文 天地间的自然变化，使得一切草木都能够茂盛繁衍。如果天地闭塞昏暗，那贤人能士都会进行隐退避世。《周易》当中说："把口袋收紧，尽管得不到赞誉，却可免遭灾难。"这是在说应当谨慎处世的道理。君子应当拥有黄色中和的美好品质，通情达理，应当使自己维持在正确的位置。将这种美德蕴藏在心中，自然能够畅达于四肢，从而发展事业，于是达到美的极致。

阴疑于阳必"战"，为其嫌于无阳也，故称"龙"焉。犹未离其类也，故称"血"焉。夫"玄黄"者，天地之杂也，天玄而地黄。

译文 阴达极盛，情意专注于阳时，必会引发争战。这是由于阴气发展到极盛，好像阳已经不存在，作《易》者是怕读者疑惑于《坤》卦没有阳爻。因此上六爻辞称为龙；而阴并不曾离开同类，所以上六爻辞当中又称"血"代表阴阳交合。所谓血的颜色为青黄相杂，指天地争战当中混合的色象：天为青苍的青色，而地原本是黄色。

屯卦第三 ䷂

屯。元亨，利贞。勿用有攸往。利建侯。

译文 《屯》卦象征着初生，拥有原始、伟大、亨通有益、利于贞正坚固的品格。不适合出行，利于设立诸侯。

《象》曰：屯，刚柔始交而难生。动乎险中，大亨贞。雷雨之动满盈，天造草昧，宜建侯而不宁。

译　文　《象传》说，屯卦即初生，是阳刚阴柔初始相交时艰难随着萌生的景象，表明艰难伴随而生。这是指在无数险象当中求得变化发展，前景尽量大为亨通，必然要有坚持守固的品行。它又象征着雷雨交加，充盈于宇宙之间，恰似天地创造万物的草创蒙昧时期。此时适宜建立诸侯基业来治理天下，但不可安居无事。

《象》曰：云雷屯，君子以经纶。

译　文　《象传》说，乌云骤起，雷声交响，象征着天地初始时的苦难时期。这种时势初创之际，君子应当以全天下为重，担负起经略天下大事的责任。

初九：磐桓，利居贞，利建侯。

_{pán huán}

《象》曰：虽"磐桓"，志行正也。以贵下贱，大得民也。

译　文　初九，犹如大石阻挡住了树的生长那样，难以前行，徘徊流连，有利于静居守持正固，利于建立诸侯的基业。

《象传》说，尽管处于徘徊流连之中，但思想行动并没能偏离正道，能够保持端正。在困难时期可以用尊贵的身份而屈居卑下，当然能大得民心。

六二：屯如邅如，乘马班如。匪寇婚媾。女子贞不字，十年乃字。

_{zhān} _{bān} _{fěi kòu}

《象》曰："六二"之难，乘刚也。"十年乃字"，反常也。

译　文　六二，初创之时困顿艰难，踟蹰不前。骑马之人乱转，牵扯难行，不是盗匪而是求婚者。女子守持正固，不急于出嫁，久待十年才缔结良缘，怀孕生子。

《象传》说，六二难行不进的艰辛，是由于它以阴柔乘凌于阳刚之上，十年之后才许嫁怀孕，说明难极致通，返归常道。

六三：即鹿无虞，惟入于林中。君子几，不如舍。往吝。

《象》曰："即鹿无虞"，以从禽也。君子舍之，往吝穷也。

译　文　六三，在附近的山中逐鹿，而没有掌管山泽的虞人加以引导，独自深入茫茫林海是非常危险的。君子应当见机行事，此时不如放弃追逐，如果继续向前会有忧慽。

●屯象之图

《象传》说，"在附近的山中逐鹿，而没有掌管山泽的虞人加以引导"，是贪恋追逐禽兽；"君子放弃追逐""继续前追会有忧憾"，说明穷追不舍必然导致困顿。

六四：乘马班如，求婚媾。往吉，无不利。

《象》曰："求"而"往"，明也。

译文　六四，乘骑纷纷牵扯难以前行，若为求得婚媾，坚决前往就能得到吉庆，没有什么不利的。

《象传》说，如有所求，就要前进行动，这才是明智之举。

九五：屯其膏。小贞吉，大贞凶。

《象》曰："屯其膏"，施未光也。

译文　九五，克服初创的艰难即将广布恩泽。问小事者，守持正固可以获得吉祥；问大事者，守持正固以防范凶险。

《象传》说，"克服初创的艰难即将广布恩泽"，是指虽然施布德泽，但还没有发扬光大。

上六：乘马班如，泣血涟如。

《象》曰："泣血涟如"，何可长也。

译文　上六，乘骑乱转，牵扯难行，欲求婚配而且有泣血伤心流泪的哀痛。

《象传》说，已是"泣血伤心流泪的哀痛"的状态，又怎能长久呢？

蒙卦第四 ䷃

蒙。亨。匪我求童蒙，童蒙求我。初筮告，再三渎，渎则不告。利贞。

译文　《蒙》卦代表着蒙昧，拥有亨通顺利的德行。并非我要去求蒙昧的人们来受教，而是人们求教于我启发蒙稚。初来时，诚恳求教便予以教诲，如果接二连三地胡乱发问，就亵渎了神灵，如此就不再施教。这卦有利于守持正道。

《象》曰：蒙，山下有险，险而止，蒙。蒙"亨"，以亨行时中也。

"匪我求童蒙，童蒙求我"，志应也。"初筮告"，以刚中也。"再三渎，

渎则不告"，渎蒙也。蒙以养正，圣功也。

译文 《彖传》说，蒙昧，犹如高山之下存在险阻，遇到危险就会停下来彷惶不前，因此蒙昧不明。"《蒙》卦代表着蒙昧，拥有亨通顺利的德行"，说明行动应当把握住时机，顺应亨通之道施行启蒙中庸适当。"并非我要去求蒙昧的人们来接受启蒙教育，而是人们向我求教启发蒙稚"，是因为双方志趣相应。"初来时诚恳求教便施以教诲"，是因为他心存刚毅，符合中庸之道。"接二连三地滥问，即为亵渎学务，如此不再施教"，因为这样会亵渎启蒙的初衷与正常秩序。启蒙是为培养纯正无邪的品质，这是造就圣人的成功之道。

《象》曰：山下出泉，蒙。君子以果行育德。

译文 《象传》说，高山之下流出了清泉，代表着渐启蒙昧。君子有鉴于此，就应当坚持果断决定自身的行动来培育美德。

初六：发蒙。利用刑人，用说桎梏。以往吝。

《象》曰："利用刑人"，以正法也。

译文 初六，启发蒙昧，应当树立典型来教育人，从而让人避免犯下错误，如果急于前往必然会留下遗憾。

《象传》说，"利于树立典型来教育人"，这是为了人们能遵循正确的法则。

九二：包蒙吉。纳妇吉，子克家。

《象》曰："子克家"，刚柔接也。

译文 九二，被蒙稚者所围绕，能够获得吉祥；像迎娶贤美的妻室，能够获得吉祥。又像儿辈能够担负起家庭的责任。

《象传》说，"儿辈能够担负起家庭的责任"，说明他与妻子可以阴柔阳刚调和、相应。

六三：勿用取女，见金夫不有躬。无攸利。

《象》曰："勿用取女"，行不顺也。

译文 六三，不宜娶这种妻子，她眼中所看到只有美貌富有的男子，而不顾自身体统，这种女人娶回家毫无益处。

《象传》说，"不宜娶这种妻子"，说明她的行为不符合礼节，若娶回去什么事

情都不会顺利。

六四：困蒙，吝。

《象》曰："困蒙"之"吝"，独远实也。

六四，身处困境当中的蒙昧之人，非常艰难有所憾惜。

《象传》说，"身处困境当中的蒙昧之人，非常艰难有所憾惜"，说明了他独自远离了刚健笃美的蒙师。

六五：童蒙，吉。

《象》曰："童蒙"之"吉"，顺以巽也。

六五，幼童幼稚蒙昧正在接受启发，吉祥。

《象传》说，"幼童幼稚蒙昧正在接受启发，吉祥"，指他恭顺谦逊，容易去学习。

上九：击蒙。不利为寇，利御寇。

《象》曰："利"用"御寇"，上下顺也。

上九，打击蒙昧以启发蒙稚，不宜于使用过激的方法，而宜于采取刚强的态度防止外来邪恶。

《象传》说，"有利于采取刚强的态度防止外来邪恶"，因为施教者与受教者顺应同心。

需卦第五

xū
需，有孚，光亨，贞吉。利涉大川。

《需》卦象征着等待，心怀诚信则前途得以光明亨通。只要能坚守正道，就可获得吉祥，有利于涉越江河巨流。

《彖》曰：需，须也。险在前也。刚健而不陷，其义不困穷矣。"需，有孚，光亨，贞吉"，位乎天位，以正中也。"利涉大川"，往有功也。

《彖传》说，需为等待的含义。因为前方有艰难险阻，想要做到刚强健实而不陷入危险，因为期待适宜那就自然不会遭遇路困途穷。"等待，心怀诚信则前途能光明亨通，只要坚守正道，就能获得吉祥"，说明九五位居至高无上的地位，又能中正不偏。所以"有利于涉越江河巨流"，前进必然获得成功。

《象》曰：云上于天，需。君子以饮食宴乐。

《象传》说，云气上升集聚于天上，象征等待。君子应当在等待时机之时，安心饮食，举宴作乐。

初九：需于郊。利用恒，无咎。

《象》曰："需于郊"，不犯难行也。"利用恒无咎"，未失常也。

初九，在郊外等候，有利于坚守恒心，这样就不会出现过失灾难。

《象传》说，"在郊外等候"，指不冒险迎着艰难险阻向前进。"有利于坚守恒心，这样就不会出现过失灾难"，表明如此则没有偏离常道。

九二：需于沙，小有言，终吉。

《象》曰："需于沙"，衍^{yǎn}在中也。虽"小有言"，以"终吉"也。

九二，在沙滩上等候，虽略受言语责难，坚持等待最终可以获得吉祥。

《象传》说，"在沙滩上等待"，说明宽大而不急躁，虽然略受言语责难，但是能够坚持等待，最后可以获得吉祥的结局。

九三：需于泥。致寇至。

《象》曰："需于泥"，灾在外也。自我"致寇"，敬慎不败也。

九三，在泥泞当中等待，招来盗寇。

《象传》说，"在泥泞当中等待"，表明此时的灾难源自外部。自身招来盗寇，说明了应当谨慎从事，才能立于不败之地避免危败。

六四：需于血，出自穴。

《象》曰："需于血"，顺以听也。

六四，在血泊当中等待，从险陷之中逃脱。

《象传》说，"在血泊当中等待"，是说应当顺应变化，听从天命时势。

九五：需于酒食，贞吉。

《象》曰："酒食贞吉"，以中正也。

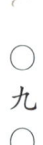

九五，在醇酒佳肴当中等待，要守持正固才能够获得吉祥。

《象传》说，"在醇酒佳肴当中等待，要守持正固才能够获得吉祥"，说明尽管处于安乐当中，但仍要强调德行居中得正。

上六：入于穴，有不速之客三人来，敬之终吉。

《象》曰："不速之客"来，"敬之终吉"，虽不当位，未大失也。

译文 上六，落入陷穴，有三个不请自来的客人来到这里，只要恭敬相待，最终可以获得吉祥。

《象传》说，"有三个不请自来的客人到来，只要恭敬相待，最终可以获得吉祥"，是说尽管是在不太妥当的情况下接待来宾，但只要恭敬，并不至于有大的损失。

讼卦第六

讼（sòng）。有孚窒惕（fú zhì tì），中吉终凶。利见大人，不利涉大川。

译文 《讼》卦象征争论与诉讼，是诚信受到窒碍，心中存在警惕戒惧所致，持中不偏可获吉祥，始终争讼则有凶险。有利于出现伟大的人物，不利于涉越江河巨流。

《象》曰：讼，上刚下险。险而健，讼。"讼。有孚窒惕，中吉"，刚来而得中也。"终凶"，讼不可成也。"利见大人"，尚中正也。"不利涉大川"，入于渊也。

译文 《象传》说，讼卦的上卦乾为刚强，下卦坎为凶险。面临凶险而能强健，这就是争论诉讼。"《讼》卦象征着争论与诉讼，是诚信遭到了窒碍，持中不偏可获吉祥"，说明秉阳刚的德行而且保持适中。"始终争讼不息，结果凶险"，说明诉讼最终无法成功。"利于出现伟大的人物"，说明诉讼之事崇尚正直而持中。"不利于涉越江河巨流"，是说恃刚乘险这样会走进深渊。

《象》曰：天与水违行，讼。君子以作事谋始。

●讼象之图

《象传》说，天向西转，并处于上位，水向东流而处于下位，它们的行动彼此违背，象征着争讼。因而，君子在处理事物时，从开始就要考察其本源，才能防止争讼。

初六：不永所事，小有言，终吉。

《象》曰："不永所事"，讼不可长也。虽"小有言"，其辩明也。

译 文 初六，争讼不可以久缠拖延，虽然略受言语责备，最终可获得吉祥。

《象传》说，"争讼不能够久缠拖延"，说明诉讼之事不能够长久持续，应当适可而止。虽然"稍受言语责备"，但一经说明解释辨析，争执就能随之化解。

九二：不克讼，归而逋。其邑人三百户。无眚。

《象》曰："不克讼"，归逋窜也。自下讼上，患至掇也。

译 文 九二，诉讼失败，只能逃亡、隐匿起来，逃到三百户人家的小村当中，便没有祸患。

《象传》说，"诉讼失败，只能逃亡、隐匿起来"，这是说居于下位的九二与尊上相争，灾患临头而又中止。

六三：食旧德，贞厉，终吉。或从王事，无成。

《象》曰："食旧德"，从上"吉"也。

译 文 六三，继承安享先祖的德业，必须守持正固，才能预防危险，结果最终是吉祥。或者也有从政辅助君王事业的可能性，但不会有业绩，即使有功也不归于己有。

《象传》说，"继承安享先辈之德业"，指顺从阳刚上位的吉兆可获吉祥。

九四：不克讼，复即命渝，安贞，吉。

《象》曰："复即命"，"渝安贞"，不失也。

译 文 九四，诉讼失败，回头走上正路，改变争讼的初衷，顺乎自然，守持正固能够获得吉祥。

《象传》说，能够"回头走上正路，改变争讼的初衷，顺乎自然，守持正固"，就不会出现过失了。

九五：讼，元吉。

《象》曰："讼，元吉"，以中正也。

译文 九五，公平、公正的诉讼，非常吉祥。

《象传》说，"公平、公正的诉讼，非常吉祥"，是指阳刚至中至正。

上九：或锡之鞶带，终朝三褫之。

pán　　　　　chǐ

《象》曰：以讼受服，亦不足敬也。

译文 上九，获得凭借胜讼赐赠的高级腰带的显贵服饰，但在一天之内，又多次被夺去。

《象传》说，凭借诉讼而获得的官禄，是无法得到尊敬的。

师卦第七

师。贞，丈人吉。无咎。

译文 师卦象征军队的兵众，守持正固的长者率领军队可以获得吉祥，必无咎害。

《彖》曰：师，众也。"贞"，正也。能以众正，可以王矣。刚中而应，行险而顺，以此毒天下，而民从之，"吉"又何"咎"矣。

译文 《彖传》说，"师"是部属众多的含义，"贞"为守持正固的含义。能够以正道统率众多的部属，便能够成为君王了。统帅刚直居中在下相应于尊者，虽遇险却又可以一帆风顺，凭借这些来治理天下，百姓都为之服从，当然能得到吉祥，又哪来灾祸呢？

《象》曰：地中有水，师。君子以容民畜众。

译文 《象传》说，大地当中藏聚着水，就犹如民众当中包含士兵。君子应当效法这种品性，包容百姓，集聚民众。

初六：师出以律，否臧凶。

《象》曰："师出以律"，失律凶也。

初六，军队出发进行作战，必须以严格的律令加以约束，军纪不良则必然会有凶险。

《象传》说，"军队出发进行作战，必须以严格的律令加以约束"，说明丧失军纪必遭凶险。

九二：在师中，吉，无咎。王三锡命。

《象》曰："在师中，吉"，承天宠也。"王三锡命"，怀万邦也。

译 文 九二，统兵率众要刚毅持中，能够获得吉祥，不会遭遇灾祸。君王多次奖赏并且委任。

《象传》说，"统兵率众要刚毅持中，能够获得吉祥"，说明得到上天的恩宠；"君王多次奖赏并且委任"，说明他心中想着奖赏臣下，心怀安定天下万方的志向。

六三：师或舆尸，凶。

《象》曰："师或舆尸"，大无功也。

译 文 六三，出师归来，舆车之中满载尸体，有凶险。

《象传》说，"出师归来，舆车之中满载尸体"，说明大败而回。

六四：师左次，无咎。

《象》曰："左次，无咎"，未失常也。

译 文 六四，率军退守，不会有灾祸。

《象传》说，"率军退守，不会有灾祸"，说明没有违背用兵的常识。

六五：田有禽。利执言，无咎。长子帅师，弟子舆尸。贞凶。

《象》曰："长子帅师"，以中行也。"弟子舆尸"，使不当也。

译 文 六五，田地当中有禽兽，利于捕获，不会出现灾祸。委任刚正不阿者去统兵打仗，任命无德小人势必会车上装满尸体战败而回，说明守持正固可以防范凶险。

《象传》说，"委任刚正不阿者去统兵打仗"，说明用人要得当，行为居中不偏；"任命无德小人势必会车上装满尸体战败而回"，这是用人不当的结果。

上六：大君有命，开国承家，小人勿用。

《象》曰："大君有命"，以正功也。"小人勿用"，必乱邦也。

> 译文　上六，君王颁发诏令，册封诸侯，赏赐大夫，小人不能被重用。
>
> 《象传》说，"君王颁发诏令"，是为论功行赏。"小人不能被重用"，是因为那样做必然会危及国家。

比卦第八

比，吉。原筮。元永贞，无咎。不宁方来，后夫凶。

> 译文　比卦象征着相亲相辅，吉祥。原穷真情，筮决挚意，亲辅有德的君长，长久而坚贞，就不会出现灾祸。内心不安而前来占筮，迟来的人会出现凶险。

《象》曰：比，吉也。比，辅也，下顺从也。"原筮。元永贞，无咎"，以刚中也。"不宁方来"，上下应也。"后夫凶"，其道穷也。

> 译文　《象传》说，相亲相辅，必然会有吉祥。"比"是彼此辅助，如下位顺从于上位。"原穷真情，筮决挚意，亲辅有德的君，长久而坚贞，就不会出现灾祸"，说明此爻刚毅中正。"内心不安而前来相辅"，是指上下五个阴爻都和九五阳爻彼此呼应。"迟来的人会出现凶险"，是指相亲相辅之德已然穷尽。

《象》曰：地上有水，比。先王以建万国，亲诸侯。

> 译文　《象传》说，地面到处是水，象征相亲相辅。古代贤君就以此德来封建邦国，与诸侯得以相亲相辅的。

初六：有孚比之，无咎。有孚盈缶，终来有它，吉。

《象》曰：比之"初六"，有它吉也。

> 译文　初六，心怀诚信，相亲相辅于君主，不会有灾患；诚信犹如充盈酒缸的美酒，终究会有意外的吉祥。
>
> 《象传》说，比卦的初六爻，广应于他方将获得意外的吉祥。

六二：比之自内，贞吉。

《象》曰："比之自内"，不自失也。

> 译文　六二，相亲相辅于君主是发自内心的，守持正固就能够获得吉祥。

《象传》说，"相亲相辅于君主是发自内心的"，说明没有丧失自己的主动性不曾自失正道。

六三：比之匪人。

《象》曰："比之匪人"，不亦伤乎。

六三，相亲相辅于行为不当的人。

《象传》说，"相亲相辅于行为不当的人"，难道不是非常悲伤的事吗？

六四：外比之，贞吉。

《象》曰："外比"于贤，以从上也。

六四，在外亲密亲辅于君主，顺从于尊上结果能够获得吉祥。

《象传》说，"在外亲密亲辅于君主"，说明应当以这样的态度来顺从尊上。

九五：显比。王用三驱失前禽，邑人不诫。吉。

《象》曰："显比"之吉，位正中也。舍逆取顺，"失前禽"也。"邑人不诫"，上使中也。

九五，以光明无私之道来辅佐的例子是：君王去狩猎，从三面包围驱赶（野兽），网张一面，任凭前方的禽兽逃走，属下邑人也不相警备，只是追逐而不去猎杀，吉祥。

《象传》说，"以光明无私之道来辅佐"的吉祥，说明君主居位应端正适中。舍弃悖逆而只是取其顺从，正如"任凭前方的禽兽逃走，属下邑人也不相警备，只是追逐而不去猎杀"，这是说君王谨守中庸之道，同时也让臣民保持中道。

上六：比之无首，凶。

《象》曰："比之无首"，无所终也。

上六，相亲相辅于人而不领先居首，会有凶险。

《象传》说，"相亲相辅于人而不领先居首"，说明没能善始善终，因此没有好结果终将无所归附。

小畜卦第九

小畜：亨，密云不雨，自我西郊。

> 译文　小畜卦象征着小有畜聚，亨通与顺利。乌云密布，从城外的西郊而来，却没有下雨。

《彖》曰：小畜，柔得位而上下应之，曰小畜。健而巽xùn刚中而志行，乃"亨"。"密云不雨"，尚往也。"自我西郊"，施未行也。

> 译文　《彖传》说，"小有畜聚"，阴柔得其位而上下的阳刚与之相呼应，因此称之为小有畜聚，亨通顺利。如果心中有刚健而逊顺的意志，阳刚居中并为实现自身志向而去努力，因此获得亨通。"聚积着浓密的云层而没有降雨"，说明阳气畜聚未足犹上行离去；"云气从城外西郊升起"，是指阴阳交合之功刚开始实施，还没能畅行。

《象》曰：风行天上，小畜。君子以懿文德。

> 译文　《象传》说，和风在天上飘行，象征"小有畜聚"。君子应当以这种精神来完善自身的道德及文章，以待时机。

初九：复自道，何其咎？吉。

《象》曰："复自道"，其义吉也。

> 译文　初九，下乾要返回自身阳刚之道，哪里有过失呢？这是吉祥的。
> 《象传》说，"下乾要返回自身阳刚之道"，行为合宜就是吉祥的。

九二：牵复，吉。

《象》曰："牵复"在中，亦不自失也。

> 译文　九二，被别人牵连而返回阳刚之道，也是吉祥。
> 《象传》说，"被别人牵连而返回阳刚之道"，是因此爻居守中位，也不会丧失自己的阳德。

九三：舆说辐^{yú fú}。夫妻反目。

《象》曰："夫妻反目"，不能正室也。

译文　九三，车轮和辐条在前进中散脱，结发夫妻闹翻离异。

《象传》说，"结发夫妻闹翻离异"，说明无法安居正室，没能处理好家庭关系。

六四：有孚，血去惕出，无咎。

《象》曰："有孚"，"惕出"，上合志也。

译文　六四，阳刚具有诚信可以免除忧患，不会出现灾难。

《象传》说，"阳刚具有诚信""可以免除忧患"，在彼此的交往中，要具有诚信，免除忧患，志趣相合是极为重要的。

九五：有孚挛如，富以其邻。

《象》曰："有孚挛如"，不独富也。

译文　九五，要靠诚信来牵系群阳共信一阴，用阳刚自富的同时也能让近邻充实丰富。

《象传》说，"要靠诚信来牵系群阳共信一阴"，说明不可以独享自身的阳刚富贵。

上九：既雨既处。尚德载。妇贞厉。月几望，君子征凶。

《象》曰："既雨既处"，德积载也。"君子征凶"，有所疑也。

译文　上九，密云已经开始降雨，阳刚已经被畜止，至高极上的阳德被阴气积累。此时妇人应当坚守正道以防范凶险，犹如月亮将圆而未盈一样。这时君子如果往前进发，将遭遇凶险。

《象传》说，"密云已经开始降雨，阳气已被畜止"，说明此时阳德已经蓄积到极限。"君子如果往前进发，将遭遇凶险"，说明往前将使阳质被阴气凝聚统化。

履卦第十

履^{lǚ}。履虎尾^{dié}，不咥人，亨。

译文　履卦象征小心跟随在老虎的后面踩它的尾巴，但猛虎不会咬人，诸事顺利。

《象》曰：履，柔履刚也。说而应乎乾，是以"履虎尾，不咥人"，"亨"。刚中正，履帝位而不疚，光明也。

> **译文** 《象传》说，"履卦"卦象是说以柔顺触犯阳刚，以和悦对应刚强，因此，"小心跟随在老虎的后面踩它的尾巴，但猛虎不会咬人，诸事顺利。"表明卦的九五阳爻的位置得正，有中正之德。小心登上帝位而行为没有疵病，因为其行为光明磊落，因此前途光明。

《象》曰：上天下泽，履。君子以辩上下，定民志。

> **译文** 《象传》说，上面为天，下面为泽，这是履卦的象征。君子应当循此理辨明上下的等级秩序，统一百姓的尊卑意识，安定好民心。

初九：素履，往无咎。

《象》曰："素履"之往，独行愿也。

> **译文** 初九，平时小心翼翼地行走，以淳朴的态度向前，不会出现灾祸。
>
> 《象传》说，"平时小心翼翼地行走"，说明初九专心奉行循礼的意愿，自己实现志向的精神。

九二：履道坦坦，幽人贞吉。

《象》曰："幽人贞吉"，中不自乱也。

> **译文** 九二，心怀坦荡地行走在平坦大路上，幽静安恬的隐士坚守正道能够获得吉祥。
>
> 《象传》说，"幽静安恬的隐士坚守正道能够获得吉祥"，这是说行为中正而不被世俗扰乱，自然不会有迷失方向的情况。

六三：眇能视，跛能履。履虎尾，咥人，凶。武人为于大君。

《象》曰："眇能视"，不足以有明也。"跛能履"，不足以与行也。"咥人"之凶，位不当也。"武人为于大君"，志刚也。

> **译文** 六三，眼睛失明而强行去注视，足跛不便而勉强去行走，踩到虎尾后被它咬，为灾祸。这就像刚愎自用的人称帝来治国一样，勇武的人要效力于大人君主。
>
> 《象传》说，"眼睛失明而强行去注视"，是无法看清楚物品的。"足跛不便而勉

九四：履虎尾，愬愬终吉。

<ruby>愬<rt>suǒ</rt></ruby>

《象》曰："愬愬终吉"，志行也。

九四，小心行走在虎尾之后踩到虎尾，保持惊惧，终将获得吉祥。

《象传》说，"保持惊惧，终将获得吉祥"，说明戒惧而谨慎是可以施行其志向的。

九五：夬履，贞厉。

《象》曰："夬履，贞厉"，位正当也。

译文 九五，武断果决地小心前行，守持正固结果是前途凶险。

《象传》说，"武断果决地小心前行，守持正固结果是前途凶险"，说明自认以正道守其职位。

上九：视履考祥，其旋元吉。

《象》曰："元吉"在上，大有庆也。

译文 上九，回顾全卦，考察祸福，转身下应阴柔圆满而吉祥。

《象传》说，本卦大吉，高居上位说明大有喜庆。

泰卦第十一

泰，小往大来，吉亨。

译文 泰卦象征亨通太平：阴柔者往外，阳刚者在内，表示吉祥，亨通顺利。

《象》曰："泰，小往大来，吉亨"，则是天地交而万物通也。上下交而其志同也。内阳而外阴，内健而外顺，内君子而外小人，君子道长，小人道消也。

译文 《象传》说，"泰卦象征着亨通太平：阴柔者在外，表明阳刚者在内，吉祥，亨通顺利。"这表明天地间的阴阳交合，万物生养保持畅通，君臣上下彼此沟通，人们思想意识志同道合。本卦卦象内阳刚而外阴柔，内为君子而外为小人。表明君子之道渐长，小人之道渐消。

《象》曰：天地交，泰。后以财成天地之道，辅相天地之宜，以左右民。

> **译 文** 《象传》说，天地彼此交合，象征亨通太平。君王应当效法此道，适当裁剪运用，掌握天地间化生交通的规律，进而调节管理天下的百姓。

初九：拔茅茹以其汇。征吉。

《象》曰："拔茅""征吉"，志在外也。

> **译 文** 初九，拔起茅草时，根系彼此牵连，是因为同类汇聚而彼此牵动。往前进发，可以获得吉祥。

《象传》说，拔起茅草时，向前进，可以获得吉祥。这是志向在向外发展的缘故。

九二：包荒，用冯河^{píng}，不遐^{xiá}遗。朋亡，得尚于中行。

《象》曰："包荒"，"得尚于中行"，以光大也。

> **译 文** 九二，有包容大川的胸怀，涉越大河的气概，广纳远处贤哲的德行也无所遗弃，不结党营私，能够助佑行为持中的君主。

《象传》说，"有包容大川的胸怀"，"能够助佑行为持中的君主"，说明九二的道德可以凭此发扬光大。

九三：无平不陂^{pí}。无往不复。艰贞无咎。勿恤其孚，于食有福。

《象》曰："无往不复"，天地际也。

> **译 文** 九三，没有一马平川不起波坎的平地，没有一味向前而不返回的去者。只要在艰难当中能坚守正道，就能够免遭祸患。不必担心，能取信于人的生活就会有福庆。

《象传》说，"没有一味向前而不返回的去者"，这是处于天地交接边际的九三爻反映出的自然规律。

六四：翩翩，不富，以其邻。不戒以孚。

《象》曰："翩翩，不富"，皆失实也。"不戒以孚"，中心愿也。

> **译 文** 六四，轻浮者连翩下降，虚怀不再富有，而近邻也会受到影响未相告诫，不以心存诚信来使自己戒备。

《象传》说，"连翩下降，虚怀不再殷实富有"，说明失去实际的态度，失去了殷实。"不以心存诚信来使自己戒备"，说明内心都有应下的意愿。

六五：帝乙归妹，以祉元吉。

《象》曰："以祉元吉"，中以行愿也。

译文 六五，帝乙嫁出少女，这为他带来福祉与吉祥。

《象传》说，"这为他带来福祉与吉祥"，是说他把握中庸的原则来实现自身的愿望。

上六：城复于隍。勿用师，自邑告命。贞吝。

《象》曰："城复于隍"，其命乱也。

译文 上六，城墙倾覆到干涸城壕当中，命令是不能动用武力的，自行减损典浩政令。守持正固以防憾惜。

《象传》说，"城墙倾覆到干涸城壕当中"，说明国家的政令已陷入混乱中。

否卦第十二 ䷋

［否。］否之匪人，不利君子贞。大往小来。

译文 ［否卦。］否卦象征闭塞与黑暗：闭塞与黑暗的局面下，小人很多人世不通，不利君子占卜。君子应当守持正固。此时卦象为乾刚向外走，阴柔往里来。

《彖》曰："否之匪人，不利君子贞。大往小来"，则是天地不交而万物不通也。上下不交而天下无邦也。内阴而外阳，内柔而外刚，内小人而外君子。小人道长，君子道消也。

●否泰往来图

译文 《彖传》说，"闭塞与黑暗的世道，小人很多人道不通，不利于君子进行占卜。天下无利，君子应当守持正固。此时卦象是乾刚向外走，阴柔往里来。"这说明天地阴阳彼此不能交合，万物的生养无法畅通，君臣上下彼此不能互相沟通，天下离析，难成邦国。本卦卦象内阴柔而外阳刚，内柔顺而外刚健，内为小人而外为君子。这表明小人之道渐长，君子之道渐消。

《象》曰：天地不交，否。君子以俭德辟难，不可荣以禄。

译文 《象传》说，天地阴阳不能彼此交合，象征闭塞与黑暗。此时君子应当有鉴于此，收敛自我约束，以避免灾难，不可被荣华富贵所诱惑谋取禄位。

初六：拔茅茹，以其汇。贞吉亨。

《象》曰："拔茅"，"贞吉"，志在君也。

译文 初六，拔起茅草，根系彼此牵连，是因为同类汇聚而相互牵动。坚守正道可获吉祥，亨通顺利。

《象传》说，"拔起茅草……坚守正道可获吉祥"，说明守正不进的意志是为了君主所想。

六二：包承。小人吉，大人否亨。

《象》曰："大人否亨"，不乱群也。

译文 六二，接受奉承，对小人而言是吉祥的；君主必然不接受，才能获得亨通顺利。

《象传》说，"君主必然不接受奉承，可获得亨通顺利"，说明意志不要被小人的群党所扰乱。

六三：包羞。

《象》曰："包羞"，位不当也。

译文 六三，被包容为非，终致羞耻。

《象传》说，"被包容为非，终致羞耻"，说明地位与为人不相称。

九四：有命无咎，畴离祉。

《象》曰："有命无咎"，志行也。

译文 九四，奉行天命而没有灾祸，让相关同类一起得到福祉。

《象传》说，"奉行天命而没有灾祸"，说明能够实行志向，不受阻碍。

九五：休否，大人吉。其亡，其亡！系于苞桑。

《象》曰："大人"之吉，位正当也。

> 译文 九五，闭塞黑暗的局面终止，君主能够获得吉祥。时刻警惕依旧存在危险，这样才能犹如丛生的桑树般坚固安全。
>
> 《象传》说，"君主能够获得吉祥"，具体指他居位得当。

上九：倾否，先否后喜。

《象》曰：否终则倾，何可长也？

> 译文 上九，已达到闭塞黑暗的极点，必然出现倾覆，起先还有闭塞，最终通泰欢喜。
>
> 《象传》说，否闭到达极点时，必然出现倾覆，怎么会长久呢？

同人卦第十三

［同人。］同人于野，亨，利涉大川，利君子贞。

> 译文 ［同人卦。］在郊外与人聚首，亨通顺利。有利于涉越江河巨流，有利于君子守持正固。

《彖》曰：同人，柔得位得中而应乎乾，曰同人。同人曰"同人于野，亨。利涉大川"，乾行也。文明以健，中正而应，"君子"正也。唯君子为能通天下之志。

> 译文 《彖传》说，同人卦的卦象，是柔顺的六二阴爻位于适当中正的位置，并与刚健又能守持正道的上卦乾彼此呼应，因此是表示人与人之间的和谐。同人的卦辞说"在郊外与人聚首，亨通顺利，有利于涉越江河巨流"，是因为上卦乾的刚健者的求同心志在前进。禀性文明而强健，行为持中正直而又互相应和，这是君子遵循的正道。也只有君子才能沟通天下人的意志，使之都成为志同道合的人。

《象》曰：天与火，同人。君子以类族辨物。

> 译文 《象传》说，天与火彼此亲和，象征去聚集志同道合之人。君子应当效法这类品德，按人类事物的种类来辨别异同以审异求同。

初九：同人于门，无咎。

《象》曰：出门"同人"，又谁咎也。

译文 初九，刚出门就能去聚集志同道合的人，没有害处。

《象传》说，刚出门就去聚集志同道合的人，谁也不会有怨咎。

六二：同人于宗，吝（lìn）。

《象》曰："同人于宗"，吝道也。

译文 六二，只在宗族内部去聚集志同道合的人，是褊狭的有所憾惜。

《象传》说，"在宗族内部去聚集志同道合的人"，说明这是褊狭的，会导致憾惜。

九三：伏戎（róng）于莽（mǎng）。升其高陵（líng），三岁不兴。

《象》曰："伏戎于莽"，敌刚也。"三岁不兴"，安行也。

译文 九三，在草莽当中埋伏兵戎，登上高处观察形势，这种谨慎，恐怕三年也不敢出兵作战。

《象传》说，"在草莽当中埋伏兵戎"，说明敌人太过强大。"三年也不敢出兵作战"，是由于采取了稳妥的方针怎敢冒然行进呢？

九四：乘其墉（yōng），弗（fú）克攻，吉。

《象》曰："乘其墉"，义弗克也。其"吉"，则困而反则也。

译文 九四，登上敌人的城墙，又自退没能将其全城攻占，吉祥。

《象传》说，"登上敌人的城墙"，但在道义上没能发动全面攻击。由此获得吉祥，是因为在难以做到的情况下，依旧能重返正道的缘故。

九五：同人先号咷（táo）而后笑，大师克相遇。

《象》曰："同人"之"先"，以中直也。"大师相遇"，言相"克"也。

译文 九五，聚集起来的人们，开始时号啕大哭，后来欣喜欢笑，大军克敌会师。

《象传》说，聚集起来的人们，开始时号啕大哭，后来欣喜欢笑，说明九五中正诚直大军克敌会师，那是说九五的内外上下彼此克胜，一同战胜敌人的景象。

上九：同人于郊，无悔。

《象》曰："同人于郊"，志未得也。

上九，在郊野与人聚合，不会出现悔恨。

《象传》说，"在郊野与人聚合"，说明其与人聚合而志向没有实现。

大有卦第十四

大有，元亨。

大有卦象征着大有收获，极为亨通顺利。

《象》曰：大有，柔得尊位，大中而上下应之，曰大有。其德刚健而文明，应乎天而时行，是以"元亨"。

《象传》说，"大有"，指阴柔的厚德处于尊位，显示出博大持中的美德，之下阳刚与它对应，因此可以大有收获。本卦有着刚健而文明的美德，顺应天道，依照时序而安排行动，因此前景必然极度亨通顺利。

《象》曰：**火在天上，大有。君子以遏恶扬善，顺天休命。**

《象传》说，火焰高悬天上阳光普照大地，因此会大有收获。君子由于效法光明普照的德行，遏止邪恶，显扬善行，这才能顺承至善至美的天命，休美万物的性命。

初九：无交害，匪咎。艰则无咎。

《象》曰：**大有"初九"，无交害也。**

初九，不交往不惹祸没有彼此残害，不会出现灾难。艰险环境当中彼此互助，就不会遇到祸害。

《象传》说，大有卦的初九，是说不可以相互残害，不交往也就不惹祸害。

九二：大车以载，有攸往，无咎。

《象》曰："**大车以载**"，积中不败也。

九二，大车运载财富，运往该去的地方，无灾难。

《象传》说，"大车运载财富"，说明应当装载适中，才不会导致失败。

九三：公用亨于天子，小人弗克。

《象》曰："公用亨于天子"，小人害也。

译文 九三，王公拜见天子献礼致敬，得赐宴，一般的平民不会担当此任。

《象传》说，"王公拜见天子献礼致敬，得赐宴"，小人担当此任就会将这个秩序破坏了。

九四：匪其彭，无咎。

《象》曰："匪其彭，无咎"，明辨哲也。

译文 九四，富有不过盛，不自高自大，就不会有灾害。

《象传》说，"富有不过盛，不自高自大，就不会有灾害"，说明应当明辨事理，权衡利弊，方可得出正确的结论。

六五：厥孚交如，威如，吉。

《象》曰："厥孚交如"，信以发志也。"威如"之吉，易而无备也。

译文 六五，上下诚信相交，威严自显，吉祥。

《象传》说，"上下诚信相交"，是指以自己的诚信感念他人的忠信之志。"威严自显，吉祥"，指有威信而能够平易近人，人不必心存戒备。

上九：自天祐之。吉，无不利。

《象》曰：大有上吉，自天佑也。

译文 上九，从上天获取的佑助，吉祥而无所不利。

《象传》说，大有卦对身居高位的人吉祥，是因为有上天的佑助。

谦卦第十五

谦，亨，君子有终。

译文 谦卦象征着谦逊，谦逊才可以亨通顺利，君子能够行谦逊之德善始善终。

《象》曰：谦"亨"：天道下济而光明，地道卑而上行。天道亏盈而益谦，地道变盈而流谦，鬼神害盈而福谦，人道恶盈而好谦。谦尊而光，卑而不可逾，"君子"之"终"也。

译文 《彖传》说，谦逊，亨通顺利。上天的规律是阳气下降，普济万物，带来光明，大地的规律是阴气从低处不断上升。上天的规律是使满盈亏损，使谦虚获得增益；大地的规律是改变满盈的状态，充实谦虚；鬼神的规律是加害满盈，给谦虚降福；人的规律为憎恶满盈而喜好谦虚。谦逊者身居尊位时，自身更加光大，身处卑贱时，常人也很难超越。只有君子能够善始善终地保持谦逊的美德，也只有这样才能有好结果。

《象》曰：地中有山，谦。君子以裒（póu）多益寡，称（chēng）物平施。

译文 《象传》说，上坤下艮，高山低藏在地下，象征着谦逊。君子效法这种德行，引取过多减损多余的，而增益不足的，权衡事物，公平施予。

初六：谦谦君子，用涉大川，吉。

《象》曰："谦谦君子"，卑以自牧也。

译文 初六，不断注意谦虚的君子，能够涉越大河巨流，吉祥。
《象传》说，"不断注意谦虚的君子"，这是说以谦卑的德行严厉约束自己。

六二：鸣谦，贞吉。

《象》曰："鸣谦，贞吉"，中心得也。

译文 六二，谦逊的名声在外显扬，守持正固必定可获吉祥。
《象传》说，"谦逊的名声在外显扬，守持正固必定可获吉祥"，这是说靠心中积聚起的谦逊正直的美德，可以赢得名声。

九三：劳谦，君子有终，吉。

《象》曰："劳谦"君子，万民服也。

译文 九三，勤劳有功绩而非常谦逊，君子保持谦虚的美德到最终，吉祥。
《象传》说，"勤劳有功绩而非常谦逊"的君子，广大百姓都很敬服。

六四：无不利，㧑谦。

四书五经精华本

一〇八

《象》曰："无不利撝谦"不违则也。

六四，发挥谦逊的美德无论怎样都不会有不利。

《象传》说，"发挥谦逊的美德无论怎样都不会有不利"，说明这样做没有违背谦虚原则。

六五：不富以其邻。利用侵伐，无不利。

《象》曰："利用侵伐"，征不服也。

译文 六五，虚怀不富有，是由于邻国的缘故，利于出兵征伐，无往不利。

《象传》说，"利于出兵征伐"，是因为征伐那些没有遵从礼制的骄横不顺者。

上六：鸣谦。利用行师，征邑国。

《象》曰："鸣谦"，志未得也。可"用行师"，"征邑国"也。

译文 上六，谦逊的名声在外显扬，利于用兵征战，讨伐四方小国都邑领地当中的叛乱。

《象传》说，"谦逊的名声在外显扬"，表示依旧没有实现志向。"可以用兵征战"，是指只能征讨四旁都邑领地当中的叛乱。

豫卦第十六

豫，利建侯行师。

译文 豫卦，象征快乐，有利于建立诸侯，发兵征战。

《象》曰：豫，刚应而志行。顺以动，豫。豫顺以动，故天地如之，而况"建侯行师"乎？天地以顺动，故日月不过，而四时不忒。圣人以顺动，则刑罚清而民服。豫之时义大矣哉。

译文 《象传》说，豫卦的现象为阳刚，有五个阴爻彼此对应，从而可以遂行志向，又能顺应时机进行行动，因此愉快。豫卦可以顺应时机来行动，就连天地的运行也如它一样，何况是"建立诸侯，发兵征战"呢？天地循时运转，因此日月的周转不会出现错误，四季循环不会出现偏差。圣人顺应时机来行动，因此赏罚清明而公正，百姓心悦诚服。豫卦"得其时"的意义是多宏大呀！

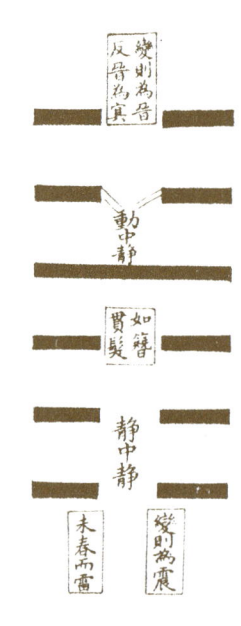

● 豫象之图

《象》曰：雷出地奋，豫。先王以作乐崇德，殷荐之上帝，以配祖考。

> **译文** 《象传》说，雷声轰轰，大地震动，代表着"快乐"。古代圣王们效法这一精神，创作音乐来赞美尊崇的功德，以隆重的典礼献给天帝，同时让祖先神灵配合共享。

初六：鸣豫，凶。

《象》曰："初六鸣豫"，志穷凶也。

> **译文** 初六，沉溺于欢乐自鸣得意，会出现凶险。
>
> 《象传》说，初六"欢乐过甚自鸣得意"，是说得意忘形是胸无大志的表现，结果是凶险的。

六二：介于石。不终日，贞吉。

《象》曰："不终日，贞吉"，以中正也。

> **译文** 六二，像石头般始终坚定不移，持续一整天，守持正固能够获得吉祥。
>
> 《象传》说，"持续一整天，守持正固能够获得吉祥"，是因为坚持行为的中正，不走邪路的缘故。

六三：盱^{xū}豫，悔，迟有悔。

《象》曰："盱豫"，"有悔"，位不当也。

> **译文** 六三，媚上求欢将会出现悔恨，而悔悟太迟使得悔恨更强。
>
> 《象传》说，"媚上求欢将会出现悔恨"，这是心态与行为没能摆正。

九四：由豫，大有得。勿疑，朋盍簪。

《象》曰："由豫，大有得"，志大行也。

> **译文** 九四，安乐喜悦由自身而来，会大有所得。诚信不疑，朋友才会像头发括束于簪子一般聚会相从。
>
> 《象传》说，"安乐喜悦由自身而来，会大有所得"，说明阳刚志向正在实行。

六五：贞疾，恒不死。

《象》曰："六五"，"贞疾"，乘刚也。"恒不死"，中未亡也。

译文 六五，守持正固以防备疾病，将长久康健不致灭亡。

《象传》说，六五"占卜相关的疾病"，是因为它凌驾于阳刚之上。"长寿不死"，说明居中守正，就不会被灭亡。

上六：冥豫成，有渝，无咎。

《象》曰："冥豫"在上，何可长也。

译文 上六，已经沉溺于安乐的恶习，能及时改变，就不会有灾祸。

《象传》说，"已经沉溺于安乐"占据了上位，这种快乐怎么能保持长久呢？

随卦第十七

随，元亨利贞。无咎。

译文 随卦象征着随从：至为亨通顺利，为有利于守持正固，没有灾祸。

《彖》：随，刚来而下柔，动而说，随。大"亨"，"贞无咎"，而天下随时。随时之义大矣哉。

译文 《彖传》说，随卦的卦象是阳刚、谦卑地位于阴柔之下，自身行动而使得阳刚愉悦，因此称为随从。这种态度通达中正，不会出现任何灾祸，于是天下的人都会来追随。随从对适当时机的意义真是巨大呀！

《象》曰：泽中有雷，随。君子以嚮晦入宴息。

译文 《象传》说，雷潜伏于大泽深处，象征随从。君子效法此德，有着规律的作息，天晚应当返回家中休息。

初九：官有渝，贞吉。出门交有功。

《象》曰："官有渝"，从正吉也。"出门交有功"，不失也。

译文 初九，官场之事变化极多，思想观念随时改善，守持正固能够获得吉祥。出门与人交往可获成功。

《象传》说，"官场之事变化极多，思想观念随时改善"，说明要顺随正道来获取吉祥。"出门与人交往可获成功"，说明行为不会有过失。

六二：系小子，失丈夫。

《象》曰："系小子"，弗兼与也。

译 文 六二，倾心附从年轻人，却会失去壮年人。

《象传》说，"倾心附从"，是说壮年人无法兼得。

六三：系丈夫，失小子，随有求得。利居贞。

《象》曰："系丈夫"，志舍下也。

译 文 六三，过于注意壮年人，会失去年轻人。随从于人，需求可以得到满足，有利于守持正固。

《象传》说，"过于注意壮年人"，是说已经决定舍弃年轻人。

九四：随有获，贞凶。有孚在道以明，何咎。

《象》曰："随有获"，其义凶也。"有孚在道"，明功也。

译 文 九四，跟随别人必然会有收获，守持正固的结果是凶险的。心存诚信，不偏离正道，用来明察事理，又何尝会出现灾祸呢。

《象传》说，"跟随别人必然会有收获"，这从义理上看是非常凶险的。"心存诚信，不偏离正道"，说明明察事理光明磊落，品德可生功效。

九五：孚于嘉，吉。

《象》曰："孚于嘉，吉"，位正中也。

译 文 九五，在友善的基础上广施诚信，是吉祥的。

《象传》说，"在友善的基础上广施诚信，是吉祥的"，说明正确立于中正之道。

上六：拘系之，乃从维之。王用亨于西山。

《象》曰："拘系之"，上穷也。

译 文 上六，先拘禁、束缚，这才顺服相随，再用绳索拴紧。君王于是在西山设祭，兴讨逆之师。

《象传》说，"先拘禁、束缚"，强令附从，说明其居位极上已到了穷途末路。

四书五经精华本

蛊卦第十八

蛊，元亨。利涉大川。先甲三日，后甲三日。

译文 蛊卦象征拯弊治乱，有利于涉越大江巨流。不过要事先研究前三天的事状，制定好方针；推求后三天的治理措施，及时予以救治。

《彖》曰：蛊，刚上而柔下，巽而止，蛊。蛊"元亨"，而天下治也。"利涉大川"，往有事也。"先甲三日，后甲三日"，终则有始，天行也。

译文 《彖传》说，蛊卦的卦象"拯弊治乱"是阳刚处上而阴柔在下，在下者卑屈而静止，在上者停滞不前，象征需要惩治腐败。而整治腐败的举动，是至为亨通顺利的，于是天下才能大治。"有利于涉越大江巨流"，说明努力前往能够大有作为。"不过要事先研究前三天的事状，制定好方针；推求后三天的治理措施，及时予以救治"，是说前事的终结就是后事的开始，这是天体运行的规律。

《象》曰：山下有风，蛊，君子以振民育德。

译文 《象传》说，风向山上吹，象征应当整治腐败。君子效法这一精神，以德教振奋百姓，培育美德。

初六：干父之蛊。有子考，无咎。厉终吉。

《象》曰："干父之蛊"，意承考也。

译文 初六，挽救父辈破败的事业，只要儿子可以振兴家业，必然不会有灾祸，此事尽管困难危险，但最终必然会获得吉祥。

《象传》说，"挽救先辈破败的事业"，是说儿子旨在继承父辈的未竟事业。

九二：干母之蛊，不可贞。

《象》曰："干母之蛊"，得中道也。

译文 九二，匡正母辈的弊乱，情势难行时不可强行，而要守持正固以待时，不能太过持守。

《象传》说，"匡正母辈的弊乱"，是说明应当采用中庸的适度方法。

九三：干父之蛊，小有悔，无大咎。

《象》曰："干父之蛊"，终无咎也。

　**译　文**　九三，挽救父辈破败的事业，稍感痛苦，但不会出现大的过失。
《象传》说，"挽救父辈破败的事业"，说明最终不会出现灾祸。

六四：裕父之蛊。往见吝。

《象》曰："裕父之蛊"，往未得也。

　译　文　六四，以宽容之心对待父辈败坏的事业，继续发展下去必然能够出现憾惜。

《象传》说，"以宽容之心对待父辈败坏的事业"，说明继续发展下去也不会出现收获。

六五：干父之蛊，用誉。

《象》曰："干父，用誉"，承以德也。

　译　文　六五，挽救父辈败坏的事业，得到赞誉。

《象传》说，"挽救父辈败坏的事业，得到赞誉"，说明用美德来继承振兴父亲的事业。

上九：不事王侯，高尚其事。

《象》曰："不事王侯"，志可则也。

　译　文　上九，不为王侯效力，孤高自诩，专注自己的追求，把自己逍遥物外的行为看得至高无上。

《象传》说，"不为王侯效力"，说明这样的志向是值得效法的。

临卦第十九

临，元亨利贞，至于八月有凶。

　译　文　临卦象征着监临。极为亨通顺利，有利于守持正固。到了阴盛阳衰的八月，会出现凶险。

《象》曰：临，刚浸而长，说而顺。刚中而应。大亨以正，天之道也。"至于八月有凶"，消不久也。

译文 《象传》说，"监临"，指刚阳正气逐渐增长，态度和悦而处事顺利，刚健者居中而上下彼此感应。博大纯正能够获得极大的亨通及顺利，这才合乎天道顺施的法则。"到了阴生阳衰的八月会出现凶险"，那是由于阳刚之气接近于消亡，好景无法长久。

《象》曰：泽上有地，临。君子以教思无穷，容保民无疆。

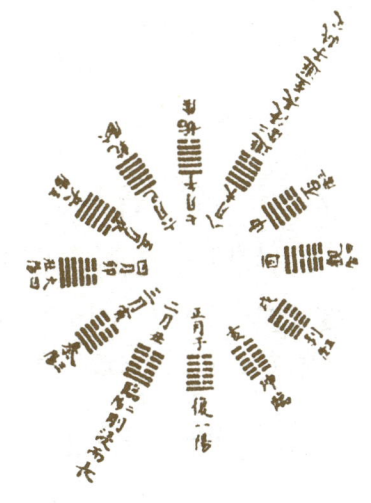

●临卦八月有凶图

译文 《象传》说，大地在泽之上，象征着监临。君子效法这种精神，花费无穷的思虑接近于监督万民，不断施行教化发扬无边的美德，启发其思考，以宽厚优容的美德去包容与保护百姓。

初九：咸临，贞吉。

《象》曰："咸临，贞吉"，志行正也。

译文 初九，感应于尊者去治理民众，守持正固能够获得吉祥。

《象传》说，"感应于尊者去治理民众，守持正固能够获得吉祥"，这是由于意志行为很纯正的缘故。

九二：咸临，吉，无不利。

《象》曰："咸临，吉，无不利"，未顺命也。

译文 九二，感应于尊者去治理民众，吉祥，没有什么不利的。

《象传》说，"感应于尊者去治理民众，吉祥，没有什么不利的"，是说此爻并非由于顺以君命。

六三：甘临，无攸利。既忧之，无咎。

《象》曰："甘临"，位不当也。"既忧之"，咎不长也。

六三，用巧言佞语来治理民众，无利可言。但明知这一点而心存忧惧、戒慎，就不会出现灾祸。

《象传》说，"用巧言佞语来治理民众"，说明所居处的位置不中不正。"自知这一点而心存忧惧、戒慎"，说明产生的危害不会持久。

六四：至临。无咎。

《象》曰："至临，无咎"，位当也。

译 文 六四，亲自治理国政，没有灾祸。

《象传》说，"亲自监临国政，没有灾祸"，说明君主处位正当。

六五：知临，大君之宜，吉。

《象》曰："大君之宜"，行中之谓也。

译 文 六五，以睿智来治理民众，这是大人君子所适宜进行的行为方式，吉祥。

《象传》说，"大人君子适宜进行的行为方式"，这说明奉行了中庸之道。

上六：敦临，吉，无咎。

《象》曰："敦临"之吉，志在内也。

译 文 上六，以敦厚的态度来治理民众，吉祥，毫无灾祸。

《象传》说，"以敦厚的态度来治理民众，吉祥"，说明君主的敦厚之心存于内，施于邦国天下。

观卦第二十

guān   jiàn   fú yóng
观。盥而不荐。有孚颙若。

译 文 观卦象征着仰观，当你观仰了祭祀开始时倾酒灌地的降神仪式，就可以不观后面的献飨细节，因为心中已经充满了虔诚与肃穆的情绪。

《象》曰：大观在上，顺而巽，中正以观天下。"观盥而不荐，有孚颙若"，下观而化也。观天之神道，而四时不忒。圣人以神道设教，而天下服矣。

译文 《象传》说，宏大壮观的气象高高在上，具有柔顺谦逊的美德，凭借中和刚正的德行被天下人所仰观。"当你观仰了祭祀开始时倾酒灌地的降神仪式，就可以不观后面的献飨细节，因为心中已经充满了虔诚与肃穆的情绪"，是说身处下位者通过仰观来获得教化。仰观大自然运行的神妙规律，可知四季交替毫不会出现偏差的道理。圣人效法自然的神妙规律，设立教化，天下百姓纷纷顺服。

《象》曰：风行地上，观。先王以省方观民设教。

译文 《象传》说，风在大地之上吹拂，象征仰视。先代君王效法这种德行而巡视全国，体察民情，因此设立教化。

初六：童观，小人无咎，君子吝。

《象》曰："初六：童观"，小人道也。

译文 初六，犹如幼童般仰观一切，于百姓不会出现危害，对治国之人则会出现麻烦。

《象传》说，初六"犹如幼童般仰观一切"，这是无知庶民的浅显之道。

六二：窥观，利女贞。

《象》曰："窥观"，"女贞"，亦可丑也。

译文 六二，从门缝当中偷偷地观察美盛事物，有利于女子坚守正道。

《象传》说，"从门缝当中偷偷地观察事物，有利于女子坚守正道"，并非是庄重体面的，对男子来说是羞丑的。

六三：观我生进退。

《象》曰："观我生进退"，未失道也。

译文 六三，观察阳刚美德并审视自我的生活轨迹，谨慎抉择进取或是后退。

《象传》说，"观察阳刚美德并审视自我的生活轨迹，抉择进取或是后退"，说明六三没有丧失正确的观仰原则。

六四：观国之光，利用宾于王。

《象》曰："观国之光"，尚"宾"也。

译文 六四，观察一国的风俗民情盛况，有利于成为王国的贵宾。

《象传》说，"观察一国的风俗民情盛况"，可以知晓该国尊重贤人能士。

九五：观我生，君子无咎。

《象》曰："观我生"，观民也。

译文 九五，观察审视自我的行为，君子不会遭受灾害。

《象传》说，"观察审视自我的行为"，说明由此能够审察国风生活状况来进行自我审查。

上九：观其生，君子无咎。

《象》曰："观其生"，志未平也。

译文 上九，观察审视其他地方的生活状况，君子不会遭受灾害。

《象传》说，"观察审视其他地方的生活状况"，说明上九修养道德的心志未可安逸松懈。

噬嗑卦第二十一

shì hé

噬嗑，亨。利用狱。

译文 噬嗑卦象征着咬合，亨通顺利，有利于处理刑狱诉讼。

《彖》曰：颐中有物，曰噬嗑。噬嗑而"亨"，刚柔分，动而明。雷电合而章。柔得中而上行，虽不当位，"利用狱"也。

译文 《彖传》说，嘴里有食物，因此需要咬合嚼碎。咬合嚼碎食物能够通畅顺利，是说本卦的阳刚阴柔等分相济，下震上离行动明察，雷电交击彰明显著。阴柔处于中道并且不断向上发展，尽管居位不适合，却利于处理刑狱诉讼。

《象》曰：雷电噬嗑，先王以明罚敕法。

译文 《象传》说，雷电交击，象征着咬合。先辈君王效法此象严明刑罚的轻重，修正法律。

初九：屦校灭趾，无咎。

《象》曰："屦校灭趾"，不行也。

译文 初九，脚上套上刑具而伤灭脚趾，没有灾祸。

《象传》说，"脚上套上刑具而伤灭脚趾"，说明不至于前行重犯过失。

六二：噬肤灭鼻，无咎。

《象》曰："噬肤灭鼻"，乘刚也。

译文 六二，像咬啮柔脆的皮肤一样施刑顺利，即使犯人被割掉了鼻子，不会出现灾祸。

《象传》说，"像咬啮柔脆的皮肤一样施刑顺利，即使犯人被割掉了鼻子"，说明本爻乘凌在阳刚之上。

六三：噬腊肉，遇毒，小吝无咎。

《象》曰："遇毒"，位不当也。

译文 六三，像咬嚼坚硬的腊肉而中毒一样施刑不顺利，感到些许不适，但没有祸害。

《象传》说，"遇毒"，说明六三居位不妥当。

九四：噬干胏（zǐ），得金矢（shǐ）。利艰贞吉。

《象》曰："利艰贞吉"，未光也。

译文 九四，像咬嚼干硬而带骨的肉一样施刑不顺利，但具备金质箭矢似的刚直气魄。有利于在艰难当中坚正守固，吉祥。

《象传》说，"有利于在艰难当中坚正守固，吉祥"，说明实际上还未能达到光明境界。

六五：噬干肉，得黄金。贞厉无咎。

《象》曰："贞厉无咎"，得当也。

译文 六五，像咬嚼干硬的肉脯一样施刑不顺利，但具备黄金似的刚坚中和的气魄。坚守正道以防范危险，可以避免祸害。

《象传》说，"坚守正道以防范危险，可以避免祸害"，说明以柔承刚，处理得当。

上九：何校灭耳，凶。

《象》曰："何校灭耳"，聪不明也。

译 文 上九：担负的刑具，遭受伤灭耳朵的重罚，有凶险。

《象传》说，"担负的刑具，遭受伤灭耳朵的重罚"，说明平日不听忠告而不断累积恶行，以致犯罪。

贲卦第二十二

贲，亨。小利有攸往。

译 文 贲卦象征着文饰，亨通顺利，柔小者利于有所前往。

《彖》曰：贲"亨"，柔来而文刚，故"亨"；分刚上而文柔，故"小利有攸往"，天文也。文明以止，人文也。观乎天文，以察时变。观乎人文，以化成天下。

译 文 《彖传》说，文饰，亨通畅达，以阴柔之德来文饰刚强。阴阳交饰而能够亨通畅达。用刚强居上文饰阴柔，因此"柔小者利于有所前往"。日月星辰刚柔交错，形成天的文饰；文章灿明止乎礼义，这是人类的文明。上观上天的文饰，可察看四时的交替变化；下察人类文明，能够推行教化庶民，促使天下昌明。

《象》曰：山下有火，贲。君子以明庶政，无敢折狱。

译 文 《象传》说，山下的火焰燃烧，象征文饰。君子效仿这种精神，明察繁杂的政务，不敢轻率断决案件。

初九：贲其趾，舍车而徒。

《象》曰："舍车而徒"，义弗乘也。

译 文 初九，装饰自己的脚趾，甘愿舍弃舆车，徒步而行。

《象传》说，"甘愿舍弃舆车，徒步而行"，说明就所处地位这一意义来说，不应当乘坐舆车。

六二：贲其须。

《象》曰："贲其须"，与上兴也。

译 文 六二，修饰尊者的美须。

四书五经精华本

一二〇

《象传》说，"修饰尊者的美须"，说明效力于上司，与其共同兴起。

九三：贲如濡如，永贞吉。

《象》曰："永贞"之"吉"，终莫之陵也。

译文　九三，装饰得非常光泽、柔润，与人频频相施惠泽，永久坚守正道，能够获得吉祥。

《象传》说，"永远坚守正道，能够获得吉祥"，是说做到这样能经久不被人所侵犯。

六四：贲如皤(pó)如，白马翰(hàn)如，匪寇(kòu)婚媾(gòu)。

《象》曰：六四当位，疑也。"匪寇婚媾"，终无尤也。

译文　六四，简单的装饰，一身素白，胯下的白马也是纯白的。前方并无强寇，而是前往聘求婚配，寻找佳偶。

《象传》说，虽然是符合情理的事，却不免有所疑惧。"前方并无强寇，而是前往聘求婚配，寻找佳偶"，说明尽管前往，最终不会出现怨尤。

六五：贲于丘园，束帛戋戋，吝，终吉。

《象》曰：六五之吉，有喜也。

译文　六五，装点山丘园圃，手拿一束丝帛，虽然显得吝啬，却最终能够获得吉祥。

《象传》说，六五的吉祥，说明将会出现喜庆。

上九：白贲，无咎。

《象》曰："白贲，无咎"，上得志也。

译文　上九，素白朴质的装饰，没有出现灾祸。

《象传》说，"素白朴质的装饰，没有出现灾祸"，说明居上位者的志向已然实现，因此崇尚质朴了。

剥卦第二十三

剥，不利有攸往。

《彖》曰：剥，剥也，柔变刚也。"不利有攸往"，小人长也。顺而止之，观象也。君子尚消息盈虚，天行也。

译文 《彖传》说，剥，剥落与衰败，阴柔增进，侵蚀改变了阳刚的性质。不利于有所前往，说明小人的势力正在增长。君子此时应当顺应时势抑止小人之道，停止行动，从观察卦象能够知晓这一道理。君子崇尚事物的消亡生息、盈盛亏虚的变化，这是宇宙运行的法则。

《象》曰：山附于地，剥。上以厚下安宅。

译文 《象传》说，高山侵蚀颓落，附着在地面，象征着剥落。在上者应当效法这一精神，丰厚基础安居稳定。

初六：剥床以足，蔑。贞凶。

《象》曰："剥床以足"，以灭下也。

译文 初六，寝床剥蚀从床脚开始，床脚必遭蚀灭。守持正固以防凶险。《象传》说，"寝床剥蚀从床脚开始"，是说蚀灭都是从根基开始的。

六二：剥床以辨，蔑。贞凶。

《象》曰："剥床以辨"，未有与也。

译文 六二，寝床剥蚀已到达床头，床头必遭蚀灭，守持正固以防凶险。《象传》说，"寝床剥蚀已到达床头"，说明没能得到彼此扶助。

六三：剥，无咎。

《象》曰："剥之无咎"，失上下也。

译文 六三，剥蚀之时，没有灾祸。《象传》说，"剥蚀之时，没有灾祸"，说明与上下没有丝毫牵连，离开了下群阴独应阳刚。

六四：剥床以肤，凶。

《象》曰："剥床以肤"，切近灾也。

六四，寝床剥蚀已到达床面，有凶险。

《象传》说，"寝床剥蚀已到达床面"，说明六四已接近灾祸。

六五：贯鱼以宫人宠，无不利。

《象》曰："以宫人宠"，终无尤也。

译 文 六五，像串鱼一样引领嫔妃，向君王邀宠，无所不利。

《象传》说，"引领嫔妃，向君王邀宠"，说明终究没有过失。

上九：硕果不食。君子得舆，小人剥庐。

《象》曰："君子得舆"，民所载也。"小人剥庐"，终不可用也。

译 文 上九，硕大的果实没有被摘食，君子得之能驱车济世，小人得之则剥蚀万家。

《象传》说，"君子得之能驱车济世"，是因得到了百姓的拥戴。"小人得之则剥蚀万家"，说明小人终究不能予以任用。

复卦第二十四

复，亨。出入无疾，朋来无咎。反复其道，七日来复。利有攸往。

译 文 复卦象征着复归，亨通顺利。阳气内生外长没有出现疾患，刚健朋友往来无灾患。返转复归遵循着一定的规律，过不了七日必将转至回复之时。有利于往前进发。

《象》曰："复，亨"，刚反。动而以顺行，是以"出入无疾，朋来无咎"。"反复其道，七日来复"，天行也。"利有攸往"，刚长也。复，其见天地之心乎。

译 文 《象传》说，"复归，亨通顺利"，表明阳刚反归。阳动而顺从自然之理，往上行，因此"阳气内生

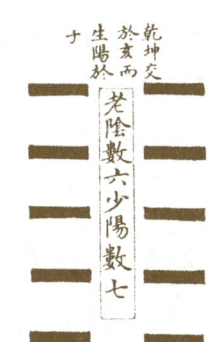

乾坤交
於亥而
生陽於
子

老陰數六少陽數七

數中於五六
成於十過則
為七與一焉

●复七日图

外长没有出现疾患，刚健朋友往来无灾患"。"返转复归遵循着一定的规律，过不了七日必将转至回复之时"，这是大自然界运行的法则。"有利于往前进发"，说明阳刚之道渐渐增长。复卦当中可以见到天地间生生不息的规律。

《象》曰：雷在地中，复。先王以至日闭关，商旅不行，后不省方。

译 文 《象传》说，震雷藏在地中，象征着阳气复归。先代君王效法这样一种精神，在冬至那天将关卡封闭，不让商贾旅客通行，君王也不去巡视四方。

初九：不远复。无祗悔，元吉。

《象》曰："不远"之"复"，以修身也。

译 文 初九，行走不远就回复正道，不会出现灾患悔恨，非常吉祥。
《象传》说，"行走不远就回复正道"，这是修身迁善改过的方法。

六二：休复，吉。

《象》曰："休复"之吉，以下仁也。

译 文 六二，美满复归，吉祥。
《象传》说，"美满复归，吉祥"，说明能够俯就亲近仁人。

六三：频复，厉无咎。

《象》曰："频复"之"厉"，义无咎也。

译 文 六三，愁眉苦脸而勉强地复归，尽管有危险，却无灾咎。
《象传》说，"愁眉苦脸而勉强地复归，有危险"，从改邪归善之意来看，是不会有灾咎的。

六四：中行独复。

《象》曰："中行独复"，以从道也。

译 文 六四，与多人一同出行途中独自返回。
《象传》说，"与多人一同出行途中独自返回"，说明遵从于正道。

六五：敦复，无悔。

《象》曰："敦复，无悔"，中以自考也。

译文 六五，敦厚笃诚地复归，没有悔恨。

《象传》说，"敦厚笃诚地复归"，说明以居中持正来反省复善之道。

上六：迷复。凶，有灾眚，用行师，终有大败。以其国君凶，至于十年不克征。

《象》曰："迷复"之凶，反君道也。

译文 上六，迷途不返，有凶险，有灾祸。犹如行兵作战，最终会有大败，用于治国理政危及国君，以至十年之久都无法振兴发展。

《象传》说，"迷途不返，有凶险"，这是说违背了君王之道。

无妄卦第二十五

无妄，元亨利贞。其匪正，有眚，不利有攸往。

译文 无妄卦象征不去妄为，至为亨通顺利，有利于守持正固。不守正道则会出现祸患，不利于有所前往。

《彖》曰：无妄，刚自外来而为主于内。动而健，刚中而应，大"亨"以正，天之命也。"其匪正，有眚，不利有攸往"，无妄之往，何之矣？天命不祐，行矣哉！

译文 《彖传》说，无妄卦的卦象表明，阳刚从外部前来，而成为内部主宰，象征着运动而刚健，刚毅居中并与下位呼应，大为亨通顺利，而能够坚守正道，这是上天的教命。"不守正道则会出现灾祸，不利于有所前往"，这是说在不妄为时，背离正道向前进发，哪里有路能走呢？没有上天教命的保佑帮助，怎么能行呢？

《象》曰：天下雷行，物与无妄。先王以茂对时，育万物。

译文 《象传》说，天的下面有雷在动，万物都不会妄自行动。先代君王以这种精神，用天雷般的强盛威势勤勉配合四季的时序，使得百姓万物得以生育茂盛。

初九：无妄，往吉。

《象》曰："无妄"之往，得志也。

译文 初九，不妄为，往前进发就会有吉祥。

《象传》说，"不妄为，往前进发"，说明为志向的实现而努力。

六二：不耕获，不菑畬，则利有攸往。

《象》曰："不耕获"，未富也。

六二，不事耕耘，不图收获，不务开垦，不望熟田，任其自然，这样有利于有所前往。

《象传》说，"不事耕耘，不图收获"，说明不想要谋求富贵。

六三：无妄之灾，或系之牛，行人之得，邑人之灾。

《象》曰："行人得"牛，"邑人"灾也。

六三，意料不到的灾祸，犹如有人拴系着一头耕牛，被路人顺手偷走，附近的人家却因此蒙冤遭灾。

《象传》说，过路人偷盗了牛，邻居却因此被怀疑而遭受中伤。

九四：可贞，无咎。

《象》曰："可贞，无咎"，固有之也。

九四，能够守持正道，没有灾咎。

《象传》说，"能够守持正道，没有灾咎"，说明应当坚守正道，才会免灾。

九五：无妄之疾，勿药有喜。

《象》曰："无妄"之药，不可试也。

九五，没有料到的疾患，不必用药就可以痊愈，会有喜庆。

《象传》说，"没有料到的疾患，不必用药就可以痊愈"，不能随意用药。

上九：无妄行有眚，无攸利。

《象》曰："无妄"之行，穷之灾也。

上九，不妄为，时穷而行动遭遇祸患，不会得到什么利益。

《象传》说，"不妄为，时穷而行动遭遇祸患"，说明上九至极，穷途末路而要遭灾。

大畜卦第二十六

大畜，利贞。不家食，吉。利涉大川。

> **译文** 大畜卦象征着大为蓄积：利于坚守正道，外出谋生，吉祥，有利于涉越大江巨流。

《彖》曰：大畜，刚健笃实辉光，日新其德。刚上而尚贤，能止健，大正也。"不家食，吉"，养贤也。"利涉大川"，应乎天也。

> **译文** 《彖传》说，大畜拥有刚健笃实的美德，因此光辉焕发，他的这种美德日新月异。阳刚居上而能够崇尚贤能的人，可以规正刚健者，是天下最大的正理。"外出谋生，吉祥"，说明国君崇尚贤能之人。"有利于涉越大江巨流"，说明行动要顺应天理。

《象》曰：天在山中，大畜。君子以多识前言往行，以畜其德。

> **译文** 《象传》说，天包藏在山里，是大有蓄积的象征。君子效法这种精神，多多记取前贤的嘉言及善行，从而蓄积道德与学问。

初九：有厉，利已。

《象》曰："有厉，利已"，不犯灾也。

> **译文** 初九，有危险，停滞不前才会有利。
> 《象传》说，"有危险，停滞不前才会有利"，是说不要冒险前进。

九二：舆说^{fù}輹。

《象》曰："舆说輹"，中无尤也。

> **译文** 九二，车子与车轮脱离不前行。
> 《象传》说，"车子与车轮脱离不前行"，说明行动要符合中正，能够及时停止，故而不可以犯过失。

九三：良马逐，利艰贞。日闲舆卫，利有攸往。

《象》曰："利有攸往"，上合志也。

九三，良马驰逐，有利于警觉与艰险，守持正固；每日训练车马进行防卫，利于向前进发。

《象传》说，"利于向前进发"，说明人与上天的意志相合。

六四：童牛之牿，元吉。

《象》曰："六四元吉"，有喜也。

六四，绑缚在初生牛犊头角上面的木牿，极为吉祥。
《象传》说，六四"极为吉祥"，说明"止健"有方，说明值得庆贺。

六五：豮豕之牙，吉。

fén shǐ

《象》曰：六五之"吉"，有庆也。

六五，阉割过的猪的牙齿，吉祥。
《象传》说，六五的吉祥，说明"止健"得法，说明有喜庆。

上九：何天之衢，亨。

qú

《象》曰："何天之衢"，道大行也。

上九，像天空般通行无阻的大道，亨通顺利。
《象传》说，"像天空般通行无阻的大道"，说明上九的蓄德之道大为通行。

颐卦第二十七

颐，贞吉。观颐，自求口实。

颐卦象征颐养，坚守正道可以获得吉祥。观察万物养育的现象，可以得知以自己努力谋取果腹的道理。

《象》曰：颐"贞吉"，养正则吉也。"观颐"，观其所养也。"自求口实"，观其自养也。天地养万物，圣人养贤以及万民。颐之时大矣哉。

《象传》说，"颐卦象征颐养，坚守正道可以获得吉祥"，说明用正道来颐养自身，因此获得吉祥。"观察万物养育的现象"，是说观察它们怎样来养活自己。

应该明白用正道自求口中食物，是观察领会自我养育的正确方法。天地养育着万物，而圣人以德养育着贤能之士还有天下百姓。可见因时制宜进行养育的道理实在太过重要了。

《象》曰：山下有雷，颐。君子以慎言语，节饮食。

译文 《象传》说，山下春雷响动，象征颐养万物。君子效法这一种精神，言语谨慎而去修养德行，节制饮食以养德与养生。

初九：舍尔灵龟，观我朵颐，凶。

《象》曰："观我朵颐"，亦不足贵也。

译文 初九，舍弃你灵龟般的美质吧，来观察我垂腮进食，有凶险。
《象传》说，"观察我垂腮进食"，说明这样观察而不作为的行为不值得尊重。

六二：颠颐，拂经于丘颐。征凶。

《象》曰：六二"征凶"，行失类也。

译文 六二，颠倒养生的德行，又违背常理，向高丘上的尊者索取颐养，往前进发会有凶险。
《象传》说，"往前进发有凶险"，说明其行动没有同类相陪伴。

六三：拂颐，贞凶，十年勿用，无攸利。

《象》曰："十年勿用"，道大悖也。

译文 六三，违背养生之德，守持正固以防凶险，十年当中将会没有作为，施展作为也不会有任何利益。
《象传》说，十年内得不到重用，这是极大背离了万物颐养的道理的恶果。

六四：颠颐。吉。虎视眈眈，其欲逐逐，无咎。

《象》曰："颠颐"之"吉"，上施光也。

译文 六四，颠倒向下求获颐养，吉祥。要如老虎般眈眈而视，显露出贪欲无厌的样子，这样才不会出现灾咎。
《象传》说，"颠倒向下求获颐养，吉祥"，说明居上而能向下施行光明美德。

六五：拂经，居贞吉，不可涉大川。

译文 六五，违背颐养之道，但居守正道可以获得吉祥，不可以涉越大江巨流。《象传》说，"居守正道能够获得吉祥"，说明顺从依附上层则会吉祥。"

上九：由颐，厉吉。利涉大川。

《象》曰："由颐，厉吉"，大有庆也。

译文 上九，顺从颐养之道，知危能慎能够获得吉祥，有利于涉越大江巨流。《象传》说，"顺从颐养之道，知危能慎能够获得吉祥"，说明大有吉庆。

大过卦第二十八

大过，栋桡。利有攸往，亨。

dòng náo

译文 大过卦象征着太过分，栋梁弯曲，有利于离家出门，亨通顺利。

《象》曰：大过，大者过也。"栋桡"，本末弱也。刚过而中，巽而说行。"利有攸往"乃"亨"。大过之时大矣哉！

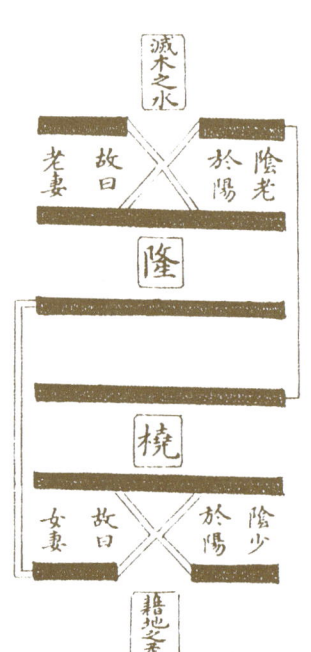

●大过栋隆桡图

译文 《象传》说，"大过"，指太过阳刚了。"栋梁弯曲"，说明首尾两端较为柔弱。阳刚太过而居守中位，谦逊而和悦地行事，"有利于离家出门"，能够获得亨通顺利。大过卦显示的因时制宜的道理是多么的重要啊！

《象》曰：泽灭木，大过。君子以独立不惧，遁世无闷。

译文 《象传》说，大泽将树木淹没，即是大过。君子突遇变动仍可以勇毅独立，无所畏惧，退隐出世也没表现出烦恼。

初六：藉用白茅，无咎。

《象》曰："藉用白茅"，柔在下也。

译文 初六，以白色的茅草铺地，在上面放置好祭器，不会出现任何过错。《象传》说，"以白色的茅草铺地"，指柔顺居处下位行为敬慎。

九二：枯杨生稊，老夫得其女妻，无不利。

《象》曰："老夫""女妻"，过以相与也。

译文 九二，枯萎的杨树长出了新枝，老汉娶到年轻的妻子，没有什么不利的。《象传》说，"老汉娶到年轻的妻子"，说明尽管阳刚过甚，却依旧可以与阴柔结合。

九三：栋桡，凶。

《象》曰："栋桡"之"凶"，不可以有辅也。

译文 九三，栋梁弯曲，有凶险。《象传》说，"栋梁弯曲，有凶险"，说明独挑栋梁，没有其他东西来帮辅刚势，不能再加以辅助。

九四：栋隆吉，有它吝。

《象》曰："栋隆"之"吉"，不桡乎下也。

译文 九四，栋梁隆起，吉祥。如果还有其他问题，必遭悔吝。《象传》说，"栋梁隆起，吉祥"，是说栋梁不再往下曲折弯挠。

九五：枯杨生华，老妇得其士夫，无咎无誉。

《象》曰："枯杨生华"，何可久也。"老妇""士夫"，亦可丑也。

译文 九五，枯萎的杨树开出了新花，老妇嫁给年轻的丈夫，没有坏处，也不值得去称赞。

《象传》说，"枯萎的杨树开出了新花"，生机哪里可以长久呢？"老妇嫁给年轻的丈夫"，并不是光彩的事！

上六：过涉灭顶，凶。无咎。

《象》曰："过涉"之"凶"，不可"咎"也。

译文 上六，涉水过河，水没过了头顶，凶险，但善补就可以无事。

《象传》说，"涉水过河，水没过了头顶，凶险"，是说明知不可为而为，不会有事。

坎卦第二十九 ䷜

习坎，有孚。维心亨，行有尚。

译 文　坎卦象征着重重险陷。胸怀诚信，心中就可以豁然贯通。意志坚定而刚毅的行为能够得到尊重。

《彖》曰：习坎，重险也。水流而不盈，行险而不失其信。"维心亨"，乃以刚中也。"行有尚"，往有功也。天险，不可升也。地险，山川丘陵也。王公设险以守其国。险之时用大矣哉。

译 文　《彖传》说，"习坎"，是重重险阻的意思。水流陷穴看不到盈满，行走在凶险之境，而坚定信守其不盈不流的本性。"心中就可以豁然开朗"，是指刚毅中正的德行。"意志坚定而刚毅的行为能够得到尊重"，说明往前进发必定可以建功。天险高远，如日月天空不可得，大地有崇山峻岭、河川丘陵的险阻。王公效法天地，设置了城池之险，巩固国防，可见险陷因时制宜的巨大作用。

《象》曰：水洊至，习坎。君子以常德行，习教事。
（jiàn）

译 文　《象传》说，水流滚滚而来，象征艰险重重。君子应当效法这种精神，恒久保持着美德，并从事教化育人的事业。

初六：习坎，入于坎窞，凶。
（dàn）

《象》曰："习坎"入坎，失道凶也。

译 文　初六，面临重重险难，又再次坠入穴陷的深处，是存在凶险的。
　　《象传》说，"面临重重险难，又再次坠入穴陷的深处"，说明初六失去了正道，必然出现凶险。

九二：坎有险，求小得。

《象》曰："求小得"，未出中也。

译 文　九二，险难当中还存在着险难，只能从小事当中谋求解脱。
　　《象传》说，"从小事当中谋求解脱"，说明此时还没能走出危险。

六三：来之坎坎，险且枕。入于坎窞，勿用。

《象》曰："来之坎坎"，终无功也。

译文 六三，来去之路都有着重重险难，往前凶险，后退也不安全，落入了陷穴的深处，不能有所行动。

《象传》说，"来去之路都有着重重险难"，说明妄动没有成功的可能。

六四：樽酒簋贰用缶，纳约自牖，终无咎。

《象》曰："樽酒簋贰"，刚柔际也。

译文 六四，一樽酒，两簋淡食，用质朴的瓦器盛装着物品，从窗户送入这些简单的食物给人，最终没有灾祸。

《象传》说，"一樽酒，两簋淡食"，说明患难与共，刚柔相济，自然能够君臣同心。

九五：坎不盈。祗既平，无咎。

《象》曰："坎不盈"，中未大也。

译文 九五，坎险没能被填满，小丘被铲平，没有灾咎。

《象传》说，"坎险没有能被填满"，说明中正而不自大。

上六：系用徽纆，置于丛棘，三岁不得，凶。

《象》曰：上六失道，凶"三岁"也。

译文 上六，以绳索重重束缚，放置在荆棘丛当中，三年都无法解救，凶险。

《象传》说，这是上六违背天道，凶险要持续三年。

离卦第三十

离，利贞，亨。畜牝牛吉。

译文 离卦象征着附丽，有利于坚守正道，亨通顺利。畜养母牛得以吉祥。

《象》曰：离，丽也。日月丽乎天，百谷草木丽乎土。重明以丽乎正，乃化成天下。柔丽乎中正，故"亨"。是以"畜牝牛吉"也。

译文 《象传》说，离，为附丽的含义。日月附丽在天空当中，百谷草木附丽于土地之上。上下光明又附丽在正道上，因此得以教化天下，促进天下昌盛。柔顺者附丽于中正之道，因此前景得以亨通顺利，因此畜养柔顺的母牛非常吉祥。

《象》曰：明两作，离。大人以继明照于四方。

译文 《象传》说，太阳一次又一次地升起，象征着"附丽"。伟大之人应当效法此种精神，以连续不断的光明去照耀四方。

初九：履错然，敬之无咎。

《象》曰："履错"之"敬"，以辟咎也。

译文 初九，践行事务郑重不苟，恭敬谨慎地去对待，不会出现灾咎。

《象传》说，"践行事务郑重不苟,恭敬谨慎地去对待"，说明这样做是为了避免失误。

六二：黄离，元吉。

《象》曰："黄离，元吉"，得中道也。

译文 六二，被中正的黄色所依附着，非常吉祥。

《象传》说，"被中正的黄色所依附着，非常吉祥"，说明六二阴爻得益于居守中庸之道。

九三：日昃之离，不鼓缶而歌，则大耋之嗟，凶。

《象》曰："日昃之离"，何可久也？

译文 九三，夕阳西垂，悬挂在天边，应当敲击瓦缶而高歌，否则将导致老暮穷衰的嗟叹，出现凶险。

《象传》说，"夕阳西垂，悬挂在天边"，此景怎能长久呢？

九四：突如其来如。焚如，死如，弃如。

《象》曰："突如其来如"，无所容也。

译文 九四，火红的暾霞突然升起，犹如烈火焚烧，顷刻间消散灭亡，舍弃净尽。

《象传》说，"火红的暾霞突然升起"，说明无法长期容于天地。

六五：出涕沱若，戚嗟若。吉。

《象》曰：六五之吉，离王公也。

六五，泪水滂沱不绝地流下，哀伤叹息，吉祥。

《象传》说，六五的吉祥，是由于附丽在王公的尊位上。

上九：王用出征，有嘉折首。获匪其丑，无咎。

《象》曰："王用出征"，以正邦也。

上九，君王出师征讨，有着丰功佳绩，折斩敌方首领的人头，俘虏其下属，一无过错。

《象传》说，"君王出师征讨"，是为了能够端正邦国，治理天下。"俘虏其下属"，是获得重大战功。

咸卦第三十一

咸，亨，利贞。取女吉。

咸卦象征着交感，亨通顺利，有利于坚守正道，娶妻吉祥。

《象》曰：咸，感也。柔上而刚下，二气感应以相与，止而说，男下女，是以"亨，利贞。取女吉"也。天地感而万物化生，圣人感人心而天下和平。观其所感，而天地万物之情可见矣！

《象传》说，咸的含义是交感。阴柔居于上位，而阳刚处于下位，阴阳二气交相感应，二相亲和，交感之时稳重自制又能欢快欣悦，就像男子以礼下求于女子，因此"亨通顺利，有利于坚守正道，娶妻吉祥"。天地彼此感应，因此万物变化生成，圣人感化人心，带来天下的和平与昌盛。观察这一感应的法则，就能够发现天地间万物的真情。

《象》曰：山上有泽，咸。君子以虚受人。

《象传》说，山上面有湖泊，水土彼此滋润，这就是咸卦。君子应当效法这种精神，虚怀若谷，容纳而感化众人。

初六：咸其拇。

《象》曰："咸其拇"，志在外也。

初六，感应出现在大脚趾上。

《象传》说，"感应出现在大脚趾上"，是因为志向朝外发展。

六二：咸其腓，凶，居吉。

《象》曰：虽"凶，居吉"，顺不害也。

译 文 六二，感应在小腿后部，有凶险，安居静修能够获得吉祥。

《象传》说，尽管有凶险，安居静修能够获得吉祥，说明六二顺从事物的发展趋势，才不会召来祸害。

九三：咸其股，执其随，往吝。

《象》曰："咸其股"，亦不处也。志在随人，所执下也。

译 文 九三，感应出现在大腿，执意盲从跟随他人，将会在行动当中受挫。

《象传》说，"感应出现在大腿"，说明不可能停下来了。"执意盲从跟随他人"，说明它追求得极为卑下。

九四：贞吉悔亡。憧憧往来，朋从尔思。

《象》曰："贞吉悔亡"，未感害也。"憧憧往来"，未光大也。

译 文 九四，守持正固能够获得吉祥，没有悔恨。来来往往心意不定，朋友们最终能够理解你的想法。

《象传》说，"走正道能够获得吉祥，没有悔恨"，说明九四还没有由于感应不正而遭灾。"来来往往心意不定"，说明它的交感之道有待于被发扬光大。

九五：咸其脢，无悔。

《象》曰："咸其脢"，志末也。

译 文 九五，感应位于背脊肉上，没有悔恨。

《象传》说，"感应位于背脊肉上"，说明九五的志向太小了。

上六：咸其辅颊舌。

《象》曰："咸其辅颊舌"，滕口说也。

译 文 上六，感应于口舌。

《象传》说，"感应于口舌"，说明上六只是玩弄口舌。

恒卦第三十二

恒，亨。无咎，利贞。利有攸往。

> **译文** 恒卦象征着恒久，亨通顺利，没有出现灾咎，有利于坚守正道，有利于出行，有所作为。

《彖》曰：恒，久也。刚上而柔下，雷风相与，巽而动，刚柔皆应，恒。"恒，亨。无咎，利贞"，久于其道也。天地之道，恒久而不已也。"利有攸往"，终则有始也。日月得天而能久照，四时变化而能久成。圣人久于其道，而天下化成。观其所恒，而天地万物之情可见矣。

> **译文** 《彖传》说，恒为恒久的含义。阳刚居上，而阴柔处下，雷震风行彼此配合，谦逊以动，阳刚阴柔完全能够迎合，这都表明恒常持久。"恒久，亨通顺利，没有出现灾咎，有利于坚守正道"，说明可以长久保持美好的道德。天地间运行的法则，也是恒久而永不停息的。"利于出行，有所作为"，说明应当循环不止，终而复始。日月遵循天地的法则，而可以永久照耀天下，四季的往复变化遵循上天的法则，而能永久化生万物，圣人恒久保持其品德，天下就可以遵从教化，形成相应风俗。观察这些恒常持久的现象，便能够知道天地之间万物的性情。

《象》曰：雷风恒。君子以立不易方。

> **译文** 《象传》说，雷发风行交加不息，象征着恒常持久。君子应当效法这种精神，树立为人的原则，永不更改。

初六：浚恒，贞凶，无攸利。

《象》曰："浚恒"之凶，始求深也。

> **译文** 初六，追求恒久之道，守持正固以防凶险，否则没有收益。
> 《象传》说，"追求恒久之道"的凶险，说明在开始时就不求实际一味深挖。

九二：悔亡。

《象》曰："九二：悔亡"，能久中也。

译文 九二，悔恨消亡。

《象传》说，"悔恨消亡"，说明他可以恒久地持守中正之道。

九三：不恒其德，或承之羞。贞吝。

《象》曰："不恒其德"，无所容也。

译文 九三，无法恒久保持其美德，有时有人施加羞辱。要守持正固以防憾惜。

《象传》说，"无法恒久保持其美德"，说明将不被人们所接纳。

九四：田无禽。

《象》曰：久非其位，安得禽也。

译文 九四，田猎没能打到鸟兽。

《象传》说，长久处于不适宜的角色，田猎怎能打到鸟兽呢？

六五：恒其德。贞，妇人吉，夫子凶。

《象》曰："妇人"贞吉，从一而终也。"夫子"制义，从妇凶也。

译文 六五，恒久保持柔顺服从的品德，坚守正道。妇人坚守此道吉祥，男人坚守此道有凶险。

《象传》说，妇人坚守正道可以获得吉祥，说明妇人一生当中应当顺守一个丈夫。男人则应当衡量事理，因事制宜，如果像妇人那样柔顺服从，那是非常危险的。

上六：振恒，凶。

《象》曰："振恒"在上，大无功也。

译文 上六，振摇晃动不安于恒久之道，有凶险。

《象传》说，"振摇晃动不安于恒久之道"，又身居上位，这样做丝毫功劳也不会有。

遯卦第三十三

遯，亨，小利贞。

译文 遯卦象征着退避，亨通顺利，有利于柔小者，有利于守持正固。

《象》曰：遁"亨"，遁而亨也。刚当位而应，与时行也。"小利贞"，浸而长也。遁之时义大矣哉！

译文 《彖传》说，"遁卦与顺利相关"，是说退避能够获得亨通顺利。九五阳刚居中正之位，与六二阴柔对应，因此退避应当见机行事。"有利于守持正固"，说明阴柔之气出现逐渐浸润成长之势。"退避"应当顺应时势，这一点极为重要。

《象》曰：天下有山，遁。君子以远小人，不恶而严。

译文 《象传》说，天下耸立着大山，象征着退避。君子应当效法这种精神，远离小人，虽然不会表现出憎恶之情，但是以威严自律来做到这种境界。

初六：遁尾，厉，勿用有攸往。

《象》曰："遁尾"之"厉"，不往何灾也。

译文 初六，逃避不及而落在末尾，会有凶险，不适宜冒险前进。

《象传》说，"逃避不及而落在末尾，会有凶险"，但如果不是冒险前进，又怎会有灾祸呢？

六二：执之用黄牛之革，莫之胜说。

《象》曰：执"用黄牛"，固志也。

译文 六二，像是用黄牛皮来捆缚东西一样，没有力量能够将其挣脱。

《象传》说，"像是用黄牛皮来捆缚东西一样"，说明意志坚强。

九三：系遁，有疾厉，畜臣妾吉。

《象》曰："系遁"之厉，有疾惫也。"畜臣妾吉"，不可大事也。

译文 九三，被牵系往而无法退避，会出现疾患及危险，先蓄养臣仆、婢妾可获得吉祥。

《象传》说，"被牵系往而无法退避，会出现疾患及危险"，说明如有病痛，并被拖累得疲惫不堪。"蓄养臣仆、婢妾吉祥"，说明无法做治国大事。

九四：好遁，君子吉，小人否。

《象》曰：君子"好遁"，"小人否"也。

译文 九四，心怀恋情而身已退避，君子可获吉祥，对小人是不能办到的。

《象传》说，君子心怀恋情而身已退避，小人却无法做到。

九五：嘉遁，贞吉。

《象》曰："嘉遁，贞吉"，以正志也。

> **译文** 九五，成功及时隐遁，符合正道，能够获得吉祥。

《象传》说，"成功及时隐遁，符合正道，能够获得吉祥"，说明可以端正志向。

上九：肥遁，无不利。

《象》曰："肥遁，无不利"，无所疑也。

> **译文** 上九，远走高飞，没有什么不利之处。

《象传》说，"远走高飞，没有什么不利之处"，说明不存在疑虑牵系，当遁则遁。

大壮卦第三十四

大壮，利贞。

> **译文** 大壮卦象征着强盛，有利于坚守正道。

《彖》曰：大壮，大者壮也。刚以动，故壮。大壮"利贞"，大者正也。正大而天地之情可见矣。

> **译文** 《彖传》说，大壮指刚大而又强盛，刚健而有所行动，因此称为强盛。"强盛，有利于坚守正道"，表明刚大者还应当端正守中。正直且刚大，就可以发现天地万物当中的真情。

《象》曰：雷在天上，大壮。君子以非礼弗履。

> **译文** 《象传》说，雷在天上作响，象征着声势浩大。君子应当效法这样，不合礼仪的事不去做。

初九：壮于趾。征凶有孚。

《象》曰："壮于趾"，其"孚"穷也。

> **译文** 初九，只是脚趾强壮，向前进发会出现凶险，应当以诚信自守。

《象传》说，"只是脚趾强壮"，说明应当以诚信自守而善处穷困。

九二：贞吉。

《象》曰：九二"贞吉"，以中也。

译文 九二，坚守正道，一定能够吉祥。

《象传》说，九二"坚守正道，一定能够吉祥"，因为居处中正，因此得以修养正德。

九三：小人用壮，君子用罔。贞厉。羝羊触藩，羸其角。

《象》曰："小人用壮"，君子罔也。

译文 九三，小人依靠强壮来骄人，君子虽强却不用。守持正固以防危险。公羊用角冲撞藩篱，角被挂住而进退不得。

《象传》说，只有小人才会以强壮骄人，君子虽强却不用。

九四：贞吉悔亡。藩决不羸(léi)，壮于大舆之輹(yú)。

《象》曰："藩决不羸"，尚往也。

译文 九四，坚持正道吉祥，悔恨消亡。就犹如藩篱被撞开一个缺口，羊角没被缠挂住，又像是大车的轮辐那样坚固耐用。

《象传》说，"藩篱被撞开一个缺口，羊角没被缠挂住"，说明要勇于向前。

六五：丧羊于易，无悔。

《象》曰："丧羊于易"，位不当也。

译文 六五，在田畔遗失了羊，无须悔恨。

《象传》说，"在田畔遗失了羊"，说明自己居位不当。

上六：羝羊触藩，不能退，不能遂，无攸利，艰则吉。

《象》曰："不能退，不能遂"，不详也。"艰则吉"，咎不长也。

译文 上六，公羊猛撞藩篱，无法前进，无法后退，没有什么利益，但只要艰苦奋斗，艰贞自守就可以获得吉祥。

《象传》说，"不能前进，无法后退"，说明其处事不慎，"只要艰苦奋斗……就可以获得吉祥"，说明灾咎不会持久。

晋卦第三十五

^{jìn} ^{fán shù}
晋，康侯用锡马蕃庶，昼日三接。

译文 晋卦象征着长进，诸侯获得天子赏赐的众多车马，一天内三次被接见。

《彖》曰：晋，进也。明出地上，顺而丽乎大明。柔进而上行，是以"康侯用锡马蕃庶，昼日三接"也。

译文 《彖传》说，晋的含义是长进，犹如太阳从地面升起。大地上的万物柔顺地依附于太阳，遵循柔顺之道长进，向上发展，因此"诸侯获得天子赏赐的众多车马，一天内三次被接见"。

《象》曰："明出地上"，晋。君子以自昭明德。

译文 《象传》说，"太阳从地面上升起"，象征着晋升增德，君子应当效法于此，使自己的光明德行更加明显与光辉。

初六：晋如摧如，贞吉。罔孚。裕无咎。

《象》曰："晋如摧如"，独行正也。"裕无咎"，未受命也。

译文 初六：前进之初就遭遇到挫败抑退，坚守贞正的本质，就算不能取信于人，可以坦然以对，则没有过错。

《象传》说，"前进之初被遭遇到挫败抑退"，说明如此是独守正道的结果。"坦然以对，则没有过错"，说明它此时还没能得到任用。

六二：晋如愁如，贞吉。受兹介福，于其王母。

《象》曰："受兹介福"，以中正也。

译文 六二，进步当中有忧愁，只要保持贞正的晋德，就可以获得吉祥，将从尊贵的王母那里承受宏大的福泽。

《象传》说，"承受宏大的福泽"，因为他能注重修养中正的晋德。

六三：众允，悔亡。

《象》曰："众允"之志，上行也。

译文 六三，因为修养晋德，因此得到众人的信赖与支持，得以悔恨消亡。《象传》说，"因修养晋德，因此得到众人的信赖与支持"，是由于有晋升的志向。

九四：晋如鼫鼠，贞厉。

《象》曰："鼫鼠，贞厉"，位不当也。

译文 九四，犹如田间身无专技的鼫鼠般得到长进，坚守正道以防范危险。

《象传》说，像"田间身无专技的硕鼠"，"坚守正道以防止危险"，说明个人的位置摆得不当。

六五：悔亡，失得勿恤。往吉，无不利。

《象》曰："失得勿恤"，往有庆也。

译文 六五，悔恨消亡，不必为了得失而感到担忧。向前进自然会有吉祥，没有什么是不利的。

《象传》说，"不必为了得失而感到担忧"，说明只求上进自然会出现吉庆。

上九：晋其角，维用伐邑。厉吉无咎。贞吝。

《象》曰："维用伐邑"，道未光也。

译文 上九，长进至极，宛如钻进牛角尖，只有征伐邑国，尽管危险，但能够转危为安，不会有过错，要坚守正道以防出现遗憾。

《象传》说，"只有征伐邑国"以建功，说明晋道之德还没能发扬光大。

明夷卦第三十六

明夷，利艰贞。

译文 明夷卦象征着光明有所损伤，有利于在艰难当中坚守正道。

《象》曰：明入地中，"明夷"。内文明而外柔顺，以蒙大难，文王以之。"利艰贞"，晦其明也。内难而能正其志，箕子以之。

译文 《象传》说，光明潜入到大地之中，象征着光明有所损伤。内守文明的美德，外显柔顺的姿态，能够承受大灾大难，当年周文王被商纣王囚禁时，就是以这种方式渡过危难。"利于在艰难当中坚守正道"，说明应当收敛光芒，身陷萧墙之祸，仍旧能够秉正守志，箕子巧妙地隐晦自身才智，而以自守正态的方式应对局势。

《象》曰：明入地中，明夷。君子以莅众，用晦而明。

译文 《象传》说，光明潜入大地当中，象征光明殒伤，因此慎于治理众人得以远害避祸。君子应当效法于此，在治理众人时能够大智若愚，从而显现出其道德的光明。

初九：明夷于飞垂其翼。君子于行，三日不食。有攸往，主人有言。

《象》曰："君子于行"，义不食也。

译文 初九，光明有所损伤时飞翔，羽翼低垂，君子仓皇出逃时，三天吃不上饭也不会停步。此时有所前往，又受到主人的责备。

《象传》说，"君子仓皇出逃时"，说明为坚持正义而舍弃了俸禄，不食不义之食。

六二：明夷夷于左股。用拯马壮吉。

《象》曰：六二之"吉"，顺以则也。

译文 六二，光明出现损伤之时，左腿受伤，依靠强壮的马去脱离险境渐渐复壮，能够获得吉祥。

《象传》说，六二的吉祥，是由于顺应局势，而又能够守持法则。

九三：明夷于南狩，得其大首，不可疾贞。

《象》曰："南狩"之志，乃得大也。

译文 九三，光明有所损伤时，在南方进行巡狩征伐，俘虏罪魁祸首。不可以操之过急，应当守持正固。

《象传》说，在南方巡狩征伐所表现出来的志向，可以大展。

六四：入于左腹。获明夷之心于出门庭。

《象》曰："入于左腹"，获心意也。

译文 六四，要深入到左方的腹部，探获光明损伤的内情，并毅然走出门庭之外。

《象传》说，"深入到左方的腹部"，是为了探查内里的情况。

六五：箕子之明夷，利贞。

《象》曰："箕子"之贞，明不可息也。

译文 六五，箕子在光明有所损伤时明智地选择逃避，利于守持正固。
《象传》说，箕子坚守正道的做法，说明光明不会就此消失。

上六：不明晦。初登于天，后入于地。

《象》曰："初登于天"，照四国也；"后入于地"，失则也。

译文 上六，天空晦暗不明，起初将要升上天空，最终却坠落到地下。
《象传》说，"起初升到天空"，说明光明普照了四方；"最终却坠落到地下"，说明违背正义的原则导致失败。

家人卦第三十七

家人，利女贞。

译文 家人卦象征着家庭，有利于女子操持家道守持正固。

《彖》曰：家人，女正位乎内，男正位乎外。男女正，天地之大义也。家人有严君焉，父母之谓也。父父、子子，兄兄、弟弟，夫夫、妇妇，而家道正。正家而天下定矣。

译文 《彖传》说，家庭，女子在家里居于正当之位，男子在外面居于正当之位。男女在家庭内外都有各自的正当位置，这便是天地之间的大道理。家庭当中有严正的君长，这便是父母。父子各尽其责，兄弟各尽其责，夫尽夫责，妇守妇德，那么家道自然就端正了。家道端正了，天下也就此安定了。

《象》曰：风自火出，家人。君子以言有物，而行有恒。

译文 《象传》说，燃烧的火生成风，象征着"家庭"。君子应当效法于此，日常言语要有实际的内容，日常行为要贯彻恒定的原则。

初九：闲有家，悔亡。

《象》曰："闲有家"，志未变也。

初九，在家庭当中凡事都应当防患未然，就不会有悔恨出现。

《象传》说，"在家庭当中凡事都应当防患未然"，说明应在用心还没改变时加以防范。

六二：无攸遂。在中馈，贞吉。

《象》曰：六二之"吉"，顺以巽也。

译 文 六二，无所成就，以中正平和的态度在家里负责烹饪事宜，守持正固自然能够获得吉祥。

《象传》说，六二的吉祥，是由于柔顺谦逊的缘故。

九三：家人嗃嗃，悔厉吉。妇子嘻嘻，终吝。

《象》曰：家人嗃嗃，未失也。妇子嘻嘻，失家节也。

译 文 九三，一家人愁怨嗷嗷，尽管有所怨恨，出现危险，依旧可以获得吉祥。妇人与孩子整天嬉戏，最终依旧会带来种种麻烦。

《象传》说，"一家人愁怨嗷嗷"，说明未敢放逸纵乐；"妇人与孩子整天嬉戏"，说明有失家中礼节。

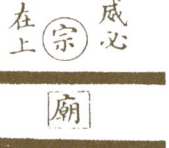
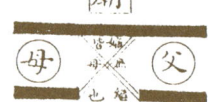
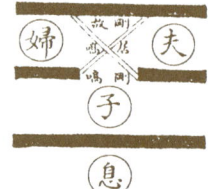

六四：富家，大吉。

《象》曰："富家，大吉"，顺在位也。

译 文 六四，使得家庭富足，大为吉祥。

《象传》说，"使得家庭富足，大为吉祥"，说明顺守居于正位的阳刚者。

九五：王假有家，勿恤，吉。

《象》曰："王假有家"，交相爱也。

译 文 九五，君王以美德来感化众人，并视天下人为一家，无须忧虑，吉祥。

《象传》说，"君王以美德来感化众人，并视天下人为一家"，说明天下所有人都应视同一家，相互亲爱。

●家人象图

上九：有孚威如。终吉。上九，心存诚信，威严治家，终获吉祥。

《象》曰："威如"之"吉"，反身之谓也。

> 译文 《象传》说，威严肃穆获得吉祥，是说应该反省自身，严于律己。

睽卦第三十八

睽，小事吉。

> 译文 睽卦象征着乖离，小事上吉利。

《彖》曰：睽，火动而上，泽动而下，二女同居，其志不同行。说而丽乎明，柔进而上行，得中而应乎刚。是以"小事吉"。天地睽而其事同也，男女睽而其志通也，万物睽而其事类也。睽之时用大矣哉！

> 译文 《彖传》说，乖离，犹如火焰燃烧向上，水泽流动向下，又犹如两个女子同居一室，志向不同而行为各自不同。下卦和悦地附丽于上卦离的光明之中，阴爻柔顺求进，向上直行，得居中正的地位。而与阳刚者彼此呼应，因此是"小事上吉利"。天和地彼此乖离，但生育万物的事理却彼此相同。男人与女人不同，但交感求合的心志是相通的，天下万物的形态各异，但禀受天地阴阳气质的心志却是类似的。乖离之时有待施用的范围多广大啊！

《象》曰：上火下泽，睽。君子以同而异。

> 译文 《象传》说，上为火，下为泽，彼此违背，象征乖离。君子应当效法于此，求大同而存小异。

初九：悔亡。丧马勿逐，自复。见恶人，无咎。

《象》曰："见恶人"，以辟咎也。

> 译文 初九，悔恨能够消失。丢失马匹，不必去追寻，自己就会返回。见到恶人没有过错。

《象传》说，"遇见恶人"，是为了避免灾祸的办法。

九二：遇主于巷，无咎。

《象》曰：“遇主于巷”，未失道也。

译文 九二，在小巷当中邂逅主人，没有过错。

《象传》说，“在小巷当中邂逅主人”，说明没有违背正道。

六三：见舆曳，其牛掣其人。天且劓，无初有终。

《象》曰：“见舆曳”，位不当也。“无初有终”，遇刚也。

译文 六三，似乎见到牛车被拖曳，难行，驾车的牛被阻挡住，又恍如自己遭受削发、削鼻，起初会不利，但可得善终。

《象传》说，“见到牛车被拖曳，难行”，说明居位不当。“起初会不利，但可得善终”，说明终必与相应的阳刚遇合获得强者的帮助。

九四：睽孤遇元夫。交孚厉无咎。

《象》曰：“交孚”，“无咎”，志行也。

译文 九四，乖离之时是孤立无援的，后遇到阳刚的大丈夫，彼此以诚相待，尽管有危险，最终无过错。

《象传》说，“彼此以诚相待，最终无过错”，说明可以施行自己的意志。

六五：悔亡。厥宗噬肤，往何咎。

《象》曰：“厥宗噬肤”，往有庆也。

译文 六五，悔恨消亡，与其宗亲的关系犹如咬软的肉一般和顺，往前进发又会出现什么过错呢？

《象传》曰，“与其宗亲的关系犹如咬软的肉一般和顺”，说明前进必然会有喜庆。

上九：睽孤。见豕负涂，载鬼一车。先张之弧，后说之弧。匪寇婚媾。往遇雨则吉。

《象》曰：“遇雨”之吉，群疑亡也。

译文 上九，乖离至极，孤独无援，犹如看到肥猪满身泥巴，又犹如看到一辆大车满载鬼怪奔驰，起初张弓欲射，随后迟疑地将弓放下。原来不是草寇，而是求婚者。往前走，遇雨吉祥。

《象传》说，“遇雨吉祥”，说明各种疑惑都已消失。

蹇卦第三十九

蹇，利西南，不利东北。利见大人。贞吉。

> **译文** 蹇卦象征行走很艰难，利于走向西南方，不利于走向东北方。有利于觐见伟大的人物，坚守正道吉祥。

《彖》曰：蹇，难也，险在前也。见险而能止，知矣哉！蹇"利西南"，往得中也；"不利东北"，其道穷也。"利见大人"，往有功也。当位"贞吉"，以正邦也。蹇之时用大矣哉！

> **译文** 《彖传》说，蹇，含义为艰难，艰险在前面。遇到险难就能停止，这才是明智的啊！"行走艰难，利于走向西南"，因为向前走可以走上正确的道路；"不利于往东北方走"，因为这个方向将会导致路困途穷。"有利于觐见伟大的人物"，因为向前进发将获得成功。居位适当"坚守正道吉祥"，说明能够摆脱困境救振邦国。蹇卦所表示的是依时势变化而济蹇的功用，是真伟大啊！

《象》曰：山上有水，蹇。君子以反身修德。

> **译文** 《象传》说，高山上有水，象征着行走艰难。君子应当效法于此，遇到艰难时反省自身，修行品德。

初六：往蹇来誉。

《象》曰："往蹇来誉"，宜待也。

> **译文** 初六，向前进发会很艰难，往回走将获得称誉。
> 《象传》说，"往前进发会很艰难，往回走将获得称誉"，说明要等待时机。

六二：王臣蹇蹇，匪躬之故。

《象》曰："王臣蹇蹇"，终无尤也。

> **译文** 六二，君王的臣仆历尽艰险，不是为私事。
> 《象传》说，"君王的臣仆历尽艰险"，说明最终没有过失。

九三：往蹇来反。

《象》曰："往蹇来反"，内喜之也。

> **译文** 九三，往前行走会很艰难，返回时则退居其所。
>
> 《象传》说，"往前行走会很艰难，返回时则退居其所"，说明内心欢喜而返回。

六四：往蹇来连。

《象》曰："往蹇来连"，当位实也。

> **译文** 六四，往前进发会很艰难，返归则又逢艰难。
>
> 《象传》说，往前进发艰难，返归则可以联合许多同志，说明正处于坚实之位。

九五：大蹇朋来。

《象》曰："大蹇朋来"，以中节也。

> **译文** 九五，行走非常艰难，却有朋友前来救助。
>
> 《象传》说，"行走非常艰难，却有朋友前来救助"，说明九五坚守中正的品德及节操。

上六：往蹇来硕。吉，利见大人。

《象》曰："往蹇来硕"，志在内也。"利见大人"，以从贵也。

> **译文** 上六，往前进发会很艰难，返归可以获得丰硕成果，吉祥，有利于觐见伟大的人物。
>
> 《象传》说，"向前进发很艰难，返归可以获得丰硕的成就"，说明志在联合内部共济艰难。"有利于觐见伟大的人物"，说明追随尊贵的阳刚君主可以得到利益。

解卦第四十

解，利西南，无所往，其来复吉。有攸往，夙吉。

> **译文** 解卦象征着解除困难，有利于向西南方走。无事不必前往，返回原地安居，可以获得吉祥。出现危难时，应当迅速前往，及早采取行动是吉祥的。

《象》曰：解，险以动，动而免乎险，解。解"利西南"，往得众

也。"其来复吉"，乃得中也。"有攸往夙吉"，往有功也。天地解而雷雨作，雷雨作而百果草木皆甲坼。解之时大矣哉！

译文 《象传》说，解卦象征身陷险境，而努力前行，行动则可以脱离危险，这就是解除困难。"解除困难有利于向西南方走"，前往解难必然会得到民众的拥戴。"回到原地安居，可以获得吉祥"，因为修养中正之德。"出现危难时，应当迅速前往，及早采取行动是吉祥的"，说明前往解难能够建功。天地间解脱危机，于是雷行雨降，雷行雨降而万物得以破壳而出，萌发新芽。解除困难因时制宜的意义实在是太伟大了。

《象》曰：雷雨作，解。君子以赦过宥罪。

译文 《象传》说，雷行雨降，象征着"解除困难"。君子应当效法于此，多施加恩泽，赦免过失，宽恕那些有罪之人。

初六：无咎。

《象》曰：刚柔之际，义"无咎"也。

译文 初六，没有过错。

《象传》说，初六与上卦的九四阴阳彼此相应，从解除困难的道理来看，必然没有过错。

九二：田获三狐，得黄矢，贞吉。

《象》曰：九二"贞吉"，得中道也。

译文 九二，田猎获得多只狐狸，并且得到了黄铜箭头，坚守贞正的品德是吉祥的。

《象传》说，九二坚守贞正品德是极为吉祥的，是因为居守中正之道。

六三：负且乘，致寇至，贞吝。

《象》曰："负且乘"，亦可丑也。自我"致"戎，又谁咎也？

●解出坎阴图

六三,背负重物而去坐大车,将招致匪盗的劫掠。这样做是非常错误的。

《象传》说,"背负重物而去坐大车",这行为本身是非常丑恶的。自己招来的兵戎之难,又会是谁的过失呢?

九四:解而拇,朋至斯孚。

《象》曰:"解而拇",未当位也。

译 文 九四,像舒解你脚中拇趾的隐患一样解除与小人之间的关系,朋友们将前来,彼此间能够心诚相应。

《象传》说,"像舒解你脚中拇趾的隐患一样解除与小人之间的关系",说明自己所处的位置不适当。

六五:君子维有解,吉。有孚于小人。

《象》曰:"君子有解",小人退也。

译 文 六五,君子被纠附的险难被解除,吉祥。以诚信之德将小人感化。

《象传》说,君子可以解除险难,因为小人感到畏服而退缩了。

上六:公用射隼于高墉之上,获之。无不利。

《象》曰:"公用射隼",以解悖也。

译 文 上六,王公射杀高城上面的恶隼,一举射获并捕抓到了它,没有什么不利的。

《象传》说,"王公射杀高城上面的恶隼",说明是在解除悖乱的艰险。

损卦第四十一 ䷨

损,有孚。元吉,无咎,可贞。利有攸往。曷(hé)之用二簋(guǐ)?可用享。

译 文 损卦象征着减损,心怀诚信,极为吉祥,没有过错,能够保持正确的方向,有利于朝前进发。减损之道如何进行运用呢?用两簋淡食来享祀神灵即可。

《象》曰:损,损下益上,其道上行。损而"有孚。元吉,无咎,可贞。利有攸往。曷之用二簋?可用享",二簋应有时,损刚益柔有时,

损益盈虚，与时偕行。

译文 《象传》说，减损的含义是减损下方，增益上方，其道理在于由下奉献于上。减损时，"心怀诚信，就得以大吉，没有过错，能够保持正确的方向，利于往前进发。减损之道如何运用呢？用两簋淡食享祀神灵即可"。用两簋淡食享祀应当守时守信，阳刚减损而阴柔增益也会随着时节改变。事物的减损增益、盈满亏虚，都是顺应其时而运行的。

《象》曰：山下有泽，损。君子以 惩 忿窒欲。
chéng fèn zhì yù

译文 《象传》说，高山下有深泽，象征着减损。君子应当效法这样，抑制愤激，堵塞邪欲，以免逐渐养成减损他人的德行。

初九：已事遄往，无咎，酌损之。

《象》曰："已事遄往"，尚合志也。

译文 初九，完成了自我修养之事，迅速前去帮助别人，没有过错，应当斟酌损减其阳刚之质。

《象传》说，"完成了自我修养之事，迅速前往去帮助别人"，是因为与上方志同道合。

九二：利贞，征凶。弗损益之。

《象》曰：九二"利贞"，中以为志也。

译文 九二，有利于坚守正道，急于向外发展，较为凶险，不用减损自我，就可以增益上方。

《象传》说，九二有利于坚守正道，因此它应当以持守中正的品德为其志向。

六三：三人行则损一人；一人行则得其友。

《象》曰："一人行"，"三"则疑也。

译文 六三，三人同行欲求一阳，必将损彼阳刚一人。一个人独自旅行，可以找到真正的朋友。

《象传》说，一个人独自旅行，可以专一求合，三人同行则将导致彼此间疑惑无主。

六四：损其疾，使遄有喜，无咎。

《象》曰："损其疾"，亦可喜也。

> **译文** 六四，减损自身思虑的疾患，能够使得他人前来相助，使得事情能够有惊喜的收获，没有什么过错。
>
> 《象传》说，"减损自身思虑的疾患"，这是非常可喜的事。

六五：或益之十朋之龟，弗克违，元吉。

《象》曰：六五"元吉"，自上祐也。

> **译文** 六五，有人以价值高昂的大龟相赠，不必辞谢，是吉祥的事。
>
> 《象传》说，六五的大吉，是由于上天的保佑。

上九：弗损益之，无咎，贞吉。利有攸往。得臣无家。

《象》曰："弗损益之"，大得志也。

> **译文** 上九，不必减损自我，而能够施益于人，没有过错，坚守正道即为吉祥，事业进展顺利，可以让天下臣服，不限于家族。
>
> 《象传》说，"不用减损自我，而能够施益于人"，说明遂行自己施惠于天下的志向。

益卦第四十二 ䷩

益，利有攸往，利涉大川。

> **译文** 益卦象征着增益，有利于向前进发，利于涉越大江巨流。

《象》曰：益，损上益下，民说无疆。自上下下，其道大光。"利有攸往"，中正有庆；"利涉大川"，木道乃行。益动而巽，日进无疆；天施地生，其益无方。凡益之道，与时偕行。

> **译文** 《象传》说，增益的含义是减损上层以增益下层，这样民众就会喜悦无穷。由上而下来推行益德，这种道义必然能够发扬光大。"有利于往前进发"，因为六二与九五都能够居中持正，因此有吉庆。"有利于涉越大江巨流"，是由于上卦巽木为船，顺风而动，涉渡之事顺畅。增益之时，下者兴动而上者谦逊，因此可以天天增进，以至无边无际，正如上天普降恩惠，大地受益，万物得以茁壮生长，自然之生益遍及天下。但凡事物增益的现象与规律，都是随时令的到来而同步进行的。

《象》曰：风雷益。君子以见善则迁，有过则改。

译文 《象传》说，风雷交动，而彼此助长，象征着增益。君子应当效法于此，见善美的德行就要去倾心向往，出现过错就要马上改正。

初九：利用为大作，元吉无咎。

《象》曰："元吉无咎"，下不厚事也。

译文 初九，有利于大有作为，至为吉祥，没有过错。

《象传》说，"至为吉祥，不会有过错"，因为处位低下，本来不能胜任大事，但此时获益则可以大有作为。

六二：或益之十朋之龟，弗克违。永贞吉。王用享于帝，吉。

《象》曰："或益之"，自外来也。

译文 六二，有人用价值高昂的大龟相赠，无法辞谢，永远坚守正道，就可以获得吉祥。君王任用它来祭祀天帝，这是很吉利的。

《象传》说，"有人以价值高昂的大龟相赠"，说明这是外来的赠予，有益无害。

六三：益之用凶事，无咎。有孚中行，告公用圭。

《象》曰："益用凶事"，固有之也。

译文 六三，受益至多应该努力施用于救凶平险的事物，没有过错，应当心怀诚信，中道而行，时时像手执玉圭致意于王公一样虔诚恭敬。

《象传》说，"受益至多应该努力施用于救凶平险的事物"，这样才能牢固保有所获之益。

六四：中行告公从，利用为依迁国。

《象》曰："告公从"，以益志也。

译文 六四，持中慎行求告于王公，他必然会言听计从，有利于遵从君上而迁都益民。

《象传》说，"求告王公，他必定会言听计从"，这是有损自身，增益天下的志向。

九五：有孚惠心。勿问元吉，有孚惠我德。

《象》曰："有孚惠心"，勿问之矣。"惠我德"，大得志也。

九五，有诚信的态度与恩惠他人之心，毫无疑问是极为吉祥的。这样天下百姓必然能够诚意回报我的恩德。

《象传》说，"有诚信的态度与恩惠他人之心"，其吉祥是必然无疑的。"诚意回报我的恩德"，说明这是益民之志，可以大得遂行。

上九：莫益之，或击之。立心勿恒，凶。

《象》曰："莫益之"，偏辞也。"或击之"，自外来也。

译文 上九，没有人能够增益援助，反而有人进行攻击，无法长久恒守所立下的心志，有凶险。

《象传》说，"没有人能够增益援助"，因为是求益的片面言辞。"反而有人进行攻击"，说明凶险是从外部不招自来的。

夬卦第四十三

夬，扬于王庭。孚号有厉。告自邑，不利即戎，利有攸往。

译文 夬卦象征着决断，在君王的朝廷之上公布小人的罪恶予以制裁，心怀诚信地大声疾呼危险。告诫自己封邑当中的人，不利于马上就动用武力加以制裁，但往前进发必然是顺利的。

《彖》曰：夬，决也，刚决柔也。健而说，决而和。"扬于王庭"，柔乘五刚也。"孚号有厉"，其危乃光也。"告自邑，不利即戎"，所尚乃穷也。"利有攸往"，刚长乃终也。

译文 《彖传》说，夬的含义为决断，犹如阳刚君子果决去制裁阴柔小人。刚健勇进而又让人能够心悦诚服，果决行事而又能够意气平和。"在君王的朝廷上公告小人的罪状予以制裁"，因为阴柔小人乘凌于阳刚君子之上。"心怀诚信地大声疾呼危险"，这样才能度过危险，使得君子的行为发扬光大。"告诫自己封邑当中的人，不利于马上动用武力进行制裁"，说明如果一味崇尚武力将使得刚决之道衰微。"往前进发必然是顺利的"，说明阳刚盛长最终获得善终。

《象》曰：泽上于天，夬。君子以施禄及下，居德则忌。

译文 《象传》说，泽水蒸发升到天空之上，象征着决断。君子应当效法于此，果决广施恩泽给百姓，仅停留在个人功德上将被人们憎恶。

初九：壮于前趾，往不胜为咎。

《象》曰："不胜而往"，"咎"也。

译文 初九，足趾的前端强盛，冒失前进无法胜任，反而是错误的。

《象传》说，无法胜任而向前冒进，是招致咎害之道。

九二：惕号，莫夜有戎，勿恤。

《象》曰："有戎，勿恤"，得中道也。

译文 九二，时刻忧惧地警惕呼叫，即便是夜间会遭到敌人的攻击，也不需要担心。

《象传》说，"夜间遇见敌人的攻击也不需要担心"，说明修养夬德，不失持中慎行之道。

九三：壮于颀，有凶。君子夬夬，独行遇雨，若濡有愠，无咎。

《象》曰："君子夬夬"，终无咎也。

译文 九三，强盛在脸部颧骨上，怒形于色有凶险。君子应当刚毅果决，独自行事，尽管遇雨被淋湿，甚至受人嫌疑被人愠怒，但终究事情得以做成。制裁小人，没有过错。

《象传》说，"君子刚毅果决"，说明最终能成功，不致出现过错。

九四：臀无肤。其行次且。牵羊悔亡，闻言不信。

《象》曰："其行次且"，位不当也。"闻言不信"，聪不明也。

译文 九四，臀部的皮肤已经被磨烂，行动趑趄困难，犹如紧紧地牵羊一般跟随他人前进，悔恨消亡，无奈听到这忠告也不去相信。

《象传》说，"行动趑趄困难"，说明所处的位置不恰当。"听到忠告也不会相信"，说明尽管听见了，但却无法审明事理。

九五：苋陆夬夬，中行无咎。

《象》曰："中行无咎"，中未光也。

译文 九五，犹如斩除根坚叶柔的苋陆草一般，刚毅果决地消除小人，居持

中正品行就不会有过错。

《象传》说，"居持中正品行就不会有过错"，说明中正之道还没有得到发扬光大。

上六：无号，终有凶。

《象》曰："无号"之凶，终不可长也。

译文 上六，不必呼号求救，凶险最终难逃。

《象传》说，"不必呼号求救，凶险最终难逃"，说明小人高居上位的情况最终不可长久。

姤卦第四十四

姤，女壮，勿用取女。

译文 姤卦象征着邂逅，女子太过强壮，则不宜将其娶为妻室。

《象》曰：姤，遇也，柔遇刚也。"勿用取女"，不可与长也。天地相遇，品物咸章也。刚遇中正，天下大行也。姤之时义大矣哉！

译文 《象传》说，姤为相遇、邂逅的含义，即阴柔遇阳刚而相合。"不宜将其娶为妻室"，说明娶这种行为不正的女子为妻，是不会长久的。天地相遇，各种物类才能够生存繁盛，发展都能显明昭彰。刚者遇到居中守正的柔者，天下的人伦教化就大为通畅。"邂逅"之时的意义多宏大啊！

《象》曰：天下有风，姤。后以施命诰四方。

译文 《象传》说，天下有风吹起的时候，象征"邂逅"。君王应当效法于此，布告四方，推行广大的道德。

初六：系于金柅，贞吉。有攸往，见凶。羸豕孚蹢躅。

《象》曰："系于金柅"，柔道牵也。

译文 初六，紧紧绑缚在金属制成的刹车上，坚守正道可以获得吉祥。往前进发，将会出现凶险，就如瘦弱的猪行走困难一般轻浮躁动、不能安静。

《象传》说，"紧紧绑缚在金属制成的刹车上"，说明此爻应当居守柔顺之道，接受阳刚的牵制，难以自主。

九二：包有鱼，无咎，不利宾。

《象》曰："包有鱼"，义不及宾也。

译文 九二，用白茅包裹着鲜鱼用来祭祀，没有过错，但不适宜用来招待宾客。《象传》说，"用白茅包裹着鲜鱼用来祭祀"，从道义上看不适宜用于宴请宾客。

九三：臀无肤，其行次且，厉无大咎。

《象》曰："其行次且"，行未牵也。

译文 九三，臀部皮肤被磨破，行动困难，会有危险，但不会有大难。《象传》说，"行动困难"，说明行为还不至于牵制外物。

九四：包无鱼，起凶。

《象》曰："无鱼"之"凶"，远民也。

译文 九四，祭祀用的包裹中没有鱼，起身行动会遭遇凶险。《象传》说，没有鱼导致的凶险，说明远离下民，而丧失了民心。

九五：以杞包瓜，含章，有陨自天。

《象》曰：九五"含章"，中正也。"有陨自天"，志不舍命也。

译文 九五，以柳条包裹住甜瓜，修养内在文采，好运从天而降。

《象传》说，修养内在的文采，是因为居中守正。"好运从天而降"，说明其心志没有违背天命。

上九：姤其角，吝，无咎。

《象》曰："姤其角"，上穷吝也。

译文 上九，遇到空荡的角落，心中有所憾惜，但没有过错。《象传》说，"遇到空荡的角落"，说明已至上位的顶点，而导致相遇无人的憾惜。

萃卦第四十五

萃，亨，王假有庙。利见大人，亨利贞。用大牲吉。利有攸往。

译文 萃卦象征着聚集，亨通顺利。君王来到宗庙当中祭祀，有利于出现伟人，亨通顺利利于守持正固。祭祀时适宜奉献大牲畜，吉祥，有利于往前进发，一切顺利。

《彖》曰：萃，聚也。顺以说，刚中而应，故聚也。"王假有庙"，致孝享也。"利见大人，亨"，聚以正也。"用大牲吉。利有攸往"，顺天命也。观其所聚，而天地万物之情可见矣。

译文 《彖传》说，萃的含义是聚集。和顺而欢悦，刚健中正而又应合时代，因此能得到四方的响应，会聚民众。"君王前往宗庙祭祀"，是说能够尽其心，以祭品对祖先表达孝敬之意。"有利于出现极为伟大的人物，一切亨通顺利"，说明大人主持聚会必然要遵循正道。"奉献大牲畜吉祥，有利于向前进发"，说明此时已经顺应天道规律。观察聚集的现象，天地万物之间的性情与规律就能够明白了。

《象》曰：泽上于地，萃。君子以除戎器，戒不虞。

译文 《象传》说，水会聚为泽，而位于地上，象征着聚集。君子应当效仿于此，经常清理、整备兵器与装备，戒备不测之事的出现。

初六：有孚不终，乃乱乃萃。若号，一握为笑。勿恤，往无咎。

《象》曰："乃乱乃萃，其志乱也。"

译文 初六，心中有诚意而无法贯彻至终，会导致心神迷惑，行为紊乱而与人妄聚。如果及时悔悟呼援，可以握手言欢。不必忧虑，往前进发不会出现过错。

《象传》说，"心神迷惑，行为紊乱而与人妄聚"，说明心志已经迷乱。

六二：引吉无咎，孚乃利用禴。

《象》曰："引吉无咎"，中未变也。

译文 六二，被人援引可以获得吉祥，没有出现过错。只要诚心诚意，就算是微薄的祭祀也有利于献享神灵。

《象传》说，"被人援引可以获得吉祥，没有出现过错"，说明中正的本性始终没有改变。

六三：萃如嗟如，无攸利，往无咎，小吝。

《象》曰："往无咎"，上巽也。

六三,聚集到一起叹息,没有什么实际利益。向前进发没有出现过错,但有小小的憾惜。

《象传》说,"向前进发没有出现过错",说明可以谦逊地顺从上面的阳刚。

九四:大吉无咎。

《象》曰:"大吉无咎",位不当也。

译文 九四,至为吉祥,没有灾咎。

《象传》说,"至为吉祥,没有灾咎",说明居位不当。

九五:萃有位,无咎。匪孚,元永贞,悔亡。

《象》曰:"萃有位",志未光也。

译文 九五,聚集时居于尊位,没有出现过错,但还没取信于民。适宜永久不渝地修养德行,保持正确的方向,则悔恨就此消亡。

《象传》说,"聚集的时候高居于尊位",说明志向有待于光大。

上六:赍咨涕洟,无咎。
qí zī tì yí

《象》曰:"赍咨涕洟",未安上也。

译文 上六,悲伤哀叹,痛哭流涕,没有过错。

《象传》说,"悲伤哀叹,痛哭流涕",说明身居高位,孤立无援,导致心不能安。

升卦第四十六

升,元亨。用见大人,勿恤。南征吉。

译文 升卦象征着上升,极为亨通顺利,适宜出现伟人,无须去担忧,向南方开拓事业是吉祥的。

《象》曰:柔以时升,巽而顺,刚中而应,是以大"亨"。"用见大人,勿恤",有庆也。"南征吉",志行也。

译文 《象传》说,以柔顺的德行适时上升,谦逊而和顺,保持刚强中正的品性可以与上呼应,所以极为亨通顺利。"适宜出现伟大的人物,无须为之担忧",说明此时上升将会有福庆。"往南方开拓事业吉祥"，说明有志者的心志能够如愿畅行。

《象》曰：地中生木，升。君子以顺德，积小以高大。

译　文　《象传》说，地上生出了树木，象征着上升。君子应当效法于此，遵循美德修行之道，积小善而逐渐成就崇高宏大的德业。

初六：允升，大吉。

《象》曰："允升，大吉"，上合志也。

译　文　初六，宜于上升，非常吉祥。

《象传》说，"宜于上升，非常吉祥"，说明顺合上方的高远志向而俱升。

九二：孚乃利用禴，无咎。

《象》曰："九二"之"孚"，有喜也。

译　文　九二，只要能够诚心诚意，就算微薄的祭祀也有利于献享神灵，不会出现过错。

《象传》说，九二诚信的美德，必然能够带来喜庆。

九三：升虚邑。

《象》曰："升虚邑"，无所疑也。

译　文　九三，高高上升，一路顺利，如入无人之境。

《象传》说，"高高上升，一路顺利，如入无人之境"，说明顺畅升起，是因为无所疑虑。

六四：王用亨于岐山。吉，无咎。

《象》曰："王用亨于岐山"，顺事也。

译　文　六四，君王来到岐山来祭祀神灵，吉祥，没有过错。

《象传》说，"君王来到岐山来祭祀神灵"，说明顺从君上，立功立事。

六五：贞吉，升阶。

《象》曰："贞吉，升阶"，大得志也。

译　文　六五，坚守正道吉祥，登阶上升。

《象传》说，"坚守正道吉祥，登阶上升"，说明可以遂行其心志。

上六：冥升，利于不息之贞。

《象》曰："冥升"在上，消不富也。

> 译文　上六，昏昧至极而持续上升，有利于不停地坚守正道。

《象传》说，昏昧至极而持续上升，高居上位，说明位置太高发展趋势必将消弱，实力已不富足。

困卦第四十七

困，亨。贞大人吉，无咎。有言不信。

> 译文　困卦象征着困顿，困顿时，能自强自济，也可以亨通。坚守正道，大人能够获得吉祥，不会出现过错。此时仅有空言，不会取信于人。

《彖》曰：困，刚揜也。险以说，困而不失其所。"亨"，其唯君子乎！"贞大人吉"，以刚中也。"有言不信"，尚口乃穷也。

> 译文　《象传》说，穷困是因为阳刚被掩盖。处于险难而心中感到愉悦，这样尽管身处困顿，也不失亨通之道，大约只有君子才能做到这一点吧！"坚守正道，大人能够获得吉祥"，因为他拥有刚正中直的美德。"空有言语不会取信于人"，说明仅靠多言巧辩是无补于事的，反而会让自己越发困顿。

《象》曰：泽无水，困。君子以致命遂志。

> 译文　《象传》说，泽中没有水，象征着穷困。君子应当效法于此，困顿当中不惜以生命来实现自己的理想。

初六：臀困于株木，入于幽谷，三岁不觌。

《象》曰："入于幽谷"，幽不明也。

> 译文　初六，臀部困坐在树桩之上无法动弹，只能在幽深的山谷当中徘徊，三年看不到他的面目。

《象传》说，"在幽深的山谷当中徘徊"，说明苟且处于幽暗不明的处所当中。

九二：困于酒食。朱绂方来，利用享祀。征凶，无咎。

fú

《象》曰："困于酒食"，中有庆也。

> **译文** 九二，被酒食应酬所困住，荣禄将要到来，有利于主持宗庙祭祀。此时进发有凶险，但不会有灾咎。
>
> 《象传》说，"被酒食应酬所困住"，说明居守中道就会感到喜庆。

六三：困于石，据于蒺藜。入于其宫，不见其妻，凶。

《象》曰："据于蒺藜"，乘刚也。"入于其宫。不见其妻"，不祥也。

> **译文** 六三，被巨石所困住，而背后所依附的是多刺的蒺藜；即使返回家中，也看不到自己的妻子，会有凶险。
>
> 《象传》说，"背后所依附的是多刺的蒺藜"，说明六三以阴柔凌驾在阳刚之上。"回到家中，看不到自己的妻子"，这是不祥的预兆。

九四：来徐徐。困于金车，吝有终。

《象》曰："来徐徐"，志在下也。虽不当位，有与也。

> **译文** 九四，迟缓前来，被金车所困住，有所憾惜，最终依旧能如愿应合配偶。
> 《象传》说，"迟缓前来"，是说志在求合下层。尽管它本身所处的位置不妥当，但因为能与下应合，谦虚而行可以达到目的。

九五：劓刖。困于赤绂，乃徐有说，利用祭祀。

《象》曰："劓刖"，志未得也。"乃徐有说"，以中直也。"利用祭祀"，受福也。

> **译文** 九五，施用割鼻断足的刑罚治理众人，受困于穿着不合身的赤色祭服。但能够逐渐摆脱困境，有利于举行祭祀。
>
> 《象传》说，"施用割鼻断足的刑罚治理众人"，说明还没有实现其心志。"逐渐摆脱困境"，因为它持守刚中正直之道。"利于举行祭祀"，这样能够得到神的赐福。

上六：困于葛藟，于臲卼。曰动悔有悔，征吉。

gě lěi *niè wù*

《象》曰："困于葛藟"，未当也。"动悔有悔"，"吉"行也。

> **译文** 上六，被葛藤所缠绕，陷入动摇不定的危险境地。这行动将会导致悔

恨，及时悔过，前进依旧可以吉祥。

《象传》说，"被葛藤所缠绕"，说明居位还是不妥。"行动将会导致悔恨，及时悔过"，说明往前进发能够走出困境，获得吉祥。

井卦第四十八

井，改邑不改井。无丧无得。往来井井。汔至，亦未缮井。羸其瓶，凶。

译文 井卦象征着水井，村邑迁移而井不会出现改变，每天汲取也不会减少，泉水流入也不会增多，来来往往的人都依赖井水为用。汲水到了井口，绳索还没离开井口时，水瓶却出现了倾覆毁败，有凶险。

《彖》曰：巽乎水而上水，井。井养而不穷也。"改邑不改井"，乃以刚中也。"汔至，亦未缮井"，未有功也。"羸其瓶"，是以凶也。

译文 《象传》说，顺沿水的渗性而往地下开孔，汲水上来，就是水井。水井养人而功德无穷。"村邑迁移而井不会发生改变"，是由于刚正中直的品德。"汲水已到井口，绳索还没离开井口"，说明此时仍未有收获，未曾实现井水养人的功用。"水瓶却出现了倾覆"，无水可饮，因此有凶险。

《象》曰：木上有水，井。君子以劳民劝相。

译文 《象传》说，使水源源不断从地下被提上来，象征着"水井"。君子应当效法于此，鼓励百姓勤劳耕作，并劝勉他们彼此协助。

初六：井泥不食，旧井无禽。

《象》曰："井泥不食"，下也。"旧井无禽"，时舍也。

译文 初六，井底的泥沙沉积，不可以饮用，这口井长期没有修治，甚至禽兽也不会来饮水。

《象传》说，"井底泥沙沉积，不可以饮用"，说明其处于最为卑下的位置。"这口井很久都没有修治，甚至禽兽也不会来饮水"，说明因为迁移而将其舍弃。

九二：井谷射鲋，瓮敝漏。

《象》曰："井谷射鲋"，无与也。

译文　九二，在井下的穴隙被枉作为射取小鱼之用，瓶罐破漏无法汲水。

《象传》说，"在井下的穴隙被枉作为射取小鱼之用"，说明上方没有人予以迎合援引。

九三：井渫不食，为我心恻。可用汲。王明并受其福。

《象》曰："井渫不食"，行"恻"也。求"王明"，受福也。

译文　九三，水井已被淘治洁净，却没有人去汲水，这使得我心中为之忧虑！这是能够汲取的饮用水，如果君王贤明，君臣万民必然可以共享井水的福泽。

《象传》说，"水井已被淘治洁净，却没有人去汲水"，说明九三的行为让人担忧；希望"君王圣明"，是希望赏识他的上级可以共同享受福泽。

六四：井甃，无咎。

《象》曰："井甃，无咎"，修井也。

译文　六四，水井正在予以加固修治，没有犯下过错。

《象传》说，"水井正在予以加固修治，没有犯下过错"，说明这乃是修井的美德。

九五：井洌，寒泉食。

《象》曰："寒泉"之食，中正也。

译文　九五，井水清凉且犹如寒泉，非常好喝。

《象传》说，"井水清凉且犹如寒泉，非常好喝"，说明它具备了刚毅而中正的德行。

上六：井收勿幕。有孚元吉。

《象》曰："元吉"在上，大成也。

译文　上六，汲取井水的功事已经完成，不必盖上盖子。心怀诚信，极为吉祥。

《象传》说，"极为吉祥"在于使得美德发扬，说明此时大功告成。

革卦第四十九

革，己日乃孚，元亨。利贞，悔亡。

译文 革卦象征着变革，在亟待转变的"己日"推行变革才能取信于民，极为亨通顺利，利于坚守正道，悔恨随之消亡。

《象》曰：革，水火相息，二女同居，其志不相得，曰革。"己日乃孚"，革而信之。文明以说，大亨以正。革而当，其悔乃亡。天地革而四时成。汤武革命，顺乎天而应乎人。革之时大矣哉！

译文 《象传》说，变革，犹如水火相克、相息。两女同居一室之内，她们的志趣彼此不相容，这就称为变革。"在亟待转变的'己日'推行变革才能取信于民"，说明变革过程中，应当得到民众的信赖。以文明的美德使得民众悦服，这样就可以大为亨通、顺利，使一切都步入正轨，变革而又符合正当的法则，一切悔恨就会消亡。天地的变革形成四季变化，商汤与周武王的革命，顺应天道的规律，而又应合百姓的愿望，取得胜利。变革时的意义是多么伟大啊！

《象》曰：泽中有火，革。君子以治历明时。

译文 《象传》说，汪洋大泽中出现烈火，象征着急需进行变革。君子应当效法于此，改革历法以明确季节的变化，按照规律行事。

初九：巩用黄牛之革。

《象》曰："巩用黄牛"，不可以有为也。

译文 初九，犹如用黄牛皮捆缚起来一样牢固。

《象传》曰，"犹如用黄牛皮捆缚起来一样牢固"，说明初九应当慎重行事，不可有所作为妄行变革。

六二：己日乃革之。征吉，无咎。

《象》曰："己日革之"，行有嘉也。

译文 六二，在亟待转变的"己日"果断推行变革举措，进展吉祥，必然不会有过错。

《象传》说，"在亟待转变的'己日'果断推行变革举措"，说明准备充分的行动可以带来美好的成果。

九三：征凶，贞厉。革言三就，有孚。

《象》曰："革言三就"，又何之矣。

译文 九三，行动过激就必然会出现凶险，顽固保守防备危险。变革应当慎重，多番俯就人心，应当有诚心。

《象传》说，"变革必须慎重，多番俯就人心"，说明这样就不会急于前行走错道路！

九四：悔亡，有孚改命。吉。

《象》曰："改命"之吉，信志也。

译文 九四，悔恨消亡，赢得民众信赖，而革除不符合天命的旧制度，吉祥。

《象传》说，"革除不符合天命的旧制度，吉祥"，说明取信于民，于是能实现心志畅行变革之志。

九五：大人虎变，未占有孚。

《象》曰："大人虎变"，其文炳也。

译文 九五，伟大人物犹如猛虎般推行变革，不必占卜就可以取得民众的充分信任，昭显精诚信实的美德。

《象传》说，"伟大人物推行变革犹如猛虎一般"，说明美德的光彩显耀。

上六：君子豹变，小人革面。征凶，居贞吉。

《象》曰："君子豹变"，其文蔚也。"小人革面"，顺以从君也。

译文 上六，君子犹如豹子般协助变革，小人改变其旧时的面目，贸然前进会有一定的凶险，静居守持正固才会出现吉祥。

《象传》说，"君子如豹子般协助变革"，说明他的美德蔚然成彩。"小人改变其旧面目"，说明他们顺从君主的变革。

鼎卦第五十

鼎，元吉亨。

译文 鼎卦象征着鼎器，至为吉祥，亨通顺利。

《彖》曰：鼎，象也。以木巽火，亨饪也。圣人亨以享上帝，而大亨以养圣贤。巽而耳目聪明，柔进而上行，得中而应乎刚，是以元亨。

译文 《彖传》说，鼎器是一种烹饪的形象，把木材放到火中，能够烹煮食物。圣王烹煮祭品可以享祭天帝，又烹饪了大量食物来供养圣贤良才。谦逊柔顺而使得耳聪目明，以谦柔的美德来前进上行，得以居中正之位，而又在下对应阳刚，因此极为亨通顺利。

《象》曰：木上有火，鼎。君子以正位凝命。

译文 《象传》说，木上面点着火，象征鼎器正在烹饪食物。君子应当效法于此，端正稳固身心的位置，严守自身使命。

初六：鼎颠趾，利出否。得妾以其子，无咎。

《象》曰："鼎颠趾"，未悖也。"利出否"，以从贵也。

译文 初六，鼎器的足颠倒翻覆，有利于倒出残渣与污物。犹如婢妾生子后，被扶为正室，没有出现过错。

《象传》说，"鼎器的足颠倒翻覆"，这还不违背常理。"有利于倒出残渣污物"，这是为遵从新的贵人。

九二：鼎有实，我仇有疾，不我能即，吉。

《象》曰："鼎有实"，慎所之也。"我仇有疾"，终无尤也。

译文 九二，鼎器当中装满食物，我的配偶身有疾患，不能来见我，仍然会吉祥。

《象传》说，"鼎器当中装满食物"，说明谨慎前行比较好。"我妻有病"，终将不会出现怨尤。

九三：鼎耳革，其行塞，雉膏不食。方雨亏悔，终吉。

《象》曰："鼎耳革"，失其义也。

译文 九三，鼎器的耳柄出现变异，移举行动受阻，导致美味的野鸡膏脂无法煮食。一旦甘霖降下，悔恨消散，最终将会吉利。

《象传》说，"鼎器的耳柄出现变异"，说明其丧失了本身存在的意义。

九四：鼎折足，覆公餗。其形渥^{wò}，凶。

《象》曰："覆公餗"，信如何也。

译文 九四，鼎器难承重荷折断其足，王公的美食都翻倒了，鼎器上面油腻龌龊，会有凶险。

《象传》说，"王公的美食都翻倒了"，说明德行浅薄，而地位尊贵，不足以信任。

六五：鼎黄耳，金铉。利贞。

《象》曰："鼎黄耳"，中以为实也。

译文 六五，鼎器配备有黄铜鼎耳，刚坚的铉环，有利于守持正固。

《象传》说，"鼎器配备有黄铜鼎耳"，说明居中守正可以获得充实之利。

上九：鼎玉铉，大吉无不利。

《象》曰："玉铉"在上，刚柔节也。

译文 上九，鼎器配有镶玉的铉环，大为吉利，无所不利。

《象传》说，"镶玉的铉环"高居于上位，说明刚柔相济，彼此调节。

震卦第五十一 ䷲

震，亨。震来虩虩^{xì}，笑言哑哑^{yè}。震惊百里，不丧匕鬯^{bǐ chàng}。

译文 震卦象征着震动，亨通顺利。雷电袭来时万物都会感到恐惧，然后戒惧慎行，于是可以谈笑自若，雷声惊动百里，宗庙祭祀于是长延不绝。

《彖》曰：震，亨。"震来虩虩"，恐致福也。"笑言哑哑"，后有则也。"震惊百里"，惊远而惧迩也。出可以守宗庙社稷，以为祭主也。

译文 《彖传》说，震动可以导致亨通顺利。"雷电袭来，万物都会感到惶恐惊惧"，说明恐惧而戒备可以带来福泽。"戒惧慎行于是能谈笑自若"，说明警惕之后，就可以遵循法则防患未然。"雷声惊动了百里"，导致远近都感到震惊恐惧，防患未然。此时即使君主外出继承大业的长子也可以做到这一步，说明他出来能长守宗庙社稷的安危，成为祭祀典礼的主持人。

四书五经 精华本

《象》曰：洊雷，震。君子以恐惧修省。

译文 《象传》说，接连不断的震雷，象征着震动。君子应当效法于此，心怀惊惧，自我修身反省。

初九：震来虩虩，后笑言哑哑，吉。

《象》曰："震来虩虩"，恐致福也。"笑言哑哑"，后有则也。

译文 初九，雷电袭来使得万物恐惧，然后戒惧慎行，于是能谈笑自若，吉祥。

《象传》说，"雷电袭来使得万物恐惧"，说明恐惧而戒备可以带来福泽。"戒惧慎行，于是能谈笑自若"，说明恐惧可以让其拥有做事的准则。

六二：震来厉。亿丧贝，跻于九陵，勿逐，七日得。

《象》曰："震来厉"，乘刚也。

译文 六二，震动骤至，出现危险。大大丧失财帛，应当登上高峻的九陵高山来远远躲避，不要去追寻，七天后将会失而复得。

《象传》说，"震动骤至，出现危险"，说明性本柔弱，却偏乘凌在阳刚之上。

六三：震苏苏，震行无眚。

《象》曰："震苏苏"，位不当也。

译文 六三，震动之时会感到恐惧不安，由于雷动而谨慎前行，将不会遭受祸患。

《象传》说，"震动之时会感到恐惧不安"，说明阴居阳位，位置并不妥当。

九四：震遂泥。

《象》曰："震遂泥"，未光也。

译文 九四，震动时惊落到泥潭。

《象传》说，"震动之时惊落到泥潭"，说明阳刚之德没能被发扬光大。

六五：震往来厉。亿无丧有事。

《象》曰："震往来厉"，危行也。其事在中，大无丧也。

译文 六五，震动时，上下来往，行动会有危险。万无一失，长保祭祀的盛事。

《象传》说，"震动时，上下来往，行动会有危险"，说明应当心存危惧谨慎前行谋事在中正之位，公允没有偏颇，不会出现太大的损失。

上六：震索索，视矍矍。征凶，震不于其躬。于其邻，无咎。婚媾有言。

《象》曰："震索索"，未得中也。虽凶无咎，畏邻戒也。

译 文 上六，震动之时显得畏缩，两目惶恐不安，如果行动会遇到凶险。震动还没波及自身，而只是波及近邻时就预先戒备，不会有过错，婚媾将导致流言蜚语。

《象传》说，"震动之时畏缩"，说明上六没有修得中正之德。尽管凶险，没有出过错，是因为畏惧近邻所受到的震惊，而心存戒备的缘故。

艮卦第五十二

[艮。]艮其背，不获其身。行其庭，不见其人，无咎。

译 文 [艮卦。]艮卦象征着抑止，抑止其背部上的活动以避免被觉察，其身体无法面向所抑止的地方。犹如在庭院当中行走也两两相背，互相不见对方被抑止的邪恶，没有过错。

《象》曰：艮，止也。时止则止，时行则行。动静不失其时，其道光明。艮其止，止其所也。上下敌应，不相与也。是以"不获其身。行其庭不见其人，无咎"也。

译 文 《象传》说，艮的含义为抑止。应当停止时就要去停止，能够行动时就要去行动，动与静都不丧失时机，前途必然会光明。"抑止其背部的活动"，说明抑止应当适得其所。全卦的六爻上下彼此敌对，不能相应。所以说"其身体无法面向所抑止的地方，犹如在庭院当中行走也两两相背，互相不见对方被抑止的邪恶，没有过错"。

《象》曰：兼山，艮。君子以思不出其位。

译 文 《象传》说，两山重叠，代表着抑止。君子体察到这一现象因此自我抑止内心邪欲，经常考虑行动不应当超越其本位。

初六：艮其趾，无咎。利永贞。

《象》曰："艮其趾"，未失正也。

译文　初六，抑止其脚趾的行动，不会有过错，有利于永久坚守正道。
《象传》说，"抑止其脚趾的行动"，说明其并未离失正道。

六二：艮其腓。不拯其随，其心不快。

《象》曰："不拯其随"，未退听也。

译文　六二，抑止其小腿的行动，无法举步向上应承跟随，心中很不痛快。
《象传》说，"无法举步向上应承跟随"，这是由于没能听从其劝退。

九三：艮其限，列其夤（yín），厉薰心。

《象》曰："艮其限"，危薰心也。

译文　九三，抑止其腰部的活动，脊肉撕裂，危险犹如烈火般薰灼其心。
《象传》说，"抑止其腰部的活动"，说明身处的危险犹如烈火般薰烤其心。

六四：艮其身，无咎。

《象》曰："艮其身"，止诸躬也。

译文　六四，抑止上身的活动不使妄动，没有过错。
《象传》说，"抑止上身的活动不使妄动"，说明自己能够控制而保持正直。

六五：艮其辅，言有序，悔亡。

《象》曰："艮其辅"，以中正也。

译文　六五，抑止其口，说话中肯而又条理分明，悔恨消亡。
《象传》说，"抑止其口"，由于不偏倚，正确无误。

上九：敦艮，吉。

《象》曰："敦艮"之"吉"，以厚终也。

译文　上九，敦厚而知足知止，抑止邪欲，吉利。
《象传》说，"敦厚而知足知止，抑止邪欲，吉利"，说明上九可以依靠敦厚的品德获得善终。

渐卦第五十三

渐，女归吉，利贞。

译文 渐卦象征着渐进，女子出嫁循礼渐行是吉利的，有利于坚守正道。

《彖》曰：渐之进也，女归吉也。进得位，往有功也。进以正，可以正邦也。其位，刚得中也。止而巽，动不穷也。

译文 《彖传》说，逐渐前进，犹如女子出嫁，循礼渐进可以获得吉祥。往前进而获居正位，前进就会立功受赏。遵循正道而渐次渐进，就可以端正邦国。卦中各爻刚健者得居中位，守静知止，而又谦逊和顺，这样逐渐行动就不致困穷。

《象》曰：山上有木，渐。君子以居贤德善俗。

译文 《象传》说，高山之上有树木依照山势生长，象征渐进。君子体察到此种现象，蓄积贤德，逐渐改变其落后的风俗。

初六：鸿渐于干。小子厉，有言，无咎。

《象》曰："小子"之"厉"，义无咎也。

译文 初六，大雁缓缓飞行，停栖在水边。年幼的孩子靠近会出现危险，会遭人指责，但能渐进不深则免受咎害。

《象传》说，"年幼的孩子靠近会出现危险"，从渐进的意义来看，应当是没有过错的。

六二：鸿渐于磐，饮食衎衎，吉。

《象》曰："饮食衎衎"，不素饱也。

译文 六二，大雁徐徐飞行，停息在磐石上面，欢喜地饱享饮食，吉利。

《象传》说，"欢喜地饱享饮食"，说明六二并不是自己吃饱，而是有所为的。

九三：鸿渐于陆。夫征不复，妇孕不育，凶。利御寇。

《象》曰："夫征不复"，离群丑也。"妇孕不育"，失其道也。"利用御寇"，顺相保也。

四书五经精华本

一七四

译文 九三，大雁缓缓飞行，停息在高平之地，犹如丈夫出征，不再返回，妇人失贞怀孕生子，却无法养育，有凶险。有利于抵御外来贼寇。

《象传》说，"丈夫出征，不能回来"，是因为遭受众多敌人的侵害。"妇人失贞怀孕生子，却无法养育"，说明丧失了妇道。"有利于抵御外来的强寇"，说明应当顺从需要守持正固，使夫妇和顺相保。

六四：鸿渐于木。或得其桷^{jué}，无咎。

《象》曰："或得其桷"，顺以巽也。

译文 六四，大雁缓缓飞行，停栖在树上，或许可以找到横平的树枝来栖息，没有过错。

《象传》说，"或许可以找到横平的树枝来栖息"，因此柔顺服从。

九五：鸿渐于陵。妇三岁不孕，终莫之胜，吉。

《象》曰："终莫之胜，吉"，得所愿也。

译文 九五，大雁缓缓飞行，停栖在高陵上，妻子三年没有怀孕，最终没有什么可以阻止她得偿所愿，吉利。

《象传》说，"最终没有什么可以阻止她得偿所愿，吉利"，说明愿望得到实现。

上九：鸿渐于陆，其羽可用为仪，吉。

《象》曰："其羽可用为仪，吉"，不可乱也。

译文 上九，大雁缓缓飞行，停栖在大山之上，羽毛可以作为典礼当中的装饰，吉祥。

《象传》说，"羽毛可以用作典礼当中的装饰，吉祥"，说明不能扰乱应当有的高洁志向。

归妹卦第五十四

归妹。征凶，无攸利。

译文 归妹卦象征着婚嫁，一步走错就会出现凶险，没有什么利益。

《象》曰：归妹，天地之大义也。天地不交而万物不兴。归妹，

人之终始也。说以动，所归妹也。"征凶"，位不当也。"无攸利"，柔乘刚也。

译文 《彖传》说，婚嫁，这是天地之间意义最为重大的事。天地之间阴阳不能交合，万物就无法繁殖兴盛，婚嫁使得人类始终循环，没有止境。欢喜而兴动，正如可以出嫁的少女。"一步走错就会出现凶险"，说明位置安排得不妥当。"没有什么利益"，是由于阴柔乘凌阳刚之上。

《象》曰：泽上有雷，归妹。君子以永终知敝。

译文 《象传》说，水泽之上雷声震响，象征着婚嫁。君子体察到这种现象，长久不渝地终守正道，清楚男女恒定的婚姻关系被破坏会带来的弊端。

初九：归妹以娣。跛能履。征吉。

《象》曰："归妹以娣"，以恒也。"跛能履"，吉相承也。

译文 初九，嫁出少女作为侧室，犹如跛脚的人在努力行走，往前进发可获吉利。

《象传》说，"嫁出少女作为侧室"，这是恒常的道理。"犹如跛脚的人在努力行走，吉祥"，说明可以秉承夫意来协助匡扶家务。

九二：眇能视，利幽人之贞。

《象》曰："利幽人之贞"未变常也。

译文 九二，眼睛偏盲而勉强能看到东西，有利于幽静安恬之人守持正固。

《象传》说，利于深居的妇人来坚守妇德，说明没有改变严守节操的恒常之道。

六三：归妹以须，反归以娣。

《象》曰："归妹以须"，未当也。

译文 六三，出嫁后还需要等待扶为正室，不如反归嫁为侧室。

《象传》说，"出嫁之后还需要等待扶为正室"，说明此种行为是不妥当的。

九四：归妹愆期，迟归有时。

《象》曰："愆期"之志，有待而行也。

译文 九四,出嫁的少女延误了自己的婚期,延迟婚嫁以等待时机,仍有希望。

《象传》说,九四延误婚期的心志,是为了等候合适的时机,然后才进行。

六五:帝乙归妹。其君之袂,不如其娣之袂良。月几望,吉。

《象》曰:"帝乙归妹","不如其娣之袂良"也。其位在中,以贵行也。

译文 六五,帝乙嫁女,正室的服饰反倒不如从嫁的姜衣着华丽。月亮接近圆满,吉祥。

《象传》说,"帝乙嫁女,正室的服饰反倒不如从嫁的姜衣着华丽",说明地位品德都中正无偏,虽然高贵却能施行谦修之道。

上六:女承筐,无实。士刲羊,无血。无攸利。

《象》曰:上六"无实",承虚筐也。

译文 上六,女子手拿竹筐,里面没有东西。男子宰羊,看不到血腥。办事不能顺利,无所利益。

《象传》说,上六空虚无物,正犹如手拿虚空的竹筐。

<h2 style="text-align:center">丰卦第五十五 ䷶</h2>

丰,亨。王假之,勿忧,宜日中。

译文 丰卦象征着丰盈盛大,亨通顺利。君王能够到达丰盈盛大的境界,无须忧虑,适宜像太阳居正当中一样,保持自身充盈的光辉。

《彖》曰:丰,大也。明以动,故丰。"王假之",尚大也。"勿忧,宜日中",宜照天下也。日中则昃,月盈则食。天地盈虚,与时消息,而况于人乎!况于鬼神乎!

译文 《彖传》说,丰的含义是丰盈盛大。就犹如道德光明,而后施行于行动,所以可以获得极为丰盛的成果。"君王可以达到丰盈盛大的境界",说明王者崇尚盛大的美德。"不必忧虑,适宜像太阳居正当中一般,保持着充盈的光辉",说明应当把美德照彻于天下,泽被生民。日正当中必然开始向西斜,月亮盈满自然会出现销蚀。天地自然的盈满虚亏,都是伴随着一定的时节而消亡生息的,更何况是人,更何况是鬼神呢?

《象》曰：雷电皆至，丰。君子以折狱致刑。

译文 《象传》说，雷鸣电闪交错而至，象征着丰盈盛大。君子体察到这一现象而效法，以威震和光明来审断讼狱，谨慎地施用刑罚。

初九：遇其配主，虽旬无咎。往有尚。

《象》曰："虽旬无咎"，过旬灾也。

译文 初九，遇到彼此匹配的主人，尽管两者阳德均等也不致咎害，往前进发将会得到赞扬。

《象传》说，"尽管两者阳德均等也不致咎害"，说明如果想打破均等，必然会有灾祸。

六二：丰其蔀^{bù}，日中见斗。往得疑疾。有孚发若吉。

《象》曰："有孚发若"，信以发志也。

译文 六二，云层丰积、厚重，遮蔽住了太阳，日正处于当中之时，却出现了星斗，前进则会遭到猜疑及忌恨，只要以诚待人，心地光明，就能够获得吉祥。

《象传》说，"以诚信待人，心地光明"，说明应当通过诚信来拓展丰大光明的志向。

九三：丰其沛^{pèi}，日中见沫^{mèi}。折其右肱^{gōng}，无咎。

《象》曰："丰其沛"，不可大事也。"折其右肱"，终不可用也。

译文 九三，丰大掩蔽了太阳的帷幕，太阳中天的正午能够看到小星星。如果能像折断自己的右臂一样屈己慎守，没有过错。

《象传》说，"丰大掩蔽了太阳的帷幕"，说明不能干大事。"像折断自己的右臂一样屈己慎守"，说明终究无法施展才华。

九四：丰其蔀，日中见斗，遇其夷主，吉。

《象》曰："丰其蔀"，位不当也。"日中见斗"，幽不明也。"遇其夷主"，吉行也。

译文 九四，丰大掩蔽了太阳的光辉，太阳位于中天的正午会出现星斗。遇到明智的主人，吉祥。

《象传》说，丰大"掩蔽了太阳的光辉"，说明所处的居位并不妥当。"太阳中

天的正午出现星斗"，说明处于幽暗不明的时期。"遇到明智的主人"，说明获得吉祥能够往前进发。

六五：来章，有庆誉。吉。

《象》曰：六五之"吉"，有庆也。

译文　六五，招纳天下的贤才以丰大光明，获取福庆与美誉，吉祥。《象传》说，六五的吉祥，是由于修养丰德，因此才会有福庆啊！

上六：丰其屋，蔀其家。窥其户，阒^{qù}其无人。三岁不觌^{dí}，凶。

《象》曰："丰其屋"，天际翔也；"窥其户，阒其无人"，自藏也。

译文　上六，丰大完美自身的房屋，障蔽其居室。从门缝当中窥视，里面寂静无人。三年之久不见人，如此深藏自敝必有凶险。

《象传》说，"丰大完美自身的房屋"，说明所处在的地位就犹如飞翔在天空当中般快乐自在；"从门缝当中窥视，里面寂静无人"，这是自蔽深藏。

旅卦第五十六

旅，小亨。旅贞吉。

译文　旅卦象征着旅行，谦柔小心可致亨通顺利。旅行可以坚守正道，就能够吉祥。

《象》曰：旅"小亨"，柔得中乎外而顺乎刚，止而丽乎明，是以"小亨。旅贞吉"也。旅之时义大矣哉！

译文　《象传》说，"旅行，谦柔小心可致亨通顺利"，谦柔者的品德是中正的，并顺从刚强者，适可而止又可以附丽于光明，因此"小心可致亨通顺利。旅行可以坚守正道，

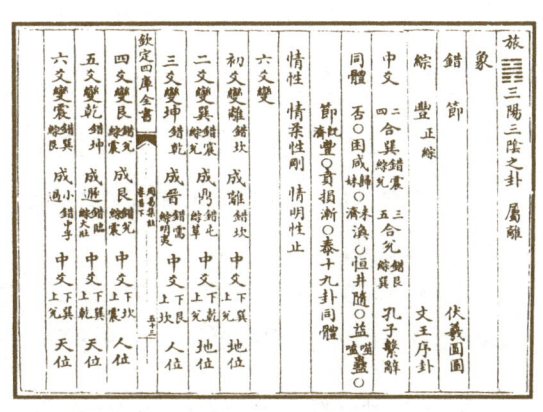

●旅卦的错综及六爻变卦图

就能够吉祥"。旅行的时代及意义有多么宏大啊！

《象》曰：山上有火，旅。君子以明慎用刑，而不留狱。

译文 《象传》说，山上有火正在燃烧，象征着旅行。君子体察到此种现象，明智慎重地使用刑罚，而不积留于狱案。

初六：旅琐琐，斯其所取灾。

《象》曰："旅琐琐"，志穷"灾"也。

译文 初六，旅途之初，事务烦琐导致猥琐而卑贱，这是自己所招来的灾祸。

《象传》说，"旅途之初，事务烦琐导致猥琐而卑贱"，说明旅人的志向穷短，所以会有灾难。

六二：旅即次，怀其资，得童仆贞。

《象》曰"得童仆贞"，终无尤也。

译文 六二，旅行中投宿在客栈，携带着资财，找到童仆，应当守持正固。

《象传》说，"找到童仆，应当守持正固"，说明六三最终没有灾尤。

九三：旅焚其次，丧其僮仆，贞厉。

《象》曰："旅焚其次"，亦以伤矣。以旅与下，其义"丧"也。

译文 九三，旅行当中的客栈被火烧，丧失了童仆。坚守正道以防范危险。

《象传》说，"旅行当中的客栈被火焚烧"，因此遭受损伤这是非常悲惨的事。作为行旅的人擅行施惠于天下，必定会丧失其理。

九四：旅于处，得其资斧。我心不快。

《象》曰："旅于处"，未得位也。"得其资斧"，心未快也。

译文 九四，旅途当中暂时的停栖处未能安适，得到了锋利的斧子砍除荆棘，心中依旧不愉快。

《象传》说，"旅途当中暂时的停栖处未能安适"，说明没能真正拥有安身之命。"得到了锋利的斧子砍除荆棘"，心中未必会感到愉快。

六五：射雉，一矢亡，终以誉命。

《象》曰："终以誉命"，上逮也。

> 译文　六五，旅途当中射猎野鸡，丢失了一支箭，最后仍然能够得到荣誉和爵命。

《象传》曰，"最后仍然能获取荣誉和爵命"，说明与上层很接近，向上承及尊者。

上九：鸟焚其巢。旅人先笑后号咷。丧牛于易，凶。

《象》曰：以旅在上，其义焚也。"丧牛于易"，终莫之闻也。

> 译文　上九，鸟巢被焚毁，旅行者先得高位开始变得欣喜欢笑，后来遭祸殃号啕大哭，就犹如在田畔丢失牛，会有凶险。

《象传》说，身为一名旅行者，却高高在上，目中无人，当然会导致被焚毁的灾祸。在田畔丢失了牛，说明上九羁旅遭祸，最终没人知道。

巽卦第五十七

巽，小亨，利有攸往，利见大人。

> 译文　巽卦象征着顺逊，谦柔小心可致亨通顺利，有利于前往觐见伟大的人物。

《彖》曰：重巽以申命。刚巽乎中正而志行。柔皆顺乎刚，是以"小亨。利有攸往，利见大人"

> 译文　《彖传》说，上下顺逊是为了能够三令五申其命令。阳刚尊者以中正的美德被人顺从，而得以遂行其间的志向，柔弱者都顺从阳刚者，因此"小有亨通顺利，有利于觐见伟大的人物"。

《象》曰：随风，巽。君子以申命行事。

> 译文　《象传》说，和风不断吹拂，象征着顺逊。君子体察到这种现象而效法，大胆地申谕命令，果断施行政事。

初六：进退，利武人之贞。

《象》曰："进退"，志疑也。"利武人之贞"，志治也。

《象传》说，"卑顺过甚进退不决"，说明志向还存在犹疑。"有利于勇武的人坚守正道"，是说要修治武人般刚勇的心志。

九二：巽在床下。用史巫纷若。吉，无咎。

《象》曰："纷若"之"吉"，得中也。

译 文 九二，顺逊地卑居于床底，如果可以像史官、巫吏那样，以谦卑的诚意礼敬神灵，吉祥没有灾咎。

《象传》说，"如果可以像史官、巫吏那样，以谦卑的诚意礼敬神灵，吉祥"，因为德行居中不偏颇。

九三：频巽，吝。

《象》曰："频巽"之"吝"，志穷也。

译 文 九三，忧郁不乐勉强顺逊，有憾惜。

《象传》说，"忧郁不乐勉强顺逊，有憾惜"，说明失去了坚定的志向。

六四：悔亡，田获三品。

《象》曰："田获三品"，有功也。

译 文 六四，悔恨消亡，田猎获取用于祭祀、饭宴及家用的三类猎物。

《象传》说，"田猎获取用于祭祀、饭宴及家用的三类猎物"，表明奉行君命功绩卓著。

九五：贞吉悔亡，无不利。无初有终，先庚三日，后庚三日。吉。

《象》曰：九五之"吉"，位正中也。

译 文 九五：坚守正道吉祥，悔恨消亡，没有不利的事。开始时也许不顺利，最终能有好结果。在象征变更的庚日之前的三天发布命令，三天之后实行命令，这样顺从吉祥。

《象传》说，九五的吉祥，是由于它处于的位置持中守正。

上九：巽在床下，丧其资斧。贞凶。

《象》曰："巽在床下"，上穷也。"丧其资斧"，正乎凶也。

译 文 上九，顺逊至极地趴伏在床底，犹如丢失了尖利的斧子。坚守正道以防范凶险。

《象传》说，"顺逊至极地趴伏在床底"，说明已到达极端穷困的地步。"丢失了尖利的斧子"，说明应当守持刚正，以防凶险。

兑卦第五十八

兑，亨，利贞。

译 文 兑卦象征着喜悦，亨通顺利，有利于坚守正道。

《彖》曰：兑，说也。刚中而柔外，说以利贞，是以顺乎天而应乎人。说以先民，民忘其劳；说以犯难，民忘其死。说之大，民劝矣哉！

译 文 《彖传》说，兑的含义是喜悦。它内里刚强，外表则是谦柔的，能让人感到喜悦，有利于坚守正道。因此喜悦必定可以上顺天意，下应民情。凡事能让百姓以喜悦为先，那么百姓就能够任劳忘苦。高兴地奔赴危难，而不避艰险，百姓也能够舍生忘死。喜悦的意义是多么的伟大，它可以鼓舞并发动民众。

《象》曰：丽泽，兑。君子以朋友讲习。

译 文 《象传》说，泽水彼此互通，象征着喜悦。君子体察到此种现象，会聚朋友共同讨论学习。

初九：和兑，吉。

《象》曰："和兑"之"吉"，行未疑也。

译 文 初九，和悦待人，吉祥。

《象传》说，"和悦待人，吉祥"，说明友善的行为光明正大，不会被人所疑忌。

九二：孚兑，吉，悔亡。

《象》曰："孚兑"之"吉"，信志也。

译 文 九二，心中诚信并能和悦待人，吉祥，悔恨消亡。

《象传》说，"心中诚信并能和悦待人"，表明志在诚信。

六三：来兑，凶。

《象》曰："来兑"之"凶"，位不当也。

译文 六三，前来谋求欣悦，会有凶险。
《象传》说，"前来谋求欣悦，会有凶险"，说明居位不当。

九四：商兑未宁，介疾有喜。

《象》曰：九四之"喜"，有庆也。

译文 九四，心中思度喜悦的事，不能安宁，治愈邪疾必然会有喜庆。
《象传》说，病愈之喜，是由于有值得庆贺的现象。

九五：孚于剥，有厉。

《象》曰："孚于剥"，位正当也。

译文 九五，信任失信之人，有危险。
《象传》说，"信任失信之人"，只可惜它所居的正当之位。

上六：引兑。

《象》曰：上六"引兑"，未光也。

译文 上六，沉溺于引诱及取悦于人。
《象传》说，上六"引诱及取悦于人"，说明它的喜悦之道还没有被光大。

涣卦第五十九

_{huàn} _{gé}
涣，亨。王假有庙。利涉大川，利贞。

译文 涣卦象征着涣散，亨通而顺利，君王以至诚之心前往宗庙祈祷，进行庙祭，有利于涉越江河巨流，有利于坚守正道。

《象》曰：涣，"亨"，刚来而不穷，柔得位乎外而上同。"王假有庙"，王乃在中也。"利涉大川"，乘木有功也。

译文 《象传》说，"涣散，亨通顺利"，阳刚汹涌而来，居于阴柔当中，而不至于穷困，阴柔获取高正位，并与阳刚同心同德。"君王以至诚之心前往宗庙祈祷保有庙祭",说明君王处于众人之正中。"有利于涉越江河巨流",说明乘木舟而得风助,协力涉险必定可以建功立业。

《象》曰：风行水上，涣。先王以享于帝。立庙。

译 文 《象传》说，风吹行于平静的水面上，象征着涣散。先代君王观察到此象，隆重地祭祀上帝，建立宗庙，从而归系人心。

初六：用拯马壮，吉。

《象》曰：初六之"吉"，顺也。

译 文 初六，借助健壮的马努力拯济，可以获得吉祥。

《象传》说，初六的吉祥，是依靠顺应时势的缘故。

九二：涣奔其机，悔亡。

《象》曰："涣奔其机"，得愿也。

译 文 九二，涣散之时直接奔向安全之地，悔恨消亡。

《象传》说，"涣散之时直接奔向安全之地"，说明达成阴阳聚合的愿望。

六三：涣其躬，无悔。

《象》曰："涣其躬"，志在外也。

译 文 六三，涣散，不惜自身受损，没有悔恨。

《象传》说，"涣散，不惜自身受损"，说明心志集中在向外发展。

六四：涣其群，元吉。涣有丘，匪夷所思。

《象》曰："涣其群，元吉"，光大也。

译 文 六四，涣散朋党，极为吉祥。涣散小团体，而结成犹如山丘般的大团体，这是常人的思虑所达不到的地方。

《象传》说，"涣散朋党，极为吉祥"，说明行为是光明正大的。

九五：涣汗其大号。涣王居，无咎。

《象》曰："王居无咎"，正位也。

译 文 九五，犹如发汗般发布君王的命令，散发君王聚集的财富，没有过错。

《象传》说，"散发君王聚集的财富必无咎害"，说明君王的尊位正当而稳固。

上九：涣其血，去逖出，无咎。

《象》曰："涣其血"，远害也。

译文 上九，散流体内的瘀血，除去忧患，不会出现过错。

《象传》说，"散流瘀血"，是说应当彻底远离祸害。

节卦第六十 ䷻

节，亨。苦节，不可贞。

译文 节卦象征着节制，亨通顺利，但不可以过分节制，应当守持正固。

《象》曰：节"亨"，刚柔分而刚得中。"苦节，不可贞"，其道穷也。说以行险，当位以节，中正以通。天地节而四时成。节以制度，不伤财，不害民。

译文 《彖传》说，"节制，亨通顺利"，阳刚阴柔上下分得非常合理，而阳刚得到中止于恰当的位置。"不可过分节制，应当坚守正道"，因为过分节制将会导致其道穷困。以欣喜的态度穿行在险难当中，居位妥当而能够自我节制。居中守正，因此畅通无阻。天地自然能够有一定的节制，从而形成四季的变化，君主以典章制度来加以节制，就能够不伤费钱财，不危害百姓利益。

《象》曰：泽上有水，节。君子以制数度，议德行。

译文 《象传》说，大泽上有水，象征着节制。君子体察此类现象得到了启示，因此制定制度礼节作为准则，评议道德行为来作为规范。

初九：不出户庭，无咎。

《象》曰："不出户庭"，知通塞也。

译文 初九，没有走出屋门内院，没有过错。

《象传》说，"没有走出屋门内院"，说明深知道路通则行、路塞则止的道理。

九二：不出门庭，凶。

《象》曰："不出门庭，凶"，失时极也。

九二，始终没有跨出大门与庭院，有凶险。

《象传》说，"始终没有跨出大门与庭院"，说明彻底丧失了时机。

六三：不节若，则嗟若。无咎。

《象》曰：不节之嗟，又谁咎也。

六三，没能自我节制，必然会忧伤嗟叹，没有过错。

《象传》说，"没能自我节制，必然会忧伤嗟叹"，谁能去责怪呢。

六四：安节，亨。

《象》曰："安节"之"亨"，承上道也。

六四，安于现状而自我节制，亨通顺利。

《象传》说，"安于现状而自我节制，亨通顺利"，说明奉承谨守尊上之道，按照规律去办事。

九五：甘节，吉。往有尚。

《象》曰："甘节"之"吉"，居位中也。

九五，甘美愉悦地予以节制，吉祥，向前进发能够受人嘉奖。

《象传》说，"甘美愉悦地予以节制，吉祥"，是由于居守中正，修养品德。

上六：苦节，贞，凶。悔亡。

《象》曰："苦节，贞，凶"，其道穷也。

上六，极端节制是极为痛苦的，应当坚守正道以防范凶险，悔恨消亡。

《象传》说，"极端节制是极为痛苦的，应当坚守正道以防范凶险"，说明此节制之道已至极点而困穷不已。

中孚卦第六十一

中孚，豚鱼，吉。利涉大川，利贞。

中孚卦象征着心中有诚信。用猪与鱼当作祭品，也是吉祥的。有利于涉越江河巨流，有利于坚守正道。

《象》曰：中孚，柔在内而刚得中。说而巽。孚乃化邦也。"豚鱼，吉"，信及豚鱼也。"利涉大川"，乘木舟虚也。中孚以利贞，乃应乎天也。

 **译　文**　《象传》说，"心中怀有诚信"，因为柔顺者居内可以谦逊诚挚，而刚健者处外能够持中守正，下者愉悦，上者和顺，诚信之德因此得以教化万邦。"诚信感化小猪小鱼，吉祥"，说明诚信是可以通过施及于豚鱼微物而表达出来的。"利于涉越江河巨流"，说明乘木舟行渡，得以畅行无阻。心中诚信的修养，有利于始终坚持下去，这样才可以应合上天之道。

《象》曰：泽上有风，中孚。君子以议狱缓死。

译　文　《象传》说，大泽上和风吹拂，象征着心中有诚信。君子体察于此，因此以诚信之心审议诉讼，暂缓死刑去查明真相。

初九：虞吉。有它不燕。

《象》曰：初九"虞吉"，志未变也。

译　文　初九，虞官诚信尽职，吉祥，别有他求，则无法心安。

《象传》说，初九时，"虞官诚信尽职，吉祥"，说明诚信的初衷、别无它求的心志没有出现改变。

九二：鸣鹤在阴，其子和之。我有好爵，吾与尔靡之。

《象》曰："其子和之"，中心愿也。

译　文　九二，白鹤在荫蔽之处不断鸣叫，小鹤发声进行应和；我有美酒，愿与你共享。

《象传》说，"小鹤声声来应和白鹤"，这是发自于内心的愿望。

六三：得敌，或鼓或罢，或泣或歌。

《象》曰："或鼓或罢"，位不当也。

译　文　六三，遭遇敌人，或是击鼓攻击，或是收兵回营，或是泣泪声悲，或是歌乐欢唱。

《象传》说，"或是击鼓攻击，或是收兵回营"，说明阴爻居阳位，所处的位置不妥当。

六四：月几望，马匹亡，无咎。

《象》曰："马匹亡"，绝类上也。

译文 六四，月亮接近满盈时，良马走失，没有过错。

《象传》说，"良马走失"，说明其断绝与配偶的交往，而追随上层。

九五：有孚挛如，无咎。

《象》曰："有孚挛如"，位正当也。

译文 九五，心存诚信并以此牵系天下，没有过错。

《象传》说，"心存诚信并以此牵系天下"，说明居位中正而妥当。

上九：翰音登于天，贞凶。

《象》曰："翰音登于天"，何可长也?

译文 上九，锦鸡鸣叫，声音传达到极天，应当坚守正道来防止凶险。

《象传》说，"锦鸡鸣叫，声音传达到极天"，这种虚声情况怎能长久呢?

小过卦第六十二

小过，亨，利贞。可小事，不可大事。飞鸟遗之音，不宜上宜下，大吉。

译文 小过卦象征略有超过，亨通顺利，有利于坚守正道。能够做寻常小事，不可以做大事。犹如鸟飞过留下了悲鸣之声，不适宜勉强向上飞，而适宜向下安栖，大为吉祥。

《象》曰：小过，小者过而"亨"也。过以"利贞"，与时行也。柔得中是以"小事"吉也。刚失位而不中，是以"不可大事"也。有飞鸟之象征焉，"飞鸟遗之音，不宜上宜下，大吉"，上逆而下顺也。

译文 《象传》说，略有超过，寻常小事能够稍有超过，而得亨通顺利。但过度必须有利于坚守正道，要顺应适当的时机来行动。阴柔上下居于中位，因此在寻常小事上非常吉利。阳刚失正位，而无法持中，所以不能成就大事。卦中有飞鸟的象征："鸟飞过留下了悲鸣之声，不适宜勉强向上飞，而适宜向下安栖，大为吉祥。"说明往上成就大事为逆理而行，向下做小事则是顺势而为。

《象》曰：山上有雷，小过。君子以行过乎恭，丧过乎哀，用过乎俭。

译文 《象传》说，山上有响动的雷声，象征略有超过。君子观察到此象，因此行止有些太过恭敬，丧事过于哀痛，用度略微有失节俭均无妨。

初六：飞鸟以凶。

《象》曰："飞鸟以凶"，不可如何也！

译文 初六，鸟逆势高飞会有凶险。

《象传》说，"鸟逆势高飞会有凶险"，说明其自找凶险，旁人对此无可奈何。

六二：过其祖，遇其妣。不及其君，遇其臣。无咎。

《象》曰："不及其君"，臣不可过也。

译文 六二，超过其祖父，得遇其祖母，指出他的君王的不足之处，君主于是得遇合臣仆。

《象传》说，"没有到达君王那里"，说明不可超越臣仆，而直达君王面前。

九三：弗过防之，从或戕之。凶。

<ruby>从<rt>zòng</rt></ruby> <ruby>戕<rt>qiāng</rt></ruby>

《象》曰："从或戕之"，凶如何也？

译文 九三，没有错误，要防备他会犯错误；放纵他，或许会害了他。有凶险。

《象传》说，"放纵就会被人所加害"，说明这有多凶险啊！

九四：无咎。弗过遇之，往厉必戒。勿用永贞。

《象》曰："弗过遇之"，位不当也。"往厉必戒"，终不可长也。

译文 九四，没有过错，不会过分刚强，就可以遇到阴柔。往前进发会遇到危险，必须要警惕而自戒，不可以意气用事，永远保持其正确的方向。

《象传》说，"不会过分刚强，就可以遇到阴柔"，说明居位并不妥当。"往前进发会遇到危险，必须要警惕而自戒"，说明过分的行为终究无法长久无害。

六五：密云不雨，自我西郊。公弋取彼在穴。

《象》曰："密云不雨"，已上也。

六五，乌云密布却不下雨，它是从我西郊这一侧升起。公侯拿绳箭射取穴中的有害之兽。

《象传》说，"乌云密布却不下雨"，说明所处的位置过高。

上六：弗遇过之，飞鸟离之。凶，是谓灾眚。

《象》曰："弗遇过之"，已亢也。

上六，没能遇合阳刚，却超越很远，犹如飞鸟上天，遭到了射杀，凶险，这就是天灾人祸。

《象传》说，"没能遇合阳刚，却超越很远"，说明已升得太高，到了亢极的境地。

既济卦第六十三

既济，亨小，利贞。初吉终乱。

既济卦象征着完成，柔小者也可以亨通顺利，有利于坚守正道。如果不慎守成功之道，起初能够吉利，最终还是会出现混乱。

《彖》曰：既济"亨"，小者亨也。"利贞"，刚柔正而位当也。"初吉"，柔得中也。终止则"乱"，其道穷也。

《彖传》说，"完成，亨通顺利"，是指柔小者也可以亨通顺利。"利于贞固坚守"，说明阳刚、阴柔都能够行正道，而居位妥当。"起初吉利"，因为阴柔得居中正之位。"最终停滞则将陷入危乱"，说明成功之道过久的停滞会导致道路困堵。

《象》曰：水在火上，既济。君子以思患而豫防之。

《象传》说，水位于火的上面，象征着事业成功。君子体察到这种现象，因此在事成之初，就考虑到或许会出现的祸患，事先进行预防。

初九：曳其轮，濡其尾。无咎。

《象》曰："曳其轮"，义无咎也。

《象传》说，"往后拖拉车轮"，从其道理上说，这一做法是合符谨慎守成的意义而毫无过错的。

六二：妇丧其茀，勿逐，七日得。

《象》曰："七日得"，以中道也。

译文 六二，妇人丢失了头上的首饰，不必去追寻，七日后就能够失而复得。
《象传》说，"七日后就能够失而复得"，是因为得守中道的缘故。

九三：高宗伐鬼方，三年克之。小人勿用。

《象》曰："三年克之"，惫也。

译文 九三，殷高宗去讨伐鬼方，经过三年的苦战最终获得胜利，不要任用焦躁激进的小人。
《象传》说，"经过三年的苦战最终获得胜利"，说明已经疲惫不堪。

六四：繻有衣^{rú}袽^{rú}，终日戒。

《象》曰："终日戒"，有所疑也。

译文 六四，华美的衣服变得破烂，应当整天都要警惕，戒备出现灾祸。
《象传》说，"应当整天都要警惕，戒备出现灾祸"，说明有所疑惧。

九五：东邻杀牛，不如西邻之禴祭，实受其福。

《象》曰："东邻杀牛"，不如西邻之时也。"实受其福"，吉大来也。

译文 九五，东边的邻国杀牛进行大规模祭祀，不如西边的邻国举行简朴的祭礼诚敬，更能实在地享受到神灵降下的福泽。
《象传》说，"东边的邻国杀牛进行大规模祭祀"，是说不如西边邻国简朴的祭礼诚敬那样符合时宜，"更能实在地享受到神灵降下的福泽"，说明吉祥将滚滚涌来。

上六：濡其首，厉。

《象》曰："濡其首，厉"，何可久也。

译文 上六，渡河时被水淹没了头顶，有危险。
《象传》说，"渡河时被水淹没了头顶，有危险"，事成之后，如果不能审慎这

未济卦第六十四

未济，亨。小狐汔济，濡其尾。无攸利。

> hú qì　　rú

译文 未济卦象征着没有完成，勉力使其完成，可获亨通顺利。小狐狸即将渡河，水沾湿了尾巴，不是很顺利，无所利益。

《彖》曰：未济"亨"，柔得中也。"小狐汔济"，未出中也。"濡其尾。无攸利"，不续终也。虽不当位，刚柔应也。

译文 《彖传》说，"事还没有完成，勉力使其完成，可获亨通顺利"，是因为柔顺且得守中道。"小狐狸即将渡过河"，说明它还没完全脱离危险。"水沾湿了尾巴，不是很顺利"，说明努力无法持续到最后。虽然卦中的六爻都没居于正位，但阳刚阴柔却彼此援应。

《象》曰：火在水上，未济。君子以慎辨物居方。

译文 《象传》说，火在水的上面，象征着事情还没有成功。君子体察此象，因此审慎地辨别事物，使其各自安处于适当的场所当中则万事可成。

初六：濡其尾，吝。

《象》曰："濡其尾"，亦不知极也。

译文 初六，小狐狸过河时，水沾湿了尾巴，会有麻烦。
《象传》说，"小狐狸过河时，水沾湿了尾巴"，说明它太过不自量力，不能谨慎持中。

九二：曳其轮，贞吉。

《象》曰：九二"贞吉"，中以行正也。

译文 九二，及时往后拖拉车轮，这样做正确，可以获得吉祥。
《象传》说，"这样做正确，可以获得吉祥"，说明应当持守中道，端正行事。

六三：未济，征凶。利涉大川。

《象》曰："未济征凶"，位不当也。

> **译文** 六三，事未成还没有做好准备，贸然前行会有凶险，有利于涉越江河巨流以脱出险难。

《象传》说，"还没有做好准备，贸然前行会有凶险"，说明所处的位置不妥当。

九四：贞吉，悔亡。震用伐鬼方，三年有赏于大国。

《象》曰："贞吉悔亡"，志行也。

> **译文** 九四，坚守正道能够吉祥，悔恨消亡。就犹如用振奋威武之势去讨伐鬼方，经过三年的苦战，得以获胜而被封赏为大国诸侯。

《象传》说，"坚守正道能够吉祥，悔恨消亡"，说明是志向正在践行的结果。

六五：贞吉无悔，君子之光，有孚。吉。

《象》曰："君子之光"，其晖"吉"也。

> **译文** 六五，坚守正道可以获得吉祥，没有悔恨。君子的光辉，在于其心怀诚信，吉祥。

《象传》说，"这是君子的光辉"，说明君子耀焕的光辉能够带来吉祥。

上九：有孚于饮酒，无咎。濡其首，有孚失是。

《象》曰：饮酒"濡首"，亦不知节也。

> **译文** 上九，心怀诚信地饮酒取乐，不会有过错。逸乐过度将如小狐渡河被水沾湿头部，无限度地委信于人，将失去正道。

《象传》说，"喝得过量，使酒沾湿了头部"，这是沉溺过度，而没有去节制。

系辞上传

天尊地卑，乾坤定矣。卑高以陈，贵贱位矣。动静有常，刚柔断矣。方以类聚，物以群分，吉凶生矣。在天成象，在地成形，变化见矣。

> **译文** 天尊贵在上，地卑微在下，乾天坤地的位置就此确定了。天下万物以卑下及高大杂然在一起陈列，万物贵贱的不同地位就这样确定了。天动地静遵循着一定的规律，阳刚阴柔的性质就非常分明了。世间的各种观念以其各自的种类彼此聚合，

各种生物以其各自的族群相互区分,彼此之间存在利害的调和冲突,因此产生了吉凶。在天上有日月星辰、雨雷之象,在地上的则有山泽草木、鸟兽之形,事物变化的道理就从这里面显现出来。

是故刚柔相摩,八卦相荡。鼓之以雷霆,润之以风雨。日月运行,一寒一暑。乾道成男,坤道成女。乾知大始,坤作成物。

译文 因此阳刚与阴柔彼此摩擦交感,八卦又彼此推演变动。就像以雷霆鼓动,以风雨来滋润,伴随着日月的运行,寒暑季节不断交替循环。乾道象征着男性,坤道象征着女性。乾的功能是掌握万物最伟大的创始,坤的作用则是继承乾的创始而来生成万物。

乾以易知,坤以简能。易则易知,简则易从。易知则有亲,易从则有功。有亲则可久,有功则可大。可久则贤人之德,可大则贤人之业。

译文 乾的作用以平易昭然易知,坤的作为以简约为主。平易就容易去了解变易的道理,简约就容易使得人们遵从。容易了解就会有人去亲附,平易遵从就能够建功立业。有人亲附就可以长久处世,能够建功立业,就可以壮大发展。处世长久是贤人的美德,建功壮大是贤人的事业。

易简而天下之理得。天下之理得而成位乎其中矣。

译文 明白平易与简约的乾坤至理,就能够懂得天下间的道理。懂得了天下间的道理,就可以在天地间处于适中而妥当的位置。

圣人设卦,观象系辞焉而明吉凶,刚柔相推而生变化。是故吉凶者,失得之象也;悔吝者,忧虞之象也;变化者,进退之象也;刚柔者,昼夜之象也。六爻之动,三极之道也。

译文 圣人观察宇宙之间的万事万物,因此创设了六十四卦,又在各卦爻下撰系文辞,使得人们能够明白吉凶的征兆,卦里的阳刚阴柔,彼此推演而能够产生无穷的变化。因此爻辞当中所说的"吉凶",是行事得道顺理,或是失道悖理与否的象征;"悔吝",是忧愁与顾虑与否的象征;卦爻反映出变化,是行事权衡进退的象征;刚爻柔爻,是昼夜交替的象征。六爻的变动,包含天地人三才之间变化的道理,上至天、下至地、中至人。

是故君子所居而安者，《易》之序也；所乐而玩者，爻之辞也。是故君子居则观其象而玩其辞，动则观其变而玩其占。是以自天祐之，吉无不利。

译文 因此君子可以居处而获得安稳，是法象易经所体现的一定卦序；君子所喜爱研究与玩味的，是各爻所附带的文辞。所以，君子平日安居时就以观察《周易》卦爻的象征而去探究及玩味它的文辞，行动时就去观察卦爻的变化，去探研玩味其占筮的结果，就能"从上天获得保佑，吉祥而无往不利"。

《象》者，言乎象者也。爻者，言乎变者也。吉凶者，言乎其失得也。悔吝者，言乎其小疵也。无咎者，善补过也。

译文 象辞，是总说全卦的象征。爻辞，是分说各爻变化的预言。"吉凶"，是判断行事得道顺理还是失道悖理。"悔吝"，是说明行事会出现小的偏失。"无咎"是说明善于补救其过失。

是故列贵贱者存乎位，齐小大者存乎卦，辨吉凶者存乎辞，忧悔吝者存乎介，震无咎者存乎悔。是故卦有小大，辞有险易。辞也者，各指其所之。

译文 因此位列尊贵或微贱的象征，取决于其所在的爻位，确定阳大阴小的象征，从卦形的构成当中就可以去了解，辨别"吉凶"可以从卦爻辞的文字当中寻求，忧虑于"悔吝"的来临，就应当谨慎地去预防小的过错，戒惧"无咎"是因为内心悔悟而去改过。所以，卦体有阴阳大小的差别，卦爻辞有艰险平易的区别。卦爻辞都是指示各卦爻所代表的变化趋向。

《易》与天地准，故能弥纶天地之道。仰以观于天文，俯以察于地理，是故知幽明之故。原始反终，故知死生之说。精气为物，游魂为变，是故知鬼神之情状。

译文 《周易》是以天地之间变化的规律作为准则的，因此能够把天地间的道理都普遍包容在里面。抬头观察天上的日月星辰，俯察大地河山当中的法则，因此可知晓光明有形与黑暗无形的道理。追溯万物的初始，反过来推求事物的终结，就能够了解死生的规律。考察精气凝聚成形，气魂游散而化为虚无，由此可以知道鬼神的变化情状。

与天地相似，故不违。知周乎万物而道济天下，故不过。旁行而不流，乐天知命，故不忧。安土敦乎仁，故能爱。范围天地之化而不过，曲成万物而不遗，通乎昼夜之道而知，故神无方而《易》无体。

译文 知晓《周易》的道理，与天地之间彼此暗合，所以行为就不会违背天地的规律；能周知万物的情态，而其道德又能够匡济天下，所以致用不至于流入歧途；能够遍行天下，而没有流弊，乐其天然，知其命数，因此不会出现忧愁；安于所处的环境，而敦厚仁道，因此可以博爱天下。《易》道的范围包括天地万物当中的一切变化，不会出现偏失，足以曲尽细密地成全万物，不会出现遗漏，可以通明昼夜、阴阳之间的道理，而尽知其中的奥妙，所以神奇奥妙之道是无处不在的，而《周易》的变化也没有固定而僵化的形式。

一阴一阳之谓道，继之者善也，成之者性也。仁者见之谓之仁，知者见之谓之知。百姓日用而不知，故君子之道鲜矣。

译文 一阴一阳的相生相灭的矛盾变化称之为"道"。承继天的这一法则为"善"，人依照天道而成就的事业为"性"。仁者看到天道的法则称为"仁"，智者见到天道法则称为"智"，寻常百姓在日常生活当中经常应用此道，却毫不知晓其原理与重要性，所以君子之道的全部意义就很少有人清楚了。

显诸仁，藏诸用，鼓万物而不与圣人同忧，盛德大业至矣哉。富有之谓大业，日新之谓盛德，生生之谓易，成象之谓乾，效法之谓坤，极数知来之谓占，通变之谓事，阴阳不测之谓神。

译文 天道以仁爱的面貌展现出来，使得其恩泽普施于天下万物，隐藏在日常生活当中而不会被察觉，鼓动化育万物却没有圣人教化万物所存在的忧患。可见上天的盛大德行与伟大功业是至美至善的了！广泛拥有宇宙间万物的称为宏大功业，日日更新，不断增善称为盛大美德。天地阴阳生生不息地转化，则称为变易，画卦成为上天的象征叫作乾，画卦仿效地的法式称为坤，极尽数术的推演，预知日后的变化称为占筮，通达变化的道理称为事态，阴阳变化无法测定叫作神。

夫《易》广矣大矣，以言乎远则不御，以言乎迩则静而正，以言乎天地之间则备矣。

译文 《周易》所涵盖的一切实在是太过广大了，将它比拟于远方，则扩展穷深没有止境，将它比拟于近处，则文静端正，不会见到邪僻，将它比拟于天地之间，则可以包罗万象，无不具备。

夫乾，其静也专，其动也直，是以大生焉。夫坤，其静也翕，其动也辟，是以广生焉。广大配天地，变通配四时，阴阳之义配日月，易简之善配至德。

译文 象征纯阳刚健的乾，静止时是专一而合养的，变动时是刚直而不挠的，所以催生出刚大的气魄。象征着柔顺而敦厚的坤，静止时会收敛深藏，变动时应当广开而舒展，因此生成宽柔的气质。易理当中的宽柔刚大，与天地的形象是一致的，变化通达与四季循环与此类同，阴阳交替的含义与日月的情态是相当的，平易、简约的美善原理与天地之间至高无上的德行彼此配合。

子曰："《易》其至矣乎！夫《易》，圣人所以崇德而广业也。知崇礼卑。崇效天，卑法地。天地设位而《易》行乎其中矣！成性存存，道义之门。"

译文 孔子说："《周易》的道理已经达到至善至美的境界了！《周易》是圣人用来崇高其道德，拓展其事业的。智慧贵在崇高，礼节贵在谦卑，崇高应当效法于天，谦卑需要效法地。天地创设的上下的位置既然确定下来，《周易》的道理就可以在其间通行了。成就崇高广大的美德与天性，不停蕴存涵养，这便是进入道义的门户。"

圣人有以见天下之赜，而拟诸其形容，象其物宜，是故谓之象。圣人有以见天下之动，而观其会通，以行其典礼，系辞焉以断其吉凶，是故谓之爻。

译文 圣人见到天下万事万物当中的奥秘，因此用周易卦来模拟天下之间万物的形态，用以象征特定事物较为适宜的意义，所以称为"象"。圣人看到天下万事万物变化不休，因而观察其中的会合变通的道理，用来施行典法与礼仪，并在卦爻之后，撰系文辞用来推断事物的吉凶，因此称作爻。

言天下之至赜而不可恶也，言天下之至动而不可乱也。拟之而后言，议之而后动，拟议以成其变化。

译文 易象用来说明天下间至为幽深难见的道理，平易道来不会让人心生厌烦，爻言说天下事物纷繁复杂，而不断出现变动，内合规律不再会出现混乱。模拟物象再去讲述道理，评议之后揭示其中的变动，通过这种模拟审议后，也就形成了变化哲学。

"鸣鹤在阴，其子和之。我有好爵，吾与尔靡之。"子曰："君子居其室，出其言善，则千里之外应之，况其迩者乎？居其室，出其言不善，则千里之外违之，况其迩者乎？言出乎身，加乎民。行发乎迩，见乎远。言行，君子之枢机，枢机之发，荣辱之主也。言行，君子之所以动天地也，可不慎乎？"

译文 中孚九二的爻辞中说："白鹤在荫蔽之处鸣叫，小鹤声声进行应和。我有美酒，希望能与你共享。"孔子说："君子住在家里，发出美善的言论，远在千里以外的人也会闻风而响应，更何况是在身边的人呢？小人居住在家中，如果会发出不善的言论，远在千里之外的人也会去违背他，更何况是近在身旁的人呢？言论是从自己的嘴里发出来的，要施加给民众，行为是在近处发生的，而且能够显现在远方。言论与行为对君子而言，犹如门户开关的机要。门户机要的发动，犹如君子获取荣誉与耻辱的主宰。言论与行为是君子用来鼓动天地的，怎能不小心谨慎呢？"

"同人先号咷而后笑。"子曰："君子之道，或出或处，或默或语。二人同心，其利断金。同心之言，其臭^{xiù}如兰。"

译文 同人九二的爻辞说："和同于人，开始号咷大哭，随后欣喜欢笑。"孔子说："君子为人处世的法则，或者入世来为天下服务，或者独处静居，来修善自身修养，或是沉默寡言，或是广发议论，只要二人意念相通，犹如利刃可以切断金属。心意一致的言论，犹如兰花般芳香袭人。"

"初六：藉用白茅，无咎。"子曰："苟错诸地而可矣。藉之用茅，何咎之有？慎之至也。夫茅之为物薄，而用可重也。慎斯术也以往，其无所失矣。"

译文 大过初六的爻辞当中说："用白色的茅草铺地以便放置祭器，不会有过错。"孔子解释道："祭祀物品放在地上就可以了，再以白茅草加以铺垫，哪里还会出现过错呢？真是谨慎到了极点啊。茅草本身是非常微薄而不贵重的物品，但却能发挥这样重大的作用。像这般小心谨慎地运用它，必定不会出现过失了吧。"

"劳谦，君子有终，吉。"子曰："劳而不伐，有功而不德，厚之至也。语以其功下人者也。德言盛，礼言恭。谦也者，致恭以存其位者也。"

译　文　谦卦九三的爻辞当中说："勤劳谦逊，君子保持谦虚的美德到最后，吉祥。"孔子解释道："勤劳而不去自夸，有功绩而不会感到自以为是，真是敦厚到了极点啊。这是在说有功劳而可以谦下于人。道德应当隆盛，礼节要恭谨，谦逊就应当致力于恭敬，以保存应有的地位。"

"亢龙有悔。"子曰："贵而无位，高而无民，贤人在下位而无辅，是以动而有悔也。"

译　文　乾卦上九的爻辞说："龙高亢而穷极，最终将会有所悔恨。"孔子解释道："尊贵却没有实际官职，崇高而无法得到百姓拥戴，贤明的人在下位而不去辅助他，所以轻举妄动必将出现悔恨。"

"不出户庭，无咎"。子曰："乱之所生也，则言语以为阶。君不密则失臣，臣不密则失身，几事不密则害成，是以君子慎密而不出也。"

译　文　节卦的初九爻辞说："不走出房屋的内院，没有过错。"孔子解释道："变乱的产生，往往由语言不守机密而引起的。君主的言语不缜密就会丧失臣下，臣下言语不缜密就会失去生命，机密大事如果不缜密，就会危及事业的成功。所以君子应当谨守机密，而不泄露秘密。"

子曰："作《易》者其知盗乎！《易》曰：'负且乘，致寇至。'负也者，小人之事也。乘也者，君子之器也。小人而乘君子之器，盗思夺之矣。上慢下暴，盗思伐之矣。慢藏诲盗，冶容诲淫。《易》曰：'负且乘，致寇至。'盗之招也。"

译　文　孔子说："《周易》的作者应该知道盗匪的心理吧？《周易》解卦六三的爻辞为：'背负重物而乘坐大车，会招来匪盗的劫掠。'负重载物原本是小人的事务，

乘坐的车辆，是君子的器具。身为小人却要乘坐君子的器具，盗匪当然会思谋夺取。君上轻慢，臣下横暴，盗匪当然会考虑侵伐了。财物不去隐秘地收好，就是引人来偷盗，女人过分打扮其容貌就是引诱别人淫乱。《周易》上说：'背负重物而乘坐大车，会招来匪盗的劫掠。'原来是说盗匪是自己召来的啊！"

大衍之数五十，其用四十有九。分而为二以象两。挂一以象三。揲之以四，以象四时。归奇于扐以象闰。五岁再闰，故再扐而后挂。天数五，地数五。五位相得而各有合，天数二十有五，地数三十，凡天地之数五十有五，此所以成变化而行鬼神也。乾之策，二百一十有六，坤之策，百四十有四。凡三百有六十，当期之日。二篇之策，万有一千五百二十，当万物之数也。

译文 占筮时用来演算的蓍草共有五十，演算时要取出一枝置于身侧，只用其中的四十九根。把这四十九根蓍草任意分成二堆，象征着阴阳，从分成二堆的蓍草当中任意选取一根，扐在左手小指间，象征着天、地、人三才。以四为单位分成二堆蓍草，每堆分别余数或为一，或为二，或为三，或为四，而不超过四，代表着春、夏、秋、冬四个季节。将第三营二堆分别所剩余的蓍草数放置在其他地方，象征历法中将每年的余数归聚而闰。五年为一闰，所以将两组余数合起来之后再进行分配。天数为五个奇数，地数为五个偶数。五个数相加各有一个和。天数一、三、五、七、九相加其和是二十五，地数二、四、六、八、十相加，其和是三十，天数、地数的总和是五十五。这天地数的总和就形成了卦爻变化的根据。乾卦蓍数推算总数是二百一十六策，坤卦是一百四十四策。乾坤两卦总共为三百六十策，相当于一年的天数。《周易》上下经六十四卦，总计为一万一千五百二十策，相当于天地万物的数字。

是故四营而成《易》，十有八变而成卦，八卦而小成。引而伸之，触类而长之，天下之能事毕矣。

译文 所以，通过"四营"分二、卦一、揲四、归奇这一过程而占筮得到《周易》的卦形，积十八次变数就可以筮成一卦。而每九变出现的八卦之一则是小成之象。引申开来，顺类推求出六十四重卦，遇到相应的事类，则可以顺势推演扩大其象征意义，天下能够取法阐明的事理就完全包含在其中了。

《周易》全本

显道神德行，是故可与酬酢，可与祐神矣。子曰："知变化之道者，其知神之所为乎！"

译 文 易卦可以彰显出幽隐的道理，能够神奇地让美德得以畅行，所以运用《周易》可以应对世间的一切需求，可以为神灵行助之功。孔子说："了解《周易》的变化道理的人，大概是弄懂了神灵作为神妙的自然规律吧！"

《易》有圣人之道四焉：以言者尚其辞，以动者尚其变，以制器者尚其象，以卜筮者尚其占。是以君子将有为也，将有行也，问焉而以言，其受命也如响，无有远近幽深，遂知来物。非天下之至精，其孰能与于此！

译 文 《周易》当中含有四种圣人运用的方式：言论者崇尚其文辞精义，行动者崇尚当中的变化规律，制器者崇尚其卦爻的象征，卜筮者崇尚其占筮的方法。所以，当君子将有所作为，有所行动时，就会用《周易》占卜并依据结果来行事，而《周易》受人命以报吉凶，犹如回音应声一样。不论其远近、幽隐、深沉的事情，都可以测知未来事物的变化规律。如果不是天下间最为精深的道理，又怎能做到这种程度呢？

参伍以变，错综其数，通其变，遂成天地之文。极其数，遂定天下之象。非天下之至变，其孰能与于此。《易》，无思也，无为也，寂然不动，感而遂通天下之故。非天下之至神，其孰能与于此。

译 文 阴阳二爻不断彼此置换变化，错综往复地进行推衍著数，通达其中的变化，就能够形成天地变化当中的文辞。根据其著数变化，就能判定天地之间变化的物象。如果不是天下最为复杂的变化哲学，又怎能做到这一点呢？《周易》本身是没有思虑、自然而无为、寂然不动的，根据阴阳交感的原理，就能贯通天下的一切事理。如果不是通晓天下间最为神妙的道理，又怎能如此呢？

夫《易》，圣人之所以极深而研几也。唯深也，故能通天下之志。唯几也，故能成天下之务。唯神也，故不疾而速，不行而至。子曰"《易》有圣人之道四焉"者，此之谓也。

译 文 《周易》，圣人用来穷极最为深奥的事理，研判事机精微之处的书。只

四书五经精华本

二〇二

有穷极深奥的事理，才可以贯通天下的心志，只有能研判微妙的事机，才可以成就天下的事务。只有神奇地贯通易道，才能不需要迅疾而万事速成，无须行旅而自然到达目的地。孔子赞叹说：“《周易》中包含了四种圣人所运用的方法”，就是指这一点吧。

天一，地二。天三，地四。天五，地六。天七，地八。天九，地十。子曰：“夫《易》何为者也？夫《易》开物成务，冒天下之道，如斯而已者也。”

译文　天数为一，地数为二，天数为三，地数为四，天数为五，地数为六，天数为七，地数为八，天数为九，地数为十。孔子说：“《周易》为什么要取这些天地之数？《周易》是用来开启物智、成就事业的，包藏天下间一切道理，也不过是如此而已。”

是故圣人以通天下之志，以定天下之业，以断天下之疑。是故蓍^{shī}之德圆而神，卦之德方以知，六爻之义易以贡。圣人以此洗心，退藏于密，吉凶与民同患。神以知来，知以藏往，其孰能与于此哉。古之聪明睿知，神武而不杀者夫。是以明于天之道，而察于民之故，是兴神物以前民用。圣人以此齐戒，以神明其德夫。

译文　所以圣人用它来沟通天下人之间的心志，奠定天下的事业，决断天下的疑难之事。所以蓍数的性质是圆通变化而又神奇的，卦体的性质是方正而睿智的，六爻的意义则以变易来告知其中的吉凶。圣人以此来洗涤修炼其中的心志，引退深藏于隐秘当中，与百姓一样是忧患于吉凶之事。神妙可以推知未来的情况，智慧足以包藏以往的知识。一般人又怎么能这样呢？只有古代的聪明智慧，神武而不嗜杀的伟人才会如此吧！所以他明白天道，察知百姓的情况，于是兴起制作了神奇的蓍占之物，助百姓行事之前来判断未来，以便趋避吉凶。圣人以此来修齐警戒，从而神妙地彰显其德业。

是故阖户谓之坤，辟户谓之乾，一阖一辟谓之变，往来不穷谓之通。见乃谓之象，形乃谓之器，制而用之谓之法。利用出入，民咸用之谓之神。

译文　所以《周易》体现出阴阳变化生息的道理，如关闭门户，得以幽静阴暗，称为坤，打开门户，疏畅光明称为乾，一开一关是为变化，来来往往没有穷尽是会通，变化的结果显现出来就叫象，变化成为有形之体称为"器"，从有形之器物裁制出供人使用的抽象道理称为"效法"，器物发挥其作用而被反复利用，百姓都在使用它而全然不知，称为"神奇"。

是故《易》有太极，是生两仪，两仪生四象，四象生八卦。八卦定吉凶，吉凶生大业。

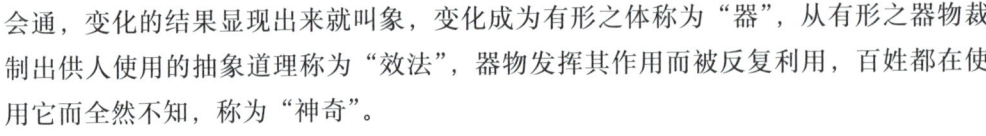 **译文** 所以，《周易》创作之先存在太极，太极变而产生天地阴阳，这就是所谓的两仪，两仪变化而产生象征着四时的太阳、太阴、少阳、少阴四象，四象变化则产生天地水火风雷山泽这八卦，八卦变化推衍而能够判定吉凶，判定吉凶而可以成就伟大的事业。

是故法象莫大乎天地，变通莫大乎四时，县象著名莫大乎日月，崇高莫大乎富贵。备物致用，立功成器以为天下利，莫大乎圣人。探赜索隐，钩深致远，以定天下之吉凶，成天下之亹亹者，莫大乎蓍龟。

wèi wèi

译文 所以能够仿效的现象没有可以比天地更大的了，能够变化会通的，没有比四季更加伟大的了，能高悬物象，展示光明的，没有比日月更大的了，尊崇高尚没有比富贵更伟大的了，备置器物供人运用，创造器具以利于天下的，没有比圣人更加伟大的了。探求繁杂的物象，索求幽隐的事理，寻求深远的法则，获得远大的成就，能够断定天下间的吉凶，成就天下间的勤勉事业的，没有比卜筮之蓍草与龟甲更加伟大的了。

是故天生神物，圣人则之。天地变化，圣人效之。天垂象，见吉凶，圣人象之。河出图，洛出书，圣人则之。《易》有四象，所以示也。系辞焉，所以告也。定之以吉凶，所以断也。

译文 所以天下间出现神奇的蓍草与灵龟，圣人用来取法创建占筮的法则；天地之间产生各种变化，圣人于是效法建立刑赏条例；天上显示日月星辰、风霜雨雪等表面现象，预示着吉凶，圣人取法其象，形成测天仪器。黄河当中出现龙图，洛水当中出现龟书，圣人取法创制八卦，制定九畴。《周易》当中有四象，是用来指示变动的征兆。在卦体之下撰系的文辞是用来告知人们取象之意变化情状。在言辞中又确定何为吉、何为凶，是用来裁定疑难，告知行事得失的。

《易》曰："自天祐之。吉无不利。"子曰："祐者助也。天之所助者顺也，人之所助者信也。履信思乎顺，又以尚贤也。是以'自天祐之。吉无不利'也。"

《易经》说："有源自上天的保佑，就吉祥而没有不顺利的。"孔子说："佑，即帮助的意思。上天所帮助的，必定是顺从正道的；人所帮助的，必定是忠信的。履行诚信，考虑应当顺应天道，再加上敬重贤人，因此上天会去保佑他，处处吉祥，没有不顺利的。"

子曰："书不尽言，言不尽意。"然则圣人之意，其不可见乎？子曰："圣人立象以尽意，设卦以尽情伪，系辞焉以尽其言，变而通之以尽利，鼓之舞之以尽神。"

孔子说："书面上的文字无法完全表达作者所希望说的话，言语无法完全表达出人们的思想。"那么，圣人的思想就无法被理解了吗？孔子说："圣人创设象征，来曲尽其思想，设置六十四卦来竭尽反映自然与万物的情态，又在卦下撰系文辞，以表达其中的言语，又使其变化会通，以尽行布施其利于万物，鼓动之激扬，来尽情发挥周易其中神奇的事理。"

乾坤，其《易》之缊邪！乾坤成列，而《易》立乎其中矣。乾坤毁，则无以见《易》。《易》不可见，则乾坤或几乎息矣。

乾坤两卦，应当是《周易》当中的精华吧！乾坤两卦创设形成，而能够分别上下，《周易》的道理也就在其中确立了。乾坤如果象征着被毁灭，则无法看到阴阳矛盾对立的易道了，易道无法出现，则乾坤化育的道理也几乎要消失了。

是故形而上者谓之道，形而下者谓之器。化而裁之谓之变，推而行之谓之通。举而错之天下之民，谓之事业。

所以抽象的超出形态之上的精神因素称为"道"，在形体下，有具体形体可见的称为"器"，道器作用变化而裁制加以运用，就称为"变"，沿着变化推广来发挥实行，称为"通"，取此变通之理而施加于天下百姓，就称为"事业"。

是故夫象，圣人有以见天下之赜，而拟诸其形容，象其物宜，是

故谓之象。圣人有以见天下之动，而观其会通，以行其典礼，系辞焉以断其吉凶，是故谓之爻。极天下之赜者存乎卦，鼓天下之动者存乎辞。化而裁之存乎变，推而行之存乎通，神而明之存乎其人，默而成之，不言而信，存乎德行。

 **译文** 所以说象是圣人发现天下间万事万物幽深难见的道理，而将其比拟为具体的形态，以此来象征特定事物的适当含意，因此称为"象"。圣人见到天下间的万事万物都在运动营作，观察其中会合贯通的地方，归纳出经常的典法法则与礼仪规范进行推行，并撰系文辞。对六十四卦的三百八十四爻之下进行吉凶的论断，所以称为"爻"。极尽天下幽深难见的道理，主要在于卦形的象征，鼓动天下行动作为在六十四卦爻辞中的精义，促使万物作用变化来裁制以致用，在于变动，顺着变化而进行推广发挥实行，要点在于会通，使易道神奇而显明，则在于人的运用，默默潜修而有所成就，不以言辞表现出来，而能取信于天下，原因在于保存了深厚美好的德行。

系辞下传

八卦成列，象在其中矣；因而重之，爻在其中矣；刚柔相推，变在其中矣；系辞焉而命之，动在其中矣。

译文 八卦排列成阵列，天地之间的万种物象都被包含在其中了；八卦重叠为六十四卦，三百八十四爻就都包括在其中了；阳爻、阴爻交相推移，变化之理就都包括在其中了。在卦爻下撰系文辞来指明吉凶，适时行动的道理就都包括在其中了。

吉凶悔吝者，生乎动者也。刚柔者，立本者也。变通者，趣时者也。吉凶者，贞胜者也。天地之道，贞观者也。日月之道，贞明者也。天下之动，贞夫一者也。

译文 "吉、凶、悔、吝"的产生是源于变化行动的结果。阳刚、阴柔两爻是确立一个卦的根本。变化会通是源于一切活动的适当时机。人事吉凶的规律，说明坚守正道就得以获胜，天地之间的自然规律，表明守正就会被人们所仰观，日月运行的规律，表明守正就可以光明普照。天下间的一切变动，说明了万物都归于端正专一之道。

夫乾确然，示人易矣；夫坤隤然，示人简矣；爻也者，效此者也；象也者，像此者也。爻象动乎内，吉凶见乎外；功业见乎变，圣人之情见乎辞。

译文 乾是以其刚健平易来示人的；坤是以其柔顺简易来示人的；爻就是效法天地之间的简易理法而设定的；象是模仿天地之间的情态而设置的。爻和象在卦内变动与运作，吉和凶就在卦外体现出来。功德事业通过变动而得以体现，圣人的思想情感在卦爻下的文辞当中得以体现。

天地之大德曰生。圣人之大宝曰位，何以守位曰仁，何以聚人曰财。理财正辞，禁民为非曰义。

译文 天地间最伟大的德行，是让万物能生生不息叫做"化生"；圣人最大的宝物，在于享有崇高的地位叫作盛位。怎样才能守住盛位？用"仁爱"；如何可以招聚众人？用"财物"。管理财物，端正言行，禁止百姓为非作歹，这便是"道义"。

古者包牺氏之王天下也，仰则观象于天，俯则观法于地，观鸟兽之文，与地之宜，近取诸身，远取诸物，于是始作八卦，以通神明之德，以类万物之情。

译文 远古时，伏羲氏治理天下。他仰头观察天上的星象，低头洞察大地的形态，观察鸟兽身上的纹理，还有适宜土地耕作的种种事物，从近处取法于人体的形象，从远处援取万物的形象，因此创制了八卦，用来融会贯通神明的德行，以分类去比拟万物的情状。

作结绳而为^{wǎng gǔ}罔罟，以佃以渔，盖取诸《离》。包牺氏没，神农氏作，斲木为耜，揉木为耒，耒耨之利，以教天下，盖取诸《益》。日中为市，致天下之民，聚天下之货，交易而退，各得其所，盖取诸《噬嗑》。

译文 伏羲氏发明了编结绳索来制作罗网，用来猎兽与捕鱼，大概是取法离卦的卦象吧。伏羲氏去世后，神农氏继起。他砍削树木制作成犁头，揉弯大棒制作犁柄，将犁具除草耕耘的便利，教给天下的百姓，这应该是取法益卦的卦象吧。他规定中午是集市的交易时间，将天下的人们召集来，聚集天下的财货，彼此交换贸易，随后各自散归，各人都得到所需要的物品，这应该是取法噬嗑卦的卦象吧。

神农氏没，黄帝、尧、舜氏作，通其变，使民不倦，神而化之，使民宜之。《易》穷则变，变则通，通则久。是以自天祐之，吉无不利。黄帝、尧、舜垂衣裳而天下治，盖取诸《乾》《坤》。

译文 神农氏死后，黄帝、尧、舜陆续继位。他们改变此前的文物制度，使百姓能够进取不懈，而且在实践中神奇地改变人们，使百姓的生活更适宜。《周易》的道理是穷极之时出现变化，变化就可以通达，通达就能保持长久。他们可以遵循这一变通的原理，所以可以"从上天得到保佑，吉祥而无所不利"。黄帝、尧、舜改进服制，使得人们穿着长垂的衣裳而让天下得以大治，这大概是取法于乾、坤两卦的卦象吧。

刳^{kū}木为舟，剡^{yǎn}木为楫^{jí}，舟楫之利，以济不通，致远以利天下，盖取诸《涣》。服牛乘马，引重致远，以利天下，盖取诸《随》。重门击柝^{tuò}，以待暴客，盖取诸《豫》。断木为杵，掘地为臼，臼杵之利，万民以济，盖取诸《小过》。弦木为弧，剡木为矢，弧矢之利，以威天下，盖取诸《睽》。

译文 他们将树木凿空制作成舟船，砍削木头制作成桨楫，舟船桨楫的便利在于渡过江河，到达远方，从而便利天下的百姓，这应该是取法了涣卦的卦象吧。他们驭牛乘马，拖载重物抵达远方，从而便利了天下的人们，这应该是取法于随卦的卦象吧。他们设置了多重屋门，并敲击木梆进行巡夜，以防备盗贼的侵入，这应该是取法于豫卦的卦象吧。他们砍断木头制作成捣杵，挖掘石块作为捣臼，杵臼的便利使得万民得到了便利，这应该是取法于小过卦的卦象。他们在弯曲的木条上套系弦绳制作成弓，砍削木棍制作成箭，弓箭的好处是能够用来威慑天下，这大概是取法睽卦的卦象。

上古穴居而野处，后世圣人易之以宫室，上栋下宇，以待风雨，盖取诸《大壮》。古之葬者，厚衣之以薪，葬之中野，不封不树，丧期无数，后世圣人易之以棺椁，盖取诸《大过》。上古结绳而治，后世圣人易之以书契，百官以治，万民以察，盖取诸《夬》。

译文 远古时，人们居住在洞穴当中，露宿在野外，后世的圣人修建的房屋改变了那种居住状况，上有栋梁，下有檐宇，能够躲避风雨，这大概是取法于大壮卦的卦象吧。古代的丧葬，只以木柴厚厚地裹覆住尸体，埋在荒野当中，不去建造坟墓，

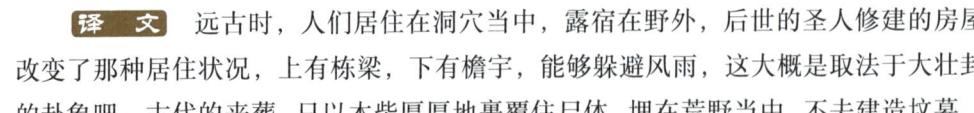

也没有种植树木，服丧也没有固定的期限，后代的圣人发明棺椁，来改变过去的习俗，这应该是取法大过卦的卦象吧。远古时，人们选择结绳记事，以此处理事务，后世的圣人发明了契刻文字，并改变过去的结绳方式，百官依靠它来处理事务，万民用它来记录琐事，这大概是取法于夬卦的卦象吧。

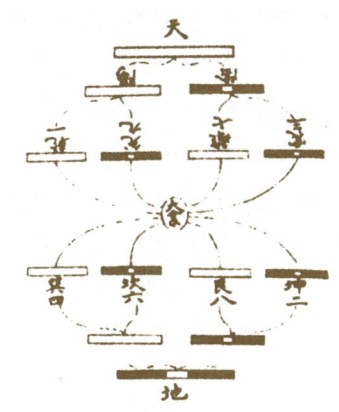

●八卦成列图

是故《易》者，象也。象也者，像也。彖者，材也。爻也者，效天下之动者也。是故吉凶生而悔吝著也。

阳卦多阴，阴卦多阳，其故何也？阳卦奇，阴卦耦，其德行何也？阳一君而二民，君子之道也。阴二君而一民，小人之道也。

译文 所以《周易》这本书即为象征，所谓的象征，就是模拟万事万物的形象以此喻义。象辞是解释全卦的意义与结构的，六爻是效法天下错综复杂的发生和变动关系。因此，事物的变动得失产生吉凶，也使得悔恨羞吝展现了出来。

八卦当中阳卦中阴爻居多，而阴卦之中阳爻居多。这是说明了什么德行品性呢？因为阳卦当中奇数的阳爻为主体，而阴卦当中偶数的阴爻是主体。他们各自说明了何种德行呢？阳卦为一个君王、两个百姓，这是君子的选择之道。阴卦为两个君王与一个百姓，这是小人所要走的道路。

《易》曰："憧憧往来。朋从尔思。"子曰："天下何思何虑？天下同归而殊途，一致而百虑。天下何思何虑？日往则月来，月往则日来，日月相推而明生焉。寒往则暑来，暑往则寒来，寒暑相推而岁成焉。往者屈也，来者信也，屈信相感而利生焉。尺蠖之屈，以求信也。龙蛇之蛰，以存身也。精义入神，以致用也。利用安身，以崇德也。过此以往，未之或知也。穷神知化，德之盛也。"

译文 《周易》咸卦的九四爻辞当中说："来来往往而心神恍惚，朋友们最终将会顺从你的想法。"孔子解释道："天下间的事物有什么可以思念与忧虑的呢？天下间的万物从不同的道路最终转向同一个目标，使千百种思虑最终归于一种观念。天下的事物有什么可思念及忧虑的呢？太阳落山，月亮就出来了，月亮落下，太阳便会升起，太阳和月亮交替推移产生了光明。寒冬过后，就有暑夏前来，暑夏过后，寒冬又复归，寒暑交替推移，而产生了年岁。所谓'往'仅仅是暂时的退缩，'来'是一时的伸展，退缩与伸展彼此感应产生了利益。尺蠖将身体弯曲收缩，是为了谋求伸展。龙蛇冬眠，是为了保全自己的性命。精研义理，达到了神而化之的境界，是为了能够其用。利用所学的知识来安处其身，是为了崇尚品德。超越了这种境界，再向前发展，大约没人能知晓。至于穷究神妙的奥理，通晓万物的变化，这是美德隆盛所导致的。"

《易》曰："困于石。据于蒺藜。入于其宫。不见其妻，凶。"子曰："非所困而困焉，名必辱。非所据而据焉，身必危。既辱且危，死期将至，妻其可得见耶。"

译　文　《周易》困卦六三的爻辞提出："被巨石困住，而背后有着多刺的蒺藜。回到家中，见不到自己的妻子，会有凶险。"孔子解释说："困穷于不妥当的居所，其声名必然会遭受损辱。处于不适宜的地方，其自身必然会陷入危险。陷入这种既遭损辱，又面临危险的状况，灭亡的时间即将来临，哪里还能够见到妻子呢？"

《易》曰："公用射隼于高墉之上。获之，无不利。"子曰："隼者禽也。弓矢者器也。射之者人也。君子藏器于身，待时而动，何不利之有。动而不括，是以出而有获，语成器而动者也。"

译　文　《周易》解卦上六的爻辞提出："王公射杀了窃据高城之上的恶隼，一举射获，没有什么不吉利。"孔子解释说："恶隼属于飞禽，弓箭为武器，射杀恶隼的是人。君子将利器藏在身上，等待有利时机去行动，哪里会有什么不利之处呢？果断行动，毫不迟疑，所以外出必定会有收获。这是说明应当先具备完备的武器，而后再行动。"

子曰："小人不耻不仁，不畏不义，不见利不劝，不威不惩。小惩而大诫，此小人之福也。"《易》曰："屦校灭趾，无咎"。此之谓也。善不积不足以成名，恶不积不足以灭身。小人以小善为无益而弗为也，以小恶为无伤而弗去也，故恶积而不可掩，罪大而不可解。《易》曰："何校灭耳，凶。"

> **译文** 孔子说道："小人不知道羞耻，不明白仁德，不畏正理，不行道义，看不见利益就不会勤勉向上，不受到威胁就不懂得戒惧。小的过失给予惩罚，就会大为戒慎，这是小人的福气。《周易》噬嗑卦初九的爻辞当中说：'脚上套上刑具而伤到脚趾，没有灾咎。'说的就是这个道理。善行不累积就不足以成就美名，罪恶不去累积，也不足以毁灭自身。小人把小善看成是不会获益的事，而不屑于做，将小恶看作是无伤大体的事而没有除去，因此恶行积累满盈到无法再去掩盖，罪恶大到无法解救的田地。所以《周易》噬嗑卦上九的爻辞说：'担负的刑具遭受伤灭耳朵的重罚，会有凶险。'就是这个意思。"

子曰："危者，安其位者也。亡者，保其存者也，乱者，有其治者也。是故君子安而不忘危，存而不忘亡，治而不忘乱。是以身安而国家可保也。"《易》曰："其亡其亡。系于苞桑。"

> **译文** 孔子说："凡是遇到危险的，都是由于他曾逸乐安享于他所在的位置。凡是灭亡的，都是因为曾自以为能够长久统治。凡是混乱的，都是曾自以为能够治理良好。所以君子居安而不会忘却危险，生存而不会忘记灭亡，整治而不会忘记混乱，这样，自身才能保证安全，国家才得以保全。"正如《周易》否卦九五爻辞当中所说："时刻警惕将会灭亡，这样才可以像丛生的桑树那样坚固而安全，安然而无恙。"

子曰："德薄而位尊，知小而谋大，力少而任重，鲜不及矣。"《易》曰："鼎折足。覆公𫗧。其形渥，凶。"言不胜其任也。

> **译文** 孔子说："才德浅薄，而自身居于尊位，智慧窄小而去图谋大事，力量微小却足以担当重任，这样很少有能够不遭受灾祸的。"正如《周易》鼎卦九四的爻辞所说："鼎器难承重荷，折断其足，王公的美食完全翻倒，鼎器上很油腻，有凶险。"是在说力量不足以胜任的情况。

子曰："知几其神乎。君子上交不谄，下交不渎，其知几乎。几者，动之微，吉之先见者也。君子见几而作，不俟终日。"《易》曰："介于石，不终日。贞吉。"介如石焉，宁用终日，断可识矣。君子知微知彰，知柔知刚，万夫之望。

译文 孔子说："可以预先知晓事机的微妙，能算得上是达到神妙的境界了吧？君子与上层交往不需要谄媚阿谀，与下层交往不会傲慢，可以说是预知到事机的微妙了吧！微妙的事机，是事物变动的微小征兆，是吉凶结局的预先显露。君子发现微妙的事机就会迅速采取行动，不会每天迟疑等待。"所以《周易》豫卦六二的爻辞说："犹如石头般狷介耿直，这种情况没有持续一整天，坚守正道能够获得吉祥。"既然有耿介如石的品德，为什么要等待一天呢？当时就可以断然知晓。君子清楚微隐的事机就得知彰显的事务，知道阴柔的功益也清楚阳刚的功益，这是万众所景仰的人。

子曰："颜氏之子，其殆庶几乎。有不善未尝不知，知之未尝复行也。"《易》曰："不远复，无只悔，元吉。"天地絪缊万物化醇；男女构精，万物化生。《易》曰："三人行，则损一人；一人行，则得其友。"言致一也。

译文 孔子说："颜回这位年轻的弟子，他算是近乎于完美了吧？稍有过失，没有他不知道的，一经发觉，就不会再犯错误。《周易》的复卦初九爻辞说：'行走了不远就回到正道，不会出现灾患、悔恨，非常吉祥。'这是在说君子的言行应当一致。""天地二气缠绵交密，万物感应化育，醇厚而完美。雌雄交合其精，万物得以化育生成。所以《周易》损卦六三的爻辞当中说：'三个人同行并求一阳，则会损彼阳刚一人；一个人独自行旅专一求合，可以找到朋友。'这是说天下的事理应当专心致一。"

子曰："君子安其身而后动，易其心而后语，定其交而后求。君子修此三者，故全也。危以动，则民不与也。惧以语，则民不应也。无交而求，则民不与也。莫之与，则伤之者至矣。"易曰："莫益之，或击之，立心勿恒，凶。"

译文 孔子说："君子必定先使得自身安定下来，然后才能够有所作为。必定先让自己心平气和，随后才能发表言论。必定先要确定其交往的对象，随后才对人们有所要求。君子可以修美这三种品德，所以待人处世可以完美无缺。自身陷入危险当中而急于行动，民众不会去拥护他。内心疑惧而无法发表言论，民众就不会响应他。没有交往而对人有一定的要求，民众就会不愿去给予。如没有人去赞助给予，伤害你的人就会到来。"因此《周易》益卦上九的爻辞说："没有人能够增益援助，有人去攻击，无法长久恒守所立下的心志，有凶险。"

子曰："乾坤其《易》之门邪。"乾，阳物也；坤，阴物也。阴阳合德，而刚柔有体。以体天地之撰，以通神明之德。其称名也，杂而不越。于稽其类，其衰世之意邪？

译文 孔子说："乾坤两卦，应当是《周易》的门户吧？"乾为阳性的物象，坤是阴性的物象。阴阳的德行彼此配合，由此产生了各卦阴阳交错的形态，能够用来体察天地之间的一切变化，用来通达神奇光明的德行。《易经》当中的各卦都有卦名，对于这些卦名的称呼看来各不相同，非常繁杂，但并没有超出上述卦爻义理的范围。如果要去考察这些卦名所象征的事物究竟属于哪些方面，大概是处于衰败时期的殷朝末年的思想吧。

夫《易》，彰往而察来，而微显阐幽，开而当名，辨物正言，断辞则备矣。其称名也小，其取类也大。其旨远，其辞文。其言曲而中，其事肆而隐。因贰以济民行，以明失得之报。

译文 《周易》啊，彰显过往的历史教训而预察到未来，将微妙的道理显现出来，并阐明其幽秘的精华。排开易卦而选取适当的名称，辨别物象而写下正确的卦辞、爻辞，可供易理加以判断的卦辞就完备了。易卦的名称尽管小，但所取的类别却非常大，各卦的深意也很远大。它的卦辞意旨深远非常文雅，爻辞曲折而中肯，所要喻指预测的事很多，而且非常隐蔽。它靠乾坤二德，以普济百姓的修养来行事，以明白天下的积善、行恶带来的所得所失的报应。

《易》之兴也，其于中古乎？作《易》者，其有忧患乎？

译文 《周易》的兴起，应该大约是在中古时代的殷代末期吧？《周易》的作者，应该是心怀忧患吧？

是故履，德之基也；谦，德之柄也；复，德之本也；恒，德之固也；损，德之修也；益，德之裕也；困，德之辨也；井，德之地也；巽，德之制也。

履和而至，谦尊而光，复小而辨于物，恒杂而不厌，损先难而后易，益长裕而不设，困穷而通，井居其所而迁，巽称而隐。履以和行，谦以制礼，复以自知，恒以一德，损以远害，益以兴利，困以寡怨，井以辨义，巽以行权。

译 文 因此履卦是建立德业的基础，谦卦为施行德行的基础，复卦则为遵循道德的根本，恒卦是巩固道德的前提，损卦则为修美道德的途径，益卦为增益宽大道德的方法，困卦是检验道德的准绳，井卦为居守道德的所在，巽卦为展示道德的规范。

履卦是使人和顺小心到目的地，谦卦是教人谦虚待人，从而使得德业尊贵光明的，复卦是教人在微小之处分辨出善恶的，恒卦是教人在复杂环境当中恒守正固，不生厌倦的，损卦是教人受惩，而感到惩忿窒欲之难，而后才能有行事获得成功，益卦是教人增长德行，并使之日益充裕，而不是虚假造作，困卦是教人身处困境之中，得以磨炼身心，求得亨通，井卦是教人安于所居而施惠于他人，巽卦是教人巽顺入理，得以因势利导，隐而不露。履卦的道理可以用于和顺行事，谦卦的道理可以用于控制礼节，复卦则是教人反求诸己自我省知得失，复归于本性，恒卦是教人始终如一，去贯彻德行，损卦是教人克制以便减损欲望，远离灾害，益卦是教人益人益己，增加福利，困卦是教人去艰苦奋斗的，不会怨天尤人，井卦是教人广养万物辨识义理的来源，巽卦则是教人顺合时宜，行使权力的。

《易》之为书也不可远，为道也屡迁。变动不居，周流六虚。上下无常，刚柔相易。不可为典要，唯变所适。其出入以度，外内使知惧。又明于忧患与故，无有师保，如临父母。初率其辞而揆方，既有典常。苟非其人，道不虚行。

译 文 《易经》作为宝书，不能远离它的教导去胡作非为。它所体现出的道理易道也曾多次迁移，变化的运动从来没有停止。它轮流周转于六个虚爻，上下移动而变化无常，刚柔六爻彼此变易，不可作为僵化的经典去理解，唯有因时变化才可以适应实际的需要。易理的变化出入，用来测度外界及内心，使人清楚要畏惧守法，又可以明白忧患意识。它使人失去师长的保护，却如同在父母身边受到教悔一样。初学时就必然认真遵循着《易经》的卦辞，仔细揣度其方法及原则。掌握了经常可行的规律，假如没有贤明之人研究阐述，易道绝对不会凭空推行。

《易》之为书也，原始要终，以为质也。六爻相杂，唯其时物也。其初难知，其上易知，本末也。初辞拟之，卒成之终。若夫杂物撰德，辩是与非，则非其中爻不备。噫！亦要存亡吉凶，则居可知矣。知者

四书五经 精华本

二一四

观其象辞，则思过半矣。

译文 《易》作为宝书，能够探索事物的初始与终结，从而探知卦体的本质。六爻交相混杂，而能够预示吉凶，唯一的原因是它的时境与物象之间的关系。它的初爻推断几乎是无法确知的，而上爻的结果则较为容易知道，这就是事物本和末之间的关系。初爻的卦辞拟定好了之后，就可以一直写到六爻的完成及运动终结了。假如某卦杂取各类事物以撰写易德，而又要想辨明其是非凶吉时，那就只有它的中爻的含义是最完备的。噫！如果要知道事物发展的存亡吉凶，即使平居无为，只要能够把握易德就可以了。知晓易德者只需要仔细观察各卦的象传词句，就能够懂得其过半的含义了。

二与四同功而异位，其善不同。二多誉，四多惧，近也。柔之为道，不利远者。其要无咎，其用柔中也。三与五同功而异位。三多凶，五多功，贵贱之等也。其柔危，其刚胜邪？

译文 二爻与四爻的事功相同而地位各异，是由于它们的善德行为利害得失不同：二爻往往多是获得荣誉，四爻往往是多受惊惧，这是它靠近卦主九五与六五的原因。柔弱者的运行规律，是不利于远离阳刚的，因此阴爻的要点是不可以有过错慎求无咎，它的功用以柔和适中为宜。三爻与五爻的事功相同，而地位各异：三爻往往多次遭遇凶险，五爻往往多得功劳，这是两爻的贵贱等级所决定的。通常而言，大都是柔弱的危险，刚强的胜出吧？

《易》之为书也，广大悉备。有天道焉，有人道焉，有地道焉。兼三才而两之，故六。六者非它也，三才之道也。道有变动，故曰爻。爻有等，故曰物。物相杂，故曰文。文不当，故吉凶生焉。

译文 《易》这本书，内容广博宏大，无所不包：其中含有天道规律、地道法则、人道准则。它兼有天地人"三才"而两卦彼此重叠，因此共有六爻。六爻的含义没有其他的解释，仅仅代表天地人"三才"的规律。规律出现变动，仿效变动的情状因此叫作"爻"。"爻"是有等级差别的，所以叫作物象；物象彼此混杂，所以称为易德文理；易德文理有时不当，有时适当，因此吉祥或凶险时有发生。

《易》之兴也，其当殷之末世、周之盛德邪？当文王与纣之事邪？

是故其辞危。危者使平，易者使倾。其道甚大，百物不废。惧以终始，其要无咎。此之谓《易》之道也。

《易》书的兴起，正是殷朝德衰的末世时期，同时是周朝盛德光大而崛起的时期吧？它描述的是当时周文王与商纣王之间的事吧？所以它的爻辞有着强烈的警戒危惧的意义。什么是易理？能使危难深重者平定，使得离道改易者倾覆；道理的内涵非常深广，万事百物都不可以偏废，对其发展自始至终都保持着警惧、忧患的心态，并以言行毫没有过错为要旨，这就称为《易》的道理。

夫乾，天下之至健也。德行恒易以知险。夫坤，天下之至顺也。德行恒简以知阻。能说诸心，能研诸侯之虑。定天下之吉凶，成天下之亹亹者，是故变化云为，吉事有祥。象事知器，占事知来。

乾为天下间最为刚健的象征，其品德操行恒久而且平易，知道险难的所在。坤是天下间最柔顺的象征，其品德操行能够恒久而简易，知道阻隔的所在。《周易》当中的道理，可以让身心和悦，得以精研思虑，断定天下之间的吉凶得失，能成就天下勤勉不息的事业。因此，天地万物的变化作为，吉祥的事情必然会有祥和的征兆。观察万事万物当中的表象，就可以了解具体器用的形成，占问眼前的事情，就可以知晓未来的结果。

天地设位，圣人成能。人谋鬼谋，百姓与能。八卦以象告，爻象以情言。刚柔杂居，而吉凶可见矣。变动以利言，吉凶以情迁。是故爱恶相攻而吉凶生。远近相取而悔吝生，情伪相感而利害生。

天地之间设定了上下尊卑的位置，圣人仿效推演《周易》的理象而广施其功用，使人的谋虑与鬼神彼此相沟通，连寻常百姓都可以掌握《周易》的功用。八卦是用象征来喻示哲理，爻辞象辞是拟取事物的具体情态来阐释卦义，刚柔各爻彼此交错居处，从中能够发现吉凶的征兆。刚柔运动得当与否通过有利或是不利来表示，最终的吉与凶是依据事物的情态而有所推迁，因此爱与恶的相互冲击当中产生吉凶，爻位之间的远近感应不得其道，就会出现悔吝，从真情相感或是虚伪相感中产生利害。

凡《易》之情，近而不相得则凶。或害之，悔且吝。将叛者其辞惭，中心疑者其辞枝。吉人之辞寡，躁人之辞多。诬善之人其辞游，失其

四书五经精华本

守者其辞屈。

《周易》当中拟取的事物情态是，只要是相接近，而互不相得就会出现凶险，或者遭受外来的伤害，而蒙受悔恨与憾惜。拟喻的事物情志，正如现实中人的情志一样各不相同即将反叛的人，其说话时的神色必定有愧色。心中感到疑惑的人，其言辞必然混乱不清。贤美有修养的人，其言辞真善简括。心地浮躁的人，其言辞多而繁杂。诬害善良的人，其言辞游移而虚浮。有失操守的人，其言辞大多含糊曲折。

说 卦

昔者圣人之作《易》也，幽赞于神明而生蓍，参天两地而倚数，观变于阴阳而立卦，发挥于刚柔而生爻，和顺于道德而理于义。穷理尽性以至于命。

译 文 从前，圣人创作《易经》，凭借精深的智虑以及神奇光明的神妙、明显的变化，发明以蓍草进行占筮的方法。这个方法是，将天数、地数两相掺杂，而确立"大衍之数"。观察天地间的阴阳变化而去确立卦象。发挥事物当中刚健、柔顺的不同性质而产生爻的变迁。这一过程，符合并顺应了天道人德，也适应了事物发展的道理。穷尽了事理与人性。因此体现出天地、万物与人类发展变化的必然性以至于通晓自然命运。

昔者圣人之作《易》也，将以顺性命之理。是以立天之道，曰阴与阳。立地之道，曰柔与刚。立人之道，曰仁与义。兼三才而两之，故《易》六画而成卦。分阴分阳，迭用柔刚，故《易》六位而成章。

译 文 从前，圣人创作了《易经》，是指以它来顺应人性、天命的相关规律。所以，确立上天的法则，称为阴和阳；确立大地的法则，称为柔和刚；确立人的法则，称为仁和义。将兼备天、地、人的三才的要素加以重叠，就产生了六画的卦形。卦形当中有阴阳的分别，交替运用柔爻、刚爻，因此《易经》当中的六个卦位形成了自身的规律。

天地定位，山泽通气，雷风相薄，水火不相射。八卦相错。数往者顺，知来者逆，是故《易》逆数也。

译文 天和地的位置是彼此确定的，山和泽彼此通气，风雷互相迫击，水火无法相容，但也不相厌弃而相资助，这样就形成了交错变化的八卦。计算往事是非常顺当的，预见未来就需要逆着时间顺序进行推知，因此，《易经》是逆时间顺序予以预测来事的。

雷以动之，风以散之，雨以润之，日以烜之，艮以止之，兑以说之，乾以君之，坤以藏之。

译文 雷是用来鼓动万物的，风是用来吹动万物的，雨是用于滋润万物的，太阳是用来照亮万物的，艮是用于阻止万物进行运动的，兑是用来让万物喜悦的，乾是用于统治万物的，坤是用于包藏万物的。

帝出乎震，齐乎巽，相见乎离，致役乎坤，说言乎兑，战乎乾，劳乎坎，成言乎艮。

译文 主宰大自然生机的元气使得万物产生于震，巽风使得万物生长整齐，离日使得万物相见，坤地使万物得以养育，使万物喜悦是来自兑卦，生与死的战斗源自乾卦，疲劳源自坎卦，完成是来自艮卦。

万物出乎震，震东方也。齐乎巽，巽东南也，齐也者，言万物之^{xié}絜齐也。离也者明也。万物皆相见，南方之卦也。圣人南面而听天下，向明而治，盖取诸此也。坤也者，地也。万物皆致养焉，故曰：致役乎坤。兑正秋也，万物之所说也，故曰：说言乎兑。战乎乾。乾西北之卦也，言阴阳相薄也。坎者，水也，正北方之卦也，劳卦也，万物之所归也，故曰：劳乎坎。艮东北之卦也，万物之所成终而所成始也。故曰：成言乎艮。

译文 万物产生于震卦，是由于震卦代表着东方。"齐乎巽"，是由于巽卦象征着东南方；所谓齐，是指万物能够整齐生长。所谓"离"，即光明，光明能使万物彼此看清楚；离是象征着南方的卦象，圣人面向南面听取天下的政务，意在面对光明来治理天下，大概是取法于这一卦。所谓"坤"就是地，万物都从大地那里得到养育，所以说"致役乎坤"。兑卦象征着秋天，万物成熟，因此喜悦，所以说"说言乎兑"。所谓"战乎乾"，乾是象征着西北方的卦象，表明阴气、阳气正在彼此博斗交相潜入应和。坎卦象征着水，是象征正北方的卦，是表现疲劳的卦，万物应当归藏休息了，因此说"劳乎坎"。艮是象征着东北方向的卦，万物在此处形成终了，也将形成开始，因此说"成言乎艮"。

神也者，妙万物而为言也。动万物者，莫疾乎雷。桡万物者，莫疾乎风。燥万物者，莫熯乎火。说万物者，莫说乎泽。润万物者，莫润乎水。终万物始万物者，莫盛乎艮。故水火相逮，雷风不相悖。山泽通气，然后能变化。既成万物也。

译文 所谓"神"，是指万物神妙的生长变化来说的。使得万物鼓动，没有比雷更迅疾的了；使得万物弯曲摇动，没有比风更加迅速的了；使得万物干燥，没有比火更热的了；使得万物喜悦，没有比泽的力量更和悦的了；使得万物受到滋润的，没有比水更湿润的了；使万物终结而又开始，没有比艮的作用更美盛的了。所以水火相济，雷风不互相背离，山泽互相通气，然后就可以发生变化，生成万物。

乾，健也。坤，顺也。震，动也。巽，入也。坎，陷也。离，丽也。艮，止也。兑，说也。

译文 乾卦象征着刚健，坤卦象征着柔顺，震卦象征着行动，巽卦象征着进入，坎卦象征着险陷，离卦象征着附着，艮卦象征着停止，兑卦象征着喜悦。

乾为马，坤为牛，震为龙，巽为鸡，坎为豕，离为雉，艮为狗，兑为羊。

译文 乾卦象征马，坤卦象征牛，震卦象征龙，巽卦象征鸡，坎卦象征猪，离卦象征雉鸟，艮卦象征狗，兑卦象征羊。

乾为首，坤为腹，震为足，巽为股，坎为耳，离为目，艮为手，兑为口。

译文 乾卦象征头，坤卦象征人腹，震卦象征脚，巽卦象征大腿。坎卦象征耳朵，离卦象征眼睛，艮卦象征手，兑卦象征嘴。

乾天也，故称乎父。坤地也，故称乎母。震一索而得男，故谓之长男。巽一索而得女，故谓之长女。坎再索而得男，故谓之中男。离再索而得女，故谓之中女。艮三索而得男，故谓之少男。兑三索而得女，

故谓之少女。

> **译　文**　乾卦象征天，因此相当于父亲。坤卦象征地，因此相当于母亲。震卦是初次求合所得的男性，放在"初"位上，阳爻代表儿子，因此可以称其为长子。巽卦是初次求合所得的女性，放在"初"位上，阴爻代表着女儿，因此称它为长女。坎卦是再次求合所得的男性，阳爻代表着儿子，因此称它为中男。离卦是再次求合所得的女性，阴爻代表着女儿，所以称其为中女。艮卦是第三次求合所得的男性，阳爻代表着儿子，因此称它为少男。兑卦是第三次求合所得的女性，阴爻代表着女儿，所以称它为少女。

乾为天，为圆，为君，为父，为玉，为金，为寒，为冰，为大赤，为良马，为老马，为瘠马，为驳马，为木果。

> **译　文**　乾卦是天、圆形、君王、父亲、玉石、金属、寒冷、结冰、大红色、好马、老马、瘦马、杂色的马、树上的果实的象征。

坤为地，为母，为布，为釜，为吝啬，为均，为子母牛，为大舆，为文，为众，为柄。其于地也为黑。

> **译　文**　坤卦是大地、母亲、钱币、布匹、锅、吝啬、平均、母牛、大车、文采、民众、把柄的象征。它是大地的象征，因此也可以代表黑色土壤之象。

震为雷，为龙，为玄黄，为旉（fū），为大涂，为长子，为决躁，为苍筤（láng）竹，为萑苇（huán wěi）。其于马也，为善鸣，为馵（zhù）足，为作足，为的颡（sǎng）。其于稼也，为反生。其究为健，为蕃（fán）鲜。

> **译　文**　震卦是雷、龙、青黄色、开花、大路、长子、果决而躁动、青竹、芦苇的象征。对马来说，它是那些善于鸣叫的、后腿是白色的、跑得快的、额头上有白色的马的象征。以庄稼来说，它是那些顶着种子的甲壳萌生的象征。总之，它是代表着刚健、繁盛、新鲜性质的卦。

巽为木，为风，为长女，为绳直，为工，为白，为长，为高，为进退，为不果，为臭。其于人也，为寡发，为广颡，为多白眼，为近利市三倍。其究为躁卦。

四书五经精华本

译文 巽卦为树木、风、长女、直绳、工匠、白色、长远、高、进退、不够果断、气味的象征。对人来说，它是秃头、宽额、眼白多、从商得利的象征。总之，它是拥有急躁性质的卦。

坎为水，为沟渎，为隐伏，为矫輮，为弓轮。其于人也，为加忧，为心病，为耳痛，为血卦，为赤。其于马也，为美脊，为亟心，为下首，为薄蹄，为曳。其于舆也，为多眚，为通，为月，为盗。其于木也，为坚多心。

译文 坎卦是水、为沟渠、隐伏、矫輮屈曲、弓及木轮的象征。对人来说，它是添忧、心病、耳痛、血及红色的象征。对马来说，它的脊背是美丽的、性急的、低头的、薄蹄的、拖蹄的马的象征。就车来说，它是多灾多难破车的象征。又是通畅、月亮、强盗的代表。就树木而言，它是坚固和多枝的象征。

离为火，为日，为电，为中女，为甲胄，为戈兵。其于人也，为大腹，为乾卦，为鳖，为蟹，为蠃，为蚌，为龟。其于木也，为科上槁。

译文 离卦，是火、太阳、电、中女、盔甲、武器的象征。就人来说，是大腹的象征。又代表着干燥之卦，还是鳖、蟹、螺、蚌、龟的象征。对树木来说，是空心且树梢干枯的象征。

艮为山，为径路，为小石，为门阙，为果蓏（luǒ），为阍（hūn）寺，为指，为狗，为鼠，为黔喙（qián huì）之属。其于木也，为坚多节。

译文 艮卦是山、小路、小石头、门楼、果实、看门人、手指、狗、老鼠、豺狼之类黑嘴刚烈猛兽的象征。对树木来说，是那种坚固而多节的象征。

兑为泽，为少女，为巫，为口舌，为毁折，为附决。其于地也，为刚卤。为妾，为羊。

译文 兑卦为泽、少女、巫神、口舌、折断、果实成熟而掉落的象征。就土地而言，是土壤刚硬的硬碱地的象征。也是妾、羊的象征。

序　卦

有天地，然后万物生焉。盈天地之间者唯万物，故受之以屯。屯者，盈也。屯者物之始生也。物生必蒙，故受之以蒙。蒙者，蒙也，物之稚也。物稚不可不养也，故受之以需。需者，饮食之道也。饮食必有讼，故受之以讼。讼必有众起，故受之以师。师者，众也。众必有所比，故受之以比。比者，比也。比必有所畜，故受之以小畜。物畜然后有礼，故受之以履。履而泰，然后安，故受之以泰。

 **译　文**　有了天地，即乾、坤两卦，随后万物就产生了。最初万物充满了整个天地之间，所以接着的就是屯卦。屯卦象征着充满。所谓屯，指的是万物开始生长。万物始生时，必定是处于蒙昧状态的，所以紧接着是蒙卦。所谓蒙，即蒙昧，是万物幼稚的状态。万物幼小时，不可不进行抚养，接下来就是需卦。所谓需，即饮食的道理。饮食就必然会出现争讼，所以接着的是讼卦。争讼必然会有很多人参加，所以接下来的是师卦。所谓师，就是众多的意思。人多必然会各有比辅亲附的对象，所以接着的是比卦。所谓比，即比辅亲附的含义。人们彼此亲附互助，必定能够积蓄力量，所以接下来的是小畜卦。物质积蓄了就能够讲求礼仪了，所以接着的是履卦。所谓履，即礼的含义。人们遵守礼仪，社会就此安泰，所以接下来的是泰卦。

泰者，通也。物不可以终通，故受之以否，物不可以终否，故受之以同人。与人同者，物必归焉，故受之以大有。有大者不可以盈，故受之以谦。有大而能谦必豫，故受之以豫。豫必有随，故受之以随。以喜随人者必有事，故受之以蛊。蛊者事也。有事而后可大，故受之以临。临者，大也。物大然后可观，故受之以观。可观而后有所合，故受之以噬嗑。嗑者合也。物不可以苟合而已，故受之以贲。贲者饰也。致饰然后亨则尽矣，故受之以剥。

 **译　文**　所谓泰，即安泰，万事就此亨通了。但是事物不可能始终是通顺的状态，所以接下来的是否卦。同样，事物不可能总是不顺利的，因此接下来的是同人卦。同别人同心同德，物质财富也必然能够随之而来，所以接续的是大有卦。拥有了大批

财富，不可以自满，所以接下来的是谦卦。拥有了大量财富，又能做到谦虚待人，一定要安乐，所以接着的是豫卦。安乐必然会有人追随，所以接下来是随卦。乐于追随他人安乐的，总会出现事端，所以接下来的是蛊卦。所谓蛊，由于沉溺于安乐而出现腐败的事，因此需要整治。进行整治以后，事业就能够光大，所以接着的就是临卦。所谓的"临"，即光大的意思。事物光大之后，就非常值得观摩，所以接下来的是观卦。观摩之后，必然与思想感情有所共鸣，所以接下来的是噬嗑卦。所谓嗑，即契合的意思。但是事物不应当随意契合，所以接下来的是贲卦。所谓贲，即文饰的意思。致力于文饰，就能够亨通；亨通之后，就会文饰过度，所以接下来的是剥卦。

剥者，剥也。物不可以终尽，剥穷上反下，故受之以复。复则不安矣，故受之以无妄。有无妄然后可畜，故受之以大畜。物畜然后可养，故受之以颐。颐者，养也。不养则不可动，故受之以大过。物不可以终过，故受之以坎。坎者，陷也。陷必有所丽，故受之以离。离者，丽也。

译文 所谓剥，即剥落的意思。但事物不可能永远都是剥落状态，剥落到尽头，就可以从上返回到下，重新开始上升，因此接下来是复卦。复归到正道，就能够不胡作妄为了，所以接下来的是无妄卦。行动不虚妄，就能够积蓄力量及财富，所以接下来的是大畜卦。积蓄足够的物资，就能够养育，所以接下来是颐卦。所谓颐，即养育的意思。不养育就无法行动，但也不可以养育过头，所以接下来的是大过卦。矫枉可以过正，但不可过度，所以接着的是坎卦。所谓坎，即陷落。陷落一定要有所攀附，所以接下来的是离卦。所谓离，即附丽、攀附的意思。

有天地，然后有万物。有万物，然后有男女。有男女，然后有夫妇。有夫妇，然后有父子。有父子，然后有君臣。有君臣，然后有上下。有上下，然后礼义有所错。

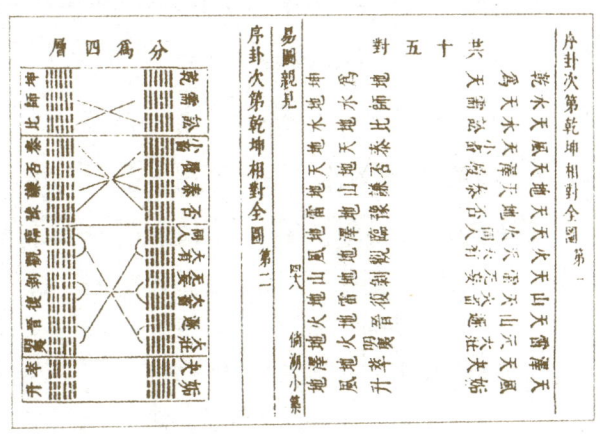

●序卦次第乾坤相对全图

译文 天地出现以后，

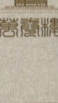

就有了万物。有了万物之后，就有了男女。有了男女之后，就有了夫妇。有了夫妇之后，就有了父子。有了父子之后，就有了君臣。有了君臣之后，就分出了上下尊卑等级的关系，有了上下尊卑等级的关系，礼义就能够在这方面施行起来。

夫妇之道，不可以不久也，故受之以恒。恒者，久也。物不可以久居其所，故受之以遁。遁者，退也。物不可以终遁，故受之以大壮。物不可以终壮，故受之以晋。晋者，进也。进必有所伤，故受之以明夷。夷者伤也。伤于外者，必反于家，故受之以家人；家道穷必乖，故受之以睽。睽者，乖也。乖必有难，故受之以蹇。

夫妻的关系不可以不长久，因此接下来是恒卦。所谓恒，即久远的意思。事物又不可能永远停留在同一个地方，所以接下来的是遁卦。所谓遁，即退避的含义。但事物不可能永远有所退避，所以接下来是大壮卦。事物不可能始终都是壮大的，所以接下来是晋卦。所谓晋，即前进。前进当中难免会遇到挫折受伤，所以接着是明夷卦。所谓夷，即伤害的意思。在外面受了伤的人，一定会返回家中，所以接下来是家人卦。家道贫穷，事情必定会出现乖违，所以接下来是睽卦。所谓睽，即乖违的意思。乖违必定会出现困难，所以接着是蹇卦。

蹇者，难也。物不可以终难，故受之以解。解者，缓也。缓必有所失，故受之以损。损而不已必益，故受之以益。益而不已必决，故受之以夬。夬者，决也。决必有所遇，故受之以姤。姤者，遇也。物相遇而后聚，故受之以萃。萃者聚也。聚而上者，谓之升，故受之以升。升而不已必困，故受之以困。困乎上者必反下，故受之以井。井道不可不革，故受之以革。革物者莫若鼎，故受之以鼎。主器者莫若长子，故受之以震。

所谓蹇，即行动有困难。事情不可能永远都处于困难中，所以接下来是解卦。所谓解，即缓解。缓和必然会出现损失，所以接着是损卦。损失会有停止的那一天，必定会转向增益，所以接下来是益卦。增益不止，一定会出现溃决，所以接下来是夬卦。所谓夬，即溃决的含义。溃决后，必定会有所补救，所以接下来是姤卦。所谓姤，是遭遇的含义。事物相遇，就会相聚，所以接下来是萃卦。所谓萃，即聚集的含义。聚集向上发展，就称为升，所以接着是升卦。上升不止，一定会有困难，所以接下来是困卦。在上面受困，必然会返回下面，最下面的是水井，因此接下来是井卦。使用井的方法是时间久了就要淘清，即革新，所以接下来是革卦。使食物改变味道，没有比鼎的作用更显著的，所以接下来是鼎卦。鼎又为祭器，主持祭祀没有比长子最为合适的，所以接下来是震卦。

震者，动也。物不可以终动，止之，故受之以艮。艮者，止也。物不可以终止，故受之以渐。渐者，进也。进必有所归，故受之以归妹。得其所归者必大，故受之以丰。丰者，大也。穷大者必失其居，故受之以旅。旅而无所容，故受之以巽。

译文 所谓震，即运动的意思。万物都无法进行始终运动，需要让它停止，所以接下来是艮卦。所谓艮，即停止的意思。万物也不会永远停止，所以接下来是渐卦。所谓渐，就是渐进的含义。渐进一定会有所归宿，所以接下来是归妹卦。得到良好的归宿，事业就能够扩大，所以接下来是丰卦。所谓丰，即盛大的含义。盛大到极点，就会不安于原有的位置，所以接下来是旅卦。旅行时，无处容身，就要寻找一个地方进去居住，所以接下来是巽卦。

巽者，入也。入而后说之，故受之以兑。兑者，说也。说而后散之，故受之以涣。涣者，离也。物不可以终离，故受之以节。节而信之，故受之以中孚。有其信者必行之，故受之以小过。有过物者必济，故受之以既济。物不可穷也，故受之以未济终焉。

译文 所谓巽，即进入。进入到能够居住的地方，自然会感到喜悦，因此接下来是兑卦。所谓兑，即喜悦的意思。喜悦总是会过去的，所以接下来是涣卦，所谓涣，即离散的含义。事物不可能始终都是离散的，所以接下来是节卦。有节制的人，言行就会拥有信用，所以接下来是中孚卦。有诚信必然可以实行，实行的过程中，难免会有失误，所以接下来是小过卦。有过失得到改进，一定会得到成功，所以接下来是既济卦。万物的运动是不可能穷尽的，所以接下来是未济卦，六十四卦到此结束了，但结束于"未济"意味着重新开始。

杂卦传

乾刚坤柔，比乐师忧。临、观之义，或与或求。屯见而不失其居，蒙杂而著。震，起也。艮，止也。损、益，盛衰之始也。大畜，时也。无妄，灾也。萃聚而升不来也。谦轻而豫怠也。噬嗑，食也。贲，无色也。兑见而巽伏也。随，无故也。蛊，则饬也。剥，烂也。复，反也。晋，昼也。明夷，诛也。井通而困相遇也。咸，速也。恒，久也。涣，离也。节，止也。解，缓也。蹇，难也。睽，外也。家人，内也。否、泰，反其类也。

译文 乾卦的德行刚健，而坤卦的品性柔顺，比卦代表亲近欢乐，而师卦表达心头忧愁。临、观两卦的卦义，或者给予，或是请求。屯卦表示端倪初现，而不失其原本的居所，蒙卦的思虑繁杂而童真显著。震卦为万事起动，艮卦则是一切的停止，损、益两卦是事业万物盛衰互转的起始。大畜则是适时蓄积，无妄是谨防无端遭灾，而没有妄为，萃卦是积聚，升卦是上升而不会落下。谦卦是轻己尊人，豫卦则为安逸懈怠。噬嗑借食喻争，贲卦不去过多润色，兑卦喜见会说，而巽卦驯服隐伏。随卦是毫无成见，蛊卦则为整饬治理。剥卦则为烂脱剥落，复卦是反复回归。晋卦表示光明如昼，明夷则可以洞察黑暗与诛杀，井卦表示滋养流通助人，而困卦表示遇困受阻。咸卦表示迅速有所感应，恒卦则代表永久保持；涣卦表示四分离散，节卦表示适度制止。解卦含义是慢慢缓解，蹇卦表示举步艰难。睽卦表示外拒排斥乖违于外，家人表示内部和谐。否、泰两卦的类别恰好相反，一个否定，一个肯定。

大壮则止，遁则退也。大有，众也。同人，亲也。革，去故也。鼎，取新也。小过，过也。中孚，信也。丰，多故也。亲寡，旅也。离上而坎下也。小畜，寡也。履，不处也。需，不进也。讼，不亲也。大过，颠也。姤，遇也，柔遇刚也。渐，女归待男行也。颐，养正也。既济，定也。归妹，女之终也。未济，男之穷也。夬，决也，刚决柔也。君子道长，小人道忧也。

译文 大壮表示兴盛到了极点而停止；遁卦表示退让而隐避。大有表示众多，同人表示亲和；革卦表示除掉故弊，鼎卦采取烹饪新法；小过是小有过越，中孚则为诚信中直。丰卦荫蔽是由于大则多事太过丰茂，亲人远离，寡居在外，恰恰是旅卦的含义。离卦表示火焰向上，而坎卦表示水流向下。小畜是积累得比较少，履卦则谨慎不停留未敢安于中道。需卦为等待不进，讼卦是争讼而不亲近。大过是颠倒了正反，是非不分，姤卦则为巧遇媾和，柔弱遇到刚强。渐卦表示女儿出嫁，等待男子前来迎亲。颐卦为涵养正气，既济是大事已定。归妹是女儿得以拥有好归宿，未济表示男子的穷困未展。夬卦之德表示冲决与突破，象征刚爻和柔爻的决裂。君子之道宽广而长久，小人之道狭窄而充满忧患。

《尚书》精华

虞 书

尧 典

日若稽古，帝尧曰放勋，钦、明、文、思、安安。允恭克让。光被四表，格于上下。克明俊德，以亲九族。九族既睦，平章百姓。百姓昭明，协和万邦。黎民于变时雍。乃命羲和，钦若昊天历象，日月星辰，敬授人时。分命羲仲，宅嵎夷，曰旸谷。寅宾出日，平秩东作。日中、星鸟，以殷仲春。厥民析，鸟兽孳尾。申命羲叔，宅南交。平秩南讹，敬致。日永、星火，以正仲夏。厥民因，鸟兽希革。分命和仲，宅西，曰昧谷。寅饯纳日，平秩西成。宵中、星虚，以殷仲秋。厥民夷，鸟兽毛毨。申命和叔，宅朔方，曰幽都，平在朔易。日短、星昴，以正仲冬。厥民隩，鸟兽氄毛。

译文 考察过去之事，帝尧名为放勋，他处世谨慎节俭、明察是非、善于治理、思虑通达、温和宽容，对人确实恭谨，诚信职守而且能够让贤。他的光辉德行天下四方皆知。他能够彰显才智与美德，来使家族和睦。家族和睦之后，又能明辨部落联盟百官优劣。百官优劣明了，又能让各个氏族协调和顺，众人此时就得以和睦相处了。

于是帝尧命令羲氏与和氏，谨慎地遵循广阔无际的上天规律，观测推算日月星辰的运行，推算岁时制定出历法让人民使用。分别命令羲、仲，定居在东海之滨，地名叫旸谷。恭敬地主持日出时的祭祀，测定它升起的时刻辨别察看民众的春季生产。春分昼夜长短相等，在黄昏的南天看到了朱雀七宿时，就将这一天定为春天的第二个月。这时的人民散布在田野中耕作，鸟兽开始繁殖。又命令羲叔，定居在南方，地名叫明都。观测太阳向南移动的情况，恭敬主持好祭祀。夏至白昼到达最长，在黄昏的南天看到苍龙七宿中的大火星时，就将这一天定为夏天的第二个月。这时的人民选择高地居住，鸟兽开始变得稀疏。又命令和仲，定居在西方，地名叫昧谷。恭敬地主持祭祀，测定太阳落下的时刻辨别察看农民秋季的生产。秋分昼夜长短相等，在黄昏的南天看到玄武七宿的虚星时，就将这一天定为秋天的第二个月。这时的人民再次回到平地上居住，鸟兽生出了新的羽毛。又命令和叔，定居在北方，地名叫作幽都。测定太阳向北移动的情况。冬至白昼到达最短，在黄昏的南天看到白虎七宿的昴时，就将这一天定为冬天的第二个月。这时的人民居住在室内，鸟兽长出浓密的细毛。

帝曰："咨汝羲暨和，期三百有六旬有六日，以闰月定四时成岁。"允厘百工，庶绩咸熙。

帝曰："畴咨若时登庸？"放齐曰："胤子朱启明。"帝曰："吁！嚚讼，可乎？"帝曰："畴咨若予采？"驩兜曰："都！共工方鸠僝功。"帝曰："吁！静言庸违，象恭滔天。"

译文 尧说："告诉你们，羲氏与和氏啊！望你们以三百六十六日为一周期，剩下的天数，每四年置一闰月，以推定春夏秋冬四时而成岁。"由此确定百官的职务，这样许多事情便得以顺利开始进行了。

帝尧说："唉，谁能够顺应上天继承帝位呢？"放齐说："您的儿子丹朱，他通晓政事。"帝尧说："哼！言语不实，又喜好争斗，他怎么可以？"

帝尧说："唉，谁能为我处理政务呢？"驩兜："嗯！共工已经做出了很多功绩。"帝尧说："哼！这个人花言巧语，做事却多违逆。表面态度恭敬，内心却连上天都敢怠慢。"

帝曰："咨！四岳。汤汤洪水方割，荡荡怀山襄陵，浩浩滔天。下民其咨，有能俾乂？"佥曰："於！鲧哉。"帝曰："吁！咈哉，方命圮族。"岳曰："异哉！试可乃已。"帝曰："往，钦哉！"九载，绩用弗成。

译文 帝尧说："唉，四方氏族的首领，洪水肆虐为害四方人民，围困了高山，淹没了丘陵，浩浩荡荡弥漫天地。臣民们都在叹息，有谁能去治理吗？"四方首领都说："啊！鲧吧。"帝尧说："唉，他恐怕会违背众人意志，忽视责任，危害到自己的族人。"四方氏族的首领："未必如此，试一下不行再想办法。"帝尧说："去吧！一定要小心，要恪尽职守啊！"过了九年，鲧没有成功。

帝曰："咨！四岳。朕在位七十载，汝能庸命，巽朕位！"岳曰："否德，忝帝位。"曰："明明扬侧陋。"师锡帝曰："有鳏在下，曰虞舜。"帝曰："俞！予闻，如何？"

岳曰："瞽子，父顽母嚚（yín），象傲；克谐以孝，烝烝乂，不格奸。"

帝曰："我其试哉！"

女于时，观厥刑于二女。厘降二女于妫汭（guī ruì），嫔（pín）于虞。

译文 帝尧说："唉！四方氏族的首领。我登上帝位七十年，你们谁能够顺应上天接替我的位置？"四方氏族的首领说："我们德行不足，不配登上帝位。"帝尧说："可以举荐隐伏的贤士。"众人向尧进言说："民间有个穷困的百姓，叫虞舜。"

帝尧说："是啊，我也听说过，他怎么样？"四方氏族的首领说："他是乐官瞽瞍的儿子，父亲品行不佳，后母言语不实，弟弟象傲慢蛮横，舜却能够和他们和睦相处。这是因为他的孝行深厚美好，修养自身不至于流于邪恶。"帝尧说："我就考察他一下吧。把女儿嫁给他，通过两个女儿来观察他的德行。"尧命令两个女儿去妫水转弯处，嫁给了虞舜。

夏　书

禹　贡

禹别九州，随山浚川，任土作贡。

禹敷土，随山刊木，奠高山大川。

冀州：既载壶口，治梁及岐。既修太原，至于岳阳。覃怀底绩，至于衡漳。厥土惟白壤，厥赋惟上上，错，厥田惟中中。恒、卫既从，大陆既作。岛夷皮服，夹右碣石入于河。

译文 大禹划分九州的疆界，顺延山势开拓道路，砍削树木标注路标，疏通河道，依据土地的肥沃程度来制定相应的缴税纳贡标准。

禹划分土地的疆界，沿着山势砍伐树木制成路标导向，用大河高山来作为天然的分界线。

冀州：从壶口完成水利施工后，随后着手治理梁山及其支脉岐山。太原地区被治理好后，又修建到了太岳山的南侧。覃怀周边的治理取得了非常好的成效，又对横流汇入大河的漳水进行治理。这周围都是柔软的白壤，赋税是头等的，也有部分区域是第二等赋税。而这里的土壤属于第五等。等到恒水与卫水沿着河道已经疏通流进大

海当中后，禹开始着手治理陆泽。岛夷人用皮服进贡，先前往碣石山，再进入黄河。

　　济、河惟兖州：九河既道，雷夏既泽，灉、沮会同。桑土既蚕，是降丘宅土。厥土黑坟，厥草惟繇，厥木惟条。厥田惟中下，厥赋贞，作十有三载乃同。厥贡漆丝，厥篚织文。浮于济、漯，达于河。

　　海、岱惟青州：嵎夷既略，潍、淄其道。厥土白坟，海滨广斥。厥田惟上下，厥赋中上。厥贡盐、絺，海物惟错。岱畎丝、枲、铅、松、怪石。莱夷作牧。厥篚檿丝。浮于汶，达于济。

《尚书》精华

　　译　文　济水与黄河之间的区域是兖州：黄河下游的九大支流被逐一疏通，雷夏成了湖泽，灉水以及沮水汇合后流进雷夏泽中。可以栽种桑树的区域都开始养蚕，因此人们都从山上搬到平地上生活。此处的土地是极为肥沃的黑土，草木都极为茂盛，长势很好树木修长。此处的田地属于第六等，赋税为第九等，辛劳耕种了十三个年头才与另外的八个州处于同一水平线上。此处上贡的物品是漆与蚕丝，以及用竹筐乘装的彩绸。进贡的物品从济水以及漯水乘船进入黄河。

　　渤海和泰山之间的区域是青州：嵎夷在被治理好后，潍水以及淄水也已然疏通好了。那里土壤既白又肥，海边还有一片很广阔的盐碱地。这一带的土地属于第三等，赋税则为第四等。此处进贡的物品乃是盐以及细葛布，还有多种海产。还有泰山的丝、麻、锡、松以及独特的奇石。莱夷周围能够放牧。进贡的物品是用筐盛装的柞蚕丝。进贡的船只从汶水通向济水。

　　海、岱及淮惟徐州：淮、沂其乂，蒙、羽其艺，大野既猪，东原厎平。厥土赤埴坟，草木渐包。厥田惟上中，厥赋中中。厥贡惟土五色，羽畎夏翟，峄阳孤桐，泗滨浮磬，淮夷蠙珠暨鱼。厥篚玄纤缟。浮于淮、泗，达于河。

　　淮、海惟扬州：彭蠡既猪，阳鸟攸居。三江既入，震泽厎定。篠簜既敷，厥草惟夭，厥木惟乔。厥土惟涂泥。厥田惟下下，厥赋下上，上错。厥贡惟金三品，瑶、琨、篠、簜、齿、革、羽、毛惟木。岛夷卉服。厥篚织贝，厥包橘柚，锡贡。沿于江、海，达于淮、泗。

　　译　文　黄海、泰山以及淮河之间的地带是徐州：淮河、沂水被治理好后，蒙

山、羽山四周的区域已然能够种植庄稼了，大野泽当中有着很深的积水，东原四周的水患也得到极好的治理。那里的土显露出红棕色，显得既黏又肥，草木不断生长而很是茂盛。此处的田地划为第二等，赋税则属于第五等。此处的贡品为五色土，羽山山谷的大山鸡，峄山南面的特产桐木，泗水河畔的可以制作成磬的石头，淮河的蚌珠以及鱼类。还有用筐装的黑色绸缎与白色丝绢。进贡的船只在淮河与泗水中行进通达黄河。

　　淮河与黄海之间是扬州：彭蠡泽已经汇集了深水，北方的候鸟来此栖息。三条江水已经流到了大海当中，震泽的水利工程也得到了安定。小竹以及大竹已经在各地生长，草极为茂盛，树木也很是高大。此处的土属于潮湿的泥。田地是第九等，赋税属于第七等，也有部分土地缴纳第六等的赋税。这里的贡品有黄铜、青铜、红铜、美玉、奇石、小竹、大竹、象牙、犀皮、鸟羽、旄牛尾以及优良木材。东南沿海的各个岛屿上的夷人穿着用草编成的衣服。这一带将那种用筐装的贝锦，将橘柚包裹起来作为贡品。进贡的船沿着长江、黄海来到淮、泗水。

　　荆及衡阳惟荆州：江、汉朝宗于海，九江孔殷，沱、潜既道，云土、梦作乂。厥土惟涂泥，厥田惟下中，厥赋上下。厥贡羽、毛、齿、革惟金三品，杶、干、栝、柏，砺、砥、砮、丹惟箘簵、楛。三邦厎贡厥名，包匦菁茅，厥篚玄纁玑组，九江纳锡大龟。浮于江、沱、潜、汉，逾于洛，至于南河。

　　荆、河惟豫州：伊、洛、瀍、涧既入于河，荥波既猪。导菏泽，被孟猪。厥土惟壤，下土坟垆。厥田惟中上，厥赋错上中。厥贡漆、枲、絺、纻，厥篚纤、纩，锡贡磬错。浮于洛，达于河。

　　译文 荆山与衡山南侧的区域是荆州：长江、汉水犹如诸侯朝见天子一般奔流进入海洋，众多的长江支流汇集在洞庭湖，水势盛大。沱水、潜水被疏通后，云梦泽周围的水患解除能够耕作了。此处的土是潮湿的泥，田地则属于第八等，赋税为第三等。此处的贡物为羽毛、旄牛尾、象牙、犀皮以及黄铜、青铜、红铜、椿树、柘树、桧树、柏树、粗磨石、细磨石、可以制造箭头的石头、丹砂以及美竹、楛木。三个诸侯国进贡各自的名产，被包裹好的杨梅、菁茅，放到筐中的彩色丝绸以及成串的珍珠。九江则负责进贡祭祀用的大龟。这些贡品由船承载经过长江、沱水、潜水、汉水，抵达汉水的上游，改走陆路来到洛水，再前往黄河。

　　荆山、黄河之间的地区是豫州：伊水、瀍水以及涧水在此地都已流入到洛水，

二三四

又流进黄河，荥波泽有着大量积水。疏通菏泽后，还在孟猪泽修建了堤防。此处的土属于柔软壤土，低地的土则属于肥沃的黑色硬土。此处的田地属于第四等，赋税则为第二等，也有少部分地区的赋税属于第一等。贡物有漆、麻、细葛、苎麻，用筐装的丝绸以及细绵，又进贡了可以制作玉磬的石头。进贡的船只需要在洛水中航行就能来到黄河。

华阳、黑水惟梁州：岷、嶓既艺，沱、潜既道。蔡、蒙旅平，和夷厎绩。厥土青黎，厥田惟下上，厥赋下中、三错。厥贡璆、铁、银、镂、砮、磬、熊、罴、狐、狸。织皮、西倾因桓是来。浮于潜，逾于沔，入于渭，乱于河。

黑水、西河惟雍州：弱水既西，泾属渭汭，漆沮既从，沣水攸同。荆、岐既旅，终南、惇物，至于鸟鼠。原隰厎绩，至于猪野。三危既宅，三苗丕叙。厥土惟黄壤，厥田惟上上，厥赋中下。厥贡惟球、琳、琅玕。浮于积石，至于龙门、西河，会于渭汭。织皮昆仑、析支、渠搜，西戎即叙。

译文 华山南部与黑水之间的区域是梁州：岷山、嶓冢山得到治理后已经能够种植庄稼，沱水、潜水也已然疏通了。蔡山、蒙山得到治理后，和夷周围区域也得到了有效治理。此处的土属于疏松黑土，田地算是第七等，赋税为第八等，也有部分地区是第七或第九等。贡物为美玉、铁、银、钢铁、做箭镞的石头、磬、熊、马熊、狐狸、狸猫等兽皮。织皮以及西倾山的贡物沿桓水行进。进贡的船只在潜水中航行，然后上岸陆行，再坐船经过沔水、渭水，最后横渡渭水抵达黄河。

黑水与山陕界黄河之间的区域是雍州：弱水经过疏通，已经朝着西方流淌，泾河流到渭河之湾，漆沮水已经与洛水汇合并流入到渭河，沣水也向北流淌并与渭河汇合。荆山、岐山得到治理后，终南山、惇物山直到鸟鼠山也全都得到了有效治理。高平原和原隰的治理取得了很好的成效，甚至猪野泽都得到了治理。三危山已经可以让人居住，三苗也就安定了。此处的土为黄色，田地属于第一等，赋税为第六等。贡物为美玉、美石以及珠宝。进贡的船只从积石山附近的黄河，行进到龙门、西河，与从渭河逆流而上的船只在渭河北面汇合。进贡兽毛织皮的人民居住在昆仑、析支、渠搜三座山下，西戎各族也就随之顺从了。

太康尸位，以逸豫灭厥德，黎民咸贰，乃盘游无度，畋于有洛之表，十旬弗反。有穷后羿因民弗忍，距于河，厥弟五人御其母以从，徯于洛之汭。五子咸怨，述大禹之戒以作歌。

 译　文　太康地位尊崇却又不理政务，由于纵情享乐而丧失了良好的德行，普天下的百姓都怀有二心。太康游玩起来就没有丝毫节制，出发去洛水的南面打猎，盘桓一百余天还不返回。此时有穷国的君主羿趁着民众对太康极度不满的机会，领兵在黄河岸边阻拦住太康，使得他无法回国。太康有五个兄弟，侍奉他们的母亲跟随太康打猎，在洛水的转弯处等候他。五人都不断埋怨太康，追忆大禹的教诲而写下诗歌。

其一曰："皇祖有训，民可近，不可下，民惟邦本，本固邦宁。予视天下愚夫愚妇一能胜予，一人三失，怨岂在明，不见是图。予临兆民，懔乎若朽索之驭六马，为人上者，奈何不敬？"

其二曰："训有之，内作色荒，外作禽荒。甘酒嗜音，峻宇雕墙。有一于此，未或不亡。"

其三曰："惟彼陶唐，有此冀方。今失厥道，乱其纪纲，乃厎灭亡。"

译　文　第一首说："伟大的祖先大禹曾有教诲，对于人民应当亲近而不能够疏远轻视；人民是国家的根本，根本稳固，国家才能够安宁。我看天下之人，即便是愚夫愚妇都能胜过我。一个人会有很多过错，民怨难道要等到极为强烈时才能想办法去解决吗？应当趁着民怨还没显露时就化解掉。我们治理亿万民众，就犹如用腐烂的缰绳驾驭着六匹马一般让人恐惧；做君主的人怎么能如此不谨慎呢？"

其中第二首唱道："禹王曾有这样的教诲，在内沉迷于女色，在外沉溺于游猎；对于饮酒与音乐过于热衷，居住在雄伟的宫殿当中，却还要进一步奢华装饰。这些情况只要出现一种，就没有不亡国的。"

其中第三首唱道："当年的陶唐氏尧帝，曾占有冀州之地。如今太康废弃了他的治道，扰乱他的法纪。才使得自身灭亡！"

其四曰："明明我祖，万邦之君。有典有则，贻厥子孙。关石和钧，王府则有。荒坠厥绪，覆宗绝祀！"

其五曰："呜呼曷归？予怀之悲。万姓仇予，予将畴依？郁陶乎予心，颜厚有忸怩。弗慎厥德，虽悔可追？"

●夏启

译文 第四首唱道："我们英明的祖先大禹，是天下之共主。颁布了典章、法度，传给子孙后代。征赋计量平均，民众感到平和，朝廷的府库也很充盈。现在太康丧失了祖宗的基业，宗庙覆灭，祭祀也随着断绝！"

第五首唱道："唉！我们可以回到哪里？我思念故乡，悲伤不已！天下百姓都仇视我们，我们能依靠谁？我极为郁闷，惭愧无地，内疚不已。平时不能谨慎修德，尽管后悔，难道可以挽回吗？"

胤 征

惟仲康肇位四海，胤侯命掌六师。羲和废厥职，酒荒于厥邑，胤后承王命祖征。告于众曰："嗟予有众，圣有谟训，明征定保，先王克谨天戒，臣人克有常宪，百官修辅，厥后惟明明，每岁孟春，遒人以木铎徇于路，官师相规，工执艺事以谏，其或不恭，邦有常刑。"

译文 仲康刚开始治理天下时，胤侯受命执掌六师。羲氏、和氏玩忽职守，在自己的驻地嗜酒迷乱。胤侯尊奉仲康的命令，出师征讨。

胤侯对众位将士们大声宣告："啊！我的诸位将士。圣人富有谋略，有训诫，这些谋略与训诫已经被明白地证实能够安邦定国。先王可以恭敬地顺从商地的训诫，臣民能奉公守法，官员可以尽忠职守，辅佐君主。这样一来，君王才能够称得上贤明。每一年的孟春三月，遒人沿途摇铃行进，宣布各种教令、政令，各位官员彼此规劝并教诲，工匠们用包含在工艺技术当中的道理实施劝谏，假如他们对君王所做的骄奢淫逸的事不能够进行规劝，国家会对他们予以处罚。"

"惟时羲和颠覆厥德，沉乱于酒，畔官离次，俶扰天纪，遐弃厥司，乃季秋月朔，辰弗集于房，瞽奏鼓，啬夫驰，庶人走，羲和尸厥官罔闻知，昏迷于天象，以干先王之诛，《政典》曰：'先时者杀无赦，不及时者杀无赦。'今予以尔有众，奉将天罚。尔众士同力王室，尚弼予钦承天子威命。火炎昆冈，玉石俱焚。天吏逸德，烈于猛火。歼厥渠魁，胁从罔治，旧染污俗，咸与惟新。呜呼！威克厥爱，允济；爱克厥威，允罔功。其尔众士懋戒哉！"

译文 羲氏、和氏德行败坏，沉溺于酒色当中，应当处理的政事不能及时完成，背离了自己的职守。开始对天时历法有所扰乱，放弃了自己应当负起责任的职责。于是在九月初一的这天，太阳与月亮并没有在房宿相会，而是出现了异常现象，太阳被遮掩，出现日食。乐官击鼓，啬夫负责驱驰，众人都在尽力奔走，为了救助太阳而忙碌。羲和身居其位不理政事，对此竟然一无所知，使天象如此昏暗不明，因此触犯了先王制定的诛杀罪人的律令。《政典》规定：对违制失时的人预测的天象要比实际的天象出现的早，应当诛杀，要比实际天象出现的晚，也应当被诛杀，并且不能赦免。

现在我带领你们全体将士，实行上天的惩罚。诸位将士要为了王室而拼命效力，辅佐我恭敬地秉承天子威仪，完成讨贼任务。昆山燃起大火时，无论是美玉还是顽石都会被烧毁。掌管天文历法的官员犯下了大错，危害要比大火更加巨大。我们只需要杀掉首恶羲和，那些被迫跟随他们的人不予惩治，其余过去被沾染污秽习俗的人，都准许他们痛改前非，重新做人。啊！假如君王的威严能够战胜姑息养奸的势力，那就确信可以成功；如果君王的威严不能战胜姑息养奸的势力，那必定不能成功。诸位将士，你们一定要奋进而又谨慎啊！"

周　书

顾　命

惟四月，哉生魄，王不怿。甲子，王乃洮颒水。相被冕服，凭玉几。乃同，召太保奭、芮伯、彤伯、毕公、卫侯、毛公、师氏、虎臣、百尹、御事。

译文 四月，月初的一天月亮重新发出了光亮，成王患病心中不快。甲子日，成王洗了头发与面部，太仆为成王戴上了王冠，穿上了朝服，王倚靠在玉几上。成王接见了太保召公奭、芮伯、彤伯、毕公、卫侯、毛公、师氏、虎臣、百官的首领以及各位办事大臣。

王曰："呜呼！疾大渐，惟几，病日臻。既弥留，恐不获誓言嗣，兹予审训命汝。昔君文王、武王宣重光，奠丽陈教，则肄肄不违，用克达殷集大命。在后之侗，敬迓天威，嗣守文、武大训，无敢昏逾。今天降疾，殆弗兴弗悟。尔尚明时朕言，用敬保元子钊弘济于艰难，柔远能迩，安劝小大庶邦。思夫人自乱于威仪。尔无以钊冒贡于非几兹。"

既受命，还，出缀衣于庭。越翼日乙丑，王崩。

译文 王说："唉！我的病越发沉重了，已经十分危险还在不断恶化，或许已经到了临终的时刻，恐怕无法极为郑重地嘱咐后嗣之人了，现在我来极为审慎、详细地告诫你们。过去，先君文王与武王的德行照耀天下，制定律法，颁布教令，天下的百姓都怀着畏惧的心努力奉行，因此才能讨伐殷商，建立了我们周朝成就上帝赐予的大命。

"后来我还是一个年幼的孩子，恭敬地奉行上天的威严，严格遵循文王与武王的教导，不敢恣意妄为，更改法纪。如今上天降下灾祸，我身染重病，几乎无法起床说话。希望你们应当努力遵从我的嘱托，认真辅佐我的长子姬钊渡过难关，使得远方安定，与周围的诸侯和睦，安定教导各个诸侯。我想大家都应当以礼法克制自己，你们不可以让姬钊违反礼法，陷入悖理的境地！"

大臣们接受成王的遗命，就纷纷离开了，将国王的朝服供放到王庭之上。第二天是乙卯日，成王便逝世了。

太保命仲桓、南宫毛俾爰齐侯吕伋，以二干戈、虎贲百人逆子钊于南门之外。延入翼室，恤宅宗。丁卯，命作册度。

越七日癸酉，伯相命士须材。狄设黼扆、缀衣。牖间南向，敷重篾席，黼纯，华玉，仍几。西序东向，敷重底席，缀纯，文贝，

●周太公鼎

仍几。东序西向，敷重丰席，画纯，雕玉，仍几。西夹南向，敷重笋席，玄纷纯，漆，仍几。越玉五重，陈宝，赤刀、大训、弘璧、琬琰、在西序。大玉、夷玉、天球、河图，在东序。胤之舞衣、大贝、鼖鼓，在西房；兑之戈、和之弓、垂之竹矢，在东房。大辂在宾阶面，缀辂在阼阶面，先辂在左塾之前，次辂在右塾之前。

 **译文** 太保命令仲桓以及南宫毛跟随齐侯吕伋，二人分别手持干戈，率领着一百名虎贲，在南门外奉迎太子姬钊。把太子姬钊请到侧室当中，太子于是满怀悲痛地居住在这里主持丧事。丁卯日，下令太史们制定葬礼的相关的事宜与礼节。

又过了七天到了癸酉日，召公、毕公便下令百官分别着手准备葬礼时所要用到的器物。主持葬礼的人摆放好带有黑白相间的斧纹屏风以及先王遗留下的礼服。门窗间朝南的地方铺设双层的竹席，竹席有着黑白相间的丝质花边，摆放有美玉于几案。在西墙朝东边的位置，铺设双层细竹篾席子，并缀有彩色花边，摆放着花贝于几案。在东墙靠西侧，铺设双层莞席，并点缀有云气形状的花边，摆放雕刻过的玉器于几案。在堂屋西侧的夹室当中，铺设有双层青竹席，并缀有黑丝线组成的花边，摆放有漆器于几案。各种宝物与器物都被摆放好了，五种越玉、赤刀、先王训诫、大玉璧、琬、琰，都被摆放在西墙朝东的竹席前。把华山进献的大玉、夷人进献的夷玉、雍州进献的天球、河图放在西墙朝东的竹席上；由胤制作的舞衣、大贝、鼖鼓都放到西屋当中；把兑制作的戈、和制作的弓、垂制作的竹箭，摆放在东屋。王乘坐的用玉装饰的车停在迎宾的台阶前，用黄金装饰的车停在主人行走的台阶前，用象牙装饰的车停在门侧左边堂屋前，革车停在门侧右边堂屋前。

二人雀弁，执惠，立于毕门之内。四人綦弁，执戈上刃，夹两阶戺。一人冕，执刘，立于东堂，一人冕，执钺，立于西堂。一人冕，执戣，立于东垂。一人冕，执瞿，立于西垂。一人冕，执锐，立于侧阶。

王麻冕黼裳，由宾阶隮。卿士邦君麻冕蚁裳，入即位。太保、太史、太宗皆麻冕彤裳。太保承介圭，上宗奉同瑁，由阼阶隮。太史秉书，由宾阶隮，御王册命。曰："皇后凭玉几，道扬末命，命汝嗣训，临君周邦，率循大卞，燮和天下，用答扬文、武之光训。"王再拜，兴，答曰：

"眇眇予末小子，其能而乱四方以敬忌天威。"

> **译文**　二人戴着赤黑色的礼帽，执三隅矛站在祖庙门里边。四人头戴青黑色礼帽，手拿长戈，长戈的锋刃朝外，面对着站在台阶两边的斜石上。一人头戴礼帽，手拿大斧，站在东堂前。另一人头戴礼帽，手拿钺，站在西堂前。一人头戴礼帽，手拿三面锋刃的矛，站在东堂外。另一人头戴礼帽，拿着三面锋刃的矛，站在西堂外。还有一人头戴礼帽，手拿矛，站立在北堂北面的台阶上。

王头戴麻制礼帽，身穿绣着斧形花纹的丧礼服，从西侧台阶走上来。卿士与各诸侯国君也都头戴麻制礼帽，身穿黑色礼服，步入中庭。太保、太史、太宗也都头戴麻制礼帽，身穿红色礼服。太保手捧大圭，太宗手捧酒杯与瓒，从东阶走上来。太史手拿册书，从西阶走到前面迎接新王接受成王的遗命，面对康王宣读成王遗命："大王倚靠着玉几，宣示其临终遗命。命令你继承文王与武王的天命，统治周朝，完全遵循国家大法，治理天下，来报答文王、武王，彰显先祖的光荣传统与遗训。"康王再次施礼，起身答道："我这微不足道的青年，怎能像先王那般将天下治理好，并敬畏天命呢！"

乃受同瑁，王三宿，三祭，三咤。上宗曰："飨！"太保受同，降，盥，以异同秉璋以酢。授宗人同，拜。王答拜。太保受同，祭，哜，宅，授宗人同，拜。王答拜。太保降，收。诸侯出庙门俟。

> **译文**　于是康王接过了酒杯与瑁，缓缓向前行进三次，将酒三次洒到地上作为祭祀，向后退三次。太宗说："王请饮酒！"太保接受了酒杯与瑁，从台阶走下来，清洗双手，行礼后用璋瓒酒杯饮酒，又给宗人一杯酒，行礼，王回礼。太保拿过酒杯，祭拜后浅尝一口，后退，把这杯酒给宗人，行礼，康王回礼。太保走下台阶，礼仪完成。各位诸侯从太庙走出来，恭候康王。

《诗经》精华

国风·周南

关 雎

关关雎鸠，在河之洲。窈窕淑女，君子好逑。
参差荇菜，左右流之。窈窕淑女，寤寐求之。
求之不得，寤寐思服。悠哉悠哉，辗转反侧。
参差荇菜，左右采之。窈窕淑女，琴瑟友之。
参差荇菜，左右芼之。窈窕淑女，钟鼓乐之。

译 文

雎鸠关关相鸣唱，双栖河心的小岛上。美丽善良的好姑娘，真是我的好对象。

长长短短的荇菜各不同，顺着水流姑娘双手忙采摘。美丽善良的好姑娘，日夜求告可相见。

追求姑娘难以实现，日夜将她来思念。愁思绵绵无限长，翻来覆去难成眠。

长长短短的荇菜各不同，姑娘双手忙采摘。美丽善良的好姑娘，弹奏琴瑟亲无间。

长长短短的荇菜各不同，姑娘双手忙采摘。美丽善良的好姑娘，敲打钟鼓让她乐。

桃 夭

桃之夭夭，灼灼其华。之子于归，宜其室家。
桃之夭夭，有蕡其实。之子于归，宜其家室。
桃之夭夭，其叶蓁蓁。之子于归，宜其家人。

译 文

桃树茂盛幼枝发，枝枝绽放花娇艳。这个姑娘将出嫁，和顺对待您夫家。

桃树茂盛幼枝发，桃子嫩白多肥硕。这个姑娘将出嫁，和顺对待您夫家。

桃树茂盛幼枝发，叶儿繁多有光华。这个姑娘将出嫁，

●桃之夭夭

和顺对待您全家。

国风·召南

鹊 巢

维鹊有巢，维鸠居之。之子于归，百两御之。

维鹊有巢，维鸠方之。之子于归，百两将之。

维鹊有巢，维鸠盈之。之子于归，百两成之。

译文

树顶喜鹊将窝垒，鸠鸠占有居此处。这位姑娘将出嫁，百辆车儿迎接她。

树顶喜鹊将窝垒，成双鸠鸠共居住。这位姑娘将出嫁，百辆车儿护送她。

树顶喜鹊将窝垒，双双鸠鸠住满巢。这位姑娘将出嫁，百车迎来的成婚。

采 蘩

于以采蘩^{fán}？于沼于沚^{zhǐ}。于以用之？公侯之事。

于以采蘩？于涧^{jiàn}之中。于以用之？公侯之宫。

被之僮僮^{tóng}，夙夜在公。被之祁祁，薄言还归。

译文

我们何处采白蒿？在沼泽，在小洲中。什么地方需要白蒿？为替公侯养蚕忙。

我们何处采白蒿？山涧水边到处都有。采来的白蒿用到哪里？送到公侯蚕室中。

妇女头饰好高耸，人人采蘩昼夜忙。妇女发髻像云霞，蚕事归来返卧房。

国风·邶风

燕 燕

燕燕于飞，差^{cī}池其羽。之子于归，远送于野。

瞻望弗及，泣涕如雨。燕燕于飞，颉^{xié}之颃^{háng}之。

之子于归，远于将之。瞻望弗及，伫立以泣。

燕燕于飞，下上其音。之子于归，远送于南。

瞻望弗及，实劳我心。仲氏任只，其心塞渊。

终温且惠，淑慎其身。先君之思，以勖<ruby>寡<rt>xù</rt></ruby>人。

译 文

长空燕儿成双飞，扬翅相随参差飞。这个姑娘将出嫁，送到郊外远地方。
遥望倩影看不见，泪珠滚滚雨一般。长空燕儿成双飞，扬翅忽高忽低飞。
这个姑娘将出嫁，前往远方来送她。遥望倩影渐消失，久立泪洒泪汪汪。
长空燕儿成双飞，上下悲鸣甚凄凉。这个姑娘将出嫁，远送南郊路茫茫。
遥望倩影望不见，我心劳苦多忧伤。二妹诚信可依靠，谋事诚实思虑深。
脾气温柔又和顺，修身善良又谨慎。"时记先君有大恩"，她用此言勉励我。

静 女

<ruby>静<rt></rt></ruby>女其<ruby>姝<rt>shū</rt></ruby>，<ruby>俟<rt>yú</rt></ruby>我于城隅。<ruby>爱<rt>ài</rt></ruby>而不见，搔首<ruby>踟蹰<rt>chí chú</rt></ruby>。

静女其<ruby>娈<rt></rt></ruby>，<ruby>贻<rt>yí</rt></ruby>我<ruby>彤<rt>tóng</rt></ruby>管。彤管有<ruby>炜<rt>wěi</rt></ruby>，说<ruby>怿女<rt>yuè yì</rt></ruby>美。

自牧归<ruby>荑<rt>tí</rt></ruby>，<ruby>洵<rt>xún</rt></ruby>美且异。匪女之为美，美人之贻。

译 文

娴静姑娘真艳丽，久立城边角楼里。姑娘藏身不露面，来回心急挠头。
娴静姑娘好娇美，赠我红管显深情。红管美丽有光泽，我爱红管为姑娘。
郊外归来赠白茅，白茅美丽惹人爱。并非白茅它美丽，只因美人赠我怀。

国风·鄘风

君子偕老

君子<ruby>偕<rt>jiē</rt></ruby>老，副<ruby>笄<rt>jī</rt></ruby>六<ruby>珈<rt>jiā</rt></ruby>。委委<ruby>佗佗<rt>tuó</rt></ruby>，如山如河。

<ruby>象<rt>xiàng</rt></ruby> 服是宜，子之不淑，云如之何？玼兮玼兮，其之<ruby>翟<rt>dí</rt></ruby>也。

<ruby>鬒<rt>zhěn</rt></ruby>发如云，不屑<ruby>髢<rt>dí</rt></ruby>也。玉之<ruby>瑱<rt>tiàn</rt></ruby>也，象之<ruby>揥<rt>tì</rt></ruby>也，扬且之<ruby>皙<rt>xī</rt></ruby>也。

胡然而天也！胡然而帝也！瑳兮瑳兮，其之展也。

蒙彼绉绤，是绁袢也。子之清扬，扬且之颜也。

展如之人兮，邦之媛也！

译　文

　　夫妻俩终生相伴，头戴发髻金玉簪。举止从容又自得，静如高山动如河，穿起华衣很适合。

　　她的品行不端正，还有何话去言说！翟衣华丽鲜明极高贵，绣雉礼服耀人眼。

　　头发密密犹如乌云黑，假髻无须更天然。美玉耳环垂耳边，象牙搔头插发间。

　　眉宇宽阔白肤现。何其美丽似天仙？

　　何似天神降人寰？翟衣华丽鲜亮高贵显，白纱礼服会客衣。

　　上罩薄纱软细衣，贴身内衣世所稀。清秀美丽气质显，眉宇宽阔美姿容。

　　此人姿容身份显，倾城美人多娇艳！

载　驰

载驰载驱，归唁卫侯。驱马悠悠，言至于漕。

大夫跋涉，我心则忧。既不我嘉，不能旋反。

视尔不臧，我思不远。既不我嘉，不能旋济。

视尔不臧，我思不閟。陟彼阿丘，言采其蝱。

女子善怀，亦各有行。许人尤之，众稚且狂。

我行其野，芃芃其麦。控于大邦，谁因谁极。

大夫君子，无我有尤！百尔所思，不如我所之。

译　文

　　驱马疾驰快奔走，吊唁卫侯失故国。打马前行路漫漫，望到祖国漕城头。

　　许国大夫跋涉远，知他来意忧虑繁。救卫主张不赞成，不能马上返归卫。

　　比起你们没良策，我的思虑近可求。救卫主张不赞成，决不渡河再回头。

　　比起你们没良策，我的思虑行有效。登上阿丘高山坡，我将贝母来采撷。

　　女子喜欢多想象，都有道理益处多。许国大夫责怪我，既骄又愚乱斥责。

　　走在郊外大道上，麦苗茂盛生长旺。赶快讣先求大国，依靠大国来援助。

　　许国大夫众高官，莫要认定我罪状。上百主意你们有，不如我跑这一趟。

国风·卫风

硕　人

硕人其颀，衣锦褧衣。齐侯之子，卫侯之妻。

东宫之妹，邢侯之姨，谭公维私。

手如柔荑，肤如凝脂。

领如蝤蛴，齿如瓠犀，螓首蛾眉。

巧笑倩兮，美目盼兮。硕人敖敖，说于农郊。

四牡有骄，帻朱镳镳，翟茀以朝。

大夫夙退，无使君劳。河水洋洋，北流活活。

施罛濊濊，鳣鲔发发，葭菼揭揭。

庶姜孽孽，庶士有朅。

译文

个子高挑卫庄姜，身穿锦服罩单衣。父亲身为齐国君，丈夫就是卫君侯。

东宫得臣为兄长，姐夫是那邢国君，谭侯原是他妹婿。

手指如柔荑嫩白，肤如凝固柔脂膏。

脖似蝤蛴白又长，齿如葫籽齐又整，额角方正蛾眉细。

多姿酒窝俏笑兮，美目流盼情态妍。身材高高卫庄姜，停车城郊修整忙。

四匹公马多强健，马衔红绸随风扬，雉羽饰车面君王。

大夫尽早退朝堂，莫让庄姜累劳伤。河水流淌浩荡荡，流向北方哗哗响。

呼呼之声撒渔网，鳇鳝摆尾跳进网，芦苇茂盛往高长。

陪嫁齐女身高挑，送嫁大夫多雄壮。

氓

氓之蚩蚩，抱布贸丝。匪来贸丝，来即我媒。

送子涉淇，至于顿丘。匪我愆期，子无良媒。

将子无怒，秋以为期。乘彼垝垣，以望复关。

不见复关，泣涕涟涟。既见复关，载笑载言。

尔卜尔筮，体无咎言。以尔车来，以我贿迁。

桑之未落，其叶沃若。于嗟鸠兮！无食桑葚。

于嗟女兮！无与士耽。士之耽兮，犹可说也。

女之耽兮，不可说也。桑之落矣，其黄而陨。

自我徂尔，三岁食贫。淇水汤汤，渐车帷裳。

女也不爽，士贰其行。士也罔极，二三其德。

三岁为妇，靡室劳矣。夙兴夜寐，靡有朝矣。

言既遂矣，至于暴矣。兄弟不知，咥其笑矣。

静言思之，躬自悼矣。及尔偕老，老使我怨。

淇则有岸，隰则有泮。总角之宴，言笑晏晏。

信誓旦旦，不思其反。反是不思，亦已焉哉！

译文

青年憨厚笑嘻嘻，抱着布匹来买丝。不是真想将丝买，其实与我议婚事。
送你渡过淇水河，直到顿丘才告辞。非我有意拖婚期，你无良媒将婚提。
希望你别把怒发，重订秋天好时间。登上那片缺墙上，遥望复关将他想。
望穿秋水不见人，眼泪涟涟好心伤。我见情郎复关来，又说又笑好舒畅。
你在家中忙卜筮，卦无凶兆望神帮。迎亲礼车来我家，满载嫁妆路上忙。
桑叶未落正勃勃，桑叶翠绿富光泽。可叹那些斑鸠鸟，不可多吃桑树果。
可叹年少好姑娘，别与男人太纠缠。男人要把女人缠，男人尚可得解脱。
女人若是缠男人，女人没法来洗脱。桑树叶落已衰竭，叶儿变黄而后落。
自从来到你家里，多年煎熬苦生活。淇水满溢浩荡荡，水湿车幔冷冰冰。
想来自身无错误，丈夫德行有大错。真真假假无定准，朝三暮四德行坏。
多年为妻守妇道，我把家事一肩挑。早起晚睡勤做事，累死累活非一朝。
你的誓言抛脑后，异常暴怒欺负我。兄弟不知我处境，嬉笑怒骂嘲笑我。
静心思考这变故，只能悲伤又自责。白头到老当年话，到老使我心愤怨。
淇水虽宽尚有岸，渭河虽宽还有涯。少年未稼多欢乐，说笑与乐心相安。
诚恳发誓意志坚，谁料翻脸变冤家。违背誓言你不该，那就从此算了吧！

国风·王风

黍 离

彼黍离离，彼稷之苗。行迈靡靡，中心摇摇。

知我者，谓我心忧。不知我者，谓我何求。

悠悠苍天，此何人哉？彼黍离离，彼稷之穗。

行迈靡靡，中心如醉。知我者，谓我心忧。

不知我者，谓我何求。

悠悠苍天，此何人哉？彼黍离离，彼稷之实。

行迈靡靡，中心如噎。知我者，谓我心忧。

不知我者，谓我何求。

悠悠苍天，此何人哉？

译 文

那边黍子满田畴，那边稷苗好茂盛。远行路上难迈步，心怀隐忧闷心头。
了解我的人们啊，说我心中存忧伤。不了解我的人啊，怪我有何要求？
请问遥远的苍天，何人害我离家走？那边黍子满田畴，高粱结穗好茂盛。
远行路上难迈步，心中如醉暗凄怆。了解我的人们啊，说我心中存忧伤。
不了解我的人啊，怪我有何要求？
请问遥远的苍天，何人害我离家走？那边黍子满田畴，高粱结实田地上。
远行路上难迈步，心如堵塞暗悲怆。了解我的人们啊，说我心中存忧伤。
不了解我的人啊，怪我有何要求？
请问遥远的苍天，何人害我离家走？

君子于役

君子于役，不知其期。

曷至哉？鸡栖于埘，日之夕矣，羊牛下来。

君子于役，如之何勿思！

君子于役，不日不月。

曷其有佸？鸡栖于桀，日之夕矣，羊牛下括。

君子于役，苟无饥渴！

丈夫前去服劳役，不知何时心忧伤。

什么时候返家乡？小鸡栖息土窝中，太阳落山已黄昏，牛羊下坡返圈里。

丈夫前去服苦役，怎能让我不思念？

丈夫前去服劳役，没日没月别离长，何时何日能团聚？木桩上面鸡栖息。

太阳落山已黄昏，牛羊下坡回圈里。

丈夫前去服苦役，会否饥渴饿肚肠。

国风·郑风

有女同车

有女同车，颜如舜华。将翱将翔，佩玉琼琚。

彼美孟姜，洵美且都。有女同行，颜如舜英。

将翱将翔，佩玉将将。彼美孟姜，德音不忘。

姑娘和我同车行，容颜好似木槿花。举步飘逸同遨游，各色佩玉身上戴。

那位漂亮孟姜女，确实姣美又文雅。姑娘和我同路行，面如槿花真美丽。

步履飘然同遨游，佩玉叮当声锵锵。那位美艳孟姜女，声誉美好永光明。

子 衿

青青子衿，悠悠我心。纵我不往，子宁不嗣音？

青青子佩，悠悠我思。纵我不往，子宁不来？

挑兮达兮，在城阙兮。一日不见，如三月兮！

译 文

青青颜色你衣领，我心惦记总不停。就算我不把你见，难道你竟无音信？
你的佩玉青又青，我的情思总不停。即使我不去看你，你竟不肯来探望？
往来游走影随形，城阙上边久久等。一天未能看到你，好像三月未见面！

国风·齐风

南 山

南山崔崔，雄狐绥绥。鲁道有荡，齐子由归。

既曰归止，曷又怀止？葛屦五两，冠緌双止。

鲁道有荡，齐子庸止。既曰庸止，曷又从止？

蓺麻如之何？衡从其亩。取妻如之何？必告父母。

既曰告止，曷又鞠止？析薪如之何？匪斧不克。

取妻如之何？匪媒不得。既曰得止，曷又极止？

译 文

南山啊高高耸立，雄狐缓步慢慢跨。去鲁大道坦荡荡，从此出嫁为文姜。
已然嫁给鲁桓公，襄公为何将她想？葛鞋交错成一对，帽带飘飘为一双。
去鲁大道坦荡荡，从此出嫁为文姜。已然嫁给鲁桓公，襄公为何将她想？
种麻农家如何种？必须纵横耕田垄。青年娶妻如何娶？必告父母且遵从。
桓公既已告父母，何又携妻面襄公？劈柴应当怎样劈？没有斧子劈不成。
娶妻应当怎样做？没有媒人娶不成。桓公既已娶文姜，何又携妻往齐城？

猗 嗟

猗嗟昌兮，颀而长兮。抑若扬兮，美目扬兮。

巧趋跄兮，射则臧兮。猗嗟名兮，美目清兮。

仪既成兮，终日射侯。不出正兮，展我甥兮。

猗嗟娈兮，清扬婉兮。舞则选兮，射则贯兮。

四矢反兮，以御乱兮。

哎呀生来多健壮，身材高大美儿郎。器宇轩昂风度好，目明眼亮神采扬。
疾步行进多轻巧，射箭技艺极高强。哎呀身体多强健，一双眼睛亮又清。
宾射之礼都已完，终日射箭中侯正。箭箭不偏靶中央，乃是齐国好外甥。
哎呀少年真英俊，眉目清秀神采扬。舞步整齐正节拍，发箭射穿靶中央。
四箭皆中同一点，可以御敌安家邦。

国风·魏风

葛屦

纠纠葛屦（jù），可以履霜。掺掺女手，可以缝裳（xiān）。
要之襋之，好人服之。好人提提，宛然左辟，佩其象揥（tì）。
维是褊心（biǎn），是以为刺。

葛草鞋破以绳缠，双脚怎能来踩霜？缝衣女两手纤细，瘦弱安能来缝衣？
裙腰裙襟都提起，美人穿在其身上。贵妇移步偏装腔，扭转腰肢躲一旁，象牙
簪子头上戴。
由于美人心术狭，写诗讽刺理应当。

硕鼠

硕鼠硕鼠，无食我黍！三岁贯女，莫我肯顾。
逝将去女，适彼乐土。乐土乐土，爰得我所。
硕鼠硕鼠，无食我麦！三岁贯女，莫我肯德。
逝将去女，适彼乐国。乐国乐国，爰得我直。
硕鼠硕鼠，无食我苗！三岁贯女，莫我肯劳。
逝将去女，适彼乐郊。乐郊乐郊，谁之永号？

大老鼠啊大老鼠，不要吃我种的黍。多年我把你豢养，你却不将我来顾。
发誓定要离开你，前去幸福好乐土。乐土乐土确实好，那是我的好去处。
大老鼠啊大老鼠，不要吃我种的麦。多年把你来供养，你会感激是妄想。
发誓将要离开你，前去乐园好地方。乐国乐国真是好，劳动所得自己享。
大老鼠啊大老鼠，不要吃我种的苗。多年将你来供养，你却不肯慰劳我。
发誓将要离开你，我们马上去乐郊。乐郊乐郊真是好，谁会长声去哀号。

国风·唐风

蟋 蟀

蟋蟀在堂，岁聿其莫。今我不乐，日月其除。
无已大康，职思其居。好乐无荒，良士瞿瞿。
蟋蟀在堂，岁聿其逝。今我不乐，日月其迈。
无已大康，职思其外。好乐无荒，良士蹶蹶。
蟋蟀在堂，役车其休。今我不乐，日月其慆。
无以大康，职思其忧。好乐无荒，良士休休。

天冷蟋蟀进堂屋，一年时光即将尽。如今我如不享乐，光阴如梭再不还。
也别过分享安乐，还要想着操劳忙。喜欢享乐业莫废，贤良警语记心间。
天冷蟋蟀到堂屋，一年时光将度过。如今我如不享乐，光阴似箭不可留。
也别过分享安乐，分外之事应思虑。喜欢享乐业莫废，贤良之士勤刻苦。
天冷蟋蟀进堂屋，出差役车返故乡。现在我如不享乐，光阴如箭不回还。
也别享乐太过度，国家忧患还要想。喜爱享乐业莫废，贤良之士真好汉。

采 苓

采苓采苓，首阳之巅。人之为言，苟亦无信。
舍旃舍旃，苟亦无然。人之为言，胡得焉？

采苦采苦，首阳之下。人之为言，苟亦无与。

舍旃舍旃，苟亦无然。人之为言，胡得焉？

采葑采葑，首阳之东。人之为言，苟亦无从。

舍旃舍旃，苟亦无然。人之为言，胡得焉？

译文

采甘草啊采甘草，位于首阳山顶上。那人说的虚伪话，千万别信莫上当。

劝你将它都丢弃，那些全都不可靠。那人讲的是谎话，有何可取费思量？

采苦菜啊采苦菜，首阳山下采一些。那人说的虚伪话，千万别与他一道。

劝你将它都抛弃，那些全都不可靠。那人说的是谎话，有何可取挂心怀？

采芜菁啊采芜菁，首阳山东采摘忙。那人说的虚伪话，千万不要跟他跑。

劝你将它全舍弃，那些全都不可靠。那人讲的是谎话，有何可取值得爱？

国风·秦风

蒹 葭

蒹葭苍苍，白露为霜。所谓伊人，在水一方。

溯洄从之，道阻且长。溯游从之，宛在水中央。

蒹葭萋萋，白露未晞。所谓伊人，在水之湄。

溯洄从之，道阻且跻。溯游从之，宛在水中坻。

蒹葭采采，白露未晞。所谓伊人，在水之涘。

溯洄从之，道阻且右。溯游从之，宛在水中沚。

译文

河岸芦苇青苍苍，早晨秋露凝成霜。好姑娘你在哪里，她在小河那一侧。

逆河而上去寻她，道路危险且漫长。顺水而下去找她，似乎她在水中央。

河岸芦苇茂又密，清晨露水未晒干。好姑娘你在哪里，她在河的那一旁。

逆河而上去找她，道路危险攀登难。顺流而下把她找，似乎她在水中滩。

河岸芦苇密层层，早晨秋露未全干。好姑娘你在哪里，她在河水那一旁。

逆河而上去找她，道路险阻且转弯。顺水而下去找她，似乎她在水中滩。

无 衣

岂曰无衣？与子同袍。王于兴师，修我戈矛，与子同仇！

岂曰无衣？与子同泽。王于兴师，修我矛戟，与子偕作！

岂曰无衣？与子同裳。王于兴师，修我甲兵，与子偕行！

译文

　　谁说没有军衣穿？和你同穿一件战袍。国王御敌要出师，加紧修整戈与矛，共同对敌逞英豪。

　　谁说没有军装穿？和你同穿一件内衫。国王抗敌要兴兵，加紧修理矛和戟，共同前进去讨敌。

　　谁说没有军服穿？和你同穿那下裳。国王防敌要兴兵，快修铠甲及武器，我们一起奔战场。

国风·陈风

月 出

月出皎兮，佼人僚兮^{jiǎo liáo}。舒窈纠兮^{yǎo jiǎo}，劳心悄兮！

月出皓兮，佼人懰兮^{yǒu}。舒忧受兮，劳心慅兮！

月出照兮，佼人燎兮^{liáo}。舒夭绍兮，劳心惨兮！

译文

清澈明亮月升起，月下姑娘真美丽。体态轻盈缓步行，时时念她心忧伤！
皎洁明亮月升天，姑娘月下更娇艳。缓步轻盈姿态美，每时想她心不安！
清澈明亮月升天，姑娘月下面姣好。身姿轻盈飘飘然，日日想她心难安！

泽 陂

彼泽之陂^{zé bēi}，有蒲与荷。有美一人，伤如之何！

寤寐无为，涕泗滂沱。彼泽之陂，有蒲与蕳。

有美一人，硕大且卷。寤寐无为，中心悁悁。

彼泽之陂，有蒲菡萏。有美一人，硕大且俨。

寤寐无为，辗转伏枕。

译文

那个池塘有堤岸，蒲草荷花塘中生。看见一个美男子，我心爱他当如何！
无心做事日夜想，涕泪横流难自已。那个池塘有堤岸，蒲草兰草池中生。
看见一个美男子，身材高大品德好。无心做事日夜想，心中忧愁还难忘。
那个池塘有堤岸，蒲草荷花共伴生。有个男子世无双，身材高大风度好。
无心做事将他想，翻来覆去空烦恼。

国风·桧风

匪风

匪风发兮，匪车偈兮。顾瞻周道，中心怛兮！

匪风飘兮，匪车嘌兮。顾瞻周道，中心弔兮！

谁能亨鱼，溉之釜鬵。谁将西归，怀之好音。

译文

那风吹得发发响，那车快速飞驰忙。西去大路我回望，心中思乡极忧伤。
那风回旋天地转，那车急速轻快奔。西去大路我回望，心中忧伤念故乡。
谁能烹制那条鱼？替他把锅洗干净。谁要西归回故乡？请他捎信报平安。

国风·曹风

蜉蝣

蜉蝣之羽，衣裳楚楚。心之忧矣，于我归处。

蜉蝣之翼，采采衣服。心之忧矣，于我归息。

蜉蝣掘阅，麻衣如雪。心之忧矣，于我归说。

译文

蜉蝣有对好翅膀，漂亮衣裳又美丽。心怀忧愁不欢乐，与我回宿同一处。

蜉蝣展翅在飞翔，华美衣服好高贵。心有忧愁难舒畅，与我回宿同一处。

蜉蝣出土来人间，麻布衣裳如白雪。心藏忧痛不欢畅，与我回家同一处。

候 人

彼候人兮，何戈与殳(duì)。彼其之子，三百赤芾(fú)。

维鹈(tí)在梁，不濡其翼。彼其之子(jì)，不称(chèn)其服。

维鹈在梁，不濡其咮(zhòu)。彼其之子(jì)，不遂其媾(gòu)。

荟兮蔚兮，南山朝隮。婉兮娈兮，季女斯饥。

译文

那个候人官好小，肩扛兵器戈与殳。再看那些人们啊，红皮绑腿三百人。

鱼鹰站在鱼梁上，不曾沾水湿翅膀。再看那些人们啊，不配穿那贵族装。

鱼鹰站在鱼梁上，长嘴未湿太反常。再看那些人们啊，不配君王施恩宠。

云霞漫漫雾弥弥，朝云彩虹起南山。候人幼女虽娇好，少女贫苦遭饥寒。

国风·豳风

七 月

（一）

七月流火，九月授衣。一之日觱(bì)发，二之日栗烈。无衣无褐(hè)，何以卒岁？三之日于耜(sì)，四之日举趾。同我妇子，馌(yè)彼南亩，田畯(jùn)至喜。

（二）

七月流火，九月授衣。春日载阳，有鸣仓庚(cānggēng)。女执懿(yì)筐，遵彼微行，爰求柔桑。春日迟迟，采蘩(fán)祁祁(qí)。女心伤悲，殆及公子同归。

（三）

七月流火，八月萑苇(huán wěi)。蚕月条桑，取彼斧斨(qiāng)，以伐远扬，猗彼女桑。七月鸣鵙，八月载绩。载玄载黄，我朱孔阳，为公子裳。

（四）

四月秀葽(yāo)，五月鸣蜩(tiáo)。八月其获，十月陨萚(yǔn tuò)。一之日于貉，取彼狐狸，为公子裘。二之日其同，载缵(zuǎn)武功。言私其豵，献豜(jiān)于公。

（五）

五月斯螽(sī zhōng)动股，六月莎(shā)鸡振羽。七月在野，八月在宇。九月在户，十月蟋蟀入我床下。穹窒熏鼠，塞向墐户。嗟我妇子，曰为改岁，入此室处。

（六）

六月食郁及薁(yù)，七月亨葵及菽(shū)。八月剥(pū)枣，十月获稻；为此春酒，以介眉寿。七月食瓜，八月断壶，九月叔苴(jū)。采荼薪樗(chū)，食我农夫。

（七）

九月筑场圃，十月纳禾稼，黍稷重穋(tóng lù)，禾麻菽麦。嗟我农夫！我稼既同，上入执宫功；昼尔于茅，宵尔索绹(táo)，亟其乘屋，其始播百谷。

（八）

二之日凿冰冲冲，三之日纳于凌阴。四之日其蚤(zǎo)，献羔祭韭。九月肃霜，十月涤场。朋酒斯飨(xiǎng)，曰杀羔羊，跻(jī)彼公堂，称彼兕觥(sì gōng)：万寿无疆！

译文

（一）

七月“火星”偏西沉，九月制衣令下来。十一月来北风吹，十二月来天气寒。粗麻衣服都没有，我拿什么过年关？正月忙着修农具，二月抬脚犁田忙。老婆孩子同劳动，向南田里来送饭，田官赶来好心欢。

七月"火星"偏西沉，九月制衣令下来。春天太阳暖洋洋，黄莺鸣叫声婉转。姑娘手提那深筐，身沿小路缓向前，采摘嫩桑于田间。春天白昼渐渐长，采繁人多不得闲。姑娘心中枉悲伤，怕被公子把人抢。

（三）

七月"火星"往西沉，八月割取芦苇忙。三月修整桑树枝，取来一些斧和斯。砍下高挑桑树枝，手拉枝条采嫩桑。七月伯劳高声唱，八月开始麻纺忙。又染黑色又染黄，我染红色更鲜亮，为那公子制衣裳。

（四）

四月远志结子完，五月蝉儿声声鸣。八月开始割庄稼，十月蓁树叶儿落。十一月来去打貉，猎取狐狸把皮剥，我为公子缝皮袄。十二月来聚一起，练武打猎仍劳烦。猎取小猪归自己，大猪要向官府交。

（五）

五月蚱蜢弹腿响，六月蝈蝈振翅飞。蟋蟀七月在郊野，八月返回房檐下。九月来到大门边，十月进屋床底藏。堵塞孔隙熏老鼠，泥抹门来封北窗。嘱咐我妻和儿女，新年马上到身旁，住进此屋莫心凉。

（六）

郁李葡萄六月尝，葵菜豆儿七月吃。八月枣熟打下来，十月割稻忙收割。用稻酿成好美酒，喝了延年寿又长。七月吃瓜多采摘，八月葫芦采下秧。九月全来拾麻籽，采些苦菜砍些柴，是咱农夫半年粮。

（七）

九月筑成打谷场，十月五谷都进仓。谷子高粱及杂粮，粟麻豆麦都收藏。可怜我等众农夫！各种谷物全装仓，又为公家修住房。白天需去打茅草，晚上搓绳长又长。急忙登屋修好房，又要开始春播忙。

（八）

十二月来凿冰响，一月里来冰窖藏。二月里来得早祭，摆酒祭菜献羔羊。九月天高又气爽，十月扫清打谷场。两壶美酒都奉上，宰杀一只小羔羊，走进学堂议事处，兕牛角杯高高举，"万寿无疆"声响亮。

鸱鸮

鸱鸮鸱鸮，既取我子，无毁我室。

恩斯勤斯，鬻子之闵斯！

迨天之未阴雨，彻彼桑土，绸缪牖户。

今女下民，或敢侮予。

予手拮据，予所捋荼，予所蓄租，予口卒瘏，曰予未有室家！

予羽谯谯，予尾翛翛，予室翘翘，风雨所漂摇，予维音哓哓！

译文

猫头鹰啊猫头鹰，你已抓走我子女，不可再毁我的家。

日夜操劳费尽心，抚养子女累又乏。

趁着天还没下雨，取来桑根将皮剥，绑住门窗加牢固。

现在你们这些居住在树下的人，谁敢将我再欺侮！

我的双手已累麻，拾取草花来垫巢，我还多积干茅草，我的嘴巴累病了，巢还不曾修理好。

我的羽毛已枯焦，我的尾巴已枯焦，我的窝高而危险，风吹雨打任飘摇，提心吊胆喳喳叫。

雅·小雅

鹿　鸣

呦呦鹿鸣，食野之苹。我有嘉宾，鼓瑟吹笙。

吹笙鼓簧，承筐是将。人之好我，示我周行。

呦呦鹿鸣，食野之蒿。我有嘉宾，德音孔昭。

视民不恌，君子是则是效。我有旨酒，嘉宾式燕以敖。

呦呦鹿鸣，食野之芩。我有嘉宾，鼓瑟鼓琴。

鼓瑟鼓琴，和乐且湛。我有旨酒，以燕乐嘉宾之心。

译文

群鹿呦呦郊外鸣，尽情吃苹很安闲。我有满座好宾客，奏瑟吹笙来欢迎。

吹起笙来鼓起簧，捧筐赠物表敬情。贵客心中喜欢我，治国大道向我呈。

群鹿呦呦在鸣叫，吃那青蒿野地中。我有满座好宾客，他们德高美名显。

为民表率不轻薄，君子效法好榜样。我有甜酒来供奉，嘉宾宴饮心欢畅。
群鹿呦呦鸣叫欢，野外食苓乐陶陶。我有满座好宾客，奏瑟弹琴真热烈。
奏瑟弹琴来助兴，和平安乐表深情。我有甜酒勤奉献，借此娱乐请嘉宾。

常　棣

常棣之华，鄂不韡韡(wěi è)。凡今之人，莫如兄弟。

死丧之威，兄弟孔怀。原隰裒(póu)矣，兄弟求矣。

脊令在原，兄弟急难。每有良朋，况也永叹。

兄弟阋(xì)于墙，外御其务。每有良朋，烝也无戎。

丧乱既平，既安且宁。虽有兄弟，不如友生。

傧尔笾豆(bīn biān)，饮酒之饫(yù)。兄弟既具，和乐且孺(rú)。

妻子好合，如鼓瑟琴。兄弟既翕(xī)，和乐且湛。

宜尔室家，乐尔妻帑(nú)。是究是图，亶(dǎn)其然乎？

译　文

棠棣花啊棠棣花，花萼花蒂同根生。如今世上所有人，完全不若亲兄弟。
遇到死丧最威胁，只有兄弟能挂心。广阔原隰山川变，唯有兄弟遍地寻。
脊令鸟儿在平原，只有兄弟救危难。虽有良朋在身边，只能为你长声叹。
兄弟家里现争吵，遇到外侮共抵挡。虽有良朋在身边，终究无法帮大忙。
等到丧乱都平息，生活安宁不相依。此时虽有亲兄弟，不如朋友情意密。
摆列你的笾和豆，又是饮酒又吃菜。兄弟全都在一处，和乐愉快又亲密。
妻子儿女情意合，奏乐声和同到老。兄弟全都聚一处，和乐尽欢更亲热。
祝你全家情意好，妻子儿女皆欢喜。认真思考细探究，此理是否很分明？

采　薇

采薇采薇，薇亦作止。曰归曰归，岁亦莫止(mù)。

靡室靡家，猃狁之故(xiǎn yǔn)。不遑启居，猃狁之故(huáng xiǎn)。

采薇采薇，薇亦柔止。曰归曰归，心亦忧止。

忧心烈烈，载饥载渴。我戍未定，靡使归聘。

采薇采薇，薇亦刚止。曰归曰归，岁亦阳止。
王事靡盬^{gǔ}，不遑启处。忧心孔疚，我行不来。
彼尔维何？维常之华。彼路斯何？君子之车。
戎车既驾，四牡业业。岂敢定居，一月三捷。
驾彼四牡，四牡骙骙^{kuí}。君子所依，小人所腓^{féi}。
四牡翼翼，象弭鱼服。岂不日戒，玁狁^{xiǎn}孔棘。
昔我往矣，杨柳依依。今我来思，雨雪霏霏。
行道迟迟，载渴载饥。我心伤悲，莫知我哀！

译文

采薇菜啊采薇菜，薇菜菜苗已长大。说要回家啊要回家，已到年终未返回。
虽有家庭似没有，只因玁狁频扰边。没有时间去闲坐，只因玁狁国难安。
采薇菜啊采薇菜，薇菜鲜嫩初发芽。说回家呀说回家，心中忧虑家没回。
满腔忧绪火烈烈，又饿又渴忍饥肠。我的驻地不固定，无人归家问平安。
采薇菜啊采薇菜，薇菜茎秆已老硬。说回家呀说回家，年末十月又到来。
国王事情总没完，没有时间高卧闲。内心忧伤好痛苦，生怕从此不回家。
那是何花在盛开？棠棣花儿正怒放。那是何车大又高？将帅之车镇四方。
兵车全都驾起来，四匹公马齐奔腾。怎敢停下来定居，每月多次得胜利。
公马四匹驾车忙，四匹公马好强壮。将帅坐在战车上，战士靠车将箭防。
四匹公马好整齐，鱼皮箭袋身旁挂。怎敢一天不警戒，玁狁进犯真猖狂。
想起以前出征时，杨柳依依轻摇摆。今天凯旋把家还，满天飞雪纷纷扬。
道路遥远难行走，又渴又饥真劳累。我的内心很悲苦，无人知我哀与伤。

鹤　鸣

鹤鸣于九皋，声闻于野。鱼潜在渊，或在于渚。

乐彼之园，爰有树檀，其下维萚^{tuò}。

它山之石，可以为错。

鹤鸣于九皋，声闻于天。鱼在于渚，或潜在渊。

乐彼之园，爰有树檀，其下维榖。

它山之石，可以攻玉。

仙鹤鸣叫于沼泽，鸣声郊外能闻听。鱼儿潜伏在深渊，有时游荡沙滩边。

我爱那些美林园，园中檀树高参天，树下落叶已枯焦。

其他山上有美石，同样可做雕玉刀。

仙鹤鸣叫沼泽间，叫声天上能听到。鱼儿游动沙滩边，有些潜伏在深渊。

我爱那些美林园，园中檀树高参天，树下楮树矮又小。其他山上有美石，同样可以琢磨玉。

鸳 鸯

鸳鸯于飞，毕之罗之。君子万年，福禄宜之。

鸳鸯在梁，戢其左翼。君子万年，宜其遐福。

乘马在厩，摧之秣之。君子万年，福禄艾之。

乘马在厩，秣之摧之。君子万年，福禄绥之。

成双成对鸳鸯飞，及时捕捉用鸟网。周王寿命万年长，安享幸福永相爱。

鸳鸯栖息于梁上，嘴埋左翼多安详。周王寿命万年长，宜把幸福长久享。

四匹马儿于马厩，既喂草料又喂粮。周王寿命万年长，有福有禄永和好。

四匹马儿于马厩，粮谷草料喂得全。周王寿命万年长，福禄尽享永安康。

苕之华

苕之华，芸其黄矣。心之忧矣，维其伤矣！

苕之华，其叶青青。知我如此，不如无生！

牂羊坟首，三星在罶。人可以食，鲜可以饱。

凌霄茂盛花绽放，鲜艳美丽色深黄。我的心中藏忧虑，让我痛苦好悲伤。

凌霄花儿已开放，叶儿茂盛长得旺。要知这般大荒年，不如莫生在世间。

雌性绵羊真肥大，参星空将鱼篓照。百姓吃何能活命？少有人能吃得饱。

雅·大雅

文 王

文王在上，於昭于天！周虽旧邦，其命维新。

有周不显，帝命不时。文王陟降，在帝左右。

亹亹文王，令闻不已。陈锡哉周，侯文王孙子。

文王孙子，本支百世。凡周之士，不显亦世。

世之不显，厥犹翼翼。思皇多士，生此王国。

王国克生，维周之桢。济济多士，文王以宁。

穆穆文王，於缉熙敬止。假哉天命！有商孙子。

商之孙子，其丽不亿。上帝既命，侯于周服。

侯服于周，天命靡常。殷士肤敏，祼将于京。

厥作祼将，常服黼冔。王之荩臣，无念尔祖。

无念尔祖，聿修厥德。永言配命，自求多福。

殷之未丧师，克配上帝。宜鉴于殷，骏命不易。

命之不易，无遏尔躬。宣昭义问，有虞殷自天。

上天之载，无声无臭。仪刑文王，万邦作孚。

译文

文王神灵居天堂，神灵显赫闪光芒。岐周尽管建国早，接受天命为新邦。

周朝功业甚显赫，天帝命它永兴盛。文王神灵时升降，常在天帝近身边。

勤勉不息周文王，美誉至今天下扬。文王反复赐周福，子孙封侯将禄享。

文王子孙代相传，本宗旁支百代长。所有周朝众卿士，也都累世显荣光。

世代功臣荣光耀，为王谋事多周详。众多卿士皆俊杰，此生有幸在周邦。

周国能有这等人，都是天下好骨干。有此众多贤能臣，文王得以保安宁。

文王恭谨还端庄，心地光明又恭敬。上天之命极伟大，商王子孙都归降。

商王子孙过繁盛，数以亿计难知详。上帝已然把令下，只得称臣降周邦。

殷商臣服降周邦，由此天命亦无常。降周殷士美而敏，镐京献酒祭周王。
他们献酒助祭时，还穿殷时旧服装。周王任用殷旧臣，牢记先祖殷商王。
牢记先祖殷商王，继承祖德来修养。言行永远合天意，很多幸福靠自强。
殷朝尚有民心在，能合天命治家邦。应以殷商为镜鉴，国命永昌非寻常。
同命永昌不寻常，别在你手都丢光。应当宣扬美名传，应知殷鉴是无降。
上天之事一桩桩，无声无味难估量。唯有效法周文王，万国臣民都敬仰。

生 民

厥初生民，时维姜嫄（yuán）。生民如何？克禋（yīn）克祀，以弗无子。

履帝武敏，歆攸介攸止。载震载夙，载生载育，时维后稷。

诞弥厥月，先生如达。不坼（chè）不副，无灾无害。

以赫厥灵，上帝不宁。不康禋祀，居然生子。

诞置之隘（zhì）巷，牛羊腓（féi）字之。诞置之平林，会伐平林。

诞置之寒冰，鸟覆翼之。鸟乃去矣，后稷呱矣。

实覃实讦，厥声载路。诞实匍匐，克岐克嶷，以就口食。

蓺之荏菽，荏菽旆旆（pèi），禾役穟穟（suì），麻麦幪幪（měng），瓜瓞唪唪（guā dié běng）。

诞后稷之穑，有相之道。茀厥丰草，种之黄茂。

实方实苞，实种实褎（yòu），实发实秀，实坚实好，实颖实栗，即有邰（tái）家室。

诞降嘉种，维秬维秠（jù pī），维穈维芑（qǐ）。恒之秬秠，是获是亩。

恒之穈芑，是任是负。以归肇祀（zhào sì）。诞我祀如何？

或舂或揄（chōng yóu）。或簸或蹂。释之叟叟。烝之浮浮。

载谋载惟，取萧祭脂，取羝以軷（dī）。载燔载烈（fán），以兴嗣岁。

卬盛于豆（áng），于豆于登，其香始升。上帝居歆（xīn），胡臭亶时（dǎn）！

后稷肇祀，庶无罪悔。以迄于今（qì）。

译 文

是谁首先生周民？这位先妣是姜嫄。她是如何生周民？她能虔诚祭上天，祈求得子代相传。

脚踩上帝拇指迹，神灵保佑心喜欢。怀胎时期极谨慎，十月生子来教养。后稷这样降人间。

姜嫄怀孕满十月，头胎得子很顺利。产门完好不撕裂，无灾无害无祸殃。

预示灵异大吉祥，上帝心里颇不安。不能安享祭祀长，徒然生个小儿郎。

丢弃后稷于小巷，牛羊庇护喂养他。丢弃后稷于森林，有人伐木正遇上。

丢弃后稷寒冰上，大鸟展翅帮保暖。大鸟不久飞离去，后稷呱呱哭声叫。

哭声很大又很长，满路哭声远传扬。不久后稷能爬行，慢慢站起立得正，且能觅食来为生。

稍长就会种大豆，大豆长得很茂盛。禾穗下垂沉甸甸，麻麦繁茂覆垄间，瓜实累累数不尽。

后稷种地种得好，助苗生长有良方。除去田间丰茂草，播植粮茂种得早。

禾苗初生露嫩芽，生得肥壮朝高拔。庄稼茎高结为穗，颗粒坚实成色佳，穗芒下垂产量高，后稷于邰安下家。

上天恩赐良谷种，秬秠皆有产量佳，还有穈来尚有芑。

遍地都种秬和秠，收获按亩把数算。满地遍种穈和芑，挑着背着忙运输。

回至家中祭祖先。周民如何来祭祀？或舂米来或舀粮，或搓米粒或簸糠。

有人淘米声声响，蒸饭热气飘天上。祭祀细节共协商，取来香蒿与脂肪，拿来公羊剥去皮。

烧烤牺肉献神灵，保佑来年收成旺。我把祭品盛碗盘，木碗瓦盘都摆上。

香气开始升上天，上帝得以享祭品。香味的确很美好，后稷开始祭上苍。

幸得神佑无灾殃，从古到今好风尚。

板

上帝板板，下民卒瘅（cuì dàn）。出话不然，为犹不远。

靡圣管管。不实于亶（dǎn）。犹之未远，是用大谏。

天之方难，无然宪宪。天之方蹶，无然泄泄（yì）。

辞之辑矣，民之洽矣。辞之怿矣（yì），民之莫矣。

我虽异事，及尔同寮。我即尔谋，听我嚣嚣。

我言维服，勿以为笑。先民有言：询于刍荛（chú ráo）。

天之方虐，无然谑谑。老夫灌灌（guàn），小子蹻蹻。

匪我言耄（mào），尔用忧谑。多将熇熇（hè），不可救药。

天之方懠，无为夸毗（pí）。威仪卒迷，善人载尸。

民之方殿屎（xī），则莫我敢葵。丧乱蔑资，曾莫惠我师？

天之牖民（yǒu），如埙如篪（chí），如璋如圭，如取如携。

携无曰益，牖民孔易。民之多辟，无自立辟！

价人维藩，大师维垣，大邦维屏，大宗维翰。

怀德维宁，宗子维城。无俾城坏，无独斯畏！

敬天之怒，无敢戏豫。敬天之渝，无敢驰驱。

昊天曰明，及尔出王。昊天曰旦，及尔游衍。

 译 文

上帝旨意不寻常，下界人们有祸殃。君王说话不合理，制定政令无远见。
不靠圣人擅主张，只说不做极放荡。谋划国事没远见，所以深谏我君王。
上天正在降祸患，不要这样喜洋洋。上天正在起动乱，莫要喋喋将话讲。
政令和缓不苛刻，百姓舒畅国力强。政令如若不合理，百姓受害遭祸殃。
你我任职各不同，都是同僚侍周王。我去同你议国策，傲慢不肯听我讲。
我的主张极有用，勿当笑话放一旁。古人曾把名言留："请教樵夫将事商。"
上天正在施暴政，不可这样嬉笑忙。老夫诚恳诉衷肠，小子高傲意气扬。
不是我在讲昏话，你在嬉笑逞轻狂。只助火势烧得旺，无法救治国将亡。
上天正在大发怒，莫把媚言大话讲。举止礼节都惑乱，好人如尸口不张。
百姓遭难痛呻吟，王朝前途不敢想。社会丧乱资财空，无人救民解灾殃。
上天引诱老百姓，如吹埙篪和音响。如制圭璋用美玉，如同提携有帮助。
提携不会有拦阻，因材施教很简单。如今百姓多邪僻，枉身立法没用场。
卫国军队为藩篱，民众就是高围墙。大国犹如那屏障，同宗大族为栋梁。
保有美德方安宁，宗子犹如是城墙。别让城墙被破坏，孤立无援最恐慌。
敬畏上天大震怒，不敢嬉笑太放荡。敬畏上天常变动，不敢放纵过骄狂。
上天眼睛最明亮，和你一起同来往。上天双目最明朗，和你一起共游逛。

颂·商颂

玄 鸟

天命玄鸟，降而生商，宅殷土芒芒。

古帝命武汤，正域彼四方。

方命厥后，奄有九有。

商之先后，受命不殆，在武丁孙子。

武丁孙子，武王靡不胜。

龙旂十乘，大糦是承。

邦畿千里，维民所止，肇域彼四海。

四海来假，来假祁祁。

景员维河，殷受命咸宜，百禄是何。

译 文

天帝命燕飞降来，下临人间生商王，住在宽广殷土上。
帝命勇武的成汤，征伐占领拥四方。
普遍命令部落长，尽取九州为君王。
商朝前代诸先君，承受天命安无恙，武王子孙为贤王。
后裔武丁是贤王，武丁常胜继成汤。
兵车十辆插龙旗，各种酒食都奉上。
国境千里极漫长，百姓所居好地方，才有四海地面广。
四海都来朝商王，来朝官员熙攘攘。
幅员广阔绕黄河，殷商受命得天佑，承受大福万代享。

殷 武

挞彼殷武，奋伐荆楚。罙入其阻，裒荆之旅。

有截其所，汤孙之绪。维女荆楚，居国南乡。

昔有成汤，自彼氐羌，莫敢不来享，莫敢不来王。

曰商是常。天命多辟（bì），设都于禹之绩。
岁事来辟（bì），勿予祸适（guò zhé），稼穑匪解（xiè）。
天命降监（jiàn），下民有严。不僭不滥，不敢怠遑。
命于下国，封建厥福。商邑翼翼，四方之极。
赫赫厥声，濯濯（zhuó）厥灵。寿考且宁，以保我后生。
陟彼景山，松伯丸丸。是断是迁，方斵（zhuó）是虔。
松桷（jué）有梴（chān），旅楹有闲，寝成孔安。

译文

勇武伟大殷高宗，奋力伐楚到南方。深入荆楚危险地，俘获敌军胜敌酋。
所制之处皆报捷，商汤子孙功业强。尔等荆楚诸国民，居住我国南边疆。
以往商朝有成汤，尽管氐羌远又狂，没人胆敢不朝贡，没谁不来朝商王。
商王永恒是君王。上天命令各诸侯，禹治水处建都城。
年年朝贡殷商王。不对你们以谴责，但莫松懈误农耕。
天子命令去巡察，百姓严谨都守法。不越礼法无过错，不敢松懈无闲暇。
天子对诸侯国下诏令，树立大福享天下。商朝京都好繁华，各国以其为榜样。
武丁名声极显赫，威灵光明闪光亮。他既安宁又寿长，保佑后人永兴旺。
踏上景山高山冈，松柏挺直成长旺。砍下松柏搬回来，又砍又削把屋建。
松木椽子长又大，个个楹柱极粗壮。寝庙修毕神安详。

颂·周颂

清 庙

於（wū）穆清庙，肃雍显相。济济多士，秉文之德。
对越在天，骏奔走在庙。不（pī）显不（pī）承，无射（yì）於人斯。

译文

鸣呼深远清庙中，庄重雍容祭祀者。祭祀人多又整齐，文王美德继承人。
遥对文王在天灵，祭祀奔走宗庙中。无上光辉延后世，人们尊奉无时穷。

维天之命

维天之命，於穆不已！於乎不显！文王之德之纯。

假以溢我，我其收之。骏惠我文王，曾孙笃之。

译文

想那上天降旨意，庄严肃穆永不停。呜呼显赫又光明，文王之德极纯正。
仁政使我得安宁，我们必定要继承。坚决顺从周文王，后世子孙当继承。

丰　年

丰年多黍多稌，亦有高廪，万亿及秭。

为酒为醴，烝畀祖妣，以洽百礼，降福孔皆。

译文

丰年收获多黍稻，装满高高粮仓中，成万上亿难尽数。
新米酿成酒与醴，进献祖先来品尝，祭祀礼节当洽合，神灵普降大福祥。

武

於皇武王，无竞维烈。允文文王，克开厥后。

嗣武受之，胜殷遏刘，耆定尔功。

译文

赞叹伟岸周武王，功业无人能匹敌。
文王诚信有文德，能替后代将业创。
武王继承文王业，战胜纣王一暴君，终成大功美名扬。

《诗经》精华

《春秋左传》精华

隐　公

元年经

元年春，王正月。

三月，公及邾仪父盟于蔑。

夏五月，郑伯克段于鄢。

秋七月，天王使宰咺（xuān）来归惠公、仲子之赗（fèng）。

九月，及宋人盟于宿。

冬十有二月，祭伯来。

公子益师卒。

元年传

惠公元妃孟子。孟子卒，继室以声子，生隐公。宋武公生仲子，仲子生而有文在其手，曰为鲁夫人，故仲子归于我。生桓公而惠公薨，是以隐公立而奉之。

译文　鲁惠公的正室夫人名叫孟子。孟子去世之后，惠公又续娶声子，生下了隐公。宋武公有个女儿叫仲子，仲子生下来时，手掌上就有文字，为"当鲁国夫人"，所以仲子也嫁给鲁国国君做正室。生下桓公不久，鲁惠公就去世了，而此时作为太子的桓公还很年幼，不能履行国君的职责，因此由隐公来辅佐朝政。

元年春，王周正月。不书即位，摄也。三月，公及邾仪父盟于蔑，邾子克也。未王命，故不书爵。曰"仪父"，贵之也。公摄位而欲求好于邾，故为蔑之盟。夏四月，费伯帅师城郎。不书，非公命也。

译文　元年春季，周历正月，《春秋》没有记录隐公即位一事，这是由于他只是代理国政。三月，隐公和邾仪父在蔑地会面，邾仪父即邾子克。由于邾仪父还没

四书五经 精华本

有得到周朝的正式册封，所以《春秋》没有记载其爵位，称其为"仪父"，是由于尊重他。隐公刚摄政而想要与邾国搞好关系，所以在蔑地举行了会盟。夏季，四月，费伯率军在郎地修筑城池。《春秋》没有记载这件事，是因为筑城并非奉隐公之命。

初，郑武公娶于申，曰武姜，生庄公及共叔段。庄公寤_{wù}生，惊姜氏，故名曰"寤_{wù}生"，遂恶之。爱共叔段，欲立之。亟_{qì}请于武公，公弗许。及庄公即位，为之请制。公曰："制，岩邑也，虢叔死焉，佗邑唯命。"请京，使居之，谓之京城大叔。祭_{zhài}仲曰："都城过百雉_{zhì}，国之害也。先王之制，大都不过参国之一，中五之一，小九之一。今京不度，非制也。君将不堪。"公曰："姜氏欲之，焉辟害？"对曰："姜氏何厌之有？不如早为之所，无使滋蔓_{màn}！蔓，难图也。蔓草犹不可除，况君之宠弟乎？"公曰："多行不义，必自毙，子姑待之。"

译文 起初，郑武公从申国娶回申国国君的女儿，名叫武姜，生下了郑庄公与共叔段。庄公出生时是脚先出来的，属于难产，使得姜氏受到惊吓，因此给他取名叫"寤生"，并因此非常讨厌他。姜氏很喜爱共叔段，希望立他为太子。多次为此事去向武公请求，武公最终没有答应。等到庄公继位，成为国君，姜氏为共叔段请求将制这个地方来作为共叔段的封邑，庄公说："制地是一个形势险峻的地方，虢叔曾经在这里去世。其他的地方都可以听您的吩咐。"姜氏又请求将京城封给共叔段，庄公就让共叔段住在那里，共叔段因此被称为京城太叔。郑国的大夫祭仲说："国都以外的城邑，城墙的长度如超过三百丈，就是国家的祸端。先王制定的制度：大的城邑的城墙，不可以超过国都的三分之一；中等的，不超过五分之一；小的，不能超过九分之一。如今，京城的城墙已经不合乎过去的法度了。违反了先王的制度您将会经受不起的。"庄公说："姜氏要如此，怎样才可以避免这场祸端呢？"祭仲回答："姜氏有什么满足呢？不如早点为公叔段准备一个居住的场所，不要让她滋生事端，一旦蔓延就很难对付了。蔓延的野草尚且难以被铲除干净，何况是您那个居于尊位的弟弟呢？"庄公说："不合道义的事情做多了，必然会自己倒下。您姑且等待吧！"

既而大叔命西鄙、北鄙贰于己。公子吕曰："国不堪贰，君将若之何？欲与大叔，臣请事之；若弗与，则请除之。无生民心。"公曰："无庸，将自及。"大叔又收贰以为己邑，至于廪延。子封曰："可矣，厚将得

《春秋左传》精华

众。"公曰："不义不昵，厚将崩。"大叔完聚，缮甲兵，具卒乘，将袭郑。夫人将启之。公闻其期，曰："可矣！"命子封帅车二百乘以伐京。京叛大叔段，段入于鄢，公伐诸鄢。五月，辛丑，大叔出奔共。

译文 不久，太叔命令西部与北部边境地区既属于庄公，又属于自己。郑国大夫公子吕说："一个国家承受不了两属的情况，您打算怎么去做呢？您要将君位让给太叔，就请让下臣去侍奉他；如果不想让给他，那就请除掉他，不要让百姓产生二心。"庄公说："不必了，他将会自取其祸的。"太叔又收取原来两属之地并把它来作为自身封邑，并逐步扩张到廪延一带。子封说："可以动手了。不然，他地盘太大，将会争得民心。"庄公说："不讲道义就不能团结他人，地盘越大，崩溃得也就越快。"太叔修整城郭，储备粮草，修缮武器，充实士卒和兵车，准备进攻郑国都城。姜氏则打算作为内应，帮其打开城门。庄公听说太叔起兵的日期后，说："可以了。"就命令子封率领二百辆战车来攻打京城。京城的人都背叛了太叔，太叔逃到了鄢地。庄公又赶到鄢地进攻他。五月二十三日，太叔逃往共国。

书曰："郑伯克段于鄢。"段不弟，故不言弟；如二君，故曰"克"；称"郑伯"，讥失教也；谓之郑志，不言出奔，难之也。

遂置姜氏于城颍，而誓之曰："不及黄泉，无相见也！"既而悔之。

颍考叔为颍谷封人，闻之，有献于公。公赐之食。食舍肉。公问之。对曰："小人有母，皆尝小人之食矣，未尝君之羹，请以遗之。"公曰："尔有母遗，繄我独无！"颍考叔曰："敢问何谓也？"公语之故，且告之悔。对曰："君何患焉？若阙地及泉，隧而相见，其谁曰不然？"公从之。公入而赋："大隧之中，其乐也融融！"姜出而赋："大隧之外，其乐也洩洩！"遂为母子如初。

译文 《春秋》说："郑伯在鄢地击败公叔段。"太叔的所作所为不像一个弟弟该做的事情，所以不说"弟"字；兄弟相争，犹如两个国君打仗，所以用"克"字来形容；将庄公称为"郑伯"是讥刺他没有尽到教诲的责任；《春秋》这样记载就说明了庄公的本意。不说"出奔"，是由于史官下笔有困难。

于是庄公就将姜氏安置到颍城，对她发誓说："不到黄泉，不再相见。"不久以后，又感到后悔了。

颖考叔当时在颍谷担任边疆护卫长官，听说这件事，于是借向庄公献礼之机来见庄公。庄公赏赐他食物吃。在吃饭时，他将肉放到一边不吃。庄公问其原因，他说："小人家中有老母，向来都是吃小人所供奉的食物，还从来没尝过君王赐给的肉食。请让我将这些肉带回去给她吃。"庄公说："你有母亲能够孝敬，咳！唯独我却没有啊！"颖考叔说："冒昧地问您一下这是何意？"庄公就对他说明了原因，并且告诉他自己感到后悔。颖考叔回答："您在担心些什么呢？如果挖地看到泉水，宽阔的相见，那还有谁说不对呢？"庄公听从了颖考叔的意见。庄公进了隧道，赋诗说："挖地道在隧道中相见，该有多么快乐啊！"姜氏走出隧道也赋诗说："走出宽阔的隧道外，多么舒畅啊。"于是母子和好如初。

君子曰："颖考叔，纯孝也。爱其母，施及庄公。《诗》曰'孝子不匮，永锡尔类。'其是之谓乎！"

秋七月，天王使宰咺来归惠公、仲子之赗。缓，且子氏未薨，故名。天子七月而葬，同轨毕至；诸侯五月，同盟至；大夫三月，同位至；士逾月，外姻至。赗死不及尸，吊生不及哀。豫凶事，非礼也。

译文 君子说："颖考叔的孝心是纯正而博大的，爱他的母亲，扩大并影响到庄公。《诗》说：'孝子的孝心没有穷尽，能够永远影响其同类。'大概说的就是这种事情吧！"

秋季，七月，周平王派宰咺来赠送鲁惠公及仲子的吊丧礼品。惠公已经下葬，时间上已经晚了，而仲子还没死，所以《春秋》直书宰咺的名字。天子去世七个月之后要安葬，诸侯都会前来参加葬礼；诸侯去世五个月后下葬，同盟的诸侯都要前来参与葬礼；大夫去世三个月后应当下葬，爵位相同的人都要来参加葬礼；士人去世一个月之后要下葬，亲戚前来参加葬礼。下葬后，再向死者赠送礼品，向生者表达哀悼，还有在人还没去世，就预先赠送有关丧事的物品，这都不符合礼法。

八月，纪人伐夷。夷不告，故不书。有蜚，不为灾，亦不书。惠公之季年，败宋师于黄。公立，而求成焉。九月，及宋人盟于宿，始通也。

译文 八月，纪国人去讨伐夷国。夷国没有前来报告鲁国，因此《春秋》没有记载此事。鲁国发现蜚盘虫，没有引发灾害，《春秋》也没有记载。鲁惠公的晚年，在黄地击败宋国。隐公即位后要求与宋人议和。九月，和宋人在宿国结盟，两国开始交好。

冬十月，庚申，改葬惠公。公弗临，故不书。惠公之薨也，有宋师，大子少，葬故有阙，是以改葬。卫侯来会葬，不见公，亦不书。郑共叔之乱，公孙滑出奔卫。卫人为之伐郑，取廪延。郑人以王师、虢师伐卫南鄙。请师于邾，邾子使私于公子豫。豫请往，公弗许，遂行。及邾人、郑人盟于翼。不书，非公命也。新作南门。不书，亦非公命也。

十二月，祭伯来，非王命也。众父卒，公不与小敛，故不书日。

译文 冬季，十月十四日，改葬鲁惠公。因为隐公仅仅是摄政，所以不敢以丧主的身份到场哭拜，因此《春秋》当中没有记载。惠公去世时，恰好鲁国和宋国交战，太子桓公又年幼，葬礼不够完备，所以现在才进行改葬。卫桓公来到鲁国参加葬礼，没有见到隐公，《春秋》当中也没有记载。郑国共叔段叛乱后，其子公孙滑逃到了卫国。卫国人帮助他进攻郑国，夺取廪延。郑国人率周天子的军队及虢国的军队进攻卫国南部边境，同时又请求邾国出兵相助。邾子派人暗中与鲁国大夫公子豫商量，公子豫请求带兵援救，隐公不肯，公子豫就自己前往援救，和邾国、郑国在翼地结盟。《春秋》当中没有记载此事，因为不是出自隐公的命令。鲁国新建南门，《春秋》不记载，也由于并非出于隐公的命令。

十二月，祭伯来到鲁国，并非奉周王的命令。众父去世，隐公没有参加将衣衾穿上死者之身的小敛，所以《春秋》没有记载其死亡的日期。

桓 公

十六年经

十有六年春正月，公会宋公、蔡侯、卫侯于曹。

夏四月，公会宋公、卫侯、陈侯、蔡侯伐郑。

秋七月，公至自伐郑。

冬，城向。

十有一月，卫侯朔出奔齐。

十六年传

十六年春正月，会于曹，谋伐郑也。

夏，伐郑。

秋七月，公至自伐郑，以饮至之礼也。

"冬，城向"，书，时也。

译文 鲁桓公十六年春，周历正月，桓公与宋庄公、蔡桓侯、卫惠公在曹国见面，又谋划进攻郑国的事。

夏天，攻打郑国。

秋季七月，桓公进攻郑国后返回国内，举行祭告宗庙、大宴臣下的"饮至"礼仪。

冬天，在向地修筑城墙。《春秋》记载了这一事件，是由于工程没有妨碍农时。

初，卫宣公烝于夷姜，生急子，属诸右公子。为之娶于齐，而美，公取之。生寿及朔，属寿于左公子。夷姜缢。宣姜与公子朔构急子。公使诸齐，使盗待诸莘，将杀之。寿子告之，使行。不可，曰："弃父之命，恶用子矣！有无父之国则可也。"及行，饮以酒。寿子载其旌以先，盗杀之。急子至，曰："我之求也，此何罪？请杀我乎！"又杀之。二公子故怨惠公。

十一月，左公子洩、右公子职立公子黔牟。惠公奔齐。

译文 起初，卫宣公与父亲的姬妾夷姜私通，生下了急子，卫宣公将其托付给右公子。后来卫宣公为急子在齐国娶了一个妻子，齐女很漂亮，卫宣公于是自己娶了她，这便是宣姜。宣姜生下寿与朔，把寿托付给左公子来抚养。夷姜因失宠而悬梁自尽。宣姜与公子朔诬陷急子。宣公便让急子出使齐国，同时派刺客伪装成强盗在莘地等待着，准备杀掉他。寿子将这件事暗中告诉了急子，让他逃离卫国。急子没有听从，他说："违背父亲的命令，这还算是什么儿子？如果世界上有无父的国家，我就能够逃到那里去了。"等到急子动身前往齐国前，寿子用酒把急子灌醉，寿子带上急子的旗子坐车走到莘地，刺客误将寿子杀害。急子赶到说："你们要杀的是我，他有什么罪过？请杀掉我吧！"于是刺客又杀了急子。左右二公子因此都对卫惠公心存怨恨。

十一月，左公子洩、右公子职共立公子黔牟为国君。卫惠公逃到齐国。

庄 公

九年经

九年春，齐人杀无知。

公及齐大夫盟于蔇。

夏，公伐齐，纳子纠。齐小白入于齐。

秋七月丁酉，葬齐襄公。

八月庚申，及齐师战于乾时，我师败绩。

九月，齐人取子纠杀之。

冬，浚洙。

九年传

九年春，雍廪杀无知。

公及齐大夫盟于蔇，齐无君也。

夏，公伐齐，纳子纠。桓公自莒先入。

秋，师及齐师战于乾时，我师败绩，公丧戎路，传乘而归。秦子、梁子以公旗辟于下道，是以皆止。

译文 鲁庄公九年春，雍廪杀害公孙无知。

鲁庄公与齐国的大夫在蔇地结盟，这是由于当时齐国没有国君的缘故。

夏季，庄公进兵齐国，护送公子纠回国即位。但此时齐桓公小白已经从莒国抢先回到了齐国。

●管仲问政

秋季，鲁军和齐军在乾时作战，结果鲁军大败。庄公舍弃战车，乘坐轻车逃回国内。秦子、梁子打着庄公的旗号，躲避在小道上诱骗齐军作掩护，使得庄公得以逃脱，但秦子、梁子都被齐军俘虏。

鲍叔帅师来言曰："子纠，亲也，请君讨之。管、召，仇也，请受而甘心焉。"乃杀子纠于生窦，召忽死之。管仲请囚，鲍叔受之，乃堂阜而税之。归而以告曰："管夷吾治于高傒，使相可也。"公从之。

译文 鲍叔率军代表齐桓公来到鲁国，说："公子纠为齐国国君的亲人，请君王把他杀掉。管仲、召忽，是我齐国国君的仇人，请把他们交给我齐国让我们称心快意地处置才能甘心。"于是就在生窦将公子纠杀掉，召忽也自杀了。管仲请求将他押送回齐国，鲍叔答应了这一请求，到了齐国境内的堂阜就把他放了。回国后，鲍叔报告齐桓公说："管仲治国的才能要强于高傒，可以让他来辅助君主。"齐桓公同意了，拜管仲为相。

闵　公

元年经

元年春，王正月。

齐人救邢。

夏六月辛酉，葬我君庄公。

秋八月，公及齐侯盟于落姑。季子来归。

冬，齐仲孙来。

元年传

"元年春"，不书即位，乱故也。狄人伐邢。管敬仲言于齐侯曰："戎狄豺狼，不可厌也；诸夏亲昵，不可弃也；宴安鸩毒，不可怀也。《诗》云：'岂不怀归，畏此简书。'简书，同恶相恤之谓也。请救邢以从简书。"

齐人救邢。

> **译文** 鲁闵公元年的春季,《春秋》没有记载闵公即位的事,是因为国内动乱无法举行即位仪式的缘故。狄人侵犯邢国。管仲对齐桓公说:"戎狄犹如豺狼一般贪得无厌难以得到满足。而中原各国之间则应当彼此亲近,彼此不要抛弃。安逸等同于鸩酒毒药,不可贪恋。《诗经》有云:'难道不想着回家乡去,害怕的是这个竹简上面的军令文字。'竹简上的军令文字,都是同仇敌忾、忧患与共的含义,因此请求您遵从盟约答应邢国人的请求,前去救援。"于是齐国人带兵救援邢国。

夏六月,葬庄公。乱故,是以缓。

秋八月,公及齐侯盟于落姑,请复季友也。齐侯许之,使召诸陈,公次于郎以待之。"季子来归",嘉之也。

冬,齐仲孙湫来省难。书曰"仲孙",亦嘉之也。

> **译文** 夏季六月,安葬了庄公。因为出现动乱的缘故,所以推迟到如今。
>
> 秋季,八月,闵公与齐桓公在落姑之地结成同盟,请求齐桓公帮助季友返回国内。齐桓公同意了这件事,派人从陈国召回了季友,闵公驻扎在郎地等候他。《春秋》当中记载:"季子回到国内",称"季子"这是用来赞美季友的。
>
> 冬季,齐国的仲孙湫前来对鲁国出现的祸难表示慰问,《春秋》称其为"仲孙",也是在赞美他。

仲孙归曰:"不去庆父,鲁难未已。"公曰:"若之何而去之?"对曰:"难不已,将自毙,君其待之。"公曰:"鲁可取乎?"对曰:"不可。犹秉周礼。周礼,所以本也。臣闻之:'国将亡,本必先颠,而后枝叶从之。'鲁不弃周礼,未可动也。君其务宁鲁难而亲之。亲有礼,因重固,间携贰,覆昏乱。霸王之器也。"

> **译文** 仲孙回国后告诉齐桓公说:"不除去庆父,鲁国的祸难就不会完结。"齐桓公说:"怎样才能除掉他呢?"仲孙回答:"祸难不断,将会自取灭亡,您就等待着吧!"齐桓公说:"我们能否趁机去攻取鲁国呢?"仲孙说:"不行。他们还遵行着周礼。周礼,为立国的根本。下臣听说:'国家即将灭亡,就像大树,躯干必然首先倒下,然后枝叶随着落地。'鲁国不抛弃周礼,是不能消灭它的。您最好还是尽力安定鲁国的祸难,并且与它亲近。亲近有礼仪的国家,依靠稳定而坚固的国家,离间内部涣散

的国家，消灭昏暗动乱的国家。这是称王称霸的主要策略。"

晋侯作二军。公将上军，大子申生将下军，赵夙御戎，毕万为右。以灭耿，灭霍，灭魏。还，为大子城曲沃，赐赵夙耿，赐毕万魏，以为大夫。

士蒍曰："大子不得立矣。分之都城，而位以卿，先为之极，又焉得立？不如逃之，无使罪至。为吴大伯，不亦可乎？犹有令名，与其及也。且谚曰：'心苟无瑕，何恤乎无家！'天若祚大子，其无晋乎！"

译文 晋献公组建了两支部队。献公亲率上军，太子申生统领下军。赵夙帮晋献公驾驭战车，毕万则作为车右。出兵灭掉了耿国、霍国及魏国。回国后，为太子修建曲沃城墙，把耿地赐给赵夙，把魏地赐给毕万，让他们担任大夫。

晋国的士蒍说："看来太子不能继续做储君了。把都城分给他，而让他去做卿，先让他达到顶点，又哪里能够再被立为储君？与其获罪，不如逃走，以免灾祸到来。做一个吴太伯那样的人，不也是不错吗？这样还可以保留好名声胜过留下获罪。而且俗话说：'心里假如没有过失，又何必为无家而忧患呢？'上天如果保佑太子，他就不要在晋国了！"

卜偃曰："毕万之后必大。万，盈数也。魏，大名也。以是始赏，天启之矣。天子曰兆民，诸侯曰万民。今名之大，以从盈数，其必有众。"

初，毕万筮仕于晋，遇"屯"䷂之"比"䷇。辛廖占之，曰："吉。屯固比入，吉孰大焉？其必蕃昌。震为土，车从马，足居之，兄长之，母覆之，众归之，六体不易，合而能固，安而能杀，公侯之卦也。公侯之子孙，必复其始。"

译文 晋国大夫卜偃说："毕万的后裔必定昌盛。万，为满数，魏，是巍巍高大的名称。用这个地方作为起始封赏地，上天已经表明了预兆。天子统治百万民众，被称之为'兆民'，诸侯统治万民，因此称为'万民'。现在有一个伟大的名称，又加上一个满盈的数字，他就必然会获得大众支持。"

当初，毕万为在晋国出任官职而占卜，结果是屯卦䷂变卦为比卦䷇。辛廖预测说："吉利。屯坚固，比进入，还有比这样的结果更大的吉利吗？所以他将来必然繁衍昌盛。

震变为坤，即震为土车跟随着马，两脚踏在那里，有哥哥抚育他，有母亲保护他，大众去归附他，这六条不变，不仅可以召集民众，而且根基非常稳固，能安抚百姓又可以杀戮敌人，这是公侯的卦象。身为公侯的子孙，将来必定可以像其祖先开始一样，被封为诸侯。"

僖 公

十二年经

十有二年春，王三月庚午，日有食之。

夏，楚人灭黄。

秋七月。

冬十有二月丁丑，陈侯杵臼卒。

十二年传

十二年，春，诸侯城卫楚丘之郛，惧狄难也。

黄人恃诸侯之睦于齐也，不共楚职，曰："自郢及我九百里，焉能害我？"夏，楚灭黄。

王以戎难故，讨王子带。秋，王子带奔齐。

冬，齐侯使管夷吾平戎于王，使隰朋平戎于晋。

译 文 鲁僖公十二年的春季，诸侯修建卫国楚丘城的外城，这是由于惧怕狄人再次的侵犯。

黄国依靠诸侯及齐国的亲善关系，不再向楚国进贡，说："从楚国郢都到我国，有着九百里的距离，楚国又怎么能侵害我国？"夏天，楚国灭掉了黄国。

周襄王由于戎人侵犯王城的缘故，发兵讨伐勾结戎人的王子带。秋天，王子带逃往齐国。

冬天，齐侯派管仲让戎人与周天子讲和，派隰朋让戎人与晋国讲和。

王以上卿之礼飨管仲，管仲辞曰："臣，贱有司也。有天子之二守国、高在，若节春秋，来承王命，何以礼焉？陪臣敢辞。”王曰：“舅氏，余嘉乃勋。应乃懿德，谓督不忘。往践乃职，无逆朕命。”管仲受下卿之礼而还。

君子曰："管氏之世祀也宜哉！让不忘其上。《诗》曰：'恺悌君子，神所劳矣。'"

译文 周襄王依照上卿的礼节宴请了管仲。管仲推辞说："臣只是地位低微的官员。齐国还有天子所任命的国氏、高氏，如果他们按照季节在春秋两季前来接受天子的命令，您又用何种礼节来款待他们呢？臣子谨请辞谢这种礼节。"天子说："舅父，我赞佩你的功勋，嘉奖你的美德，是深厚真诚而不能忘怀的。来履行职责吧，请不要违背我的命令！"管仲最终还是只接受了下卿的礼节，随后返回齐国。

君子说："管氏历代受到人们的祭祀是理所应当的！他谦让而没有忘却爵位比他高的上卿。《诗经》说：'平易近人的君子，是天神会进行福佑的。'"

文　公

七年经

七年春，公伐邾。

三月甲戌，取须句。遂城郚。

夏四月，宋公王臣卒。宋人杀其大夫。

戊子，晋人及秦人战于令狐。晋先蔑奔秦。

狄侵我西鄙。

秋八月，公会诸侯、晋大夫，盟于扈。

冬，徐伐莒。

公孙敖如莒莅盟。

七年传

七年春，公伐邾，间晋难也。

三月甲戌，取须句，置文公子焉，非礼也。

夏四月，宋成公卒。于是公子成为右师，公孙友为左师，乐豫为司马，鳞矔为司徒，公子荡为司城，华御事为司寇。

译文 鲁文公七年春季，文公发兵进攻邾国，这是乘晋国有内难而钻空子的缘故。

三月十七日，夺取须句，把邾文公的儿子安置在那里，这是不符合礼制的。

夏季四月，宋成公去世。此时，公子成担任右师，公孙友担任左师，乐豫任司马，鳞矔任司徒，公子荡任司城，华御事任司寇。

昭公将去群公子，乐豫曰："不可。公族，公室之枝叶也。若去之，则本根无所庇阴矣。葛藟犹能庇其本根，故君子以为比，况国君乎？此谚所谓'庇焉而纵寻斧焉'者也。必不可！君其图之。亲之以德，皆股肱也，谁敢携贰？若之何去之？"不听。

穆、襄之族率国人以攻公，杀公孙固、公孙郑于公宫。六卿和公室，乐豫舍司马以让公子卬。昭公即位而葬。书曰："宋人杀其大夫。"不称名，众也，且言非其罪也。

译文 宋昭公准备除掉诸位公子，乐豫说："不行！国君的同族为公室的枝叶；如果去掉枝叶，树根与树干就不再有庇护的东西了。葛藟这种植物还会去保护自己的藤干与根，所以君子用它作为比喻来说明这一道理，何况是国君呢？这就是人们所说的'树可以用来遮阴，你偏要用斧头去砍掉它'，这样做是绝对不可以的！国君要仔细思考一下。应该以德行去亲近诸位公子，他们全都是辅佐之臣，谁敢有异心？为什么要杀掉他们呢？"昭公不听从建议。

穆公、襄公的族人率领国人去攻打昭公，在宫中杀掉了公孙固与公孙郑。六卿出面和公室讲和，乐豫放弃司马一职，把它让给了公子卬。昭公即位后为宋成公举行了葬礼。《春秋》记载说"宋人杀了自己的大夫"，不记载被杀大夫的名字，这是因为被杀的人太多，而且他们无罪。

秦康公送公子雍于晋，曰："文公之入也无卫，故有吕、郤之难。"乃多与之徒卫。

穆嬴日抱大子以啼于朝，曰："先君何罪？其嗣亦何罪？舍適嗣不立，而外求君，将焉置此？"出朝，则抱以適赵氏，顿首于宣子，曰："先君奉此子也，而属诸子，曰：'此子也才，吾受子之赐；不才，吾唯子之怨。'今君虽终，言犹在耳，而弃之，若何？"宣子与诸大夫皆患穆嬴，且畏逼，乃背先蔑而立灵公，以御秦师。

译文 秦康公送公子雍返回晋国，说："先前文公回国时没有护卫的人，所以发生了吕、郤两家的祸难。"于是就派给他许多步兵卫队。

此时晋襄公夫人穆嬴每天抱着太子在朝廷当中哭泣，说："先君犯下了什么罪过？他的后人又有什么罪过？抛弃嫡子不立，而到别国去迎求国君，你们准备怎样安置这一孩子？"走出朝廷，就抱着孩子来到赵家，向赵宣子叩头，说："先君生前，捧着这个孩子交托给您，说：'这个孩子假如成才，这就是您赐予我的恩惠；如果不成才，我就要怨恨您。'如今先君虽然去世，他的话依旧回荡在耳边，可是您却对他丢弃不管，这可怎么办啊？"宣子和大夫们都畏惧穆嬴，同时又畏惧穆嬴的同党会对自己进行迫害，于是背弃了先蔑前往秦国迎接来的公子雍，而立了灵公，并采取行动去抵挡秦军。

箕郑居守。赵盾将中军，先克佐之；荀林父佐上军；先蔑将下军，先都佐之。步招御戎，戎津为右。及堇阴，宣子曰："我若受秦，秦则宾也；不受，寇也。既不受矣，而复缓师，秦将生心。先人有夺人之心，军之善谋也；逐寇如追逃，军之善政也。"训卒利兵，秣马蓐食，潜师夜起。戊子，败秦师于令狐，至于刳首。

译文 箕郑在国都留守。赵盾统率中军，先克辅助他。荀林父辅佐上军，先蔑统率下军，先

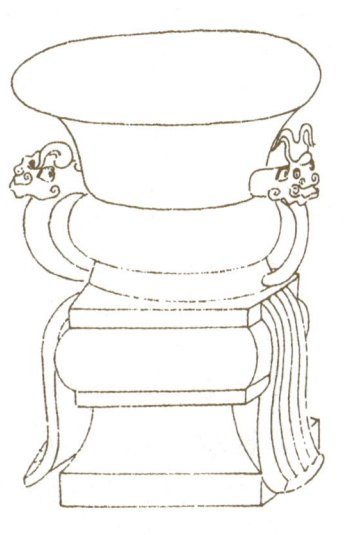

●鲁侯彝

都辅佐他。步招驾驭戎车，戎津任车右。抵达堇阴时，赵宣子说："我们如果接受秦国送回来的公子雍，就应把它当作客人；不接受，他们即为敌人。我们已经决定不去接受了，却又慢慢腾腾地出兵，秦国会产生新的想法。先采取行动可以夺取敌人的决心，这是作战的好策略。追击敌人犹如追赶逃犯一般，这是作战的好方案。"于是动员士卒，磨利武器，喂饱战马，让战士们都吃饱，隐蔽出兵，晚上行动。四月初一，在令狐打败秦军，一直追击到刳首。

己丑，先蔑奔秦，士会从之。

先蔑之使也，荀林父止之，曰："夫人、大子犹在，而外求君，此必不行。子以疾辞，若何？不然，将及。摄卿以往，可也，何必子？同官为寮，吾尝同寮，敢不尽心乎？"弗听。为赋《板》之三章，又弗听。及亡，荀伯尽送其帑及其器用财贿于秦，曰："为同寮故也。"

 译文 四月初二日，先蔑逃奔秦国，士会也跟随他前往秦国。

先蔑出使秦国迎接公子雍时，荀林父劝阻他，说："夫人与太子还在，你反而跑到外边去迎立国君，这种做法必然是行不通的。您推托有病不去，如何？不这样，您将会遇到祸患。派一位代理卿的职位的大夫前往就可以了，为何一定要您去？我们同朝为官叫作同僚，也曾经并肩作战，我哪敢对您不尽心呢？"先蔑没有听从这一建议。荀林父为他吟诵《板》这首诗的第三章，先蔑还是不听。等到后来先蔑逃奔出国，荀林父将其妻子儿女还有器用财货全部送到秦国，说："这是为了我们曾经是同僚的缘故。"

士会在秦三年，不见士伯。其人曰："能亡人于国，不能见于此，焉用之？"士季曰："吾与之同罪，非义之也，将何见焉？"及归，遂不见。

狄侵我西鄙，公使告于晋。赵宣子使因贾季问酆舒，且让之。酆舒问于贾季曰："赵衰、赵盾孰贤？"对曰："赵衰，冬日之日也；赵盾，夏日之日也。"

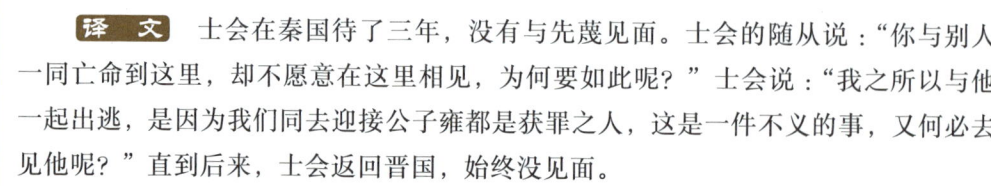 **译文** 士会在秦国待了三年，没有与先蔑见面。士会的随从说："你与别人一同亡命到这里，却不愿意在这里相见，为何要如此呢？"士会说："我之所以与他一起出逃，是因为我们同去迎接公子雍都是获罪之人，这是一件不义的事，又何必去见他呢？"直到后来，士会返回晋国，始终没见面。

狄人进攻鲁国的西部边境，文公派使者到晋国报告。赵宣子派人通过贾季去问酆舒，并责备他侵袭鲁国的事。酆舒向贾季询问，说："赵衰、赵盾哪一位更贤明？"贾季回答说："赵衰，好比冬天的太阳；赵盾，好比夏天的太阳。"

秋八月，齐侯、宋公、卫侯、陈伯、郑伯、许男、曹伯会晋赵盾，盟于扈，晋侯立故也。公后至，故不书所会。凡会诸侯，不书所会，后也。后至不书其国，辟不敏也。

穆伯娶于莒，曰戴己，生文伯；其娣声己，生惠叔。戴己卒，又聘于莒。莒人以声己辞，则为襄仲聘焉。

译文 秋天八月，齐侯、宋公、卫侯、陈伯、郑伯、许男、曹伯及晋国的赵盾在郑地扈结盟，这是由于晋侯刚当上国君的缘故。文公来晚了，所以《春秋》没有记载与会的晋国和卿大夫的名字。凡是诸侯会盟，不记载与会的国家，就是因为迟到的缘故。晚到，不记载这些国家，是为了避免由于弄不清班位的序列而出现误记的缘故。

穆伯在莒国娶妻，名叫戴己，生下文伯；又娶了其妹妹声己，生下惠叔。戴己死后，穆伯又前往莒国举行聘礼续娶，莒国以有声己为由而进行谢绝，于是就替襄仲订了婚。

冬，徐伐莒。莒人来请盟。穆伯如莒莅盟，且为仲逆。及鄢陵，登城见之，美，自为娶之。仲请攻之，公将许之。叔仲惠伯谏曰："臣闻之，兵作于内为乱，于外为寇。寇犹及人，乱自及也。今臣作乱，而君不禁，以启寇仇，若之何？"公止之。惠伯成之。使仲舍之，公孙敖反之，复为兄弟如初。从之。

译文 冬季，徐国进攻莒国。莒国人来鲁国请求结盟，穆伯来到莒国参加会盟，同时为襄仲迎娶新夫人。到达鄢陵，登城看见莒女，认为非常美丽，就自己娶了她。襄仲请求进攻穆伯，文公打算同意。叔仲惠伯劝谏说："下臣听说：'战争发生在内部称为乱，发生在外部称为寇。在外部作战，还能让敌人受到一定伤亡，而内部发生战乱，则完全是自己伤害自己了。'现在，臣下在内部作乱，而君王没有进行禁止，由此一定引来外部敌人乘机进攻，该怎么去做呢？"文公制止了襄仲的攻讦。由惠伯出面进行调解，让襄仲放弃了这门亲事，公孙敖返还莒女回国，他们重新作为兄弟，和好如初。襄仲和公孙敖都听从了。

晋郤缺言于赵宣子曰："日卫不睦，故取其地。今已睦矣，可以归之。叛而不讨，何以示威？服而不柔，何以示怀？非威非怀，何以示德？无德，何以主盟？子为正卿，以主诸侯，而不务德，将若之何？《夏书》曰：'戒之用休，董之用威。劝之以九歌，勿使坏。'九功之德皆可歌也，谓之九歌。六府三事，谓之九功。水、火、金、木、土、谷，谓之六府。正德、利用、厚生，谓之三事。义而行之，谓之德、礼。无礼不乐，所由叛也。若吾子之德，莫可歌也，其谁来之？盍使睦者歌吾子乎？"宣子说之。

 译　文　晋国的郤缺告诉赵宣子说："昔日，卫国没有顺从我国，因此夺占其土地。如今已经顺服了，应该把所占的土地还给它了。背叛了不进行讨伐，不足以显露大国的威严，而服从了不进行安抚，又怎能显示出大国的恩惠？不显示威严与恩惠，用什么来彰显德行？没有德行，用什么来担当诸侯的首领主持盟会？您身为执政的正卿，负责处理诸侯盟会的事务，如果不去重视德行，怎么可以呢？《夏书》说：'要用美好的德政去劝诫民众，拿严刑去督促众人，用《九歌》去勉励大家，不要让其学坏。'有关九功的德行都可以去歌颂，称为《九歌》。六府、三事，叫作九功。水、火、金、木、土、谷称为六府；端正德行，便于利用，对民生非常有益，叫作三事。合乎道义而去推行这些，称为德、礼。假如没有德、礼，就不会感到快乐，这就是背叛之心产生的根由。倘若您的德行没有什么地方值得歌颂的，又会有谁肯前来归顺？何不让顺服的人来歌颂您呢？"赵宣子听到这番话感到很高兴。

宣　公

十年经

十年春，公如齐。

公至自齐。

齐人归我济西田。

夏四月丙辰，日有食之。

己巳，齐侯元卒。

齐崔氏出奔卫。

公如齐。

五月，公至自齐。

癸巳，陈夏徵舒弑其君平国。

六月，宋师伐滕。

公孙归父如齐。葬齐惠公。

晋人、宋人、卫人、曹人伐郑。

秋，天王使王季子来聘。

公孙归父帅师伐邾，取绎。

大水。

季孙行父如齐。

冬，公孙归父如齐。

齐侯使国佐来聘。

饥。

楚子伐郑。

十年传

十年春，公如齐。齐侯以我服故，归济西之田。

夏，齐惠公卒。崔杼有宠于惠公，高、国畏其逼也，公卒而逐之，奔卫。书曰"崔氏"，非其罪也；且告以族，不以名。凡诸侯之大夫违，告于诸侯曰："某氏之守臣某，失守宗庙，敢告。"所有玉帛之使者则告；不然，则否。

公如齐奔丧。

译　文　鲁定公十年春季，宣公前往齐国。齐侯因为鲁国服从自己的缘故，将济水以西的田地归还给鲁国。

夏天，齐惠公去世。崔杼曾深受齐惠公的宠信，高、国两族畏惧他的逼迫，等惠公死后，就将他赶出了国境。崔杼逃亡到卫国。《春秋》记载为"崔氏"，这表明并非是他的罪过；而且在通告诸侯此事时也只称族，而不称其个人的名字。但凡诸侯的大夫离开本国，就通告诸侯说："某氏的守臣某，无法奉守宗庙，谨此通告。"凡是有友好往来的诸侯国，都会发通告；不是这种情况的，就不会发通告。

宣公到齐国为齐惠公奔丧。

陈灵公与孔宁、仪行父饮酒于夏氏。公谓行父曰："徵舒似女。"对曰："亦似君。"徵舒病之。公出，自其厩射而杀之。二子奔楚。

滕人恃晋而不事宋，六月，宋师伐滕。

郑及楚平，诸侯之师伐郑，取成而还。

秋，刘康公来报聘。

师伐邾，取绎。

译　文　陈灵公及孔宁、仪行父在夏徵舒家中喝酒。陈灵公对仪行父说："徵舒长得很像你。"仪行父回答说："也像你。"徵舒对此非常生气。灵公出门后，徵舒在马房当中用箭把他射死了。孔宁、仪行父二人逃到了楚国。

滕国依靠晋国的保护，不去侍奉宋国。六月，宋军进攻滕国。

郑国与楚国讲和。诸侯军进攻郑国，同郑国讲和之后罢兵回国。

秋天，刘康公来到鲁国，答谢孟献子对周王去年的聘问。

鲁军进攻邾国，攻取绎地。

季文子初聘于齐。

冬，子家如齐，伐邾故也。

国武子来报聘。

楚子伐郑。晋士会救郑，逐楚师于颍北。诸侯之师戍郑。郑子家卒。郑人讨幽公之乱，斫子家之棺，而逐其族。改葬幽公，谥之曰"灵"。

译　文　季文子首次来到齐国聘问。

四书五经精华本

冬天，鲁国的子家来到齐国，这是由于鲁国攻打邾国的缘故。

齐国派国武子来到鲁国回报季文子的聘问。

楚庄王进攻郑国。晋国的士会来救援郑国，在颍水以北赶走楚军。诸侯军部分留驻郑国开展防守。郑国的子家去世。郑国人为了讨伐杀害幽公的叛乱，破坏了子家的棺材，并驱逐了他的家族。同时改葬幽公，将他的谥号改为"灵"。

成　公

十六年经

十有六年春，王正月，雨，木冰。

夏四月辛未，滕子卒。

郑公子喜帅师侵宋。

六月丙寅朔，日有食之。

晋侯使栾黡来乞师。

甲午晦，晋侯及楚子、郑伯战于鄢陵。楚子、郑师败绩。

楚杀其大夫公子侧。

秋，公会晋侯、齐侯、卫侯、宋华元、邾人于沙随，不见公。

公至自会。

公会尹子、晋侯、齐国佐、邾人伐郑。

曹伯归自京师。

九月，晋人执季孙行父，舍之于苕丘。

冬十月乙亥，叔孙侨如出奔齐。

十有二月乙丑，季孙行父及晋郤犨盟于扈。

公至自会。

乙酉，刺公子偃。

十六年传

十六年春，楚子自武城使公子成以汝阴之田求成于郑。郑叛晋，子驷从楚子盟于武城。

夏四月，滕文公卒。

郑子罕伐宋，宋将鉏、乐惧败诸汋陂。退，舍于夫渠，不儆。郑人覆之，败诸汋陵，获将鉏、乐惧。宋恃胜也。

卫侯伐郑，至于鸣雁，为晋故也。

晋侯将伐郑。范文子曰："若逞吾愿，诸侯皆叛，晋可以逞。若惟郑叛，晋国之忧，可立俟也。"栾武子曰："不可以当吾世而失诸侯，必伐郑。"乃兴师。栾书将中军，士燮佐之；郤锜将上军，荀偃佐之；韩厥将下军；郤至佐新军。荀罃居守。郤犨如卫，遂如齐，皆乞师焉。栾黡来乞师，孟献子曰："有胜矣。"戊寅，晋师起。

译文 鲁成公十六年春，楚共王从武城派公子成，以献上汝水以南的土地为条件向郑国议和。郑国背叛晋国，子驷前往武城与楚共王结盟。

夏四月，滕文公去世。

郑国的子罕攻打宋国，宋国将鉏、乐惧在汋陂击败了他。宋军退兵，驻扎于夫渠，没有加以戒备。郑军设伏兵突然袭击，在汋陵打败了他们，俘虏了将鉏、乐惧。这是由于宋国打了胜仗而没有加以戒备的缘故。

卫献公发兵攻打郑国，到达鸣雁，这是由于为晋国而出兵的缘故。

晋厉公打算讨伐郑国，范文子说："如果依照我的愿望，那么只有当诸侯都会背叛我们的时候，我们才能出兵征讨。假如只是郑国背叛而我们也同样出兵，晋国的忧患，可能很快就要来了。"栾武子说："不能在我们这一辈人执政时失去诸侯的拥护，必须进攻郑国。"于是发兵。栾书统率中军，士燮作为辅佐；郤锜统率上军，荀偃作为辅佐；韩厥统率下军，郤至辅佐新军。荀罃留守。郤犨前往卫国，接着来到齐国，都是为了请求两国出兵。栾黡前来请求出兵，孟献子说："晋国一定能取胜。"四月十二日，晋军出兵。

郑人闻有晋师，使告于楚，姚句耳与往。楚子救郑。司马将中军，令尹将左，右尹子辛将右。过申，子反入见申叔时，曰："师其何如？"对曰："德、刑、详、义、礼、信，战之器也。德以施惠，刑以正邪，详以事神，义以建利，礼以顺时，信以守物。民生厚而德正，用利而事节，时顺而物成，上下和睦，周旋不逆，求无不具，各知其极。故《诗》曰：'立我烝民，莫匪尔极。'是以神降之福，时无灾害，民生敦庬，和同以听，莫不尽力以从上命，致死以补其阙，此战之所由克也。今楚内弃其民，而外绝其好；渎齐盟，而食话言；奸时以动，而疲民以逞。民不知信，进退罪也。人恤所厎，其谁致死？子其勉之！吾不复见子矣。"姚句耳先归，子驷问焉。对曰："其行速，过险而不整。速则失志，不整，丧列。志失列丧，将何以战？楚惧不可用也。"

译文 郑国人听说晋国出兵，就派使者去报告楚国，姚句耳同行。楚共王率兵救援郑国。司马子反率领中军，令尹子重率领左军，右尹子辛率领右军。路过申地，子反去拜见申叔时，说："这次作战会是怎样的结果？"申叔时回答："德行、刑罚、赤诚、道义、礼法、信用，都是战争取胜必备的手段。德行用于施予恩惠，刑罚用于匡正邪恶，赤诚用以侍奉神灵，道义是用来获取利益，礼法是用来适合时宜的，信用是用来守护事物的。百姓们的生活丰厚，德行就端正；使用人民若于国有利，事情就能合乎法度；时宜合适，万物就可以有所成就；这样就能上下和睦，相处不会受阻，有所需求无不具备，各人都知道行动的准则。因此《诗经》说：'先王治理百姓，让他们无不懂得行为准则。'这样，神灵就能降福于他，四时不会出现灾害，百姓们都可以生活富足性情宽厚，齐心一致地听从命令，没有不尽力去服从上面命令的，不惜献出自己的生命而前仆后继以弥补国家损失，这便是战争能够取得胜利的原因。现在楚国内部放弃了其百姓，外部断绝了其友好关系，亵渎神圣的盟约而毁约，说过的话却不兑现，违反时令去发动战争，使百姓疲惫以求快意。人们不知道何为信用，进退都是罪过。人们为其奔赴前线而感到担忧，还有谁愿意牺牲性命？您还是尽力去做吧！我不会再看到您了。"姚句耳先回来，子驷询问其情况，他回答说："楚军行军迅速，经过险要的地方队伍不加整饬。动作太快就会考虑不周，不加以整饬就必然丧失秩序。考虑不周，秩序丧失，怎么能打仗？楚国恐怕无法依靠了。"

五月，晋师济河。闻楚师将至，范文子欲反，曰："我伪逃楚，可以纾忧。夫合诸侯，非吾所能也，以遗能者。我若群臣辑睦以事君，多矣。"武子曰："不可！"

六月，晋、楚遇于鄢陵。范文子不欲战。郤至曰："韩之战，惠公不振旅；箕之役，先轸不反命；邲之师，荀伯不复从，皆晋之耻也。子亦见先君之事矣。今我辟楚，又益耻也。"文子曰："吾先君之亟战也，有故。秦、狄、齐、楚皆强，不尽力，子孙将弱。今三强服矣，敌楚而已。惟圣人能外内无患。自非圣人，外宁必有内忧，盍释楚以为外惧乎？"

五月，晋军渡过了黄河。听说楚军即将到达，范文子准备撤军返回，说："我们假装逃避楚国，这样就可以缓和忧患。聚合诸侯这种事，不是我所能做到的，还是将它留给可以做到的人吧。我们如果群臣能够和睦来共济侍奉国君，这就足够了。"栾武子说："不行。"

六月，晋、楚两军在鄢陵相遇。范文子不希望作战。郤至说："韩地这一战，惠公失败归来，箕地这一战役，先轸无法回国复命；邲地这一仗，荀伯不能再与楚军周旋，以上这全都是晋国的耻辱，您也了解前任国君的情况了。如今如果我们逃避楚军，这又会增加晋国的耻辱。"范文子说："我们先君的屡次作战，是有其原因的。秦国、狄人、齐国、楚国都非常强大，如果我们不能尽自己的力量，子孙将会被再次削弱。现在三强都已经为之顺服，敌人只有楚国而已。只有圣人才能在外部与内部全都没有祸患。如果我们不是圣人，外部安定，内部必然还有忧患，何不放过楚国，把它作为外部引起戒惧的国家呢？"

甲午晦，楚晨压晋军而陈。军吏患之。范匄趋进，曰："塞井夷灶，陈于军中，而疏行首。晋、楚唯天所授，何患焉？"文子执戈逐之，曰："国之存亡，天也，童子何知焉？"栾书曰："楚师轻窕，固垒而待之，三日必退。退而击之，必获胜焉。"郤至曰："楚有六间，不可失也。其二卿相恶，王卒以旧，郑陈而不整，蛮军而不陈，陈不违晦，在陈而嚣，合而加嚣。各顾其后，莫有斗心；旧不必良，以犯天忌，我必克之。"

六月二十九日，楚军在清早逼近晋军阵营，拉开了阵势。晋国的军官对此感到极为担心。范匄快步向前，说："填井平灶，就在军营当中摆开阵势，将行

四书五经精华本

列之间的道路隔宽。晋、楚两国全都是上天所眷顾的国家，有什么值得担心的？"范文子拿起戈去追打他，说："国家的存亡，乃是天意，小孩子又懂得什么？"栾书说："楚军军心浮动，只要我们加固营垒以坚守阵地等待，三天后他们一定退兵。乘他们退走时再进行追击，一定能够得胜。"郤至说："楚国有六个漏洞可乘，这次的机会不可错过应当把握住：楚国的两个大臣互相排斥；楚共王的亲兵们全都是从旧家当中选拔出来的，都已衰老不堪；郑国尽管摆开阵势，却不够整齐；南蛮人尽管有军队却摆不成阵势；楚军摆阵不避晦日；士兵在阵中喧闹，各阵势会合就越发喧闹。各军彼此观望想着逃脱的后路，丧失战斗意志。旧家出身的士兵未必就能是精兵良将，晦日布阵触犯了天意及兵家大忌。我们一定可以战胜他们。"

楚子登巢车，以望晋军。子重使大宰伯州犁侍于王后。王曰："弛而左右，何也？"曰："召军吏也。""皆聚于军中矣。"曰："合谋也。""张幕矣。"曰："虔卜于先君也。""彻幕矣。"曰："将发命也。""甚嚣，且尘上矣。"曰："将塞井夷灶而为行也。""皆乘矣，左右执兵而下矣。"曰："听誓也。""战乎？"曰："未可知也。""乘而左右皆下矣。"曰："战祷也。"伯州犁以公卒告王。苗贲皇在晋侯之侧，亦以王卒告。皆曰："国士在，且厚，不可当也。"苗贲皇言于晋侯曰："楚之良，在其中军王族而已。请分良以击其左右，而三军萃于王卒，必大败之。"公筮之。史曰："吉。其卦遇'复'☷☳，曰：'南国蹙，射其元王，中厥目。'国蹙、王伤，不败何待？"公从之。

译文 楚共王登上巢车瞭望晋军。子重让太宰伯州犁站在楚王的身后。楚王说："车子向左右驰骋是要干什么呢？"伯州犁说："这是在召集军官。""都聚集到军帐中。"伯州犁说："这是共同谋划战略。""帐幕打开。"伯州犁说："这是在先君的神主之前进行虔诚地占卜。""帐幕被撤除了。"伯州犁说："这是即将发布命令了。""喧闹得非常厉害，而且尘土飞扬起来。"伯州犁说："这是准备填井平灶，摆开阵势。""都登上了战车，将帅与车右都手拿武器下车。"伯州犁说："这是要去听取主帅的誓师号令。""他们是要准备作战吗？"伯州犁说："还不清楚。""晋军上了战车，将帅及车右又下来了。"伯州犁说："这是作战之前的祈祷。"伯州犁将晋厉公亲兵的情况向楚共王做出报告。苗贲皇在晋厉公的身旁，也将楚共王亲兵的情况向晋厉公报告。晋厉公身边的将士们都说："楚国有伯州犁这等杰出的人物待在那里，全在军中而且军阵厚实，这是无法抵挡的。"苗贲皇对晋厉公说："楚国的精兵只是他们中军的王族而已。请求将我们的精兵分开，去攻击其左右两军，再集中三军去攻打楚王的亲兵，一定能够打得他们大败。"晋厉公让太史占筮。太史说："吉利。得到'复' ▤。卦辞说：'南方的国家艰难窘迫，射其国君，箭头中目。'国家窘迫，国君受伤，楚国此时不失败，还要等什么？"晋厉公听从了。

　　有淖于前，乃皆左右相违于淖。步毅御晋厉公，栾铖为右。彭名御楚共王，潘党为右。石首御郑成公，唐苟为右。栾、范以其族夹公行，陷于淖。栾书将载晋侯，铖曰："书退！国有大任，焉得专之？且侵官，冒也；失官，慢也；离局，奸也。有三罪焉，不可犯也。"乃掀公以出于淖。

　　癸巳，潘尪之党与养由基蹲甲而射之，彻七札焉。以示王，曰："君有二臣如此，何忧于战？"王怒曰："大辱国！诘朝尔射，死艺！"吕锜梦射月，中之，退入于泥。占之，曰："姬姓，日也；异姓，月也；必楚王也。射而中之，退入于泥，亦必死矣！"及战，射共王，中目。王召养由基，与之两矢，使射吕锜。中项，伏弢。以一矢复命。

译文　晋军的营地前有泥沼，于是晋国军队都或左或右地躲避开泥沼而行。步毅驾驭着晋厉公的战车，栾铖作为车右。彭名驾驭楚共王的战车，潘党作为其车右。石首驾驭郑成公的战车，唐苟是其车右。栾、范带领着他们的私族部队左右护卫着晋厉公不断前进。战车陷在泥沼当中。栾书准备让晋厉公乘坐到自己的车上。栾铖说："你退下！国家有许多这样的大事，你哪能一个人去包办呢？而且侵犯他人的职权，这是冒犯；丢弃自身的职责，这是怠慢；离开自己的部下，这是扰乱。有这三件罪名，这是不能碰的。"因而掀起了晋厉公的战车将它推出泥沼。

　　六月二十八日，楚国潘尪的儿子潘党与楚大夫养由基将皮甲重叠到一起而去比赛射箭，二人都总共穿透了七层。他们将这些皮甲拿去给楚共王查看，说："君王有这样的两位臣下居住在这里，对与晋国交战还有什么值得担心的？"楚共王发怒说："实在是丢人！明早作战，你们射箭，将会死在这项技艺上。"这天晚上吕锜梦到自己射月亮，射中了，自己却在后退时退进了泥地当中。他对这个梦进行占卜，说："姬姓，是太阳；异姓，是月亮，这必定是楚共王了。射中了他，自己在后退时又退到泥地里，就必定会战死。"等到作战时，吕锜射中了楚王的眼睛。楚王找来养由基，给他两支箭，让他射吕锜。结果只用一箭就射中吕锜的脖子，使其伏在弓袋上死去了。养由基拿着剩下的一支箭向楚共王复命。

郤至三遇楚子之卒，见楚子，必下，免胄而趋风。楚子使工尹襄问之以弓，曰："方事之殷也，有韎韦之跗注，君子也。识见不穀而趋，无乃伤乎？" 郤至见客，免胄承命，曰："君之外臣至，从寡君之戎事，以君之灵，间蒙甲胄，不敢拜命。敢告不宁，君命之辱。为事之故，敢肃使者。" 三肃使者而退。

晋韩厥从郑伯，其御杜溷罗曰："速从之！其御屡顾，不在马，可及也。"韩厥曰："不可以再辱国君。"乃止。郤至从郑伯，其右茀翰胡曰："谍辂之，余从之乘，而俘以下。"郤至曰："伤国君有刑。"亦止。石首曰："卫懿公唯不去其旗，是以败于荧。"乃内旌于弢中。唐苟谓石首曰："子在君侧，败者壹大。我不如子，子以君免，我请止。"乃死。

译文 郤至三次遇到楚共王的亲兵，每次遇到楚共王时，一定会下车，脱下头盔，快步向前走。楚共王派工尹襄送上一张弓前去问候，说："正当战事激烈的时分，有一个身穿金黄色牛皮军服的人，他真是个君子啊！刚才看到我而快速离开，恐怕是受伤了吗？"郤至见到客人，取下头盔接受了命令，说："外臣郤至追随寡君作战，托君王的福，得以披甲戴盔入列，不敢拜谢君王的问候。谨向君王报告，我并没受伤，对于君王惠赐给我的命令我感到惭愧。因为战事的原因，谨向使者肃拜。"他三次向使者肃拜之后才离开。

晋国的韩厥追随着郑成公，他的车夫杜溷罗说："快追上去！他们的驭者多次回头看，注意力并不在马上，应当可以赶上。"韩厥说："不能再度羞辱国君。"于是立即停止追赶。郤至追赶郑成公，他的车右翰胡说："另外派轻车从小道进行拦击，我从后面追上他的战车而将他俘虏。"郤至说："伤害国君是要受到刑罚的。"也停止了追赶。石首对郑成公说："卫懿公由于不去掉他的旗子，因此才会在荧地战败。"于是就将旗子放进弓袋里。唐苟对石首说："您在国君身边，战败时应该专心保护国君。在这个方面我不如您，您带着国君逃走，我请求留下来。"于是唐苟因此而战死。

楚师薄于险，叔山冉谓养由基曰："虽君有命，为国故，子必射。"

乃射，再发，尽殪。叔山冉搏人以投，中车，折轼。晋师乃止。囚楚公子筏。

栾鍼见子重之旌，请曰："楚人谓夫旌，子重之麾也，彼其子重也。日臣之使于楚也，子重问晋国之勇，臣对曰：'好以众整。'曰：'又何如？'臣对曰：'好以暇。'今两国治戎，行人不使，不可谓整；临事而食言，不可谓暇。请摄饮焉。"公许之。使行人执榼承饮，造于子重，曰："寡君乏使，使鍼御持矛，是以不得犒从者，使某摄饮。"子重曰："夫子尝与吾言于楚，必是故也。不亦识乎？"受而饮之，免使者而复鼓。旦而战，见星未已。

　楚军被围困在一段险阻的地方，叔山冉对养由基说："尽管国君有命令，禁止你去射箭，但为了国家，您必须要射箭。"养由基就连发多次射向晋军，被射中的人全都死了。叔山冉举起晋国士卒朝晋军投掷过去，掷中战车，折断了车前面的横木。晋军于是停下追击。晋军因囚禁了楚国的公子筏。

栾鍼看到子重的旌旗，向晋厉公请求说："楚国人说那面旌旗是子重的旗帜，他恐怕就是子重吧。当初下臣出使楚国，子重询问晋国的勇武表现在哪些方面，下臣回答：'喜好部队整齐，整饬周密。'子重说：'还有哪些呢？'下臣回答说：'喜好从容不迫。'如今两国兴兵，不派遣使者，不能说是整饬周密；事到临头而说话不算，不能说是从容不迫。请君王派人为我向子重进酒。"晋厉公同意了，派遣使者拿着酒器去奉酒，来到子重那里，说："寡君缺乏使者，让栾鍼执矛侍立在其左右，因此无法犒赏您的从者，派我前来代他送酒。"子重说："那个人曾跟我在楚国说过一些话，送酒来必定是这个缘故。他的记忆力不也是非常强吗？"收下酒并喝下，送走使者而重新击鼓。早晨开始进行作战，直至见到星星还没有结束。

子反命军吏察夷伤，补卒乘，缮甲兵，展车马，鸡鸣而食，唯命是听。晋人患之。苗贲皇徇曰："蒐乘，补卒，秣马、利兵，修陈、固列，蓐食、申祷，明日复战！"乃逸楚囚。王闻之，召子反谋。榖阳竖献饮于子反，子反醉而不能见。王曰："天败楚也夫！余不可以待。"乃宵遁。晋入楚军，三日谷。范文子立于戎马之前，曰："君幼，诸臣不佞，何以及此？

君其戒之！《周书》曰：'惟命不于常。'有德之谓。"

译 文 子反让军官去视察伤情，补充步兵、骑兵的战车。修理盔甲与武器，摆列战车与马匹，天亮鸡叫时吃饭，只听候主帅的命令。晋国对此极为忧虑。苗贲皇通告全军说："检阅战车，补充兵力，喂好马匹，将武器磨锋利，整顿军阵，巩固行列，饱餐一顿，再次进行祷告，明天准备再战！"就故意放走了楚国的俘虏。楚共王听说这些情况后，连忙召子反共同商量。穀阳竖献酒给子反，子反喝醉后无法进见。楚共王说："这是上天要让楚国失败啊！我不可以坐以待毙。"因而在夜里逃走。晋军攻入楚国军营，吃了三天楚军留下来的粮食。范文子站在兵马的前面，说："君王的年纪还小，下臣不才，怎么能得到这样的结果？君王要引以为戒啊！《周书》说：'天命之所在并非是一成不变的'，说的是有德的人才可以享有天命。"

襄　公

二十九年经

二十有九年春，王正月，公在楚。

夏五月，公至自楚。

庚午，卫侯衎卒。

阍弑吴子馀祭。

仲孙羯会晋荀盈、齐高止、宋华定、卫世叔仪、郑公孙段、曹人、莒人、滕人、薛人、小邾人，城杞。

晋侯使士鞅来聘。

杞子来盟。

吴子使札来聘。

秋九月，葬卫献公。

齐高止出奔北燕。

冬，仲孙羯如晋。

二十九年传

二十九年春，王正月，公在楚，释不朝正于庙也。楚人使公亲襚，公患之。穆叔曰："袯殡而襚，则布币也。"乃使巫以桃、茢先袯殡。楚人弗禁，既而悔之。

二月癸卯，齐人葬庄公于北郭。

夏四月，葬楚康王。公及陈侯、郑伯、许男送葬，至于西门之外。诸侯之大夫皆至于墓。楚郏敖即位。王子围为令尹。郑行人子羽曰："是谓不宜，必代之昌。松柏之下，其草不殖。"

 鲁襄公二十九年春，周历正月，"襄公在楚国"，并以此来解释他为何不会在祖庙当中听政的原因。楚国人让鲁襄公亲自为楚康王的尸首穿寿衣，襄公对此深感忧虑。穆叔说："先举行为殡葬袯除不祥的祭祀，然后为死者穿衣服，这就等于在朝见时送礼物了。"于是就让巫人以桃棒、笤帚在棺材上袯除不祥。楚国人没去禁止，不久后又感到很后悔。

二月初六日，齐国人在北部的外城安葬了齐庄公。

夏四月，安葬楚康王，鲁襄公及陈哀公、郑简公、许悼公都参加了这次送葬，到达西门外，各诸侯的大夫都来到墓地。楚国的郏敖即位，王子围担任令尹。郑国的使者子羽说："这样就叫作不合适，令尹必然要代替楚君王而能够昌盛。在松柏的下面，草是无法繁殖的。"

公还，及方城。季武子取卞，使公冶问，玺书追而与之，曰："闻守卞者将叛，臣帅徒以讨之。既得之矣，敢告。"公冶致使而退，及舍，而后闻取卞。公曰："欲之而言叛，只见疏也。"公谓公冶曰："吾可以入乎？"对曰："君实有国，谁敢违君？"公与公冶冕服，固辞，强之而后受。公欲无入，荣成伯赋《式微》，乃归。五月，公至自楚。公冶致其邑于季氏，而终不入焉。曰："欺其君，何必使余？"季孙见之，则言季氏如他日。不见，则终不言季氏。及疾，聚其臣，曰："我死，必无以冕服敛，非德赏也。且无使季氏葬我！"

译 文　鲁襄公返回后，抵达方城山。季武子占取了卞地，派公冶前来请示襄公，公冶走后用封泥加印将信封好，追上去交给公冶，让他交给襄公。信上说："听到戍守卞地的人准备叛变，下臣率领部下前去讨伐他，已经占领卞地了，谨此报告。"公冶说完这些之后，就退了出去，到达住处以后才听说占取了卞地。鲁襄公说："想要这块地方而借口说它叛变，只能是在对我表达疏远。"鲁襄公对公冶说："我能够被准许进入国境吗？"公冶回答："君王要占据国家，谁敢违背君王？"鲁襄公赐给公冶冕服，公冶坚决予以辞谢，襄公坚持要给才接受了。鲁襄公不想进入国境，荣成伯赋《式微》这首诗，鲁襄公这才返回国家。五月，鲁襄公从楚国返回。公冶把他的封邑返还给季氏，始终不再进入季孙的家门，说："季孙欺骗自己的国君，何必派我去？"季孙和他见面，公冶就与季孙像以前一样说话。不相见的时候，公冶始终不谈论季氏。等到公冶病危，聚集其家臣，说："我死以后，一定不可以用冕服入殓，因为这不是因为德行而获得的赏赐。并且还不要让季氏来安葬我。"

　　葬灵王。郑上卿有事，子展使印段往。伯有曰："弱，不可。"子展曰："与其莫往，弱不犹愈乎？《诗》云：'王事靡盬，不遑启处。'东西南北，谁敢宁处？坚事晋、楚，以蕃王室也。王事无旷，何常之有？"遂使印段如周。

　　吴人伐越，获俘焉，以为阍，使守舟。吴子馀祭观舟，阍以刀弑之。

译 文　安葬了周灵王。郑国的上卿子展有事没法前去，他派印段前去。伯有说："他太过年轻，不能让他前去。"子展说："与其没人去，派个年轻的不是比无人去好吗？《诗经》说：'王家差事做不完，没有时间去去休息。'东西南北，谁敢安安稳稳地前去居住？坚定地侍奉晋国、楚国，用以捍卫王室。王事能够没有缺失，有什么常例不常例的事呢？"于是就派印段前往成周。

　　吴国人进攻越国，抓到俘虏，让他担任看门人，派他去看守船只。吴王馀祭观看船只，看门人用刀刺杀了吴王。

　　郑子展卒，子皮即位。于是郑饥而未及麦，民病。子皮以子展之命，饩国人粟，户一钟，是以得郑国之民。故罕氏常掌国政，以为上卿。宋司城子罕闻之，曰："邻于善，民之望也。"宋亦饥，请于平公，出公粟以贷，使大夫皆贷。司城氏贷而不书，为大夫之无者贷。宋无饥人。叔向闻之，曰："郑之罕，宋之乐，其后亡者也，二者其皆得国乎！民之归也，施而不德，乐氏加焉，其以宋升降乎！"

 译 文 郑国的子展去世了，子皮担任他的职位。当时郑国由于闹饥荒且还没有到麦收的时节，百姓为此感到困乏。子皮用子展的遗命，将粮食赠给国内的人们，每户一钟，因此获取了郑国百姓的拥护。所以罕氏能够长久地掌握国政，一直位列上卿。宋国的司城子罕听说了这件事，说："与善为邻，这是百姓所期望的。"宋国也出现了饥荒，司城子罕向宋平公请求，拿出公家的粮食借贷给百姓，让大夫也都可以出借粮食给百姓。司城氏出借粮食给百姓而不写契约，又为缺少粮食的大夫借粮给百姓。于是宋国没有会挨饿的人。叔向听到这些话，说："郑国的罕氏，宋国的乐氏，大约是会在最后才灭亡的家族吧，两家恐怕都能够长久地掌握国政吧！这是因为百姓归向他们的缘故。施舍而不求感激，乐氏就更高出一筹了，这一家大概是会随着宋国的盛衰而盛衰吧！"

晋平公，杞出也，故治杞。六月，知悼子合诸侯之大夫以城杞，孟孝伯会之。郑子大叔与伯石往。子大叔见大叔文子，与之语。文子曰："甚乎其城杞也！"子大叔曰："若之何哉？晋国不恤周宗之阙，而夏肆是屏。其弃诸姬，亦可知也已。诸姬是弃，其谁归之？吉也闻之，弃同即异，是谓离德。《诗》曰：'协比其邻，昏姻孔云。'晋不邻矣，其谁云之！"

 译 文 晋平公，是杞国国君女儿生下的儿子，所以平公准备帮助修整杞国的城墙。六月，知悼子会合各诸侯的大夫帮助杞国筑城，孟孝伯参加了。郑国的子太叔及伯石也来了。子太叔看到太叔文子，就同他说话。文子说："为杞国筑城这件事实在是太过分了！"子太叔说："拿他怎么办才好啊！晋国不担心周室出现衰微，反而要去保护夏朝的残余，它会丢弃姬姓诸国，也就可以想到了。抛弃同属姬姓的诸侯国，还有谁会去归附他？我听说：'丢弃同姓而亲近异姓，这称为离德。'《诗经》中说：'关心近亲与同姓，姻亲就会与他友好来往。'晋国不亲近同姓近亲，还有谁肯和他友好往来？"

齐高子容与宋司徒见知伯，女齐相礼。宾出，司马侯言于知伯曰："二子皆将不免。子容专，司徒侈，皆亡家之主也。"知伯曰："何如？"对曰："专则速及，侈将以其力毙，专则人实毙之，将及矣。"

范献子来聘，拜城杞也。公享之，展庄叔执币。射者三耦，公臣不足，取于家臣。家臣，展瑕、展玉父为一耦；公臣，公巫召伯、仲颜庄叔为一耦；鄫鼓父、党叔为一耦。

译文 齐国的高子容及宋国的司徒拜会知伯，女齐作为相礼，客人出去了，司马侯对知伯说："这两位将要难以避免灾难。子容专权，司徒奢侈，都是会导致家族灭亡的罪魁祸首。"知伯说："为什么呢？"女齐回答说："专横就会很快导致祸患，奢侈将会由于力量的强大而致死，专横，别人就会想要他的命。他马上就要招来祸患了。"

范献子来鲁国聘问，拜谢在杞国帮助筑城墙的事。鲁襄公设宴款待他，展庄叔负责赠送客人礼物。参加射礼的主要有三对人。公臣的人选不够，在家臣当中选取。家臣，展瑕、展王父作为一对，公臣当中，公巫召伯、仲颜庄叔作为一对，鄫鼓父、党叔作为一对。

晋侯使司马女叔侯来治杞田，弗尽归也。晋悼夫人愠曰："齐也取货，先君若有知也，不尚取之。"公告叔侯。叔侯曰："虞、虢、焦、滑、霍、杨、韩、魏，皆姬姓也，晋是以大。若非侵小，将何所取？武、献以下，兼国多矣，谁得治之？杞，夏余也，而即东夷。鲁，周公之后也，而睦于晋。以杞封鲁犹可，而何有焉？鲁之于晋也，职贡不乏，玩好时至，公卿大夫相继于朝，史不绝书，府无虚月。如是可矣，何必瘠鲁以肥杞？且先君而有知也，毋宁夫人，而焉用老臣？"

杞文公来盟，书曰"子"，贱之也。

译文 晋平公派司马女叔侯前往鲁国，使鲁国得以归还鲁国所占杞国的土地，但女齐没有让鲁国把土地全部归还杞国。晋悼公夫人非常气愤地说："女齐一定是得到了鲁国的好处，先君假如可以知道这点，不会选取他去的。"晋平公将这件事告知叔侯。叔侯说："虞国、虢国、焦国、滑国、霍国、杨国、韩国、魏国，全都是姬姓国家，依靠这些国家，晋国才得以日益强大起来。如果不是入侵小国，将要从哪里获取土地呢？从武公、献公以来，兼并的国家非常多了，最后谁能够退还？杞国，为夏朝的残余，亲近东夷。鲁国，为周公的后代，而和晋国和睦。将杞国分封给鲁国还是可以的，为何心中只有杞国？鲁国对于晋国来说，贡品没有缺乏，珍贵的玩物按时被送到，公卿大夫一个接一个地前去朝见，史官没有中断记载，国库当中没有一个月不接受鲁国的贡品。像这样就可以了，何必再去削弱鲁国，而要增强杞国？如果先君泉下有知，他也许宁可会让夫人自己前去处理这样的事，又哪里用得着我呢？"

杞文公前来鲁国结盟，《春秋》称其为"子"，这是表示对他的不尊重。

吴公子札来聘，见叔孙穆子，说之。谓穆子曰："子其不得死乎！好善而不能择人。吾闻君子务在择人。吾子为鲁宗卿，而任其大政，不慎举，何以堪之？祸必及子！"

请观于周乐。使工为之歌《周南》《召南》。曰："美哉！始基之矣，犹未也，然勤而不怨矣。"为之歌《邶》《鄘》《卫》。曰："美哉渊乎！忧而不困者也。吾闻卫康叔、武公之德如是，是其《卫风》乎！"为之歌《王》曰："美哉！思而不惧，其周之东乎！"为之歌《郑》。曰："美哉！其细已甚，民弗堪也，是其先亡乎！"为之歌《齐》。曰："美哉！泱泱乎，大风也哉！表东海者，其大公乎！国未可量也。"为之歌《豳》。曰："美哉！荡乎！乐而不淫，其周公之东乎！"为之歌《秦》。曰："此之谓夏声。夫能夏则大，大之至也，其周之旧乎！"为之歌《魏》。曰："美哉！泱泱乎！大而婉，险而易行，以德辅此，则明主也。"为之歌《唐》。曰："思深哉！其有陶唐氏之遗民乎！不然，何忧之远也？非令德之后，谁能若是？"为之歌《陈》。曰："国无主，其能久乎！"自《郐》以下，无讥焉。为之歌小雅。曰："美哉！思而不贰，怨而不言，其周德之衰乎！犹有先王之遗民焉。"为之歌《大雅》。曰："广哉，熙熙乎！曲而有直体，其文王之德乎！"为之歌《颂》。曰："至矣哉！直而不倨，曲而不屈，迩而不逼，远而不携，迁而不淫，复而不厌，哀而不愁，乐而不荒，用而不匮，广而不宣，施而不费，取而不贪，处而不底，行而不流。五声和，八风平，节有度，守有序，盛德之所同也。"

译　文　吴国的公子札前来鲁国聘问，见到了叔孙穆子，非常喜欢他。对穆子说："您恐怕无法得到善终吧！喜欢行善而无法选择贤人，我听说君子应当致力于选贤而择能。您身为鲁国的宗卿而主持国家政务，不慎重去举荐善人，国家如何能受得了维持得下去呢？祸患必然降临在您身上。"

公子札请求去欣赏周朝的乐舞。于是让乐工为其歌唱《周南》《召南》。季札说："真是美好啊！周朝的教化已经开始奠定好根基了，虽然还没能完成尽善，但是百姓勤劳而不会去怨恨了。"为他歌唱《邶风》《鄘风》《卫风》之歌，他说："美好而又深厚啊！忧愁而不会陷入窘迫。我听说卫康叔、武公的德行就犹如这样，这应该是《卫风》吧！"为他歌唱《王风》之歌，他说："美好啊！思虑而没有恐惧，应该是周室东迁之后的音乐吧！"为他歌唱《郑风》之歌，他说："美好啊！但是它太过琐碎了，百姓是无法忍受的。它会较早灭亡吧！"为他歌唱《齐风》之歌，他说："真是美好而宏大啊！不愧是大国当中的音乐啊！作为东海的表率的，应该是太公的国家吧！国家的前途无法限量。"为他歌唱《豳风》之歌，他说："多美好啊，坦荡而无邪！欢乐而能够有所节制，应该是周公东征时期的音乐吧！"为他歌唱《秦风》之歌，他说："这就称为西方的夏声。能发出夏声，自然声音洪亮，大到极致了，恐怕就是周朝的旧乐吧！"为他歌唱《魏风》，他说："美好啊！多么轻飘浮泛！粗犷而富有婉转，节拍局促，但并不难以歌唱，再以德行进行辅助，这便是贤明的君主了。"为他歌唱《唐风》，他说："思虑非常深远啊！应该有陶唐氏的遗民吧？否则，为什么能够忧思如此深远呢？不是美德者的后裔，谁能会像这样？"为其歌唱《陈风》，他说："国家当中没有主人，难道能够长久吗？"从《郐风》以下的诗歌当中，季札听后就不再发表评论了。乐师为他歌唱《小雅》，他说："美好啊！忧愁而没有多余的背叛心意，怨恨却不会溢于言表，恐怕是周朝德行衰微的乐章吧！还是带有先王的遗风啊！"为他演唱《大雅》，他说："广博而和谐啊！抑扬曲折而本质刚健，应该是文王的德行吧！"为他歌唱《颂》，他说："美到顶点了！正直而没有丝毫倨傲，曲折而不卑下，亲近而不相逼迫，疏远而不会离心，活泼而不显淫乱，反复而没有厌倦，哀伤而不忧愁，欢乐而没有荒淫之意，使用而不见匮乏，宽广而没有显露，施舍而不会浪费，收取而不会贪婪，静止而没有停滞，行进而不流荡。五声和谐，八风协调。节拍有一定的尺度，乐器都依照次序，这全都是盛德之人所共同具有的美德。"

见舞《象箭》《南籥》者，曰："美哉！犹有憾。"见舞《大武》者，曰："美哉！周之盛也，其若此乎！"见舞《韶濩》者，曰："圣人之弘也，而犹有惭德，圣人之难也。"见舞《大夏》者，曰："美哉！勤而不德，非禹，其谁能修之？"见舞《韶箾》者，曰："德至矣哉，大矣！如天

之无不帱也，如地之无不载也。虽甚盛德，其蔑以加于此矣。观止矣！若有他乐，吾不敢请已。”

其出聘也，通嗣君也。故遂聘于齐，说晏平仲，谓之曰："子速纳邑与政。无邑无政，乃免于难。齐国之政，将有所归，未获所归，难未歇也。"故晏子因陈桓子以纳政与邑，是以免于栾、高之难。

译文 公子札见到跳《象箾》《南龠》舞，说："美好啊！但依旧存在遗憾。"看到跳《大武》舞，说："美好啊！周朝兴盛时，大概就是像这样吧！"看到跳《韶濩》舞，说："像圣人那般宏大，尚且还有所惭愧，可见作为圣人并不容易啊！"看到跳《大夏》舞，说："美好啊！有功劳而不自认有德，不是禹，还有谁可以做到呢？"看到跳《韶箾》舞，说："功德已经抵达顶点了，伟大啊！犹如上天般无所不覆盖，又如大地般承载一切。就算再高尚的德行，也无法超越这种尽善尽美的境界了。观乐到此真的是让我叹为观止。如果还有其他的音乐，我不敢再请求欣赏了。"

公子札出国进行聘问，目的是因为新君嗣立而谋求良好的国际关系。因此随后来到齐国聘问，喜欢晏平仲与其很谈得来，对他说："您赶快将封邑及政权交还给国君。没有封邑与政权，这才可以免于祸难。齐国的政权将会另有归属，假如做不到，祸难就不会停止。"所以晏子通过陈桓子交还了政权及封邑，因为这样，而在栾氏、高氏发动的祸端中幸免于难。

昭　公

六年经

六年春，王正月，杞伯益姑卒。

葬秦景公。

夏，季孙宿如晋。

葬杞文公。

宋华合比出奔卫。

秋九月，大雩。

楚薳罢帅师伐吴。

冬，叔弓如楚。

齐侯伐北燕。

六年传

六年春，王正月，杞文公卒，吊如同盟，礼也。大夫如秦，葬景公，礼也。

鲁昭公六年春，周历正月，杞文公去世。鲁国前去吊唁，似乎像对盟国一样，这是合乎礼数的。鲁国派大夫来到秦国，参加秦景公的葬礼，这是合乎礼数的。

三月，郑人铸刑书。叔向使诒子产书曰："始吾有虞于子，今则已矣。昔先王议事以制，不为刑辟，惧民之有争心也。犹不可禁御，是故闲之以义，纠之以政，行之以礼，守之以信，奉之以仁，制为禄位，以劝其从，严断刑罚，以威其淫。惧其未也，故诲之以忠，耸之以行，教之以务，使之以和，临之以敬，莅之以强，断之以刚。犹求圣哲之上，明察之官，忠信之长，慈惠之师，民于是乎可任使也，而不生祸乱。民知有辟，则不忌于上，并有争心，以征于书，而徼幸以成之，弗可为矣。夏有乱政，而作《禹刑》。商有乱政，而作《汤刑》。周有乱政，而作《九刑》。三辟之兴，皆叔世也。今吾子相郑国，作封洫，立谤政，制参辟，铸刑书，将以靖民，不亦难乎？《诗》曰：'仪式刑文王之德，日靖四方。'又曰：'仪刑文王，万邦作孚。'如是，何辟之有？民知争端矣，将弃礼而征

●郑子产像

于书。锥刀之末，将尽争之。乱狱滋丰，贿赂并行。终子之世，郑其败乎！肸闻之：'国将亡，必多制。'其此之谓乎！"

译文 三月，郑国将刑法铸造在鼎上。叔向派人送给子产一封信，说："起初，我对您是抱有希望的，如今则不这么想了。从前，先王衡量事情的轻重进行判罪，并没有制定刑法，这是担心百姓会出现争执的想法。这样还是无法防止犯罪，因此用道义来予以防范，用政令加以约束，用礼仪进行奉行，用信用进行守护，用仁爱来奉养，制定禄位，以勉励服从的人，严厉地予以治罪，以威胁那些放纵的人。还担心无法收效，所以用忠诚去训诫他们，根据模范行为来予以他们奖励，用专业知识去教导他们，用和悦的态度去使用他们，用严肃面对他们，用威严管理他们，以坚决的态度去判处他们的罪行。还要访求聪明而贤能的卿、明白事理的吏、忠直守信的乡长、慈祥和蔼的老师，百姓在这种情况下才能够俯首听命，而不至于出现祸乱。百姓清楚了刑律，就对上面的人不够恭敬。大家都会有争执的想法，经引刑律作为根据，帮自己辩解，而且侥幸得以成功，国家就更无法治理了。夏朝有违背政令的人，就制定了《禹刑》。商朝有触犯政令的人，就制定了《汤刑》。周朝有触犯政令的人，就制定了《九刑》。三种法律的产生，都处在各朝的末世了。如今您辅佐郑国，划定出田界与水沟，设置推行接受百姓批评的丘赋制度，仿效三种刑法制定了三种法律，将刑律铸在鼎上，准备用这样的方式来安定百姓，不也是非常困难吗？《诗经》说：'效法文王的德行，日益安抚四方的国家。'又说：'效法文王，万邦得以信赖。'像这样，为什么要有刑律呢？百姓清楚了争夺的依据，将会丢弃礼仪而征用刑书。刑书的每个字句，都要争辩个明白。触犯刑律的案件越发繁多，贿赂到处流行。这样一来，至多到你去世，郑国恐怕就会要衰败吧！我听说：'国家即将灭亡，必然多设置法律'，恐怕说的就是这种情况吧！"

复书曰："若吾子之言，侨不才，不能及子孙，吾以救世也。既不承命，敢忘大惠？"士文伯曰："火见，郑其火乎！火未出而作火，以铸刑器，藏争辟焉。火如象之，不火何为？"

译文 子产复信说："像您所说的这样。我没有才能，无法顾及子孙，我只是要以此来考虑如何挽救当前的国家，使其不至于灭亡。虽然无法得到您的教导，但也决不敢忘记您的大恩！"士文伯说："火宿出现，郑国恐怕会出现火灾吧！火宿还没能出现，而使用火来铸造刑器，包藏引发争论的刑书。火宿如果象征这一点，怎么可能不发生火灾呢？

夏，季孙宿如晋，拜莒田也。晋侯享之，有加笾。武子退，使行人告曰：“小国之事大国也，苟免于讨，不敢求贶。得贶不过三献。今豆有加，下臣弗堪，无乃戾也！”韩宣子曰：“寡君以为欢也。”对曰：“寡君犹未敢，况下臣，君之隶也，敢闻加贶？”固请彻加，而后卒事。晋人以为知礼，重其好货。

译文　夏季，季孙宿前往晋国，这是为了拜谢晋国没有因为鲁国占据莒国土地而去讨伐。晋平公设享礼招待他，较常礼额外增加了盛有食物的竹筐。季孙宿退出，派行人去报告：“小国侍奉大国，如果被免于讨伐，不敢再祈求赏赐。得到赏赐也不会超过三次献酒。现在菜肴有所增加，下臣不敢当，这样或许是罪过吧？”韩宣子说：“我们国君是以此来表达相见的欢悦。”季孙宿回答说：“寡君尚且不敢担当，何况下臣为国君的仆役，怎能听到有外加的赏赐的事呢？”坚决请求撤掉加菜，然后结束享宴。晋国人觉得他懂得礼仪，在宴礼当中送给他非常贵重的财物。

宋寺人柳有宠，大子佐恶之。华合比曰：“我杀之。”柳闻之，乃坎，用牲，埋书，而告公曰：“合比将纳亡人之族，既盟于北郭矣。”公使视之，有焉，遂逐华合比。合比奔卫。于是华亥欲代右师，乃与寺人柳比，从为之征曰“闻之久矣。”公使代之。见于左师，左师曰：“女夫也，必亡！女丧而宗室，于人何有？人亦于女何有？《诗》曰：‘宗子维城，毋俾城坏，毋独斯畏。’女其畏哉！”

六月丙戌，郑灾。

译文　宋国的宦官柳得到了宋平公的宠信，太子佐讨厌他。华合比说：“我去杀掉他。”宦官柳听到这句话，就挖了个土坑，使用祭牲，将盟书放到里面埋藏起来，造成了结盟的假象。然后报告给宋平公：“合比准备把逃亡在外的人召唤回来，已经在北边的城外结盟了。”宋平公派人前去查看，果然有这样一回事，于是驱逐了华合比。华合比逃亡来到卫国。当时华合比的弟弟华亥准备谋取华合比的右师这一官职，就与寺人柳勾结，为他作证明说：“这件事我也早已听到。”宋平公让他代替华合比的职务。华亥拜见左师，左师说：“你这个人一定也会逃亡。你毁坏了自己的宗族，对别人又有什么好处，别人又给了你什么呢！《诗经》说：‘宗族犹如城墙，不要使得城墙毁坏，不要让自己孤单而感到害怕。’你大概会害怕吧！”

六月初七日，郑国出现了灾害。

　　楚公子弃疾如晋，报韩子也。过郑，郑罕虎、公孙侨、游吉从郑伯以劳诸柤，辞不敢见。固请见之，见如见王，以其乘马八匹私面。见子皮如上卿，以马六匹。见子产，以马四匹。见子大叔，以马二匹。禁刍牧采樵，不入田，不樵树，不采艺，不抽屋，不强丐。誓曰："有犯命者，君子废，小人降。"舍不为暴，主不恩宾。往来如是。郑三卿皆知其将为王也。

译文　楚国的公子弃疾来到晋国，这是为了回报韩宣子亲自送来晋女来楚国一事。经过郑国，郑国的子皮、子产、子太叔跟随郑简公在柤地慰劳他。公子弃疾辞谢而不敢劳动国君而见面。郑简公坚决请求，公子弃疾这才肯与郑简公相见。进见郑简公犹如进见楚王，用驾车的八匹马作为私人的礼物。进见子皮犹如进见楚国的上卿，用六匹马。进见子产，用四匹马。进见子太叔，用两匹马。禁止手下割草放牧，以及采摘、砍柴等，不许进入私田，不砍树木，不摘菜果，不许拆迁房屋，不强行讨取。发誓说："有触犯命令的人，官员要予以撤职，仆役要降等。"在郑国住宿不做暴虐的事，郑国的主人不必担心客人打扰。来往都如此，郑国的三个卿都清楚他将要做楚王了。

　　韩宣子之适楚也，楚人弗逆。公子弃疾及晋竟，晋侯将亦弗逆。叔向曰："楚辟我衷，若何效辟？《诗》曰：'尔之教矣，民胥效矣。'从我而已，焉用效人之辟？《书》曰：'圣作则。'毋宁以善人为则，而则人之辟乎？匹夫为善，民犹则之，况国君乎？"晋侯说，乃逆之。

　　秋九月，大雩，旱也。

译文　韩宣子到楚国时，楚国没有派人没有出城去迎接。因此当公子弃疾抵达晋国的国境，晋平公也不想派人前去迎接公子弃疾。叔向说："楚国是邪僻的，而我们是正直的。为什么要去效仿邪僻的国家呢？《诗经》说：'你的教导，人民都会效仿。'听从我们自己的老规矩就可以了，哪里用得着以别人的邪僻准则来衡量自己呢？《尚书》说：'圣人做出榜样。'宁可以善人的行动为榜样，难道要去学习别人的邪僻准则吗？一个普通人做好事，百姓还会以他为榜样，何况是国君呢？"晋平公听后很高兴，就派人将公子弃疾迎接过来。

秋季九月，举行大型求雨雩祭，这是由于出现了旱灾。

徐仪楚聘于楚。楚子执之，逃归。惧其叛也，使薳洩伐徐。吴人救之。令尹子荡帅师伐吴，师于豫章，而次于乾溪。吴人败其师于房钟，获宫厩尹弃疾。子荡归罪于薳洩而杀之。

冬，叔弓如楚聘，且吊败也。

十一月，齐侯如晋，请伐北燕也。士匄相士鞅逆诸河，礼也。晋侯许之。十二月，齐侯遂伐北燕，将纳简公。晏子曰："不入，燕有君矣，民不贰。吾君贿，左右谄谀，作大事不以信，未尝可也。"

译　文　徐国的大夫仪楚来到楚国进行聘问，楚灵王囚禁了他，但他逃回了徐国。楚灵王害怕他会发动叛乱背叛楚国，派洩进攻徐国。结果吴国发兵救援徐国。令尹子荡率军攻击吴国，在豫章出兵而驻扎在乾溪。吴国人在房钟击败令尹子荡的部队，宫厩尹弃疾被俘。子荡将罪过都推到洩身上，并杀了他。

冬季，叔弓前往楚国聘问，并且慰问战败的将士。

十一月，齐景公来到晋国，请求同意进攻燕国。士匄辅佐士鞅在黄河岸边迎接他，这是合乎礼法的。晋平公同意了。十二月，齐景公就发兵进攻燕国，想把燕简公送回国。晏子说："简公是无法送回去了，燕国已经有了国君，百姓对他没有二心。我们的国君贪财，身边的人阿谀奉承，办大事不讲信用，这是办不成这事的啊！"

定　公

元年经

元年春，王。

三月，晋人执宋仲几于京师。

夏六月癸亥，公之丧至自乾侯。

戊辰，公即位。

秋七月癸巳，葬我君昭公。

九月，大雩。

立炀宫。

冬十月，陨霜杀菽。

元年传

元年春，王正月，辛巳，晋魏舒合诸侯之大夫于狄泉，将以城成周。魏子莅政。卫彪傒曰："将建天子，而易位以令，非义也。大事奸义，必有大咎，晋不失诸侯，魏子其不免乎？"是行也，魏献子属役于韩简子及原寿过，而田于大陆，焚焉。还，卒于宁。范献子去其柏椁，以其未复命而田也。

译　文　鲁定公元年春季，周历正月初七日，晋国的魏舒在狄泉与诸侯的大夫会合，准备增筑成周的城墙。魏舒主持修建城墙事宜，卫国的彪傒说："准备为天子筑城，而超越自己的地位去发号施令，这是不符合道义的。做重大的事情如果违背了道义，必然会出现大灾祸。假如晋国勉强不失去诸侯，魏子恐怕也无法躲过这场灾祸吧！"这样一来，魏舒将事情交给韩简子与原寿过，自己去大陆泽打猎，放火烧荒赶逐猎物，回来后死在了宁地。范献子撤除了安葬魏舒尸体的柏木外椁，这是因为魏舒还没有复命，就外出打猎的缘故。

孟懿子会城成周。庚寅，栽。宋仲几不受功，曰："滕、薛、郳，吾役也。"薛宰曰："宋为无道，绝我小国于周，以我适楚，故我常从宋。晋文公为践土之盟，曰：'凡我同盟，各复旧职。'若从践土，若从宋，亦唯命。"仲几曰："践土固然。"薛宰曰："薛之皇祖奚仲，居薛，以为夏车正。奚仲迁于邳，仲虺居薛，以为汤左相。若复旧职，将承王官，何故以役诸侯？"仲几曰："三代各异物，薛焉得有旧？为宋役，亦其职也。"士弥牟曰："晋之从政者新，子姑受功。归，吾视诸故府。"仲几曰："纵子忘之，山川鬼神其忘诸乎？"士伯怒，谓韩简子曰："薛征于人，宋征于鬼，宋罪大矣。且己无辞而抑我以神，诬我也。启宠纳侮，

四书五经精华本

三一四

其此之谓矣。必以仲几为戮。"乃执仲几以归。三月，归诸京师。

译文 孟懿子参与了增筑成周城墙的活动，十六日，开始夯土。宋国的仲几没有接受任务，说："滕国、薛国、郳国，是为我们役使的。"薛国的宰臣说："宋国无道，让我们这些小国与周朝断绝了关系，带着我国去改侍楚国，所以我国时常服从宋国。晋文公主持践土结盟，说：'只要是我国的同盟，各自都能恢复到原来的地位。'或者服从践土的盟约，或者服从宋国，全都唯命是听。"仲几说："按照践土的盟约原本是让你们为宋国役使的。"薛国的宰臣说："薛国的始祖奚仲居住在薛地，担任夏朝的车正。奚仲迁居到邳地，仲虺居住在薛地，做了汤的左相。如果恢复了本来的地位，将会接受天子授予的官位，为什么要为诸侯役使呢？"仲几说："三代的事情各自有所不同，薛国哪里可以按照过去的章程办事呢？为宋国役使，也同样是你们的职责。"士弥牟说："晋国的执政者为新人，您姑且先接受工程任务，我回去查看一下过去的档案。"仲几说："即便您忘了，山川的鬼神难道会忘掉这些吗？"士弥牟发怒了，对韩简子说："薛国以典籍旧事当中的人做证明，宋国以鬼神来做证明，宋国的罪过太大了，而且他自己也是无话可说，而用鬼神来对我们施加压力，这是在欺骗我们。'给予宠信，反而会招来侮辱'，说的便是这种情况了，一定要去惩罚仲几让他受到侮辱。"于是就抓住仲几回国。三月，他被遣返回京师。

城三旬而毕，乃归诸侯之成。

齐高张后，不从诸侯。晋女叔宽曰："周苌弘、齐高张，皆将不免。苌叔违天，高子违人。天之所坏，不可支也；众之所为，不可奸也。"

夏，叔孙成子逆公之丧于乾侯。季孙曰："子家子亟言于我，未尝不中吾志也。吾欲与之从政，子必止之，且听命焉。"子家子不见叔孙，易几而哭。叔孙请见子家子，子家子辞曰："羁未得见，而从君以出。君不命而薨，羁不敢见。"叔孙使告之曰："公衍、公为实使群臣不得事君。若公子宋主社稷，则群臣之愿也。凡从君出而可以入者，将唯子是听。子家氏未有后，季孙愿与子从政。此皆季孙之愿也，使不敢以告。"对曰："若立君，则有卿士大夫与守龟在，羁弗敢知。若从君者，则貌而出者，入可也；寇而出者，行可也。若羁也，则君知其出也，而未知其入也，羁将逃也。"

丧及坏隤，公子宋先入，从公者皆自坏隤反。

译 文 修筑城墙的工程持续了三旬完工，然后让诸侯派来的戍卒回国了。

齐国的高张迟到没能赶上诸候筑城，晋国的女叔宽说："周朝的苌弘、齐国的高张都将难免遭到祸患。苌弘违背了上天，高子违背人意，上天要毁灭谁，谁也无法保护他。大众所要做的事，谁也不可违抗他。"

夏季，叔孙成子到乾侯迎接昭公的灵柩。季孙说："子家子多次与我谈话，没有一次不符合我的心意。我想要让他参与到政事中来，您必须留下他，并且听取其意见。"子家子不肯与叔孙会见，改变了既定的哭丧时间，叔孙请求拜会子家子，子家子辞谢说："羁没有见过您，就跟随国君出国了。国君没有留下命令就去世了，羁不敢见您。"叔孙派人告诉他："公衍、公为确实不让臣下侍奉国君，假如公子宋主持国政，那是臣下们的愿望，凡是跟随国君出国的人里，谁可以回国，都将由您的意见来决定。子家氏没有继承人，季孙愿意让您参与到政事中来，这全都是季孙的愿望，他不敢来奉告派我来奉告。"子家子说："如果迎立国君，那么有卿士、大夫和守龟在那里，羁不敢参与。如果追随国君出走的人，表面上跟着出国的，可以回去，和季氏结仇才出国的，可以让他出逃。至于羁，国君只同意我出国却没有同意我回去，羁准备逃走。"

昭公灵柩抵达坏隤，公子宋先进入国内，跟随昭公的人都从坏隤逃亡了。

六月，癸亥，公之丧至自乾侯。戊辰，公即位。季孙使役如阚公氏，将沟焉。荣驾鹅曰："生不能事，死又离之，以自旌也。纵子忍之，后必或耻之。"乃止。季孙问于荣驾鹅曰："吾欲为君谥，使子孙知之。"对曰："生弗能事，死又恶之，以自信也。将焉用之？"乃止。

秋七月，癸巳，葬昭公于墓道南。孔子之为司寇也，沟而合诸墓。

昭公出故，季平子祷于炀公。九月，立炀宫。

周巩简公弃其子弟，而好用远人。

译 文 六月二十一日，昭公的灵柩从乾侯返回。二十六日，定公即位。季孙派劳役前往阚公氏那里，准备在那里挖沟，荣驾鹅说："国君生前不能侍奉，死后又将其坟墓与祖茔隔离，莫非用这种方式来表明自己的过失吗？就算您忍心这样去做，以后一定会有人认为这是羞耻的。"于是就停下来。季孙问荣驾鹅："我要为国君商定谥号，让子孙后代都知道。"荣驾鹅说："活着不能去侍奉，死了之后又给予恶谥，用

四书五经精华本

这个来进行自我表达对他的厌恶吗？为什么要这样做？"于是不再进行。

秋七月二十二日，在墓道南边安葬了昭公。孔子担任司寇时，在昭公坟墓外挖沟，使它与先公的坟墓同处一个范围内。

因为昭公出国的缘故，季平子向炀公祈祷。九月，修建炀公庙。

周朝的巩简公丢弃其子弟，而喜欢任用关系疏远的异族客卿。

五年经

五年春，王三月辛亥朔，日有食之。

夏，归粟于蔡。

于越入吴。

六月丙申，季孙意如卒。

秋七月壬子，叔孙不敢卒。

冬，晋士鞅帅师围鲜虞。

五年传

五年，春，王人杀子朝于楚。

夏，归粟于蔡，以周亟，矜无资。

越入吴，吴在楚也。

六月，季平子行东野。还，未至，丙申，卒于房。阳虎将以玙璠敛，仲梁怀弗与，曰："改步改玉。"阳虎欲逐之，告公山不狃。不狃曰："彼为君也，子何怨焉？"既葬，桓子行东野，及费。子洩为费宰，逆劳于郊，桓子敬之。劳仲梁怀，仲梁怀弗敬。子洩怒，谓阳虎："子行之乎？"

申包胥以秦师至。秦子蒲、子虎帅车五百乘以救楚。子蒲曰："吾未知吴道。"使楚人先与吴人战，而自稷会之，大败夫概王于沂。

吴人获薳射于柏举，其子帅奔徒以从子西，败吴师于军祥。

译文 鲁定公五年春季，王子朝在楚国被成周人杀害了。

夏季，鲁国将粮食送到蔡国，用于救济急难，怜悯他们无粮可用。

越国人进入吴国，这是因为吴国入侵楚国。

六月，季平子巡视东野，返回都城时，还未到达，就于十七日死在房地。阳虎准备用玙璠美玉随葬，仲梁怀不肯，说："已经不再代理国君，变为大臣，地位改变了就需要改变殓藏的玉器。"阳虎想赶走他，告诉公山不狃。不狃说："他是在为国君着想，您有什么可怨恨的呢？"安葬以后，桓子巡视东野，抵达费地。子泄做了费地长官，在郊外慰劳前来的人，桓子对他表达尊敬。慰劳仲梁怀，仲梁怀对他却没有表示恭敬。子泄大怒，对阳虎说："您是不是要将他赶走呢？"

申包胥带着秦军抵达，秦国的子蒲、子虎率领五百辆战车来救援楚国。子蒲说："我不清楚吴军的战术。"让楚军先与吴军作战，自己率兵在稷地与楚军会合，在沂地击败夫概王。

吴国人在柏举俘虏了莬射，莬射的儿子率领溃逃的士兵追随子西，在军祥打败吴军。

秋七月，子期、子蒲灭唐。九月，夫概王归，自立也，以与王战，而败，奔楚，为堂溪氏。吴师败楚师于雍澨。秦师又败吴师。吴师居麇，子期将焚之，子西曰："父兄亲暴骨焉，不能收，又焚之，不可。"子期曰："国亡矣，死者若有知也，可以歆旧祀，岂惮焚之？"焚之而又战，吴师败。又战于公婿之溪，吴师大败，吴子乃归。囚闉舆罢。闉舆罢请先，遂逃归。叶公诸梁之弟后臧从其母于吴，不待而归。叶公终不正视。

乙亥，阳虎囚季桓子及公父文伯，而逐仲梁怀。冬十月，丁亥，杀公何藐。己丑，盟桓子于稷门之内。庚寅，大诅。逐公父歜及秦遄，皆奔齐。

 译　文　秋七月，子期、子蒲灭掉了唐国。九月，夫概王回国，自立为王，因为与吴王阖闾作战，被击败，逃亡到楚国，即后来的堂溪氏。吴军在雍澨击败楚军，秦军又击败了吴军。吴军驻扎于麇地，子期准备放火烧麇地击败吴军，子西说："父兄亲戚的尸骨还暴露在那里，无法收殓，又要烧掉，是不可以的。"子期说："国家即将灭亡！死去的人假如有知觉，以后还可以按旧规矩享受祭祀，哪里会怕焚烧？"楚军放火焚烧吴军，又紧接着发起进攻，吴军败退，又在公婿之溪大战，吴军大败，吴王撤兵回国。吴军俘虏了闉舆罢。闉舆罢请求先前往吴国，途中乘机逃回楚国。叶公诸梁的弟弟后臧及其母亲在吴国，后来后臧抛弃母亲自己返回楚国。叶公见后臧不仁不孝，就始终看不起他。

九月二十八日，阳虎囚禁了季桓子及公父文伯，并驱逐仲梁怀。冬十月初十日，杀害公何藐。十二日，与桓子在稷门内盟誓。十三日，举行大的巫术仪式，驱逐公父文伯与秦遄，这两个人一同逃亡到齐国。

楚子入于郢。初，斗辛闻吴人之争宫也，曰："吾闻之：'不让，则不和；不和，不可以远征。'吴争于楚，必有乱；有乱，则必归，焉能定楚？"王之奔随也，将涉于成臼。蓝尹亹涉其帑，不与王舟。及宁，王欲杀之。子西曰："子常唯思旧怨以败，君何效焉？"王曰："善。使复其所，吾以志前恶。"王赏斗辛、王孙由于、王孙圉、钟建、斗巢、申包胥、王孙贾、宋木、斗怀。子西曰："请舍怀也。"王曰："大德灭小怨，道也。"申包胥曰："吾为君也，非为身也。君既定矣，又何求？且吾尤子旗，其又为诸？"遂逃赏。王将嫁季芈，季芈辞曰："所以为女子，远丈夫也。钟建负我矣。"以妻钟建，以为乐尹。

译文 郢都被楚昭王夺回。当初，斗辛听说吴军将帅争着要住在楚王的宫室中，说："我听说：'不谦让就要产生不和睦，不和睦就无法远征。'吴国人在楚国进行争夺，必定会导致动乱，动乱出现，就必定会撤军回国，怎能平定楚国呢？"楚昭王逃亡到随国时，要渡过成臼河，蓝尹亹用船将其妻子儿女先渡过河，不将船留给楚昭王用，等到楚国安定以后，楚昭王准备杀他。子西说："当初子常就由于记挂过去的仇恨而导致失败，君王为什么要去学他呢？"楚昭王说："好，让蓝尹亹官复原职，我用这件事来记住过去的过失。"楚昭王赏赐斗辛、王孙由于、王孙圉、钟建、斗巢、申包胥、王孙贾、宋木、斗怀。子西说："请您不可以赏赐斗怀！"楚昭王说："大德消除小怨，这是符合正道的。"申包胥说："我是为国君，并非为自己。国君已经安定了，我还能追求什么？而且我认为子旗做法不对，难道又要去学子旗贪得无厌吗？"于是，申包胥躲开而没有接受楚王的赏赐。楚昭王准备将季芈嫁出去，季芈辞谢说："女人之所以成为女人，就是要远离男人。钟建已经背弃过我了。"楚昭王将她嫁给钟建，让钟建担任乐尹。

王之在随也，子西为王舆服以保路，国于脾洩。闻王所在，而后从王。王使由于城麇，复命，子西问高厚焉，弗知。子西曰："不能，如辞。城不知高厚小大，何知？"对曰："固辞不能，子使余也。人各有能有不能。王遇盗于云中，余受其戈，其所犹在。"袒而视之背，曰："此余所能也。脾洩之事，余亦弗能也。"

晋士鞅围鲜虞，报观虎之败也。

译　文　楚昭王在随国时，子西仿制楚昭王的车驾与服饰，来安定与保护溃逃的人，在脾洩建立国都，以此安定楚国人心。听说楚昭王的下落后就赶过去。楚昭王派王孙在麇地筑城，王孙回来复命。子西问到城墙的高度与厚度，王孙不清楚。子西说："你如果无法胜任，就应当推辞，你不清楚城墙的高度、厚度，哪里能知道工程的范围大小？"王孙回答说："我坚决推辞，说无法去做，是您硬要让我去做的。每个人都有能做的事，也有不能做的事。君王在云梦泽遇到强盗，我用身子挡住了强盗的戈，伤口现在还在这里！"王孙脱掉衣服把背部给子西看，说："这是我能做的。像在脾洩建立楚王行都的事，我是干不了的。"

鲜虞被晋国的士鞅包围，是为了报复观虎被俘的那次失败。

哀　公

十三年经

十有三年春，郑罕达帅师取宋师于嵒。

夏，许男成卒。

公会晋侯及吴子于黄池。

楚公子申帅师伐陈。

于越入吴。

秋，公至自会。

晋魏曼多帅师侵卫。

葬许元公。

九月，螽。

冬十有一月，有星孛于东方。

盗杀陈夏区夫。

十有二月，螽。

十三年传

十三年春，宋向魋救其师。郑子剩使徇曰："得桓魋者有赏。"魋也逃归，遂取宋师于喦，获成讙、郜延。以六邑为虚。

夏，公会单平公、晋定公、吴夫差于黄池。

六月丙子，越子伐吴，为二隧。畴无馀、讴阳自南方，先及郊。吴大子友、王子地、王孙弥庸、寿于姚自泓上观之。弥庸见姑蔑之旗，曰："吾父之旗也。不可以见仇而弗杀也。"大子曰："战而不克，将亡国。请待之。"弥庸不可，属徒五千，王子地助之。乙酉，战，弥庸获畴无馀，地获讴阳。越子至，王子地守。丙戌，复战，大败吴师。获大子友、王孙弥庸、寿于姚。丁亥，入吴。吴人告败于王，王恶其闻也，自刭七人于幕下。

译文 鲁哀公十三年春，宋国的向魋救援其军队。郑国的武子剩派人通告全军："抓到向魋的有赏。"向魋逃回国。郑国就在喦地全歼宋军，俘虏了成讙、郜延，将六个城邑掳掠一空变为废墟，两国都不加以管辖。

夏季，哀公在黄池会见了单平公、晋定公、吴王夫差。

六月十一日，越王进攻吴国，兵分两路，越国的畴无馀、讴阳从南边攻击，率先到达吴国国都的郊区。吴国的太子友、王子地、王孙弥庸、寿于姚在泓水上观望越军。弥庸见到姑蔑的旗帜，说："那是我父亲的旗帜。我不能看到仇人而不去杀死他们。"太子友说："如果作战无法取胜，国家将会灭亡，请等一等。"王孙弥庸不同意，集合部下五千人出战，王子地帮助他。二十日，两军交战，弥庸俘虏畴无馀，王子地俘虏讴阳。越王勾践领军到达，王子地防守。二十一日，再次交战，越军击败吴军，俘虏太子友、王孙弥庸、寿于姚。二十二日，进入吴国。吴国人向吴王报告了战败的信息。吴王极为担心诸侯听说这个消息，亲自把知道这一情况的七个人都杀死在帐幕里。

秋七月辛丑盟，吴晋争先。吴人曰："于周室，我为长。"晋人曰："于姬姓，我为伯。"赵鞅呼司马寅曰："日旰矣，大事未成，二臣之罪也。建鼓整列，二臣死之，长幼必可知也。"对曰："请姑视之。"反曰："肉食者无墨。今吴王有墨，国胜乎？大子死乎？且夷德轻，不忍久，请少待之。"乃先晋人。

译文 秋七月初六日，举行盟会。吴国和晋国争执歃血为盟的先后顺序。吴国人说："在周王室当中，我们的辈分最大。"晋国人说："在姬姓当中，我们为霸主。"赵鞅召唤司马寅说："天色已很晚了，盟事还没成功，是我们两个臣子的罪过。现在唯一的方法就是敲起战鼓竖起旗帜并整顿队列，我们两人战斗直到死，次序先后一定能够见分晓。"司马寅说："请姑且到吴王那里进行一下观察。"回来说："当权的人的气色是不会有灰暗无神的。如今吴王气色灰暗，是他的国家被敌人打败了吗？或许是太子死了吧？而且夷人轻佻而不沉着，无法长久忍耐，请稍忍耐一下。"吴国人最终让晋国人先歃血。

吴人将以公见晋侯，子服景伯对使者曰："王合诸侯，则伯帅侯牧以见于王。伯合诸侯，则侯帅子男以见于伯。自王以下，朝聘玉帛不同。故敝邑之职贡于吴，有丰于晋，无不及焉，以为伯也。今诸侯会，而君将以寡君见晋君，则晋成为伯矣，敝邑将改职贡。鲁赋于吴八百乘。若为子男，则将半邾以属于吴，而如邾以事晋。且执事以伯召诸侯，而以侯终之，何利之有焉？"吴人乃止。既而悔之，将因景伯。景伯曰："何也立后于鲁矣。将以二乘与六人从，迟速唯命。"遂因以还。及户牖，谓太宰曰："鲁将以十月上辛，有事于上帝、先王，季辛而毕。何世有职焉，自襄以来，未之改也。若不会，祝宗将曰：'吴实然。'且谓鲁不共，而执其贱者七人，何损焉？"太宰嚭言于王曰："无损于鲁，而只为名，不如归之。"乃归景伯。

译文 吴国人打算要带哀公拜会晋定公，子服景伯对使者说："天子会合诸侯，由霸主率领诸侯拜会天子；霸主会合诸侯，诸侯会率领子、男拜会霸主。从天子以下，朝聘时所用的玉帛也都不同。所以敝邑能够进贡给吴国的，会比晋国更加丰厚，而没有比不上的，因为将吴国作为诸侯的霸主。如今诸侯会见，而君王准备率领寡君拜会晋君，那么晋国就成为诸侯的霸主了，敝邑将会改变贡品的数量：鲁国进贡八百辆战车给贵国，要是被当成子、男，那么将会按邾国战车的一半来作为贡品，而用如同邾国战车的数量来侍奉晋国。执事以霸主的身份召集诸侯，而以一般诸侯的身份作为结束，这能有什么好处呢？"吴国人就没有那样做。不久又后悔了，打算囚禁景伯。景伯说："我已经在鲁国立好了继承人，打算带两辆车与六个人跟随你们去，早走晚走，唯命是听。"吴国人于是囚禁景伯，并把景伯带回去。到达户牖，景伯对太宰嚭说："鲁国将要在十月的第一个辛日祭祀天帝及先君，在最后一个辛日完毕。我们世代都在祭祀当中担任一定的职事，从鲁襄公以来从未改变过。如果我不参加，祝宗将会说：'是吴国拘押了景伯造成的。'贵国认为鲁国不恭敬，而只是逮捕了他们七个身份卑微的人，对鲁国有什么损害呢？"太宰嚭对吴王说："捉了子服景伯对鲁国没有损害，而只能导致自己的坏名声，不如将他放回去。"所以就放了景伯回国。

吴申叔仪乞粮于公孙有山氏。曰："佩玉繠兮，余无所系之。旨酒一盛兮，余与褐之父睨之。"对曰："粱则无矣，粗则有之。若登首山以呼曰，庚癸乎！则诺。"

王欲伐宋，杀其丈夫，而囚其妇人。太宰嚭曰："可胜也，而弗能居也。"乃归。

冬，吴及越平。

译文 吴国的申叔仪到公孙有山氏那里要粮食，说："佩玉往下垂啊，我都没有什么佩饰；甜酒有一杯啊，我与贫苦的老头只能干看着它。"公孙有山氏回答说："细粮已经没有了，粗粮还会有一些。如果你登上首山喊'还有吃的吗'，就会答应你。"

吴王夫差想要进攻宋国，杀死那里的男人并囚禁妇女，太宰嚭说："我们虽然能够战胜，但无法在那里久留。"吴王这才同意撤兵回国。

冬季，吴国和越国讲和。

十六年经

十有六年春，王正月己卯，卫世子蒯聩自戚入于卫，卫侯辄来奔。

二月，卫子还成出奔宋。

夏，四月己丑，孔丘卒。

十六年传

十六年春，瞒成、褚师比出奔宋。

卫侯使鄢武子告于周，曰："蒯聩得罪于君父君母，逋窜于晋。晋以王室之故，不弃兄弟，置诸河上。天诱其衷，获嗣守封焉。使下臣朎敢告执事。"王使单平公对曰："朎以嘉命来告余一人。往谓叔父，余嘉乃成世，复尔禄次，敬之哉！方天之休，弗敬弗休，悔其可追！"

夏四月己丑，孔丘卒。公诔之曰："旻天不吊，不憖遗一老。俾屏余一人以在位，茕茕余在疚。呜呼哀哉！尼父，无自律。"

译　文　鲁辰公十六年春季，瞒成、褚师比逃亡到宋国。

卫庄公派鄢武子向周王室汇报："蒯聩得罪君父、君母，逃亡晋国。晋国看在王室的面子上，没能抛弃兄弟之情，将蒯聩安置于黄河边。所幸上天开恩体谅我心，得以继承保有如今的封地，派下臣朎谨向执事报告。"周天子派单平公回答："朎将好消息带给我，回去对叔父说：'我赞许你来继承君位，恢复你的禄位。你应当恭敬啊！这样才能得到上天的赐福。不恭敬，上天就不会赐福，那时后悔还来得及吗？'"

夏季四月十一日，孔丘死了，哀公致悼词说："上天不发慈悲不肯暂时留下这样的元老，让他庇护我身处国君的位置上，使我孤零零地忧愁成病。呜呼哀哉！尼父，我丧失了律己效法的榜样。"

子赣曰："君其不没于鲁乎！夫子之言曰：'礼失则昏，名失则愆。'失志为昏，失所为愆。生不能用，死而诔之，非礼也。称一人，非名也。君两失之。"

六月，卫侯饮孔悝酒于平阳，重酬之，大夫皆有纳焉。醉而送之，夜半而遣之。载伯姬于平阳而行。及西门，使贰车反祏于西圃。子伯季子初为孔氏臣，新登于公。请追之，遇载祏者，杀而乘其车。许公为反祏，遇之，曰："与不仁人争明，无不胜。"必使先射，射三发，皆远许为。许为射之，殪。或以其车从，得祏于橐中。孔悝出奔宋。

> **译文**　子赣说："国君恐怕无法在鲁国得以善终吧！老师曾说：'礼仪丧失就会出现昏暗，名分丧失就会出现过错。'丧失意志即为昏暗，丧失身份本位则为过错。活着得不到任用，死后又致悼词，这不合乎礼节，自称'一人'，这是不符合名分的。国君这两样东西都丧失了。"

　　六月，卫庄公在平阳接待孔悝喝酒，重重地酬谢他，对大夫都有所赠送。喝醉后将他送走，半夜时将他打发走。孔悝用车子装上伯姬前往平阳，到达西门，派副车返回西圃宗庙中，去取装有神主的石函。子伯季子起初为孔氏家臣，新晋升为卫庄公的大夫，他请求追赶孔悝，路上遇到载有神主石函的副车，就杀掉他，并坐上了他的车子。许公为受孔悝委派过来接应运送神主的车，结果遇到了子伯季子，许公为说："和不仁的人一争高下，没有不会胜利的。"就一定要让子伯季子先射，射了三箭，箭都离许公为很远。许公为射他，只一箭就将他射死了。接着就有人坐着子伯季子的车子，在袋子里找到了神主石函。孔悝逃亡到宋国。

　　楚大子建之遇谗也，自城父奔宋。又辟华氏之乱于郑，郑人甚善之。又适晋，与晋人谋袭郑，乃求复焉。郑人复之如初。晋人使谍于子木，请行而期焉。子木暴虐于其私邑，邑人诉之。郑人省之，得晋谍焉。遂杀子木。其子曰胜，在吴。子西欲召之。叶公曰："吾闻胜也，诈而乱，无乃害乎？"子西曰："吾闻胜也，信而勇，不为不利，舍诸边竟，使卫藩焉。"叶公曰："周仁之谓信，率义之谓勇。吾闻胜也，好复言，而求死士，殆有私乎？复言，非信也。期死，非勇也。子必悔之。"弗从。召之，使处吴竟，为白公。请伐郑。子西曰："楚未节也。不然，吾不忘也。"他日，又请，许之。未起师，晋人伐郑，楚救之，与之盟。胜怒曰："郑人在此，仇不远矣。"

> **译文**　楚国太子建遭诬陷时，从城父逃亡到了宋国，又前往郑国躲避宋国的华氏之乱。郑国人对他很好。又前往晋国，与晋国人策划偷袭郑国，为此就要求再返回郑国。郑国人待他像从前一样。晋国人派间谍与太子建联络，事情结束后准备回晋国，同时约定袭击郑国的日子。太子建在他的封邑当中横行暴虐，封邑有人告发他。郑国人前来查问，掳获了晋国的间谍，于是杀掉了太子建。太子建的儿子名为胜，在

吴国，子西想将他找来。叶公说："我听说胜这个人狡诈而喜欢作乱，未免会带来祸害吧！"子西说："我听说胜这个人诚实又勇敢，不会做不利的事。将他安置在边境上，让他保卫边境。"叶公说："符合仁爱称为诚信，遵循道义是为勇敢。我听说胜这个人向来言出必行，且又到处访求不怕死的人，恐怕他有私心吧！不管什么话都会去实践，这并不是诚信，不管什么事情都盲目去寻求死士，这不是勇敢。您一定会为此后悔的。"子西不听他的意见，将胜召回来，让他居住在和吴国接壤的地方，号为白公。胜请求进攻郑国，子西说："楚国的一切政事还没有纳入到正常轨道，还没强盛起来。如果不是这个原因，我是不会忘记郑国所犯下的罪恶的。"过了一段时间，胜又请求，子西同意了。还没有出兵，晋国就开始进攻郑国，楚国却去救援郑国，并与郑国结盟。白公胜十分生气，说："原来郑国人就在这里，仇人离我不远了。"

胜自厉剑，子期之子平见之，曰："王孙何自厉也？"曰："胜以直闻，不告女，庸为直乎？将以杀尔父。"平以告子西。子西曰："胜如卵，余翼而长之。楚国第，我死，令尹、司马，非胜而谁？"胜闻之，曰："令尹之狂也，得死，乃非我。"子西不悛。胜谓石乞曰："王与二卿士，皆五百人当之，则可矣。"乞曰："不可得也。"曰："市南有熊宜僚者，若得之，可以当五百人矣。"乃从白公而见之，与之言，说。告之故，辞。承之以剑，不动。胜曰："不为利诎，不为威惕，不泄人言以求媚者，去之。"

译文 白公胜自己磨剑，子期的儿子平见到这种情形，说："您为何要亲自磨剑呢？"胜说："我白公胜以爽直而闻名天下，不告诉您，哪里算得上是直爽呢？我要用这把剑杀掉你父亲。"平把这些话报告给子西。子西说："胜就像一个鸟蛋，在我的翅膀庇护下长大。在楚国，只要我死了，令尹、司马，不归胜，还会归谁呢？"胜听了子西的话，说："令尹真是狂妄啊！他要是能得到善终，我就不是人了。"子西还是没有悔悟。胜对石乞说："君王与两位卿士，一共用五百个人对付，就足够了。"石乞说："这五百个人是找不到的。"又说："市场的南边有个叫熊宜僚的人，如果能找到他，足以抵得上五百个人。"石乞就跟随白公胜去见宜僚，和他谈话后，很投机非常赏识他。他们便把见他的目的告诉了他，宜僚拒绝。将剑架到他的脖子上，他也不为所动。白公胜说："这是不为利诱、不怕威胁、不会泄露别人的话去讨好权贵的人，我们离开这里吧。"

吴人伐慎，白公败之。请以战备献，许之。遂作乱。秋七月，杀子西、子期于朝，而劫惠王。子西以袂掩面而死。子期曰："昔者吾以力事君，不可以弗终。"抉豫章以杀人而后死。石乞曰："焚库弑王，不然不济。"白公曰："不可。弑王不祥，焚库无聚，将何以守矣？"乞曰："有楚国而治其民，以敬事神，可以得祥，且有聚矣，何患？"弗从。叶公在蔡，方城之外皆曰："可以入矣。"子高曰："吾闻之，以险侥幸者，其求无餍，偏重必离。"闻其杀齐管脩也，而后入。

译文 吴国人攻打慎地，被白公胜击败。白公胜请求奉上战利品，楚惠王同意了，白公胜就乘机发动叛乱。秋季七月，在朝廷上杀掉了子西、子期，劫持了楚惠王。子西羞愧难当，以袖子遮住脸而死。子期说："过去我以勇力侍奉君王，不能有始无终。"拔起一株樟树打死了敌人，随后死去。石乞说："焚烧府库，杀掉君王。不这样，事情不能成功。"白公胜说："不可，杀死君王是不吉祥的，烧掉府库也就没有了积蓄，要用什么东西来保有楚国呢？"石乞说："有了楚国而能够治理百姓，用恭敬来侍奉神灵，就可以得到吉祥，也就拥有了各种物资，还害怕什么？"白公胜不肯听从。叶公居住在蔡地，方城山外边的人都说："可以进军国都平乱了。"叶公说："我听说，以冒险而侥幸获得成功的，他的欲望不会有止境，办事不公正，百姓必然叛离他。"听到白公胜杀害了齐国的管脩，于是进入郢都。

白公欲以子闾为王，子闾不可，遂劫以兵。子闾曰："王孙若安靖楚国，匡正王室，而后庇焉，启之愿也，敢不听从？若将专利，以倾王室，不顾楚国，有死不能。"遂杀之，而以王如高府，石乞尹门。圉公阳穴宫，负王以如昭夫人之宫。

译文 白公胜想要让子闾担任楚王，子闾没有答应，白公胜就以武力劫持了他。子闾说："您假如安定楚国，整顿王室，然后对启进行庇护，这是启的愿望，岂敢不听从？如果要专谋私利来颠覆王室，置国家于不顾，那么启宁死也不会顺从。"接着，子闾就被白公胜杀掉了，白公胜带着惠王来到高府。石乞守门。楚大夫圉公阳在宫墙上挖出一个窟窿，背上惠王逃到昭夫人的宫中。

叶公亦至，及北门，或遇之，曰："君胡不胄？国人望君如望慈父母焉。盗贼之矢若伤君，是绝民望也。若之何不胄？"乃胄而进。又遇一人曰："君胡胄？国人望君如望岁焉，日日以几。若见君面，是得艾也。民知不死，其亦夫有奋心，犹将旌君以徇于国，而又掩面以绝民望，不亦甚乎？"乃免胄而进。遇箴尹固，帅其属将与白公。子高曰："微二子者，楚不国矣。弃德从贼，其可保乎？"乃从叶公。使与国人以攻白公，白公奔山而缢。其徒微之。生拘石乞，而问白公之死焉。对曰："余知其死所，而长者使余勿言。"曰："不言将烹。"乞曰："此事，克则为卿，不克则烹，固其所也。何害？"乃烹石乞。王孙燕奔颍黄氏。诸梁兼二事，国宁，乃使宁为令尹，使宽为司马，而老于叶。

 译文 叶公也在此时赶到，抵达北门，有人在路上碰上他，说："您为何不戴头盔？国内的人们盼望您犹如盼望着慈爱的父母，盗贼的箭假如射伤您，这就等于断绝了百姓的盼望。为何不戴上头盔？"叶公于是戴上头盔继续前进，又遇到一个人，他对叶公说："您为什么要戴上头盔？国内的人们盼望您犹如盼望一年好的粮食收成，天天盼望，如果见到您的面，就可以安心了。百姓知道不会再遇到生命危险，人人有奋战之心，还打算将您的名字写在旗帜上在都城当中巡行，但是您却将脸遮起来，断绝了百姓的盼望，这不是太过分了吗？"叶公于是脱下头盔走进城门。遇到箴尹固率领他的部下，准备帮助白公胜。叶公说："如果没有子西和子期他们两位，楚国就不能成为国家了，抛弃德行跟随盗贼，难道会有保障吗？"箴尹固就跟随叶公。叶公派他与国都内的人们去攻打白公胜。白公胜逃到山上自缢而死，他的部下将尸体藏起来。叶公活捉石乞，并追问白公胜尸体的下落。石乞回答说："我知道他尸体所藏的地方，但是白公不让我说出去。"叶公说："不说就煮了你。"石乞说："这件事成功就是卿，不成功就会被煮死，这本是应有的结果，有什么妨碍？"于是煮死了石乞。王孙燕逃亡到颍黄氏。叶公身兼令尹、司马两职，国家安定之后，就让宁担任令尹，宽担任司马，自己在叶地退休养老。

卫侯占梦，嬖人求酒于大叔僖子，不得，与卜人比，而告公曰："君有大臣在西南隅，弗去，惧害。"乃逐大叔遗。遗奔晋。卫侯谓浑良夫曰："吾继先君，而不得其器，若之何？良夫代执火者而言，曰："疾与亡君，皆君之子也。召之而择材焉，可也。若不材，器可得也。"竖告大子。大子使五人舆豭从己，劫公而强盟之。且请杀良夫。公曰："其盟免三死。"曰："请三之后，有罪杀之。"公曰："诺哉！"

译文 卫庄公占卜自己做的梦，他的宠臣向太叔僖子要酒，没有得到，就与卜人勾结，告诉卫庄公："您有大臣位于西南角上，不杀掉他，恐怕您会有危险。"于是驱逐了太叔遗。太叔遗逃到晋国。卫庄公对浑良夫说："我继承了先君之位，而没能得到他的宝器，怎么办？"浑良夫让执烛的侍者出去，自己代他执烛，随后说："疾和逃亡在外的国君，都是您的儿子，召回他们然后再择才确定继承人，这样就可以了。如果没有才能，就可以废掉他，宝器就得到了。"小童把这件事密告太子。太子派五个人用车子装上公猪跟着自己，劫持卫庄公强迫与他盟誓，请求杀掉浑良夫。卫庄公说："和他盟誓时说过，要赦免他三次死罪。"太子说："请在三次免死以后，以后一旦犯罪就杀死他。"卫庄公说："好吧！"

《礼记》精华

曲礼上

《曲礼》曰：毋不敬，俨若思，安定辞，安民哉！

敖不可长，欲不可从，志不可满，乐不可极。

贤者狎而敬之，畏而爱之。爱而知其恶，憎而知其善。积而能散，安安而能迁。临财毋苟得，临难毋苟免。很毋求胜，分毋求多。疑事毋质，直而勿有。

译文 《曲礼》中说：不管做什么事情，无不表示恭敬；态度要端庄持重，就像沉思的样子；说话也要态度审慎；这样才能使民众安定啊！

不可生出傲慢的念头，不可放纵自己的欲望，不可让内心有自满的想法，不可无节制地享乐。

对于贤明的人，要亲近他、敬重他，要畏服他、爱慕他。对于自己所爱的人，要了解他的短处；对于自己厌恶的人，要能发现他的长处。能积聚财富，也要能够散发财富。能够适应安乐显荣的地位，也能适应多变的地位。遇到财物不随便占有，遇到危难不轻易逃避。与人争执不要一味求胜；分配财物不求多给自己。自己也不明白的事，不要乱作质证；已经明白的事理，也不要自夸早已知道。

夫礼者，所以定亲疏、决嫌疑、别同异、明是非也。礼，不妄说人，不辞费。礼，不逾节，不侵侮，不好狎。修身，践言，谓之善行。行修言道，礼之质也。礼闻取于人，不闻取人；礼闻来学，不闻往教。

译文 那礼啊，是用来决定人与人关系的亲疏、决断有嫌疑的事情、分辨事物的相同或不同、明确事情的对错的。礼要求人们不要随便说一些让人开心的话讨好别人，也不要去说一些没用的废话。礼要求人们做事不能超过一定的限度，不能侵犯和侮辱别人，不能轻佻、系狎。修养身心，实践自己所说的话，只有这样才能被称为善良的品行。行为彬彬有礼，言语符合道理，这就是礼的实质。关于礼的学问，只听说向别人取法请教，没听说过主动让别人去取法学习的；关于礼的学问，只听说有的人主动来学习的，没听说过讲授礼的人主动到别人那去教授。

道德仁义，非礼不成；教训正俗，非礼不备；分争辩讼，非礼不决；

君臣、上下、父子、兄弟，非礼不定；宦学事师，非礼不亲；班朝治军，莅官行法，非礼威严不行；祷祠祭祀，供给鬼神，非礼不诚不庄。是以君子恭敬、撙节、退让以明礼。鹦鹉能言，不离飞鸟；猩猩能言，不离禽兽。今人而无礼，虽能言，不亦禽兽之心乎？夫唯禽兽无礼，故父子聚麀。是故圣人作，为礼以教人，使人以有礼，知自别于禽兽。

译文 道德仁义这样的高尚情操，少了礼是无法实行、完成的；教育训导人们，匡正风俗，少了礼是无法完备的；产生纷争的争讼案件，少了礼就没有办法判断谁是谁非；君主和大臣、上级和下级、父亲和儿子、兄长和弟弟，他们之间的关系，没有礼是无法确定尊卑名分的；做官和学习时要侍奉上级和老师，少了礼就无法让双方的关系变得更加亲密和睦；朝廷的职位等级和治理军队的秩序，在官位上履行职责，执行法令，少了礼就无法让自己变得有威严；无论是特别的祭祀还是固定的祭祀，重要的是供养鬼神的行为，少了礼就会显得自己没有诚意、不够庄重。因此君子一定要以恭敬、克抑、退让的态度来彰显礼的作用。鹦鹉虽能够说话，但终究不过是飞鸟；猩猩虽然能够说话，但终究不过是兽类。人没有礼，就算能够说话，不也是禽兽之心吗？只因禽兽没有礼，所以兽类的父子会与同一头雌兽交配。所以古代的圣人兴起之后，就制定礼来教导人们，使人们有礼可以遵守，知道自己和禽兽是有区别的。

太上贵德，其次务施报。礼尚往来：往而不来，非礼也；来而不往，亦非礼也。人有礼则安，无礼则危。故曰"礼者不可不学也"。夫礼者，自卑而尊人，虽负贩者，必有尊也，而况富贵乎？富贵而知好礼，而不骄不淫；贫贱而知好礼，而志不慑。

译文 上古时代，人们把德行视为最宝贵的东西，后世才追求施予恩惠和回报感恩的行为。礼是崇尚你来我往的：施惠于别人却没有报答，是不合乎礼的；受到别人的施惠，但没有给人报答，也是不合乎礼的。人只有有了礼，人际关系才能够安定，少了礼就会处于危险中。所以说"礼是不可不学的知识啊"。礼需要让一个人把自己放在谦卑低下的位置而去尊重别人，即便是挑着担子做生意的小贩，也一定有值得尊重的地方，更何况那些富有而尊贵的人呢？富有、尊贵还能喜欢礼，就能够不骄傲、不放纵；贫困、低贱的人能够喜欢礼，他的内心就不会疑惑、怯懦。

凡为人子之礼，冬温而夏清，昏定而晨省，在丑夷不争。夫为人

●过庭诗礼

子者，三赐不及车马，故州闾乡党称其孝也，兄弟亲戚称其慈也，僚友称其弟也，执友称其仁也，交游称其信也；见父之执，不谓之进不敢进，不谓之退不敢退，不问不敢对：此孝子之行也。

译 文 做儿子也应当遵守礼的规定，冬天要让父母觉得温暖，夏天要让父母觉得清凉，晚上睡觉前要为他们铺床安枕，清晨起来以后要向他们问安，在与同辈人相处时，不要与他们发生争执。作为儿子，即使受到了三命之赐，也不敢乘坐国君赏赐给自己的马车，因此州、闾、乡、党地方各级的人都会称赞他孝顺，自己的兄弟和家里家外的亲戚都称赞他慈爱，做官的同僚也都称赞他是个恭顺的人，与他志同道合的朋友都称赞他是个仁德之人，即使是他的普通朋友也都说他是个诚实可靠的人；见到与父亲志同道合的同辈人，如果对方不让自己上前是不会擅自上前的，如果不让自己后退，也是不会擅自后退的，如果对方不问自己，也不会随便开口：这便是孝子应有的行为。

幼子常视毋诳。童子不衣裘、裳。立必正方，不倾听。长者与之提携，则两手奉长者之手。负，剑，辟咡诏之，则掩口而对。从于先生，不越路而与人言。遭先生于道，趋而进，正立拱手。先生与之言则对，不与之言则趋而退。

译 文 教育年幼的孩子，要经常以身作则，不要说谎话来欺骗别人从而给他做示范。儿童是不能穿皮衣和裳的。站着的时候一定要姿势端正，不要侧着身子、偏着头去听别人说话。如果长辈要用手去牵儿童，儿童就需要用自己的双手来捧住长辈的手。长者背着儿童，或领在身边，如果侧转身子凑过去对儿童说话，儿童就要用手挡住嘴来回答长辈的话，防止自己的口气被长者闻到。

跟老师一起走路时，不能自顾自地跑到路的对面去跟别人讲话。在路上碰巧遇到了老师，就要小步快跑到老师面前，对先生拱手正立，听从老师的教训。先生和自己讲话就要立刻回答，先生不和自己讲话就小步快跑退在一旁。

先生书策琴瑟在前，坐而迁之，戒勿越。虚坐尽后，食坐尽前。坐必安，执尔颜。长者不及，毋儳言。正尔容，听必恭。毋剿说，毋雷同，必则古昔，称先王。侍坐于先生，先生问焉，终则对。请业则起，请益则起。父召无诺，先生召无诺，唯而起。侍坐于所尊敬，毋余席。见同等不起。烛至，起。食至，起。上客，起。烛不见跋。尊客之前不叱狗。让食不唾。

译文 先生的书本和琴瑟放在面前，弟子要跪着将它移开，不能从上面直接跨过去。不是饮酒吃饭的时候，就尽量坐在席子的后面；饮酒吃饭时，就尽量坐在席子的前面。坐时要稳，保持自然的容色。长辈如果没有提及的话题，就不要去插话。表情始终要保持端庄，听长辈讲话时态度要恭敬。不要剽窃别人的言论，不要说与人雷同的话，说的话要效法古代，要称扬先王先君。陪坐在先生身边时，先生有什么问题，要等到他的提问结束后再回答。向先生请教学业时要站起来，请老师再讲一遍时也要再站着。父亲召唤自己时不能回应太慢，先生叫自己时不能回应太慢，应该在迅速回应的同时起身行动。陪自己尊敬的长者一起坐着的时候，要恭敬地坐在席端离他最近的地方，不要让自己的席前留有空的位子。见到跟自己地位身份平等的人不必起身。见到有人点着烛火过来，要站起来。看见有人端着饭食来，也要站起来。主人有尊贵的宾客来，也要站起来。晚上跟人交谈时，应当在烛火没有燃尽之前更换。在尊贵的客人面前不要大声呵斥狗。向客人劝食的同时不能吐口水。

曲礼下

凡奉者当心，提者当带。

执天子之器则上衡，国君则平衡，大夫则绥之，士则提之。

凡执主器，执轻如不克。执主器，操币、圭、璧，则尚左手，行不举足，车轮曳踵。立则磬折垂佩。主佩倚，则臣佩垂；主佩垂，则臣佩委。执玉，其有藉者则裼，无藉者则袭。

译文 捧着东西的人双手要举到与心脏齐平的位置，提着东西的人手要与腰带齐平。

给天子拿东西的时候，双手要抬到高于心脏的位置；给国君拿东西的时候，双手要抬到与心脏齐平的位置；给大夫拿东西的时候，双手就要低于心脏的位置；给士拿东西的时候，用手提着就行了。

只要手中拿着主人的东西，哪怕就是非常轻的东西，也要表现得沉重无比。拿着主人的东西，比如说币、圭、璧之类的东西，就把左手放在上面，走路时不要抬起脚，就像车轮滚动一样拖着脚跟走，站立的时候腰要弯下，让腰上的佩玉悬垂下来。主人站立，腰上的佩玉就依附在身上，那么臣子就应该弯下腰，让腰间的佩玉悬垂；主人腰间的佩玉悬垂，那臣子腰上的佩玉就要垂到地上。要是进献的礼品是有衬托物垫着的玉器，就可以解开外面的正服露出里面的褐衣，要是所献的礼品没有衬托物垫着的玉器，就要掩好正服的前襟。

君使士射，不能，则辞以疾，言曰："某有负薪之忧。"

侍于君子，不顾望而对，非礼也。

君子行礼，不求变俗。祭祀之礼，居丧之服，哭泣之位，皆如其国之故。谨修其法，而审行之。

去国三世，爵禄有列于朝，出入有诏于国。若兄弟宗族犹存，则反告于宗后。

去国三世，爵禄无列于朝，出入无诏于国。唯兴之日，从新国之法。

君子已孤不更名，已孤暴贵，不为父作谥。

居丧未葬，读丧礼；既葬，读祭礼；丧复常，读乐章。居丧不言乐，祭事不言凶，公庭不言妇女。

振书、端书于君前，有诛；倒筴侧龟于君前，有诛。

译文 国君叫士一起射箭，要是士不会射，找借口说自己有病来推辞，说："我有背柴落下来的伤病，不能射箭。"

侍奉君子，要是不看一看周围是不是有比自己更为合适的人来回答问题就抢先做出回答，是不符合礼的。

君子居住在其他国家，行礼时候不能改变原来的礼俗。祭祀时的礼仪，丧期的服制，哭泣的位置，都要与在自己国家原来的礼俗相同。君子必须谨慎地遵守自己的法度，然后严格地执行它。

如果不在自己国家生活已经有三代，但是家里还有人在朝廷当官，那么出入国境就要向国君请示。要是兄弟、宗族还有留在国内的，那么就要回国告诉族长的继承人。

离开本国已经经历了三代人，家里没有人在朝廷里做官，那么出入本国国境就不需要再向国君报告了，从自己接受任用成为其他国家的官吏那一日起，就要遵守这个新国的法律。

君子在自己的父亲去世以后就不再改名，父亲去世之后，即使自己突然变得身份尊贵，也不会再为父亲议定谥号。

处于丧期但是还没有下葬的时期，就多读读丧礼；已经下葬了的，就多读读祭礼；丧礼完毕并且恢复正常生活之后，才能多读读礼乐文章。居丧期间不讨论诗乐之事，祭祀期间不讨论凶事，在厅堂上不讨论与女子有关的事情。

在国君面前拍打书上的灰尘或是整理书籍，都要受到处罚；在国君面前把占卜时使用的蓍草顺序放颠倒了，把占卜时使用的龟甲打翻了，都要受到处罚。

天子不言"出"。诸侯不生名。君子不亲恶。诸侯失地，名；灭同姓，名。

为人臣之礼，不显谏，三谏而不听，则逃之。子之事亲也，三谏而不听，则号泣而随之。

君有疾饮药，臣先尝之。亲有疾饮药，子先尝之。医不三世，不服其药。

儗人必于其伦。

译 文 天子不管到哪里去，史书都不会用"出"字来记载。诸侯还活着的时候，史书上是不能记载他的名字的。君子不会与有罪的恶人亲近。诸侯失去自己的国家，史书上要把他的名字记下来；诸侯灭了同姓的诸侯国，史书上也要记下他的名字。

作为人臣的礼节是：不要在公众场合指责自己的国君，多次劝谏但国君仍然不肯接受的，就离开他。子女在侍奉父母时多次劝说父母，但他们仍然不肯听从，就大声地哭泣，然后由他们去做好了。

国君生病了，服药时侍臣要先尝一尝。父母生病了，服药时子女要先尝一尝。假如不是祖传三代行医的医生所开的药，就不能服用他所开的药。

要拿一个人跟另一个人进行比较时，一定要找一个跟此人身份地位相当的人来进行比较。

天子死日崩，诸侯日薨，大夫日卒，士日不禄，庶人日死。在床日尸，

在棺曰柩。

羽鸟曰降，四足曰渍。死寇曰兵。

祭王父曰皇祖考，王母曰皇祖妣，父曰皇考，母曰皇妣，夫曰皇辟。

生曰父、曰母、曰妻；死曰考、曰妣、曰嫔。

寿考曰"卒"，短折曰"不禄"。

天子视不上于袷，不下于带。国君绥视。大夫衡视。士视五步。凡视，上于面则敖，下于带则忧，倾则奸。

君命，大夫与士肄。在官言官，在府言府，在库言库，在朝言朝。朝言不及犬马。

辍朝而顾，不有异事，必有异虑，故辍朝而顾，君子谓之"固"。在朝言礼，问礼，对以礼。

大飨不问卜，不饶富。

凡挚，天子鬯，诸侯圭，卿羔，大夫雁，士雉，庶人之挚匹。童子委挚而退。

chàng

译文 天子之死称为"崩"，诸侯之死称为"薨"，大夫之死称为"卒"，士人之死称为"不禄"，庶人之死称为"死"。死人躺在床上的时候称为"尸"，被装殓进棺材以后就被称为"柩"。

飞鸟之死称为"降"，四足的兽类之死称为"渍"，死在寇难之中称死于"兵"。

祭祀已经去世的祖父时要称其为"皇祖考"，祭祀已经去世的祖母时要称其为"皇祖妣"，祭祀已经去世的父亲时要称"皇考"，祭祀已经去世的母亲时要称"皇妣"，祭祀已经去世的丈夫时要称"皇辟"。

父亲、母亲、妻子活着的时候称他们为父亲、母亲、妻子；如果他们已经死了，就称为考、妣、嫔。

长寿而老死的称为"卒"，短命夭折则称为"不禄"。

看天子的视线不能高过交迭着的衣领，下面不能低于腰带。看国君时视线要再向下一些，低于脸部以下，也不能低于腰带。看大夫时，眼睛可以平视对方。看士人时，视线可以落在对方五步以内的地方。凡是需要看对方的情况，视线如果超过了对方面部就会显得傲慢，如果落在对方的腰部以下又会令对方显得尴尬不安，如果斜着眼看人，就显得自己心术不正。

国君发布的命令，大夫要和士一起研究学习。在官署就讨论官署里的事情，在府里就讨论府里的事情，在库里就讨论库里的事情，在朝廷上就讨论朝廷的事情。讨论朝廷的事情时不能涉及犬、马等事。

结束朝见往回走时回头来看，如果没有其他事情的话，就肯定有其他什么想法，因此君子觉得这是一种粗鲁无礼的行为。君子将这种不合礼仪的行为叫作"周"。在朝廷上就要讲究礼节：问话时依照礼，回答问题时也要依照礼。

国君宴请诸侯时要依照大飨之礼，举行宴会之前不用占卜日期，也不用再增加已经确定好了的礼物，周备就好。

见面时赠予对方的礼物，天子一般用鬯酒，诸侯用玉圭，卿用羔羊，大夫用雁，士人用野鸡，庶人用家鸭。双方见面时，童子把礼物放在地上以后就退到一旁。

檀弓上

晋献公将杀其世子申生，公子重耳谓之曰："子盖言子之志于公乎？"世子曰："不可。君安骊姬，是我伤公之心也。"曰："然则盖行乎？"世子曰："不可。君谓我欲弑君也。天下岂有无父之国哉！吾何行如之？"

使人辞于狐突曰："申生有罪，不念伯氏之言也，以至于死。申生不敢爱其死。虽然，吾君老矣，子少，国家多难。伯氏不出而图吾君，伯氏苟出而图吾君，申生受赐而死。"再拜稽首，乃卒。是以为恭世子也。

译文 晋献公要杀晋国的世子申生。公子重耳对申生说："你为什么不和国君敞开心扉说清楚自己横遭诬陷的情况呢？"申生说："不行。国君喜欢骊姬，我那样做会让国君伤心。"重耳又说："那么你为什么不出逃呢？"世子说："不行，是国君说我想要弑君啊，天下哪里有目中无父之国呢？身披阴谋杀父的恶名我往哪里逃呢？"

申生派人向狐突道别："申生有罪，没有听您的话，才有今日死到临头。我不敢吝惜生命。但是国君年事已长，弟弟尚且年幼，国家将会有很多灾难。您不出来为国君谋划国事也罢，如果您出来，我就算死了也感激您的恩德。"申生叩头在地，拜了两拜，然后就自缢而死了。由于他对君父特别顺从所以申生被谥为"恭世子"。

曾子寝疾，病。乐正子春坐于床下。曾元、曾申坐于足。童子隅坐而执烛。童子曰："华而睆，大夫之箦与？"子春曰："止！"曾子闻之，瞿然曰："呼！"曰："华而睆，大夫之箦与？"曾子曰："然。斯季孙之赐也，我未之能易也。元，起易箦。"曾元曰："夫子之病革矣，不可以变，幸而至于旦，请敬易之。"曾子曰："尔之爱我也，不如彼。君子之爱人也以德，细人之爱人也以姑息。吾何求哉？吾得正而毙焉，斯已矣。"举扶而易之。反席未安而没。

 译 文 曾子生病躺在床上，病得已经很重了。弟子乐正子春坐在他的床下。儿子曾元和曾申坐在他的脚边。有个童子侍者在角落里坐着负责掌灯。童子说："先生铺着的席子的花纹很美，而且又很光滑，是大夫才能用的席子吧？"乐正子春说："别说了！"曾子听到了，惊讶地盯着这个童子说："啊！你说什么？"童子说："那席子花纹美丽又很光滑，是大夫用的席子吧？"曾子说："是的。这席子是季孙氏送给我的，我忘了换掉。曾元，帮我从床上起来，把席子换掉。"曾元说："您的病太重了，不能移动身体，请等到天亮再换吧。"曾子说："你对我的敬爱，甚至还不如那个童子。君子爱人力求成全对方的品德，小人爱人用的就是姑息迁就不顾事理。我还能要求什么呢？能够在符合正礼的情况下死去，也就知足了。"于是大家一起将曾子扶起来换掉了席子。结果曾子还没有重新躺好就去世了。

子夏丧其子而丧其明。曾子吊之，曰："吾闻之也，朋友丧明则哭之。"曾子哭。子夏亦哭，曰："天乎，予之无罪也！"曾子怒，曰："商，女何无罪也？吾与女事夫子于洙泗之间，退而老于西河之上，使西河之民疑女于夫子，尔罪一也；丧尔亲，使民未有闻焉，尔罪二也；丧尔子丧尔明，尔罪三也。而曰女何无罪与？"子夏投其杖而拜，曰："吾过矣！吾过矣！吾离群而索居，亦已久矣。"

译 文 子夏的儿子死了，子夏也因为悲伤过度而双目失明。曾子去慰问他，说道："我听说过，朋友双目失明了就要为他哭泣。"曾子于是哭起来。子夏也跟着哭起来，并说："天啊，我没有什么罪啊！"曾子生气了，说："商啊，你为什么说自己没罪呢？我曾经跟你一起在洙水、泗水侍奉夫子，后来你来到西河养老，西河的百姓都认为你可以与夫子相比，这是你的第一条罪名；你的父母死了你为他们守丧，但是这里的百姓却没有听说你有什么值得赞赏的行为，这是你的第二条罪名；你的儿子死了，你的两只眼却失明了，这是你的第三条罪名。你怎能说自己没有罪过呢？"子夏于是扔掉手杖向曾子行拜礼，对曾子说："我错了啊！我错了啊！我离开同学和朋友们，独自居住在这里，也已经有很长时间了。"

子夏问于孔子曰："居父母之仇如之何？"夫子曰："寝苫，枕干，不仕，弗与共天下也。遇诸市朝，不反兵而斗。"曰："请问居昆弟之仇如之何？"曰："仕弗与共国。衔君命而使，虽遇之不斗。"曰："请问居从父昆弟之仇如之何？"曰："不为魁。主人能，则执兵而陪其后。"

译文 子夏问孔子："对与自己有杀父杀母之仇的人，我们应当如何对待？"孔子回答："睡在草垫子上，头枕着盾牌，不做官，不跟这个人同时生存在天底下。如果在集市或办公的官府与仇人相遇，不用回家拿兵器，用随身携带的武器就跟他决斗。不能忘了携带武器而返回家中去取。"子夏问："请问对与自己有杀兄杀弟之仇的人要如何对待？"孔子说："可以做官，但不能和他身处同一个国家。如果奉了国君的命令出使其他国家，那么即使遇到仇人，也不能和他决斗。以免误了公事。"子夏又问："请问对与自己有杀堂兄弟之仇的人应当如何对待？"孔子说："报仇时不能当领头的人。如果死者家里的主人带头去报仇，那么拿着武器跟在后面，跟他一起去就可以了。"

曾子吊于负夏。主人既祖，填池，推柩而反之，降妇人而后行礼。从者曰："礼与？"曾子曰："夫祖者，且也。且，胡为其不可以反宿也？"从者又问诸子游曰："礼与？"子游曰："饭于牖下，小敛于户内，大敛于阼，殡于客位，祖于庭，葬于墓，所以即远也。故丧事有进而无退。"曾子闻之，曰："多矣乎？予出祖者！"

译文 曾子到卫国的负夏去吊丧。去晚了主人这时已经完成了祖奠的祭祀仪式，也在灵柩四周布置好了池饰，但他看到曾子来了，又下令将柩车掉转了方向，推回原位，而且已经停留在两阶之间的妇人重新回到堂上行礼。曾子的随从向曾子问道："这样做符合礼的规定吗？"曾子说："祖，有暂时的意思。暂时是一个不确定的词汇，既然是暂时掉转车头，那么为何不能返回原来的位置呢？"曾子的随从又向子游问了这个问题，说："这样做合乎礼的规定吗？"子游说："人死之后在正寝的窗户下面为死者举行饭含礼，翌日在正寝正对着门的地方举行小殓，第三天在阼阶上举行大殓，在堂上两边客位上安放灵柩，三个月之后在祖庙堂前的庭中安排祖奠，在墓穴里进行安葬，葬礼可以说是个从近到远的过程。所以丧事只能一层层随着时间向前递进，死者渐渐远去而不能倒退。"曾子听说以后，感叹道："子游对祖奠的解释比我强多了。"

曾子袭裘而吊，子游裼裘而吊。曾子指子游而示人曰："夫夫也，为习于礼者，如之何其裼裘而吊也？"主人既小敛，袒，括发，子游趋而出，袭裘，带，绖而入。曾子曰："我过矣！我过矣！夫夫是也。"

 译　文　曾子将正服掩好，挡住里面的裘衣以后再去吊丧，子游却敞开正服的前襟，露出里面的裘衣再去吊丧。曾子指着子游对其他人说道："那个子游啊，还是个熟知礼的人啊，怎么可以露出里面的裘衣去吊丧呢？"办丧事这家的主人在为死者举行小敛之后，袒露出了自己的左臂，摘下了韬发巾，用麻束起了头发，这时子游赶紧快步走了出来，把正服掩好，挡住了里面的裘衣，在腰里系上了葛带，又在头上系上了葛绖带，这才重新进去吊丧。曾子说："我错了啊！我错了啊！子游的做法是正确的。"

司寇惠子之丧，子游为之麻衰、牡麻绖。文子辞曰："子辱与弥牟之弟游，又辱为之服，敢辞。"子游曰："礼也。"文子退，反哭。子游趋而就诸臣之位。文子又辞曰："子辱与弥牟之弟游，又辱为之服，又辱临其丧，敢辞。"子游曰："固以请。"文子退，扶适子南面而立，曰："子辱与弥牟之弟游，又辱为之服，又辱临其丧，虎也敢不复位。"子游趋而就客位。

 译　文　在司寇惠子的丧礼上，子游特意身穿着吉布做的麻衰，而头缠着齐衰服用的雄麻绖，腰束着齐衰服用的麻带，前去吊丧。惠子的哥哥文子向子游推辞道："您让自己受到羞辱地降低身份来跟我弟弟交往，又让自己受羞辱地降低身份为他穿上这种吊服，真是不敢当啊。请别这样。"子游说："礼就是这么规定的啊。"文子于是就退回了自己的座位，然后开始哭。子游也快步走到家臣应该坐的位置。这时文子又走过来推辞道："您让自己受到羞辱地降低身份与我的弟弟交往，又让自己受到羞辱地降低身份来为他服丧，又让自己受到羞辱地降低身份前来为他吊丧，真是不敢当啊。请您不要站在这里。"子游说："我一定要坚持向您推辞。一定要允许我站在这里。"文子这才醒悟于是退出，扶着司寇惠子的嫡子司寇虎面向南面站立，对子游说道："您让自己受到羞辱，降低身份与我的弟弟交往，又让自己受到羞辱，降低身份来为他服丧，又让自己受到羞辱，降低身份前来为他吊丧，作为嫡子，我司寇虎怎能不重新回到丧主的位置上去呢。"子游于是也快步走回了宾客应该坐的位置。

子游问丧具。夫子曰："称家之有亡。"子游曰："有无恶乎齐？"夫子曰："有毋过礼。苟亡矣，敛首足形，还葬，县棺而封，人岂有非之者哉？"

译 文 子游向孔子询问关于葬礼时陪葬物品应该使用多少的问题。孔子说："只要和自己家的财力相匹配就可以了。"子游说："那么家里财力的大小又用什么样的标准来评判呢？"孔子说："家产很丰厚，也要依礼行事，陪葬品也不可以超过礼的规定而奢侈浪费。如果家中贫穷，那么就用装敛的衣被把死者的头、脚、身体包裹好，敛毕不必停丧然后立即下葬，用手拉着绳子将棺材慢慢吊放进墓穴里，然后把土封好，这样尽力地去做别人又怎么能去非议他呢？"

檀弓下

季武子寝疾，蟜固不说齐衰而入见曰："斯道也，将亡矣。士唯公门说齐衰。"武子曰："不亦善乎！君子表微。"及其丧也，曾点倚其门而歌。

译 文 季武子躺在床上养病，病得很厉害了，蟜固没有脱掉自己身上的齐衰丧服就进入内室拜见季武子，说道："那礼的正道啊，就要衰亡了。士只有在进入国君宫门时才会脱掉齐衰丧服。"季武子说："您这样做不是很好吗！君子就应该将已经衰微了的礼重新发扬光大。"到季武子去世之后，曾点便靠在他家的大门上唱起了歌，并不为刚死的权贵哀伤。

晋献公之丧，秦穆公使人吊公子重耳，且曰："寡人闻之，亡国恒于斯，得国恒于斯。虽吾子俨然在忧服之中，丧亦不可久也，时亦不

可失也，孺子其图之。"以告舅犯。舅犯曰："孺子其辞焉！丧人无宝，仁亲以为宝。父死之谓何，又因以为利，而天下其孰能说之？孺子其辞焉。"公子重耳对客曰："君惠吊亡臣重耳。身丧，父死，不得与于哭泣之哀，以为君忧。父死之谓何，或敢有他志，以辱君义？"稽颡而不拜，哭而起，起而不私。子显以致命于穆公。穆公曰："仁夫，公子重耳！夫稽颡而不拜，则未为后也，故不成拜。哭而起，则爱父也。起而不私，则远利也。"

译　文　晋献公去世了，秦国穆公派子显去慰问在外的公子重耳，又说："寡人听说：失去国家往往在这种时候，而重新掌权也往往是在这个时候。虽然您还在庄严地服丧期间，但是流亡在外也不能太久，掌权的良机也不可错失，您要早做打算啊！希望您能好好地考虑"

重耳将这事和舅父子犯说了。子犯说道："您应该推辞掉他们的好意。居丧之人没有什么宝贵的东西，只有仁爱和亲情才是宝贵的。父亲的死去是何等重大悲痛的事情？还要利用这事来夺权图谋私利，天下有谁会解说你没有罪过呢？您应该推辞掉他的好意。"

于是重耳对秦国的客人说道："贵君来慰问重耳我这个流亡的人，我流亡在外，父亲死去也不能回去在父亲灵前痛哭哀悼，还让您为之操心了。父亲的死是一件哀痛的事情，我怎么能有趁机图谋君位的心思，而辜负了贵君的一片情义呢？"重耳行稽颡之礼但不拜谢，哭着站了起来，不再和秦国来客私谈。

子显回秦国复命，向穆公禀告。穆公说："公子重耳真是仁人啊！叩头但不拜谢，就表示自己还不是晋国君主，不敢以父亲的继承人的身份自居啊，所以不拜谢。哭着站起，表示对父亲的哀悼与真情爱慕。不再和宾客私谈，表示不愿借丧事为个人谋利。"

丧礼，哀戚之至也，节哀顺变也，君子念始之者也。复，尽爱之道也，有祷祠之心焉。望反诸幽，求诸鬼神之道也。北面，求诸幽之义也。拜、稽颡，哀戚之至隐也，稽颡，隐之甚也。饭用米、贝，弗忍虚也。不以食道，用美焉耳。铭，明旌也，以死者为不可别已，故以其旗识之，爱之斯录之矣，敬之斯尽其道焉耳。

译　文　丧礼，是一个人悲哀到极点时所使用的，目的是用来节制自己悲哀的情绪，让自己适应失去亲人这一剧变，这是因为君子能够想到生养自己的父母也不会希望子女因过于悲哀而毁坏身体的初衷。招魂，是孝子尽力表明自己对亲人之爱的一种方式，也含有向鬼神祈祷，希望死去的亲人能够复活的意愿，这是寻求鬼神的情理。举行复礼时要面对着幽暗的地方来召唤亲人的亡灵，表示向鬼神祈祷之意。招魂时需要面对着北方，即寻求幽暗之地的意思。向前来吊丧的宾客行拜礼和稽颡礼，是悲伤到极限的表现，而稽颡礼则表达出了最大的痛苦。为死者行饭含礼时要用到米和贝，这是孝子不忍心让亲人饿着肚子死去的意思。举行饭含礼时不能用活人吃的食物，而是用米、贝这些天然没有经过加工的东西，因为用自然天成之物更为美好。将死者的名字写在他生前所用的旗子上，以此来作为死者棺柩的标识物，这是因为人死后就不能再用形体和容貌来进行辨认，用这种旗子作为标志。爱他所以要在死者生前使用的旗子上写上他的名字，便于识别，由于孝子对故去的亲人充满敬爱之心，因此便将亲人的名字写在旗子上；由于孝子对故去的亲人极为尊敬，所以铭旌的大小和尺寸都严格遵照礼的规定来准备，与他的身份相称，丝毫不敢马虎大意，这就是孝子尽心竭力完成孝道的表现。

悼公之丧，季昭子问于孟敬子曰："为君何食？"敬子曰："食粥，天下之达礼也。吾三臣者之不能居公室也，四方莫不闻矣。勉而为瘠，则吾能，毋乃使人疑夫不以情居瘠者乎哉？我则食食。"

> **译文** 鲁悼公去世，在办理丧事期间，季昭子问孟敬子："为国君服丧，可以吃什么？"孟敬子回答说："喝粥啊，这是在全天下都通行的礼。但是我们仲孙、叔孙、季孙这三家大臣不能用侍奉国君的礼节来与国君相处，周围国家的人没有不知道这一点的。勉强让自己去喝粥，我倒也能做到让身体变得虚弱不堪，这一点我是完全可以做到的，但这样做的话，人们不还是会怀疑我们的瘦弱不是由于内心的真实情感所导致的吗？我看我还是正常吃饭吧。"

曾子曰："晏子可谓知礼也已，恭敬之有焉。"有若曰："晏子一狐裘三十年，遣车一乘，及墓而反。国君七个，遣车七乘；大夫五个，遣车五乘。晏子焉知礼？"曾子曰："国无道，君子耻盈礼焉。国奢，则示之以俭；国俭，则示之以礼。"

> **译文** 曾子说道："晏子这个人可以说是很懂得礼了，他的言行很恭敬啊。"有若说道："晏子一件狐裘就穿了三十年，他的父亲去世，送葬时只有一辆随葬装载

牲肉的遣车，到了墓地以后很快就下葬完毕，然后就返回了。礼规定，国君的葬礼要用七个装载牲体的包，遣车也要用七辆；大夫要用五个包，遣车要用五辆。晏子怎么算是懂得礼呢？”曾子说：“事情要灵活地看待，国君昏庸无能，君子就不屑于完全按照礼的规定去做，并且觉得这样做是一种耻辱。国家出现了奢侈的风气，便通过实际行动来提倡节俭的风气；国家出现过于节俭的风气，便通过实际行动向人们示范应当如何遵守礼制。”

穆伯之丧，敬姜昼哭。文伯之丧，昼夜哭。孔子曰：“知礼矣。”

文伯之丧，敬姜据其床而不哭，曰：“昔者吾有斯子也，吾以将为贤人也，吾未尝以就公室。今及其死也，朋友诸臣未有出涕者，而内人皆行哭失声。斯子也，必多旷于礼矣夫。”

季康子之母死，陈褒衣。敬姜曰：“妇人不饰，不敢见舅姑。将有四方之宾来，褒衣何为陈于斯？”命彻之。

译文 穆伯去世了，他的妻子敬姜只是白天才哭，到了晚上就不哭了。等到穆伯的儿子文伯去世以后，敬姜不管白天黑夜都哭。孔子说：“敬姜可以说是懂得礼法了。”

文伯死后，敬姜靠在文伯的床边暂时停止了哭泣，并说：“以前我儿子还活着时，我觉得他将会成为一位贤人，我也不曾到他处理公事的场所去看他。现在等到他死了，跟他交往的朋友以及众多僚属没有一个为他流泪的，但他的妻子和姬妾却全都失声痛哭。这样的儿子，一定在很多地方都荒废了礼。”

季康子的母亲去世以后，把贴身穿的褒衣都拿出来陈列，连内衣都陈列出来了。敬姜说道：“女人不打扮自己，就不敢去见公婆。如今四方的宾客都到家里来吊丧，怎么能把褒衣陈列在这里呢？”于是命人将褒衣撤下。

有子与子游立，见孺子慕者，有子谓子游曰：“予壹不知夫丧之踊也，予欲去之久矣。情在于斯，其是也夫？”子游曰：“礼有微情者。有以故兴物者，有直情而径行者，戎狄之道也。礼道则不然。人喜则斯陶，陶斯咏，咏斯犹，犹斯舞，舞斯愠，愠斯戚，戚斯叹，叹斯辟，辟斯踊矣。品节斯，斯之谓礼。人死，斯恶之矣；无能也，斯倍之矣。

是故制绞、衾，设蒌、翣，为使人勿恶也。始死，脯醢之奠；将行，遣而行之；既葬而食之。未有见其飨之者也，自上世以来未之有舍也，为使人勿倍也。故子之所刺于礼者，亦非礼之訾也。”

译文 有子和子游站在一起，看见一个小孩子正在想念父母，并且哭得很厉害，有子对子游说："我唯独不明白为什么哭丧的时候要顿足跳脚，我想摒弃它已经有很久了。真正的情感就体现在小孩子任情的哭声里了，不需要什么形式，难道不是这样的吗？"子游说："礼有约束、节制人的感情的作用。有的人只有使用了衰、绖这些丧礼用具之后才能触发自身的原始情感，有的人则可以直接表达自己的哀伤感情放纵感情，举动粗率，但那是戎、狄等落后的少数民族才有的做法。礼为人们规定的做法就不同了。人在高兴的时候就会由衷地想要表达这种喜悦，想要把这种喜悦表达出来就会唱歌，唱歌的同时就忍不住摇动自己的身体，身体摇动就会忍不住开始跳舞，因跳舞而高兴到极点的时候就会产生怒气，怒气发泄出来后就会变得哀戚，哀戚过后就会发出感叹，发出感叹的同时就会忍不住拍打自己的胸口，拍打胸口的同时便忍不住要顿足跳脚。对这些喜悦和发怒的感情按照轻重等级来进行区分，并进行约束，这就是礼存在的意义。人死了以后就会令人感到厌恶；人死了也就不能再做什么了，因此更加令人厌恶就要背弃他了。所以礼规定人们要为死者制作绞带、衾被，为棺材装饰各种饰物以及翣扇，目的就是为了死者不那么令人厌恶。人在刚死时要用干肉和肉酱进行祭奠，将要出葬时，要等供奉完饮食举行完遣奠后再出发；安葬回来以后，还要在家举行虞祭。不论葬前在奠中供奉食品还是葬后在祭中设置食品，谁也没有看见死者的灵魂会回来享用这些祭品，但是自上古至今都没有人舍弃过这些礼仪，这都是为了让人们不要背弃死者。因此您对于礼的批评，其实并不算是礼的弊端。"

知悼子卒，未葬，平公饮酒，师旷、李调侍，鼓钟。杜蒉自外来，闻钟声，曰："安在？"曰："在寝！"杜蒉入寝，历阶而升，酌曰："旷，饮斯！"又酌曰："调，饮斯！"又酌，堂上北面坐饮之，降，趋而出。平公呼而进之曰："蒉，曩者尔心或开予，是以不与尔言。尔饮旷何也？"曰："子卯不乐。知悼子在堂，斯其为子卯也，大矣。旷也，大师也，不以诏，是以饮之也。""尔饮调何也？"曰："调也，君之亵臣也，为一饮一食，亡君之疾，是以饮之也。""尔饮何也？"曰："蒉也，宰夫也，非刀匕是共，又敢与知、防，是以饮之也。"平公曰："寡人亦有过焉，酌而饮寡人。"杜蒉洗而扬觯。公谓侍者曰："如我死，则必无废斯爵也。"至于今，既毕献，斯扬觯，谓之"杜举"。

译文　知悼子去世了，还没有下葬，晋平公就在自己的寝宫里饮酒，师旷、李调左右侍奉，敲着编钟来为晋平公助兴。这时杜蒉从外面路过，听到了编钟演奏音乐的声音，就问门口的仆人："我们的国君在哪儿呢？"仆人回答说："在寝宫里。"杜蒉于是走进了晋平公的寝宫，又沿着台阶一步一步地上了正堂。杜蒉进来以后，斟满一杯酒，说道："师旷，干了这一杯！"师旷喝了。杜蒉又斟满一杯酒，对李调说："李调，干了这一杯！"李调也喝了。杜蒉又斟满一杯酒，在堂上面对北方坐下来，自己喝了那杯酒。然后，杜蒉走下台阶，快步走了出去。晋平公派人把杜蒉喊进来，对他说道："杜蒉，刚刚我心想你可能是要开导我，所以我没有说话。你罚师旷喝了一杯酒，是什么原因？"杜蒉说道："殷纣在甲子那天自杀，夏桀在乙卯那天被流放，今天是子卯日，这一天是不能演奏乐曲的。而且，知悼子的灵柩还没有下葬，这件事比子卯日更为重要。师旷，担任太师的职务，但他却没有把这点道理告诉您，因此我要罚他喝酒。"晋平公又问："那么你罚李调喝酒又是什么原因呢？"杜蒉说道："李调是国君您亲近宠幸的大臣，为了吃饭喝酒，就忘了君主应当忌讳什么，因此我也罚他喝一杯酒。"晋平公又问："那你罚自己喝酒又是什么原因呢？"杜蒉说道："我杜蒉只不过是个膳食官，不去管理饮食和餐具，却要察觉和防止违背礼制之事的发生，这是僭越啊，因此我罚自己喝酒。"晋平公说道："我也有过错啊，斟酒，罚我也喝一杯。"杜蒉于是把手里的酒杯洗干净，然后倒满酒，再高高举起献给晋平公，晋平公也把酒喝了。晋平公又对身边的侍从说："我死了以后，千万不能把这个酒杯丢掉啊，要永远以此为戒。"因此直到现在，人们在燕礼上敬完酒以后，都要把酒杯高高地举起来，称为"杜举"。

　　公叔文子卒，其子戍请谥于君，曰："日月有时，将葬矣，请所以易其名者。"君曰："昔者卫国凶饥，夫子为粥与国之饿者，是不亦'惠'乎？昔者卫国有难，夫子以其死卫寡人，不亦'贞'乎？夫子听卫国之政，修其班制，以与四邻交，卫国之社稷不辱，不亦'文'乎？故谓夫子'贞惠文子'。"

译文　公叔文子死了，他的儿子姬戍请求卫灵公赐予父亲谥号，说道："时

四书五经精华本

间是有期限的，父亲就要下葬了，请国君赐予父亲一个谥号，好让他能够有一个代替他的名字来接受祭祀的称呼。"卫灵公说："从前卫国发生了非常严重的饥荒，你父亲下令煮粥给国都中饥饿的人来吃，这难道不是'惠'吗？以前卫国发生叛乱，你父亲用生命来保护寡人，这难道不是'贞'吗？你父亲主持卫国朝政期间，制定整顿各种制度确立了尊卑等级的秩序，让卫国和四方的邻国友好往来，使卫国社稷没有遭受耻辱，不也可以称为'文'吗？所以就赐你父亲谥号为'贞惠文子'吧。"

陈子车死于卫，其妻与其家大夫谋以殉葬，定而后陈子亢至，以告曰："夫子疾，莫养于下，请以殉葬。"子亢曰："以殉葬，非礼也。虽然，则彼疾当养者，孰若妻与宰？得已，则吾欲已；不得已，则吾欲以二子者之为之也。"于是弗果用。

译文 陈子车死在卫国，他的妻子和家臣首领谋划着要用活人来殉葬，两人商量好了之后，陈子车的弟弟陈子亢也赶到了，两人于是对陈子亢说："先生因病死去，但在地下却没有人来服侍他，请用活人来给他殉葬。"陈子亢说："用活人来给死人殉葬，是不符合礼的规定的。尽管礼有这样的规定，但他确实因为生病而死，也确实需要有人在地下侍奉他，可说到服侍他，有谁能像妻子和家臣首领一样能够把他照顾得非常周到呢？如果可以中止这件事，那么我也愿意作罢；如果不能中止这件事，那么我想让你们两个去殉葬。"最后，陈家没有用活人来给陈子车殉葬。

卫有大史曰柳庄，寝疾。公曰："若疾革，虽当祭必告。"公再拜稽首，请于尸曰："有臣柳庄也者，非寡人之臣，社稷之臣也，闻之死，请往。"不释服而往，遂以襚之，与之邑裘氏与县潘氏，书而纳诸棺，曰："世世、万子孙无变也。"

译文 卫国有位太史，名字叫柳庄，生了很重的病，一直卧床不起。卫国的国君嘱咐他家的人说："假如柳庄病危，就算我正在祭祀，也必须向我报告。"结果柳庄真的在卫君祭祀的时候去世了。家人来报国君，卫君于是行再拜稽首礼，磕头触地对宗庙里担任尸的人说道："有一位大臣柳庄，他并不是侍奉我一个人的臣子，而是侍奉整个国家的臣子，我听说他死了，请让我到他的家里去吊丧。"卫君没有脱掉祭祀的礼服就去柳庄家吊丧了，到了柳庄家以后又将祭祀的礼服脱了下来，赏赐给柳庄，作为他的襚衣，而且还将裘氏和潘氏这两个县邑赐封给柳庄的后人，并将赐封的命令写下来放进了柳庄的棺材里，上面写着："这项封赠世代相传，直到子孙万代，这个命令都不会改变。"

　　工尹商阳与陈弃疾追吴师，及之，陈弃疾谓工尹商阳曰："王事也，子手弓而可。"手弓。"子射诸。"射之，毙一人，韔弓。又及，谓之，又毙二人。每毙一人，掩其目。止其御曰："朝不坐，燕不与，杀三人，亦足以反命矣。"孔子曰："杀人之中，又有礼焉。"

译文　楚国的工尹商阳与楚国的车右陈弃疾一起带兵追杀吴国军队，追上敌军以后，陈弃疾对商阳说："这都是为了君王的大事，您可以用弓箭射杀敌人。"商阳于是将弓拿在手里，陈弃疾说："射吧。"商阳于是就用箭射死了一个敌人，然后又把弓放进了袋子里。又一次追上敌人之后，陈弃疾再次让商阳拿出弓箭射杀敌人，商阳于是又射死了两个敌人。每射死一个敌人，商阳就会把手挡在自己的眼睛前面，不忍心去看被自己射死的敌人。后来商阳就阻止车夫继续向前追赶，说道："朝见国君时，我不能坐在座位上参加议论，参加国君的宴会时，我也没有得到座位，现在我为他杀死了三个敌人，足以向他复命了。"孔子评论说："即使是在杀人的时候，也能够讲究礼啊。"

　　哀公使人吊蒉尚，遇诸道，辟于路，画宫而受吊焉。曾子曰："蒉尚不如杞梁之妻之知礼也。齐庄公袭莒于夺，杞梁死焉，其妻迎其柩于路而哭之哀。庄公使人吊之，对曰：'君之臣不免于罪，则将肆诸市朝，而妻妾执。君之臣免于罪，则有先人之敝庐在，君无所辱命。'"

译文　蒉尚家正在办丧事，鲁哀公派使者到他的家里去吊丧，结果使者在半路上遇到了正在为亲人出殡的蒉尚，蒉尚于是命人清扫了道路，并在原地画出殡宫的示意图，灵柩和宾客各就其位在那里接受了使者的吊丧。曾子评论说："蒉尚不如杞梁的妻子明白礼啊。齐庄公出兵通过狭窄险要的道路去攻打莒国，结果杞梁战死，他的妻子在半路上迎接到了杞梁的棺材，哭得非常伤心。齐庄公派人前去吊丧，杞梁的妻子说：'国君的臣子如果难以免除罪行的话，他的尸体就会被放在市朝示众，他的妻妾也会被抓起来。国君的臣子如果能够免罪的话，那么起码还有祖先留下来的破房子可以居住，可以接待使者，我不能在半路上接受吊丧，免得让国君的命令遭受侮辱。'"

曾子问

　　曾子问曰："昏礼既纳币，有吉日，女之父母死，则如之何？"孔子曰："婿使人吊。如婿之父母死，则女之家亦使人吊。父丧称父；母丧称母；父母不在，则称伯父世母。婿已葬，婿之伯父致命女氏曰：'某之子有父母之丧，不得嗣为兄弟，使某致命。'女氏许诺而弗敢嫁，礼也。婿免丧，女之父母使人请，婿弗取而后嫁之，礼也。女之父母死，婿亦如之。"

　　曾子问曰："亲迎女在涂，而婿之父母死，如之何？"孔子曰："女改服布深衣，缟总，以趋丧。女在涂而女之父母死，则女反。""如婿亲迎，女未至，而有齐衰、大功之丧，则如之何？"孔子曰："男不入，改服于外次。女入，改服于内次。然后即位而哭。"曾子问曰："除丧则不复昏礼乎？"孔子曰："祭，过时不祭，礼也，又何反于初？"

译文　曾子问道："进行婚礼的时候，男方给女方送过聘礼订婚了，也择定了亲迎的吉日，如果这时女方的父母忽然死了，那该怎么办？"孔子说："男方作为女婿应该派人前去吊丧。如果女婿的父母死了，女方家也应该派人前去吊丧。如果是丧父，那么吊丧的人就以父亲的名义前去吊丧；如果是丧母，那么前去吊丧的人就以母亲的名义吊丧；如果父母都不在了，那么前去吊丧的人就得以伯父伯母的名义。如果女婿一方已经为父母完成了葬礼还要服丧三年，那么作为女婿一方的伯父就会出面前往女方家致意：'我的儿子由于遭遇父母的丧事，使我暂时无法和您结成姻亲，特地派我来告知此意。'女方答应后，就不敢把女儿改嫁他人，这是礼数。女婿服丧期满，女方父母派人前往男方家里敦促请求继续婚礼择日迎娶，如果女婿还不想娶，女方父母就可以再将女儿改嫁他人，这也是礼数。如果是女方的父母去世了，作为女婿的男方也应该这样做。"

　　曾子问道："亲迎的时候，在前去迎娶新娘的路上，如果作为女婿的男方父母去世了，该怎么办？"孔子说："出嫁的女子应当立即改换装束，穿上布做的深衣，用白绢将头发绑起来，赶去夫家奔丧。如果新娘在出嫁的路上，而新娘的父母去世了，那么新娘就要返回娘家去。"曾子问："如果作为女婿的男方前去接新娘，新娘还没有

《礼记》精华

迎娶到家，男方突然遭遇了祖父、祖母、伯父、伯母、兄弟、叔伯兄弟之类的亲属去世，该怎么办？"孔子说："新郎先不进入大门，在门外临时架起的帷帐中改换服装，新娘则进入大门，在临时搭起的帷帐中变换装束，之后到各自的哭位上去哭。"曾子问："服丧结束，脱去丧服后还补办婚礼吗？"孔子说："祭祀的时间过去就不能重新举行，这是符合礼数的，婚礼没有祭祀重要，怎么可以补办呢？"

文王世子

文王为世子，朝于王季日三。鸡初鸣而衣服，至于寝门外，问内竖之御者曰："今日安否？何如？"内竖曰："安。"文王乃喜。及日中又至，亦如之。及莫又至，亦如之。其有不安节，则内竖以告文王，文王色忧，行不能正履。王季复膳，然后亦复初。食上，必在视寒煖之节。食下，问所膳，命膳宰曰："未有原。"应曰："诺。"然后退。

译文 周文王做太子的时候，一天的时间里三次拜见父亲王季。鸡叫头遍就穿上衣服，走到寝门之外，询问当值的宫中小官："今天父王是否安好？身体怎么样？"宫中小官回答道："安好。"周文王就特别开心。等到中午时像早晨一样再一次到来，依旧这样问。等到傍晚再一次到来，还是这样问。如果王季饮食起居的状况不佳，那么宫中小官就会将情况告诉文王，文王的脸上显示出担忧的神色，连行走的步伐都有些摇晃。等到王季恢复饮食，然后周文王也会恢复如初，像以前一样前去拜见王季。侍者给王季献上食物之后，周文王一定会检查食物的冷热。侍者撤下食物的时候，周文王就会询问王季吃得怎么样，并且要求主管膳食的官员："不要把吃剩的食物再给父王送上去。"主管膳食的官员回答："是。"周文王才离开。

●杏坛礼乐

凡三王教世子，必以礼乐。乐所以修内也，礼所以修外也。礼乐交错于中，发形于外，是故其成也怿，恭

敬而温文。立大傅、少傅以养之，欲其知父子、君臣之道也。大傅审父子、君臣之道以示之；少傅奉世子以观大傅之德行而审喻之。大傅在前，少傅在后，入则有保，出则有师，是以教喻而德成也。师也者，教之以事，而喻诸德者也。保也者，慎其身以辅翼之，而归诸道者也。《记》曰："虞夏商周有师、保，有疑、丞。设四辅及三公，不必备，唯其人。"语使能也。君子曰："德，德成而教尊，教尊而官正，官正而国治。"君之谓也。

译文 夏、商、周三朝的君主在教育太子时，必定要用礼乐。乐可以用来培养内在德行陶冶内心，礼可以用来修习外在言行。礼乐互相作用于内心，然后表现在外在的言行之中，因此就可以修成和顺的心境，令人变得谦恭而又温文尔雅。设置太傅、少傅的官职来培养太子，目的在于让太子明白父子、君臣之间的道理。太傅详细而明白地将父子、君臣间的道理教导太子，并且以身作则形成示范，少傅的职责在于尊奉太子让他观察太傅有德的言行，然后将其中的道理详细明白地告诉太子使他领会。太傅以身作则在前，少傅详细讲解在后，内有保为太子教习六艺，外有师帮助太子修习德行，他们陪伴太子周围，因而可以让太子透彻明白进而养成良好的德行。出任师职的人，责任在于教导太子古人如何行事，然后把这些事情中所体现出的德行明白地告诉太子。出任保职的人，责任在于自己谨言慎行辅佐帮助太子，规范太子的言行使之符合正道。《记》里说："虞、夏、商、周四朝都设有师、保，疑、丞等辅佐太子的官职，还有太师、太傅、太保这三公，这些官职并非一定设置齐备，只有在发现合适的人选时才设立。"其用意在于这样的官职必须选贤任能。君子说："太子的德行十分重要，具备了良好的德行，发出的教令就能被遵从；发出的教令被遵从，各级官员就会公正；各级官员公正，那么国家就可以太平安定。"这是针对国君说的。

仲尼曰："昔者周公摄政，践阼而治，抗世子法于伯禽，所以善成王也。闻之曰：'为人臣者，杀其身有益于君，则为之。'况于其身以善其君乎？周公优为之。"是故知为人子，然后可以为人父；知为人臣，然后可以为人君；知事人，然后能使人。成王幼，不能莅阼，以为世子，则无为也。是故抗世子法于伯禽，使之与成王居，欲令成王之知父子、君臣、长幼之义也。君之于世子也，亲则父也，尊则君也。有父之亲，有君之尊，然后兼天下而有之，是故养世子不可不慎也。行一物而三善皆得者，唯世子而已，其齿于学之谓也。故世子齿于学，国人观之曰："将君我，而与我齿让，何也？"曰："有父在则礼然。"然而众知父子之道矣。其二曰："将君我，而与我齿让，何也？"曰："有君在则礼然。"然而众著于君臣之义也。其三曰："将君我，而与我齿让，何也？"曰："长长也。"然而众知长幼之节矣。故父在斯为子，君在斯谓之臣，居子与臣之节，所以尊君、亲亲也。故学之为父子焉，学之为君臣焉，学之为长幼焉。父子、君臣、长幼之道得而国治。语曰："乐正司业，父师司成，一有元良，万国以贞。"世子之谓也。《周公践阼》。

译文 仲尼说："当年周公临时代替成王处理政事，踏上君王的台阶来治理天下，用太子本应遵从的法度来约束伯禽，目的在于教育成王使他学习良好的德行。我听说：'作为别人的臣子的，即使自己会被杀死，但只要对君王有益，就值得去做。'何况只是光大了自己的身份来帮助他的君王去学习良好的德行呢？周公自然是很乐意这样做。"因此明白自己怎样做他人的儿子，然后才能够成为他人的父亲；明白自己是君主的臣子，然后才能够成为他人的君主；明白怎样侍奉他人，然后才能够去驱使他人。成王年幼，无法登上王位来治理天下，就让他学做太子，然而他的父亲武王已经离世，成王无法向父亲学习怎样做太子的礼规。因而周公就把作为太子应当遵从的法度搬出来约束伯禽，让伯禽和成王起居都在一处，希望使成王明白父子、君臣、长幼的道理。君王相对于太子来说，从血亲方面讲是父亲，从尊卑方面讲是君主。作为国王既有作为父亲的疼爱之心，又有作为君主的尊贵之处，才可以拥有整个天下，所以在培养太子时不能不谨小慎微。人世之间做一件事情可以同时获得三种好处的，唯有太子能够做到，这是指太子在学校中应该以年龄的大小来和同学确定尊卑次序。因此太子在学校中按照年龄大小和同学确定尊卑次序。百姓看到之后就会议论说："太子即将成为我们的天子了，却和我们根据年龄大小排列尊卑，为什么如此谦让呢？"有人就会说："由于太子还有父亲在，依礼应当如此。"这样大家就懂得父子之间的道理了。还有第二种人会说："太子即将成为我们的君主了，却和我们根据年龄大小排列尊卑，为什么如此谦让呢？"有人就会说："由于太子还需要侍奉君主，依礼应当如此。"然后大家就懂得了君臣之间的道理。还有第三种人会说："太子即将成为我们的国君了，却和我们依据年龄的大小排列尊卑，为什么如此谦让呢？"有人就会说："这是因为太子尊敬年长的人啊。礼该如此。"如此大家就懂得了长幼有序的道理。因此父亲健在太子就是儿子，国君健在太子就是臣子，作为儿子和臣子，就必须尊敬君主、亲爱父亲。因此必须教育太子懂得父子之间的道理，懂得君臣之间的道理，懂得长幼之间的道理。太子懂得了父子、君臣、长幼之间的道理，然后国家就可以安定太平了。古人说："乐正负责太子的学业，太师主管太子的道德培养，太子拥有了良善的德行，天下就能够公正太平。"这是《周公践阼》篇，所说的正是太子。

礼　运

　　昔者仲尼与于蜡宾，事毕，出游于观之上，喟然而叹。仲尼之叹，盖叹鲁也。

　　言偃在侧曰："君子何叹？"孔子曰："大道之行也，与三代之英，丘未之逮也，而有志焉。大道之行也，天下为公。选贤与能，讲信修睦。故人不独亲其亲，不独子其子，使老有所终，壮有所用，幼有所长，矜寡孤独废疾者，皆有所养；男有分，女有归；货恶其弃于地也，不必藏于己；力恶其不出于身也，不必为己。是故谋闭而不兴，盗窃乱贼而不作，故外户而不闭。是谓大同。

　　"今大道既隐，天下为家，各亲其亲，各子其子，货力为己，大人世及以为礼，城郭沟池以为固，礼义以为纪，以正君臣，以笃父子，以睦兄弟，以和夫妇，以设制度，以立田里，以贤勇知，以功为己。故谋用是作，而兵由此起。禹、汤、文、武、成王、周公，由此其选也。此六君子者，未有不谨于礼者也，以著其义，以考其信，著有过，刑仁讲让，示民有常。如有不由此者，在势者去，众以为殃。是谓小康。"

译文　昔日孔子曾经参与过年之前鲁国举行的蜡祭，做过蜡祭时的宾客，蜡祭结束后，他走到观台上去游览，同时发出了深深的叹息。孔子的叹息，大概是为鲁国在叹息。

　　学生言偃在旁边听到了孔子的叹息，就问："您为什么要叹气呢？"孔子说："大道通行于天下的时候，以及夏、商、周三朝那些英明的人主统治全天下的时期，我都没能赶上，可是我心里是向往它们的。在大道通行于天下时，帝王把天下看作是天下人所共有的。他们选拔那些贤能的人，推举能人注重诚信，重视人际关系亲睦和善。因此人们不只爱自己的亲人，也不只爱自己的孩子，而是要让社会上的所有的老人都能够安享天年，使壮年人都能有用到他们的地方，年幼的孩子可以因此得到让他们成长的条件，鳏夫、寡妇、孤儿、老年丧子者以及身体有残废、得病的人，都能够得到很好的供养措施；男人们都能有职分恪守职责，女人也都能找到一个好归宿好夫家；人们厌恶财物被扔到地上，都想要捡起来，但却不一定藏在自己的家中；人们厌恶力气不能从自己的身上使出来，却都想使出来，但不一定是为了自己。所以各种不好的图谋全都闭塞，这些事也不会发生，也没有抢劫偷窃造反、害人的事情发生，所以家里的大门关上以后却不用上锁。这也被称为大同世界。

　　"如今大道已经衰微了，天下也变成了一家一姓的私人财产，人们都只爱护自己的亲人，只疼爱自己的孩子，财物和人力的使用全都是为了自己，天子诸侯把父子相传和兄弟相传定为制度，他们把城郭沟池修得更为坚固、更为深广，作为防守的措施，把礼义当作纲纪，用它来端正国君与大臣之间的关系。让父子之间变得感情纯厚，让兄弟之间变得友爱亲睦，让夫妻之间变得感情和谐，并将礼义作为制度，划分出田地和居宅，把有勇力、有才智的人当作贤人，把为自己所做的事情认为是有功的，因而各种阴谋由此产生，战争从此也开始出现。夏禹、商汤、文王、武王、成王和周公用这样的礼义来治理天下，因此成了三代诸王之中才德出众的人。这六位君子在礼仪方面无不严守，并用它来彰显礼义，成全信义，昭示过错，把仁爱定为法则，推崇谦让，向民众展示出治国是要有固定不变的法则的。如果有人不按照礼义去做，那么有权势的人也会受到罢免，人人都会将不按礼仪行事视为灾祸的源头。这种世道就被称为小康社会。"

礼　器

　　先王之立礼也，有本，有文。忠信，礼之本也；义理，礼之文也。无本不立，无文不行。礼也者，合于天时，设于地财，顺于鬼神，合于人心，理万物者也。是故天时有生也，地理有宜也，人官有能也，物曲有利也。故天不生，地不养，君子不以为礼，鬼神弗飨也。居山以鱼鳖为礼，居泽以鹿豕为礼，君子谓之不知礼。故必举其定国之数，以为礼之大经。礼之大伦，以地广狭；礼之薄厚，与年之上下。是故年虽大杀，众不匡惧，则上之制礼也，节矣。

译文 先王所制定的礼，既有它的内在根本精神，又有外在表现形式、仪式规矩。忠信为礼的内在根本精神，义理是礼的外在表现形式。没有内在根本，礼就无法成立；没有外在表现形式，礼就不能实施。礼，应该上顺应天时，下合乎地利，与鬼神相顺遂，是与人心相契合，管理万物的一种庄严仪式。因而万物可以顺应天时而滋长，可以顺应地理而孕育形式多样的物产，可以顺应人的本能而展示出独特的功能，因此万物适宜而且又各具功用。因而，凡是非顺应天时而生的，非顺应地利而孕育的，君子就不会使用它作为礼品，即使用了鬼神也不愿意享用。居住在山林的人却用水里出产的鱼鳖作为礼品，生活在水边的人却用山中出产的鹿和猪来作为礼品，君子都认为这是不懂得礼的表现。所以礼一定要按照立国的情形来确定收入概数，将它作为礼的基本原则。礼的大体，要按照国土的大小来确定；礼的厚薄，要按照年成的好坏来确定。由于有了这样的原则，所以就算遇到重灾大减产的年份，人们也不会担心畏惧，因为他们知道君主在制定礼的时候已经想到这些，会有分寸的。

礼，时为大，顺次之，体次之，宜次之，称次之。尧授舜，舜授禹，汤放桀，武王伐纣，时也。《诗》云："匪革其犹，聿追来孝。"天地之祭，宗庙之事，父子之道，君臣之义，伦也。社稷、山川之事，鬼神之祭，体也。丧、祭之用，宾客之交，义也。羔、豚而祭，百官皆足；大牢而祭，不必有馀：此之谓称也。

译文 礼，最重要的是顺应天时，其次是合乎伦理，再次是对不同的祭祀对象区别对待，最后是行为要合乎规范，还要注意用物要和礼的档次相称，最后一切都与身份相称。尧传位于舜，舜传位于禹，商汤放逐夏桀，周武王攻讨商纣，都是顺天应命、顺应天时的革命时代。《诗经》中说："并非急切地想要践行自己的治国理念，而是追思先祖的勋业来彰显自己的孝心。"对天地神明的祭祀，对祖宗先人的祭祀，父父子子的道理，君君臣臣的大义，都是合乎伦理的。至于对社稷、山川以及诸多鬼神的祭祀，由于祭祀对象不同，祭祀时的礼数也有所区别，这是祭祀的主体。丧葬和祭祀会有一定的花费，往来的宾客对丧家也应当有所馈赠，这是属于义的行为规范。用一羊一猪作为祭品进行祭祀，文武百官都能够受到一份恩惠；天子、诸侯祭祀用牛、羊、猪作为祭品，不必有剩余：这就是与身份相称。

明堂位

　　昔者周公朝诸侯于明堂之位：天子负斧依，南乡而立；三公中阶之前，北面，东上；诸侯之位，阼阶之东，西面，北上；诸伯之国，西阶之西，东面，北上；诸子之国，门东，北面，东上；诸男之国，门西，北面，东上；九夷之国，东门之外，西面，北上；八蛮之国，南门之外，北面，东上；六戎之国，西门之外，东面，南上；五狄之国，北门之外，南面，东上；九采之国，应门之外，北面，东上；四塞，世告至。此周公明堂之位也。明堂也者，明诸侯之尊卑也。

　　译文　当年周公在明堂接受诸侯朝见时所站的位置是：堂上设有斧依，也就是绘有斧形图案的屏风。天子背对着屏风面南而立，三公在中阶前面，面北站立，东边为尊；诸侯在阼阶的东侧，面西站立，北边为尊；伯爵国家派来的使者在西阶西侧，面东站立，北边为尊；子爵国家派来的使者在庙门的东侧，面向北方，东边为尊；男爵国家派来的使者在庙门的西侧，也是面向北，东边为尊；东方九种夷族派来的使者在东门外面站立，面向西，北边为尊；南方八种蛮族派来的使者在南门外站立，面向北，东边为尊；西方六种戎族派来的使者在西门外站立，面向东，南边为尊；北方五种狄族派来的使者在北门外站立，面向南，东边为尊；九州范围内边远地区派来的使者在更远的应门外站立，面向北，东边为尊；至于四方极远的国，他们的国君一生仅派使者朝见一次天子。这就是周公排布的明堂位。明堂是用来区别诸侯地位尊卑的。

●礼教大行

　　昔殷纣乱天下，脯鬼侯以飨诸侯，是以周公相武王以伐纣。武王崩，成王幼弱，周公践天子之位以治天下。六年，朝诸侯于明堂，制礼作乐，颁度量而天下大服。

七年致政于成王。成王以周公为有勋劳于天下，是以封周公于曲阜，地方七百里，革车千乘，命鲁公世世祀周公以天子之礼乐。

译　文　昔日殷纣王暴虐无道以致天下大乱，他把鬼国的国君杀死之后制成了肉干，并拿来让诸侯吃，因此周公才辅佐武王讨伐殷纣。武王灭殷不久驾崩以后，成王的年纪太小，无法担当处理政事的重任，于是就由周公代理天子之位，把天下治理得井井有条。过了六年，各国的诸侯都在明堂里朝见周天子，周公制定了礼仪和乐章，并颁布了统一的度量衡标准，使天下人都心悦诚服地接受周的统治。又过了七年，周公把政事交给成王处理，成王因为周公为周朝立下了大功，于是就将曲阜以及周围方圆七百里的土地封给了他，并且特准他拥有一千乘的兵车，而且鲁国后世每一代国君都可以使用天子才能用的礼仪和乐章来祭祀周公。

《礼记》精华